中国近代
思想家文库

◎

马忠文 任青 编

薛福成卷

中国人民大学出版社
·北京·

总　序

对于近代的理解，虽不见得所有人都是一致的，但总的说来，对于近代这个词所涵的基本意义，人们还是有共识的。一个国家、一个民族走入近代，就意味着以工业化为主导的经济取代了以地主经济、领主经济或自然经济为主导的中世纪的经济形态，也还意味着，它不再是孤立的或是封闭与半封闭的，而是以某种形式加入到世界总的发展进程。尤其重要的是，它以某种形式的民主制度取代君主专制或其他不同形式的专制制度。中国是个幅员广大、人口众多、历史悠久的多民族国家，由于长期历史发展是自成一体的，与外界的交往比较有限，其生产方式的代谢迟缓了一些。如果说，世界的近代是从 17 世纪开始的，那么中国的近代则是从 19 世纪中期才开始的。现在国内学界比较一致的认识，是把 1840 年到 1949 年视为中国的近代。

中国的近代起始的标志是 1840 年的鸦片战争。原来相对封闭的国门被拥有近代种种优势的英帝国以军舰、大炮再加上种种卑鄙的欺诈打开了。从此，中国不情愿地加入到世界秩序中，沦为半殖民地。原来独立的大一统的中央集权的君主专制国家，如今独立已经极大地被限制，大一统也逐渐残缺不全，中央集权因列强的侵夺也不完全名实相符了。后来因太平天国运动，地方军政势力崛起，形成内轻外重的形势，也使中央集权被弱化。经历第二次鸦片战争、中法战争、甲午战争、八国联军入侵的战争以及辛亥革命后的多次内外战争，直至日本全面侵略中国的战争，致使中国的经济、政治、教育、文化，都无法顺利走上近代发展的轨道。古今之间，新旧之间，中外之间，混杂、矛盾、冲突。总之，鸦片战争后的中国，既未能成为近代国家，更不能维持原有的统治秩序。而外患内忧咄咄逼人，人们都有某种程度"国将不国"的忧虑。

"天下兴亡，匹夫有责"，读书明理的士大夫，或今所谓知识分子，尤为敏感，在空前的危机与挑战面前，皆思有所献替。于是发生种种救亡图存的思想与主张。有的从所能见及的西方国家发展的经验中借鉴某些东西，形成自己的改革方案；有的从历史回忆中拾取某些智慧，形成某种民族复兴的设想；有的则力图把西方的和中国所固有的一些东西加以调和或结合，形成某种救亡图强的主张。这些方案、设想、主张，从世界上"最先进的"，到"最落后的"，几乎样样都有。就提出这些方案、设想、主张者的初衷而言，绝大多数都含着几分救国的意愿。其先进与落后，是否可行，能否成功，尽可充分讨论，但可不必过为诛心之论。显而易见，既然救国的问题最为紧迫，人们所心营目注者自然是种种与救国的方案直接相关的思想学说，而作为产生这些学说的更基础性的理论，及其他各种知识、思想，则关注者少。

围绕着救国、强国的大议题，知识精英们参考世界上种种思想学说，加以研究、选择，认为其中比较适用的思想学说，拿来向国人宣传，并赢得一部分人的认可。于是互相推引，互相激励，更加发挥，演而成潮。在近代中国，曾经得到比较广泛的传播的思想学说，或者够得上思潮的，主要有以下几种：

（一）进化论。近代西方思想较早被引介到中国，而又发生绝大影响的，要属进化论。中国人逐渐相信，进化是宇宙之铁则，不进化就必遭淘汰。以此思想警醒国人，颇曾有助于振作民族精神。但随后不久，社会达尔文主义伴随而来，不免发生一些负面的影响。人们对进化的了解，也存在某些片面性，有时把进化理解为一条简单的直线。辩证法思想帮助人们形成内容更丰富和更加符合实际的发展观念，减少或避免片面性的进化观念的某些负面影响。

（二）民族主义。中国古代的民族主义思想，其核心是"非我族类，其心必异"，所以最重"华夷之辨"。鸦片战争前后一段时期，中国人的民族思想，大体仍是如此。后来渐渐认识到"今之夷狄，非古之夷狄"，"西人治国有法度，不得以古旧之夷狄视之"。但当时中国正遭受西方列强的侵略和掠夺，追求民族独立是民族主义之第一义。20世纪初，中国知识精英开始有了"中华民族"的概念。于是，渐渐形成以建立近代民族国家为核心的近代民族主义。结束清朝君主专制，创立中华民国，是这一思想的初步实现。第一次世界大战爆发，中国加入"协约国"，第一次以主动的姿态参与世界事务，接着俄国十月革命爆发，这两件事对近代中国的发展历程造成绝大影响。同时也将中国人的民族主义提升到一个新的层次，即与国际主义（或世界主义）发生紧密联系。也可以说，中国人更加自觉地用世界的眼光来观察中国的问题。新生的中国共产党和改组后的国民党都是如此。民族主义成为中国的知识精英用来应对近代中国所面临的种种危机和种种挑战的一个重要的思想武器。

（三）社会主义。社会主义作为一种模糊的理想是早在古代就有的，而且不论东方和西方都曾有过。但作为近代思潮，它是于19世纪在批判近代资本主义的基础上产生的。起初仍带有空想的性质，直到马克思和恩格斯才创立起科学社会主义。20世纪初期，社会主义开始传入中国。当时的传播者不太了解科学社会主义与以往的社会主义学说的本质区别。有一部分人，明显地受到无政府主义的强烈影响，更远离科学社会主义。直到五四新文化运动兴起之后，中国人始较严格地引介、宣传科学社会主义。但有一段时间，无政府主义仍是一股很大的思想潮流。中国共产党的成立，从思想上说，是战胜无政府主义的结果。中国共产党把在中国实现社会主义乃至共产主义作为自己的奋斗目标。此后，社会主义者，多次同各种非科学社会主义思想的信仰者进行论争并不断克服种种非科学社会主义思想的影响。

（四）自由主义。自由主义也是从清末就被介绍到中国来，只是信从者一直寥寥。直到五四新文化运动兴起，具有欧美教育背景的知识精英的数量渐渐多起来，自由主义始渐渐形成一股思想潮流。自由主义强调个性解放、意志自由和自己承担责任，在政治上反对一切专制主义。在中国的社会条件下，自由主义缺乏社会基础。在政治激烈动荡的时候，自由主义者很难凝聚成一股有组织的力量；在稍稍平和的时候，他们往往更多沉浸在自己的专业中。所以，在中国近代史上，自由主义不曾有，也不可能有大的作为。

（五）激进主义与保守主义。处于转型期的社会，旧的东西尚未完全退出舞台，新的东西也还未能巩固地树立起来，新旧冲突往往要持续很长的时间，有时甚至达到很激烈的程度。凡助推新东西成长的，人们便视为进步的；凡帮助旧东西排斥新东西的，人们便视为保守的。其实，与保守主义对应的，应是进步主义；与顽固主义相对的则应是激进主义。不过在通常话语环境中人们不太严格加以区分。中国历史悠久，特别是君主专制制度持续两千余年，旧东西积累异常丰富，社会转型极其不易。而世界的发展却进步甚速。中国的一部分精英分子往往特别急切地想改造中国社会，总想找出最厉害的手段，选一条最捷近的路，以最快的速度实现全盘改造。这类思想、主张及其采取的行动，皆属激进主义。在中共党史上，它表现为"左"倾或极左的机会主义。从极端的激进主义到极端的顽固主义，中间有着各种程度的进步与保守的流派。社会的稳定，或社会和平改革的成功，都依赖有一个实力雄厚的中间力量。但因种种原因，中国社会的中间力量一直未能成长到足够的程度。进步主义与保守主义，以及激进主义与顽固主义，不断进行斗争，而实际所获进步不大。

（六）革命与和平改革。中国近代史上，革命运动与和平改革运动交替进行，有时又是平行发展。两者的宗旨都是为改变原有的君主专制制度而代之以某种形式的近代民主制度。有很长一个时期，有两种错误的观念，一是把革命理解为仅仅是指以暴力取得政权的行动，二是与此相关联，把暴力革命与和平改革对立起来，认为革命是推动历史进步的，而改革是维护旧有统治秩序的。这两种论调既无理论根据，也不合历史实际。凡是有助于改变君主专制制度的探索，无论暴力的或和平的改革都是应予肯定的。

中国近代揭幕之时，西方列强正在疯狂地侵略与掠夺殖民地和半殖民地，中国是它们互相争夺的最后一块、也是最大的资源地。而这时的中国，沿袭了两千年的君主专制制度已到了奄奄一息的末日，统治当局腐朽无能，对外不足以御侮，对内不足以言治，其统治的合法性和统治的能力均招致怀疑。革命运动与改革的呼声，以及自发的民变接连不断。国家、民族的命运真的到了千钧一发之际，危机极端紧迫。先觉分子救国之心切，每遇稍具新意义的思想学说便急不可待地学习引介。于是西方思想学说纷纷涌进中国，各阶层、各领域，凡能读书读报者，受其影响，各依其家庭、职业、教育之不同背景而选择自以为不错的一种，接受之，信仰之，传播之。于是西方几百年里相继风行的思想学说，在短时期内纷纷涌进中国。在清末最后的十几年里是这样，五四时期在较高的水准上重复出现这种情况。

这种情况直接造成两个重要的历史现象：一个是中国社会的实际代谢过程（亦即社会转型过程）相对迟缓，而思想的代谢过程却来得格外神速。另一个是在西方原是差不多三百年的历史中渐次出现的各种思想学说，集中在几年或十几年的时间里狂泻而来，人们不及深入研究、审慎抉择，便匆忙引介、传播，引介者、传播者、听闻者，都难免有些消化不良。其实，这种情况在清末，在五四时期，都已有人觉察。我们现在指出这些问题并非苛求前人，而是要引为教训。

同时我们也看到，中国近代思想无比的多样性与复杂性呈现出绚丽多彩的姿态，各种思想持续不断地展开论争，这又构成中国近代思想史的一个突出特点。有些论争为我们留下了非常丰富的思想资料。如兴洋务与反洋务之争，变法与反变法之争，革命与改良之争，共和与立宪之争，东西文化之争，文言与白话之争，新旧伦理之争，科学与人生观之争，中国社会性质的论争，社会史的论争，人权与约法之争，全盘西化与本位文化之争，民主与独裁之争，等等。这些争论都不同程度地关联着一直影响甚至困扰着中国人的几个核心问题，即所谓中西问题、古今问题与心物关系问题。

中国近代思想的光谱虽比较齐全，但各种思想的存在状态及其影响力是很不平衡的。有些思想信从者多，言论著作亦多，且略成系统；有些可能只有很少的人做过介绍或略加研究；有的还可能因种种原因，只存在私人载记中，当时未及面世。然这些思想，其中有很多并不因时间久远而失去其价值。因为就总的情况说，我们还没有完成社会的近代转型，所以先贤们对某些问题的思考，在今天对我们仍有参考借鉴的价值。我们编辑这套《中国近代思想家文库》，希望尽可能全面地、系统地整理出近代中国思想家的思想成果，一则借以保存这份珍贵遗产，再则为研究思想史提供方便，三则为有心于中国思想文化建设者提供参考借鉴的便利。

考虑到中国近代思想的上述诸特点，我们编辑本《文库》时，对于思想家不取太严格的界定，凡在某一学科、某一领域，有其独立思考、提出特别见解和主张者，都尽量收入。虽然其中有些主张与表述有时代和个人的局限，但为反映近代思想发展的轨迹，以供今人参考，我们亦保留其原貌。所以本《文库》实为"中国近代思想集成"。

本《文库》入选的思想家，主要是活跃在 1840 年至 1949 年之间的思想人物。但中共领袖人物，因有较为丰富的研究著述，本《文库》则未收入。

编辑如此规模的《文库》，对象范围的确定，材料的搜集，版本的比勘，体例的斟酌，在在皆非易事。限于我们的水平，容有瑕隙，敬请方家指正。

《中国近代思想家文库》编纂委员会

目　录

导　言

在近代中国走向世界的艰难历程中，不知有多少仁人志士在冥思苦想中艰难探索。他们为一个曾经强大的古老帝国如今却步履蹒跚而担忧，为民智未开而焦虑；他们渴望西方富强的真经，却又无法改变弊端丛生、举步维艰的社会现实。在思考与煎熬中，尝试与碰壁中，逐渐摸索着救国救时的方略。薛福成这位从洋务运动中历练出来的实干派官员，早期著名的外交家，正是这样的探索者。他在中国近代思想史上占有不可忽视的地位。

一、从时文制艺到经世实学

薛福成，字叔耘，号庸庵，生于清道光十八年三月十八日（1838年4月12日），江苏无锡人。他出生在一个清寒的书香之家。无锡薛氏虽说诗礼传家，却屡屡与科名无缘。薛福成的曾祖父薛世琛终生困顿场屋，不获一售，直到去世时还是个童生；祖父薛锦堂，苦心攻读，仅到秀才而止。直到父亲薛湘（字晓帆），在道光十一年（1831年）考中举人，才使几代人的梦想得以实现；又经过十几年的拼搏，终于在道光二十五年（1845年）成进士。薛湘所走的路正是当时中国千千万万读书人人生的缩影。他们皓首穷经，博的就是一个功名，千军万马挤在科举的独木桥上，不辞辛劳，期待成功，这就是父辈们指给薛福成的人生之路。

少年时代的薛福成无疑受到了严格的传统教育训练。父亲薛湘为了生计，"恒橐笔游四方"，中举后长期任镇江府教授，中进士后又改任湖南安福县令，家中事务多由夫人顾氏主持。年幼的薛福成，曾与诸兄弟跟随母亲长期寓居外祖家，在那里读书用功。无锡顾家为江南世家望族，也有很深的文化底蕴。虽然外祖父顾钧早亡，家道中落，顾夫人自幼依母过着"作苦茹淡，衣食仅自给"的生活，但是她却是一位涵养极高的女性。嫁给薛湘时，丈夫还是个穷教书先生，家境贫困。顾氏除了照料福成兄弟的饮食起居等日常生活，更以儿子们的教育为己任。她课子读书，不是采用疾言厉色的强迫方法，而是对福成兄弟循循善诱，晓之以理，动之以情，鼓励福成兄弟自觉读书。多年以后，薛福成深情地回忆说：

> 先妣于福成兄弟，未尝加以疾言遽色，然教诫不少倦。每归自塾中，必亲理其余课，寒暑风雨之夕，一灯荧然，诵声至夜分乃罢。暇辄为言："某能读书，身享令名，荣及父母。某不能读书，污贱危辱，濒于死亡。"福成等耸听汗下，罔敢自逸。故督责非甚严，而所学或倍常程。府君自外归，辄又喜曰："虽吾自教，不是过也。"①

薛福成自幼接受的教育，毫无疑问和当时一般读书人是一样的，读的是四书五经，做的是举业功夫，目的是参加科举考试，登龙门，入仕途，光宗耀祖，飞黄腾达。但是，他却遇到了一个前所未有的大变革的时代。

咸丰元年（1851年），一场改变中国近代社会格局的农民起义——太平天国起义在广西金田爆发。洪秀全领导的起义军势如破竹，短时间内冲破清军的重重围堵，迅速占领富庶的长江中下游地区。咸丰三年（1853年），太平军攻陷南京，改名天京，建立太平天国，清政府的统治秩序受到严重冲击。三年后，第二次鸦片战争爆发，英法联军在广州和东南沿海地区逞凶肆虐，趁火打劫，为农民起义所困扰的清政府处境更加艰难，古老的王朝处于风雨飘摇之中。在这内忧外患联翩而至的危急时刻，一批深受传统文化精神浸润的知识分子，纷纷挺身而出，担当历史重任，以挽救家国危亡为己任，大力提倡经世致用的学风，他们学以致用，走出书斋，急君父之所急，投入到卫家报国、捍道卫教的实践中去。曾国藩、胡林翼、李鸿章等就是他们的代表人物。

事实上，思想界早在1840年前后已经发生了新的变化。第一次鸦片战争前后，林则徐、魏源、龚自珍、包世臣等思想家，已经察觉到封建王朝所面临的深重危机，他们力矫乾嘉时期埋头故纸、脱离实际的空

---

① 薛福成：《先妣事略》（1877年），见《庸庵文编》卷三。

疏学风，提倡经世致用之学，关心社会现实，讲求兴利除弊；并主张睁眼看世界，师夷长技以制夷，具有了早期的世界眼光。在他们的带动下，一批有识之士开始研究实学，应付世道的剧变。太平天国起义爆发后，更多的读书人为时势所迫，不得不从宁静的书斋中走出，投身到血与火的军旅生活。

薛福成的人生正是在这样的历史背景下发生了转向。他后来回忆早期经历时说：

> 福成于学人中，志意最劣下，往在十二三岁时，强寇窃发岭外，慨然欲为经世实学，以备国家一日之用，乃屏弃一切而专力于是。始考之二千年成败兴坏之局，用兵战阵变化曲折之机，旁及天文、阴阳、奇门、卜筮之崖略，九州厄塞山川险要之统纪，靡不切究。盖穷其说者数年，而觉要领所在，初不止此。因推本姚江王氏之学，以收敛身心为主，然后浩然若有得也。既又知为学之功，居敬穷理，不可偏废，而溯其源不出六经四子之说。盖术凡三变而确然得所归宿处，所惧知识梼昧，师心独学于穷乡之中，固陋不足以应世。①

此时的薛福成当然不可能完全放弃举业，但是其志趣已经发生了重大转变。

咸丰五年（1855 年），薛福成兄长薛福辰参加顺天府乡试，考中举人；经议叙，签分工部，任员外郎。而福成、福保兄弟则居家继续苦读。咸丰八年（1858 年），父亲薛湘由湖南知县升迁广西浔州知府，可惜未及履任便病逝湖南新宁。福成与兄长在湘料理父亲丧事期间，因父亲任内拖欠公款未能偿清，被迫滞留湘省。至十年（1860 年）春季，闻知江南大营崩溃和太平军南下苏州、常熟的确耗，兄弟二人只得乔装改扮，匆忙乘船南下，赶往无锡。及至，无锡城已为太平军所占领，战后城内一片狼藉，房屋被毁，图籍遭焚，居民四散。母亲顾氏携家人离乡逃难，伯母一家则死于变乱。几经奔波，福成兄弟才于苏北宝应东乡与离散的亲人会合。父亲的辞世，战争的动荡，让薛福成深刻领悟到离乱生活的艰辛和巨大的生存压力。其实，何止是普通百姓，就连贵为天子的咸丰皇帝也被迫播迁。这年秋天，英法联军进攻北京，咸丰帝"西狩"热河，圆明园遭到洗劫后被焚烧，恭亲王奕䜣被迫与列强签订不平

---

① 薛福成：《上曾侯相书》（1865 年），见《庸庵文外编》卷三。

等条约，丧失大量权利。家国之变，无时无刻不在刺激着薛福成。没有真才实学，怎能报国救世？不读书励志，如何学得真才实学？所以，在寓居宝应后，福成兄弟更加勤奋读书，以求为国家做事。薛福成在回忆中写到：

> 避粤寇之难，举家侨徙宝应之东乡，兄弟数人，益以读书求志相砥砺。聚居斗室中，昼则纵观经史，质问疑义；夜则一灯围坐，互论圣贤立教微旨，古今理乱得失之要最。有不合，则断断辩难，欢声与僮仆鼾声相应。俄而鸟鸣日出，余亦颓然欲卧，季怀方启户至宅后，观田禾滴露以为乐，徜徉而归，归乃高卧，日中方起。如是者五六年。是时，余兄弟怡怡愉愉，乐道娱亲，几不知饥寒之将迫、寇警之环逼也。①

然而，在当时的环境中，科举仍旧是士人谋取出路的主要途径。一方面，内忧外患的严酷现实促使一代有识之士反思八股文的实际意义；另一方面，他们别无选择，仍然在科举之路上蹒跚，无法放弃这条必经之路，这种矛盾在薛福成心中更是激烈冲突。这也反映在他对科举取士制度的深刻批判和反省上。薛福成写道：

> 方今人才之进，取诸制艺。制艺之术，果可以尽人才乎？明初设科，始尊制艺，谓其能阐发圣贤意也，谓其根柢经史，足征学问器识也。迁流既久，文日积日多，法日讲日新，一变趋机局，再变修格调，三变尚辞华。浸淫至今，驱天下数十百万操觚之士，散精惫神于制艺之中，不研经术，不考史事。辨性理之微言，则惊为河汉；讲经世之要务，则诧若望洋。每岁掇巍科，登显第者，大抵取近科程□[墨？]，转相剽袭。同其文，不必同其题，有其辞，不必有其意。苟有舍是而别抒心得，高古绝俗者，有司往往摈不录。②

他认为，可以采用古已有之的征辟方式来选士，考试制度的改革可以用联系实际的策论来取代八股文。这样的看法在当时得到很多人的赞成。但是，因社会风尚的影响，清政府坚持科举制度，其可行性十分有限。即使薛福成本人，虽深知八股文的无用，却又不甘心彻底放弃科场上的竞争；经屡次败北，直到30岁时添列乡试"副贡"后，才最终放

---

① 薛福成：《母弟季怀事状》（1888年），见《庸庵文续编》卷下。
② 薛福成：《选举论上》（1864年），见《庸庵文外编》卷一。

弃了努力。这不仅是薛福成的悲剧，也是整整一代人的历史悲剧。可喜的是，刚刚兴起的一场学习西方、以求富求强为目的的自强运动，为薛福成提供了为国效力的新的历史机遇。

二、曾门弟子

第二次鸦片战争和农民战争的烽火硝烟，再次触动了清朝统治者和地主阶级士大夫。他们深深感到一个迥异于以往的变局时代已经到来。"天地之变局"、"古今之创局"、"千古未有之变局"，这些用来描述当时局势的不同说法表明，想原原本本按照乾嘉以来的祖制治国已经没有出路了。面临内忧外患日益加重的危局，一场学习西方船坚炮利、以维护清王朝统治为目的的洋务运动开始兴起，其主要代表人物就是曾国藩、李鸿章。他们一面编练湘军、淮军，坚决镇压太平天国起义和其他国内民众起事；一面主动与洋人达成和解，确立"外须和戎，内须变法"的宗旨，在清廷的支持下，开始创办近代军用工业，逐步发展民族工业，开启了近代中国工业化的道路。最为关键的是，洋务运动将道咸以来经世致用的学风与学习西方以富国强兵的现实抉择结合起来，使更多的有识之士参与到洋务运动中来，一批读书人有了报效国家的用武之地。薛福成正是这样一位投身到洋务运动中的读书人。

同治四年（1865年）夏，两江总督曾国藩奉命督师北上，率领湘军镇压活跃在直隶、山东等地的捻军。北上途中，沿途遍贴招贤纳才的榜文。曾国藩历来重视人才，自言"欲办大事，必须寻替手"。他不仅注意网罗人才，而且善于用自己的理想影响他们，使他们成为符合国家需要的、德才兼备的栋梁之材。他的幕府一直被认为是贤士汇聚的地方，很多士人也以入曾幕为荣。当避难宝应的薛福成看到曾国藩招贤的榜文后，在师友兄弟的鼓励下，拟就了一份万余言的《上曾侯相书》，呈送给曾国藩。由于薛湘曾官湘中，与曾国藩也有所交往，薛福成遂以"门下晚学生"自称，向曾国藩陈言献策，表达理想与志向，自然增加了几分亲近感。当时的官场十分重视人际交往，这也是薛福成能够顺利进入曾国藩幕府的一个因素。

在这篇上书中，薛福成提出了"养人才"、"广垦田"、"兴屯政"、"治捻寇"、"澄吏治"、"厚民生"、"筹海防"、"挽时变"等"当今要务"八条。曾国藩阅读后很是赞赏，在闰五月初五日（1865年6月27日）

日记中写道："阅薛晓帆之子薛福辰所递条陈，约万余言。阅毕，嘉赏无已。"① 大概福成与兄长福辰同时谒见，名字读音相近，曾公误将兄弟二人姓名混淆。福成后来回忆说：

> 是时幕府诸贤，为剑州李榕申甫，嘉兴钱应溥子密，黔程鸿诏伯敷，宣城屠楷晋卿，溆浦向师棣伯常，遵义黎庶昌莼斋。文正语申甫曰："吾此行得一学人，他日当有造就！"又谓余曰："子文长于论事，年少加功，可冀成一家言。即与伯常、莼斋同舟，互相切劘可也！"厥后，余从公八年，前后出入幕府共事者三十余人，多一时贤俊。余颇得晨夕晤谈，以扩见闻，充器识，皆文正提奖之力也。②

从这段记述可见薛福成对受赏识于曾公的无限感激之情。"学人"定位既是曾国藩对薛福成的期许，也是薛本人的自况。很大程度上，薛福成更把曾幕看做是拜师结友、钻研探讨学业的地方，而他日后的文字、事功也确实由此而来，进入曾幕是薛福成命运的转折点和一生事业的起点。

薛福成在曾幕七年时间，深受曾国藩的影响。作为负责奏咨函牍的幕僚，薛福成常随侍左右，聆听教诲。曾国藩为了倾听僚属的意见和培育人才，也常常和幕僚在一起，除每日黎明必召幕僚一同进餐外，还在公事之余找他们谈话。谈天内容十分广泛庞杂，并不限于严肃的军机布置、练兵筹饷、文章之道等正事。曾国藩酷爱围棋，终生不辍，薛福成常陪他下棋，兼与交谈。曾国藩案头的疏稿也允许福成遍览，可见，他对薛福成非常信任。据薛日记所言，曾国藩去世的当天中午，还"邀余围棋，连赢二局，意兴甚适，谈笑送予至窗外"③。不意当天傍晚曾国藩就发急病猝然离世。可见，薛福成与曾国藩的关系非常密切。

曾国藩非常重视对幕僚的培养和历练。他的幕府不只是个为他服务的办事机构，更是一个培养人才的大学校。他选取幕僚的标准是唯才是视，或已有专长，或可堪造就。因而，他的幕府中"豪彦云集，并包兼罗"，聚集了各种各样的人才。曾国藩对幕僚的要求甚严，要求每个幕僚须于兵、饷、吏、文四件事中精习一事，各有所长。他对人才的培

---

① 《曾国藩全集·日记二》，1147 页，长沙，岳麓书社，1988。
② 薛福成：《上曾侯相书》(1865 年)，见《庸庵文外编》卷三。
③ 《薛福成日记稿本》(影印本)，同治十一年二月初四日。

养，用薛福成的话说，是"始之以规矩绳墨，继之以斧斤锥凿，终之以磋磨文饰"，精雕细琢，务期其能独当一面，"幕僚虽专习文章，然独克揽其全"①，成为可以综核全局的椠椠大才。

薛福成认为，当今世务不外"兵事、饷事、吏事、文事"，作为幕僚，虽专司文事，也要总揽全局，扩充见闻。当然，他自己更多关注的还是"文事"本身。而曾国藩也对幕僚课教甚严，希望他们明白文章的功用，并善写文章。在曾幕，薛福成倾心治古文辞，对曾氏的指点心领神会，每有心得。他称"圣门四教冠以文。文者，道德之钥，而经济之舆也"②。无疑，这是受到曾国藩的直接影响才会有感而发的真知灼见。他还认真揣摩曾国藩草拟奏疏的风格，对其"古文峻洁之气"刻意模仿，加以实践。曾国藩本尊桐城派，文字师法之而不墨守其旧规，后来终于形成"湘乡派"特有的风格。薛福成与张裕钊、吴汝纶、黎庶昌传承曾氏衣钵，同为"湘乡派"健将，合称"曾门四子"，可见其文事成就与曾国藩的密切关系。

曾国藩的言传身教，再加上自己勤于观察、思索，薛福成不仅文事造诣大大提高，针对现实、解决问题的能力也有增强。同治六年（1867年），鸦片问题再次引发朝野讨论，歧见纷然。薛福成撰写《答友人论禁洋烟书》，指出"此事不禁，则养痈蓄蠹，生事之端，将有不胜言者"。并认为，鸦片屡禁不绝，在于"上不之禁"，"上不之禁，则民不以为诟病，而转视为适俗怡情之具。不及百年，势将胥天下而入之矣"③。所以，在他看来，鸦片问题虽涉及中外关系，但是，解决问题的关键还在国内。他提出"不必先与洋人校，而当自中国始"的建议，希望朝廷果断采取自上而下的严厉措施，杜绝鸦片的危害。同治八年（1869年）廷议讨论练兵问题，薛福成以幕僚身份上书，陈《练兵》之策，主张改变祖宗旧制，采用湘军、淮军章程练兵，破除积习，严格约束，以防浮惰。当时，各地教案频发，地方官府应对缺乏经验，薛福成致函李鸿章《论西人传教书》，认为一些在华传教士肆意袒护教民，欺压善良百姓，而官府摄于教会之威，不敢持中判断，结果酿成各地攻毁教堂、仇杀教士教民的惨剧。根本的方法在于设法阻止洋人传教的规模，与其漠视传教长期发展而带来更大的隐患，不如发其先而制其小。

---

① 丁凤麟、王欣之编：《薛福成选集》，215页，上海，上海人民出版社，1987。
② 薛福成：《季弟遗集序》（1882年），见《庸庵文编》卷三。
③ 薛福成：《答友人论禁洋烟书》（1867年），见《庸庵文外编》卷三。

甚至主张预将战守，广储人才，厚结诸国，随时做好与之战争的准备，进而达到重订条约阻止传教的目的。

同治九年（1870年），薛福成随曾国藩与李鸿章等参与天津教案的谈判。次年，曾国藩、李鸿章、丁日昌等策划官派幼童赴美留学事宜。后议定派遣陈兰彬、容闳率学生赴美，从而开辟了近代中西文化交流的先河。1872年，陈兰彬扬帆出国前，薛福成撰《赠陈主事序》相赠，表达了主张变法自强、学习西方长技的基本看法。他在文章中写道："天地之变，递出而不穷者也。有大智者烛幽阐微，与时推移，以御厥变，则天下被其休。否则瞢无适从，敝敝焉执故常之见，以与世变相遭，而变乃环起而不可止。"显然，大智者善变，不变则与"世变"相抵触，结局会越来越被动。但是如何变，变什么，他又有自己的见解：

> 方今海外诸国，力与中国竞者，曰英，曰法，曰美，曰俄，曰德；其他往来海上，无虑数十国。中国之情状，彼尽知之矣。而其炮械之精，轮舰之捷，又大非中国所能敌。中国所长，则在秉礼守义，三纲五常，犁然闳致。盖诸国之不逮亦远焉。为今之计，莫若勤修政教，而辅之以自强之术。其要在夺彼所长，益吾之短，并审彼所短，用吾之长。中国之变，庶几稍有瘳乎。[①]

视"礼义"为中国之所长，船坚炮利为西人之"自强之术"，这种"中体西用"的认知模式是当时所有变法者的共识。今天看来，或有其局限性，当时确是先进中国人所能达到的最先进的思想水准。薛福成认为，陈兰彬奉命率幼童远赴异乡研习西学，虽年已逾艾，却毅然无难色，赞其有"为中国建无穷之业"的志向。

同治十二年二月初四日（1873年3月2日），曾国藩在两江总督任上病逝。此时的薛福成几经奏保，亦已经成为一名候补知府。曾国藩去世后，他的幕府自然解散，幕僚星散。薛福成在帮助曾纪泽办理完曾国藩的丧事后，暂往苏州书局谋职，参加整理刊刻曾国藩奏稿和刻印金、辽、元史的工作。这里比起曾幕，自然要冷清得多，却使他能静下心来读书。在书局期间，他写了《海瑞论》、《叶向高论》、《选举论（下）》等文史札记，借古喻今，抒发情怀。《庸庵笔记》也成书于此时。这个时期是薛福成仕宦生涯中最为安逸的时期。

---

① 薛福成：《赠陈主事序》（1872年），见《庸庵文编》卷二。

三、北洋智囊

李鸿章是曾国藩之后洋务运动最负盛名的领军人物，他本人也以传曾氏衣钵相标榜。曾国藩去世后，李鸿章成为最受清廷倚靠的地方督抚，这不仅是由于他统制重兵，更由于他是当时最为明晰中外情势的高官。同治九年（1870 年）李鸿章调任直隶总督兼北洋大臣后，便"坐镇北洋，遥执朝政，凡内政外交，枢府常倚为主"①；朝廷内政外交重大事务都有其参与，特别是在外交方面，事无巨细，大多听从李鸿章的建议，甚至清廷与驻外使节之间的电报往来都经由他中转呈递，李鸿章长期成为清廷外交的核心人物。自然，李鸿章的幕府也就成为洋务总汇之处，成为考究时务、了解外情、历练外事最好的地方。薛福成十分幸运，在曾国藩去世几年后，他又成为李鸿章幕府的成员。

薛福成与同是曾国藩幕府出身的李鸿章早有交往，只不过薛氏加入曾幕时，李鸿章已经离开，并创建淮军，成为独当一面的方面大员。同治七年（1868 年）秋，薛福成与幕中同僚曾拜见过路过江宁的李鸿章，彼此"纵谈洋务甚久"。次年，李鸿章专门致函福成，对其才干极表赏识，于是薛福成写了《论西人传教书》，上呈李鸿章，"将传教之祸，与当禁之故，畅切言之"。曾国藩去世后，地方军政大员纷纷上奏清政府，表彰曾国藩的"战功政绩"，请宣付国史馆，惟李鸿章以为事端宏大，未易着笔，暂时未具奏，而是委托薛福成与钱应溥等"就近查考事迹，代草一疏"。于是，福成撰写《代李伯相拟陈督臣忠勋事实疏》呈上。时署理两江总督何璟、湖广总督李瀚章等，陆续具疏表章，朝廷恩礼优渥再三，李鸿章以为若再陈奏，近于烦渎，故未上奏。然对此文极为欣赏。友人李鸿裔（眉生）更是评价说："此篇翔实扼要，在吴、楚两疏之上。"② 可见，李鸿章对薛福成的才华是十分赏识的，只是还没有遇到合适的机会。

同治十三年（1874 年）十二月，载淳病逝，年幼的光绪皇帝登基，两宫皇太后下诏博采谠言，用资治理，"特谕知中外臣工九卿科道有言事之责者，于用人行政一切事宜，皆当据实直陈，务期各抒所见，于时

① 刘体智：《异辞录》，84 页，北京，中华书局，1988。
② 薛福成：《代李伯相拟陈督臣忠勋事实疏》（1872 年），见《庸庵文编》卷一。

事有裨而又实能见诸施行者，详细敷奏，不得徒托空言"①。当时，薛福成正以直隶州知州衔赴吏部引见，道出山东，因季弟薛福保在山东巡抚丁宝桢幕中，遂暂留济南。得知朝廷求言的消息后，薛福成大为振奋，挥笔疾书，将自己多年来运筹帷幄、熟烂在胸的救时对策，概括成"治平六策"和"海防密议十条"，洋洋洒洒，书写万余言，题《应诏陈言疏》，请山东巡抚丁宝桢代呈。

薛福成的"治平六策"包括养贤才、肃吏治、恤民隐、筹海运、练军实、裕财用等六项整顿内政的政策。"海防密议十条"包括择交宜审、储才宜豫、制器宜精、造船宜讲、商情宜恤、茶政宜理、开矿宜筹、水师宜练、铁甲船宜购、条约书宜颁发州县等，主要陈述的是实行自强的具体办法，体现了发展工商业、军事工业，以及创建海军、改善外交的具体内容。薛福成的建议与李鸿章、丁宝桢等洋务派领袖的施政理念完全一致，况且，丁宝桢对于薛氏兄弟的器重并不亚于曾、李，由于他的鼎力举荐，薛福成的建议才得以上达，并得到清廷的重视。光绪元年四月十八日（1875 年 5 月 22 日）薛福成的条陈奉懿旨留中，不久，交军机大臣发各衙门讨论议奏。其"海防密议十条"，由总理衙门汇入各省大吏议复海防各折一并讨论。② 后来定遣使往驻西洋各国之议，准将各条约文本，由总理衙门统一刊印，颁发各关道、各行省，分行州县，使官民了解中外交涉之大概，均与薛福成的建议有关。至于制器、造船、理茶政、开矿、练水师、购铁甲船各条，则令南北洋大臣酌办。这次上书活动，进一步提高了薛福成在官场的知名度。同年八月，丁宝桢再次保举薛福成"学堪致用，识略宏深"；第二年，首任驻英公使郭嵩焘再次保举他"博学多通，精习西洋地势制度，条举缕分，精习无遗，而性情纯朴笃实，一无虚饰"，称其"所见过人"，堪任驻外公使之职。③ 洋务官员的大力推荐使薛福成倍受鼓舞。李鸿章则以其为奇才，于是邀其入幕，光绪元年六月，薛福成抵达天津，正式入李鸿章幕府办事。

光绪四年（1878 年），清廷内部围绕修铁路展开了激烈争论，薛福

---

① 朱寿朋编：《光绪朝东华录》，第 1 册，8 页，北京，中华书局，1958。

② 参见《奕䜣等奏为遵旨议奏薛福成条陈海防十条事》，光绪元年五月十四日，军机处录副奏折，编号 03—9381—036，中国第一历史档案馆藏。

③ 参见郭嵩焘：《举使才片》，见杨坚校补：《郭嵩焘奏稿》，363 页，长沙，岳麓书社，1983。

成撰写《创开中国铁路议》，从火轮车促使欧美富强的成功经验立论，强调铁路对军事及轮船、矿务、邮政等工商业的积极作用。称"今泰西诸国，竞富争强，其兴勃焉，所恃者火轮舟车耳。轮舟之制，中国既仿而用之，有明效矣"①，则铁路何故不可仿行？他倡议放弃成见，移风易俗，充分认识铁路的益处，早修铁路以致富强之路。他的这些观点与李鸿章等主张修铁路的洋务派大员是完全一致。

光绪五年（1879年），清廷建设海军议起，总税务司、英国人赫德上书朝廷筹建中国海军，觊觎总海防司一职。传闻将由赫德总管中国海防，招聘洋将，添购舰船，薛福成闻讯撰写《上李伯相论赫德不宜总司海防书》，认为赫德其人"阴鸷而专利，怙势而自尊，虽食厚禄，受高职，其意仍内西人而外中国。彼既总司江海各关税务，利柄在其掌握，已有尾大不掉之势。若复授为总海防司，则中国兵权饷权，皆入赫德一人之手"②，终以总税务司与总海防司选择其一，令赫德放弃了控制中国海军的企图。

同年，薛福成开始撰写《筹洋刍议》，这是一部系统论述变法自强思想的论著。该书以筹划如何应对外国侵略为宗旨，分"约章"、"边防"、"邻交"、"利器"、"敌情"、"藩邦"、"商政"、"船政"、"矿政"、"利权一"、"利权二"、"利权三"、"利权四"、"变法"等14个篇章，详细表达了变法自强的对策与主张。他建议对不平等条约进行"补偏救弊"，有损有益，互补互让，设法对片面最惠国待遇及领事裁判权进行挽回；切实加强边防建设，派重臣实力经营东三省，募练骑兵；在新疆广兴屯田，以裕军食；扶持蒙古各部，建设北方藩卫；联络西人为党援，在外交上抑制日本的力量，扩充饷源，加强海防建设；振兴贩运、艺植、制造，寓富于商；保护关税，反对列强"扰我自主之权"。在"变法"篇中，提出当此变局时代，"虽以尧、舜当之，终不能闭关独治"，"是故惟圣人能法圣人，亦惟圣人能变圣人之法。彼其所以变者，非好变也，时势为之也"。总之，如果一味泥古不变，株守"上古圣人之法"，则大势不堪设想。《筹洋刍议》刊行后受到士林的极大关注，其中的大部分内容被收入葛士濬编《皇朝经世文续编》中，其影响一直持续到戊戌变法前后。

薛福成在李幕前后七年中，从一开始就得到充分的信任，是总督身

---

① 薛福成：《创开中国铁路议》（1878年），见《庸庵文编》卷二。
② 薛福成：《上李伯相论赫德不宜总司海防书》（1879年），见《庸庵文编》卷二。

边不可或缺的智囊人物。在跟随李鸿章办理内政外交事务的过程中，薛福成的视野更加开阔，识见更为高远，才干也得到新的历练。李鸿章的很多奏疏、咨札和信函是由薛福成代拟的，内容涉及内政外交、军事经济，甚至李氏为亲朋故旧撰写的书序、墓志铭等文字也由薛福成代为捉刀。除了文学优长的特点，更主要的恐怕还是他们宾主二人在许多问题上意见相投。薛福成去世后由其子薛莹中纂辑的《庸庵文别集》，收录的主要是薛福成为李鸿章代拟的奏疏和书札。此外，李鸿章主持或负责的许多活动，特别是外交活动中，都活跃着薛福成的身影，如海防建设，教案的处理，吴淞铁路的赎回，对琉球、朝鲜等国的援护，马嘉理案的交涉与《烟台条约》的谈判，越南问题及对法交涉等，都有薛福成的智力贡献，这些在薛福成的文字中都有点滴的反映。

四、持节海外

薛福成在直隶总督幕府时期多次得到李鸿章的保荐，由候补知府升至河南候补道。光绪十年正月初十日（1884年2月6日）奉旨实授浙江宁绍台道，经过漫长的幕府生涯，终于成为一名可以大显身手的实职地方官员。在任期间，正值中法战争爆发，法军舰游弋东南沿海，清廷被迫实行沿海戒严，浙江巡抚刘秉璋、提督欧阳利见联合地方官员加强防御，在宁波成立了由薛福成负责的海防营务处。他积极研究浙江沿海地势地形，迁移法国传教士，清除间谍嫌疑，并联络英国领事，策动英国参与保护舟山之事。战争结束后，薛福成将相关文献汇集成《浙东筹防录》，以作为自己实干地方的见证。光绪十四年（1888年）九月，薛福成升任湖南按察使。次年初，赴京陛见，四月，改任出使英法意比大臣，开湖南按察使缺，以三品京堂候补，并赏给二品顶戴。他选择黄遵宪、许钰、钱恂等作为参赞，十六年（1890年）正月十二日，自上海乘轮船赴欧履任。二月十六日（3月6日）抵达法国马赛港。由此登陆，薛福成进入了他从未想到过的一片新天地。

在欧洲大陆和英伦三岛，薛福成广泛考察英、法、德、意、比等西方国家的工业、商业、军事、经济、教育文化制度，眼界日益开阔，思想也日益活跃。他意识到重商主义对欧洲社会的影响。他写到：

> 夫商为中国四民之殿，而西人则特商为创国、造家、开物、成务之命脉。迭著神奇之效者，何也？盖有商则士可行其所学而学益

精，农可通其所植而植益盛，工可售其所作而作益勤。是握四民之纲者，商也。此其理为从前九州之内所未知，六经之内所未讲。西洋创此规模，实有可操之券，不能执崇本抑末之旧说以难之。①

亲眼所见的事实让薛福成坚信中国的"崇本抑末"政策行不通了。然而，要振兴工商，必须完善公司制度，"纠众智以为智，众能以为能，众财以为财"②。而西洋工矿各业之精，源于科学，此乃天地公共之道，中国应打破科举帖括于人才之束缚，奋起直追。他还总结出西人"养民最要之新法"，有造机器、筑铁路、设邮局报馆、立和约通商、增领事、通电报、筹国家公帑、立商务局、设博物院、举商董、设机器局、定关税、垦荒地、开矿政、行钞票、讲化学、选贤能、变漕法、清帐项、开银行、求新法等 21 条。③ 这些养民之法，已经不止是单纯的技术手段方面的成就，而包含制度、文化层面的因素。可见，薛福成学习西方的思想在实际的观察中，又有了新的升华。他甚至赞许英、德等国的君主立宪制，对英国议院两党制互相维制、国政得济于平的局面十分推许。他写道：

> 欧洲之英、荷、义、比、西、葡、丹、瑞典诸国，君民共主之国也，其政权亦在议院，大约民权十之七八，君权十之二三。君主之胜于伯理玺天德者无几，不过世袭君位而已。英主在英伦三岛称君主，而今又称五印度后帝，则其君权在印度较重。其本国所以仍称君主者，以数百年来为其民所限制，骤难更张也。法国前称皇帝，而今改为民主，始稍安谧。④

薛福成对西方政治制度的考察同样是置于中西对比的语境下进行的，甚至认为中国文化中也有"君民共主"的因素。他说：

> 若夫夏、商、周之世，虽君位皆世及，而孟子"民为贵，社稷次之，君为轻"之说，犹行于其间，其犹今之英、义诸国君民共主政乎？夫君民共主，无君主、民主偏重之弊，最为斟酌得中，所以三代之隆，几及三千年之久，为旷古所未有也。⑤

① 薛福成：《英吉利用商务辟荒地说》（1890 年），见《庸庵海外文编》卷三。
② 薛福成：《论公司不举之病》（1893 年），见《庸庵海外文编》卷三。
③ 参见薛福成：《出使日记续刻》卷五，光绪十八年闰六月初六日。
④ 薛福成：《出使日记》卷五，光绪十六年十二月廿九日。
⑤ 薛福成：《出使日记续刻》卷四，光绪十八年四月初一日。

清廷设立驻外公使后，保护各地华侨，维护华侨利益成为首要任务。在英属各地华人较为集中的地区，薛福成主张设立领事馆，援引国际法和实际情况，与英国外交部进行了多次交涉；又向朝廷提议通盘筹划，在南洋群岛各地添设领事保护华侨利益，以维护国家主权和民族尊严。在他的努力下，新加坡领事升为总领事，由黄遵宪充任，兼管南洋英属各埠；又在槟榔屿、仰光两处设领事，管理华人事宜。薛福成又向清廷建议善待归国华人华侨，杜绝地方官绅任何形式的敲诈和刁难，保护他们回国置产、投资工商的积极性。[①] 对巴西、墨西哥等北美国家主动来华招募华工，他认为应与各国订立条约，确保赴外华人的切身利益，避免发生像美国那样在垦殖开发完成后设谋驱逐华人的悲剧。他还曾就加拿大、澳大利亚限制华人苛例及越南征华人人头税事与英、法进行过严正交涉。

薛福成出使期间，先于光绪十六年（1890 年）补光禄寺卿，次年六月调太常寺卿，八月转大理寺卿。十八年（1892 年）八月，授都察院左副都御史。出使期间让他花费极大精力办理的是与英国有关滇缅边境界务和通商问题的谈判。自光绪十一年（1885 年）英国侵占缅甸全境后，便将侵略矛头指向中缅边境地区。中缅界务问题逐渐提上议事日程。次年，《中英缅甸条约》签订，但是仍遗留了许多未议问题。薛福成到任后，建议清廷主动提出交涉条件，防止英国人再次玩弄先造成既成事实再强迫中国接受的外交伎俩。他认为，领土交涉要处于主动地位，在坚持原则的同时，采取灵活方式以谋求事态的进展。经过反复辩驳，光绪二十年正月二十四日（1894 年 3 月 1 日），薛福成代表清政府与英国签订《续议滇缅界务商务条款》，英国被迫承认大金沙江两岸绵延数千里的野人山地，是一片"不缅不华"的中间地域，按照国际公法，由两国平均分配。这次谈判结果是中国近代史上少有的一次、以国际法为准则的平等交涉。大约同时，英、俄纷纷向帕米尔扩张，薛福成与驻俄公使许景澄反复电商总署，亟谋善策，以防国土受到英、俄侵蚀。

长期的异域生活和紧张的外交谈判，让薛福成身心疲惫。二十年四月，薛福成差竣回华。经过海上颠簸，五月二十八日抵上海，因病情加重，于六月十九日（7 月 21 日）病逝。当时正值中日战争期间，军务

---

① 参见薛福成：《请豁除旧禁招徕华民疏》（1893 年），见《庸庵海外文编》卷一。

俭傃，光绪帝仍谕令照副都御史例赐恤。光绪二十二年（1896 年），再颁上谕，赞誉薛氏"勋劳卓著"，将事迹宣付国史馆立传。

薛福成不仅是思想家，也是一位多产的学者。他继承了传统读书人志在立言的文化传统，很早就开始整理自己的著作。从光绪十三年（1887 年）起，由无锡薛氏传经楼陆续刊行《庸庵文编》四卷、《庸庵文续编》二卷、《庸庵文外编》四卷、《庸庵海外文编》四卷、《筹洋刍议》一卷、《浙东筹防录》四卷、《出使英法意比四国日记》六卷，这些文字均经过作者本人审订。薛福成逝世后，传经楼又陆续刊行《出使奏疏》二卷、《出使公牍》十卷、《出使四国日记续刻》十卷，与以往所刻总称《庸庵全集》，计十种，四十七卷。此外，薛福成生前手订《庸庵笔记》六卷，也于光绪二十三年（1897 年）仲春由传经楼刊行；薛福成代曾国藩、李鸿章所拟未刊书牍也由薛莹中另编为《庸庵文别集》，于光绪二十九年（1903 年）春由醉六堂石印出版，至此薛福成著作出版大体完备。此后，薛福成又有各种单行刊本、石印本。20 世纪 70 至 90 年代，沈云龙主编的《近代中国史料丛刊》和顾廷龙主编的《续修四库全书》也都收入大部分薛氏著作。①

薛福成的著述在近代中国思想史和文学史上都具有特殊的地位和意义。此次编选按照文选、笔记选、日记选三种类型，将其各个时期的主要代表性作品基本上辑入；每一类文字均以时间先后为序编排。主要依据《近代中国史料丛刊》和《续修四库全书》所收各种薛氏著作版本；同时，也参考了施宣园、郭志坤标点《庸庵文别集》（上海古籍出版社 1985 年版）、《薛福成日记稿本》（南京图书馆影印）以及蔡少卿整理《薛福成日记》（吉林文史出版社 2004 年版）等。事实上，早在 20 世纪 80 年代，丁凤麟、王欣之两位先生就编选过 40 多万字的《薛福成选集》（上海人民出版社 1987 年版），将薛氏论著的精华尽收其中，标点出版，对于学界研究薛福成提供了极大便利。此次编选薛氏文集，我们认真参考了这个选本，但更侧重文章的思想性，文学性较强的文章收录较少；同时，增补了日记选的内容。为便于读者阅读，还增加了相应的注释。

薛福成对晚清重要历史事件、历史人物、中外交涉多有详尽的记

---

① 参见黄树生：《薛福成著述版本考述》，载《江南大学学报》第 4 卷第 1 期，2005 年 2 月。

述，其古文在当时尤有名气。作者生前曾花费不少精力对自己的文章进行整理，如《庸庵文编》四卷、《庸庵文续编》二卷、《庸庵文外编》四卷中很多文章后就附有薛氏本人的"自识"，以及兄长薛福辰、季弟薛福保、李鸿裔（字眉生）、杨象济（字利叔）、萧穆（敬孚）、曾纪泽（劼刚）、曾纪鸿（字栗诚）、方宗诚（存之）、黎庶昌（莼斋）、章洪钧（琴生）等师友的点评。这次整理均将评语采用楷体另排，与正文区分开来，以便读者阅读。

此外，对一些字词采取统一规范，原文中"籽种"均改为"籽种"；"涂中"改为"途中"；"驻札"改为"驻扎"；"莫府"改为"幕府"；"覆奏"改为"复奏"；"囏"改为"艰"。一些原稿明显错误，用〔 〕予以矫正；有疑问者加问号。由于水平所限，讹误之处，还请读者指正，有机会我们将尽力纠正。

文

选

选举论上
（1864 年）

　　方今人才之进，取诸制艺。制艺之术，果可以尽人才乎？明初设科，始尊制艺，谓其能阐发圣贤意也，谓其根柢经史，足征学问器识也。迁流既久，文日积日多，法日讲日新，一变趋机局，再变修格调，三变尚辞华。浸淫至今，驱天下数十百万操觚之士，敝精瘁神于制艺之中，不研经术，不考史事。辨性理之微言，则惊为河汉；讲经世之要务，则诧若望洋。每岁掇巍科，登显第者，大抵取近科程□〔墨?〕，转相剽袭。同其文，不必同其题，有其辞，不必有其意。苟有舍是而别抒心得，高古绝俗者，有司往往摈不录。夫人情皆惮迂远，慕速化，古今理乱得失兴坏之故，《大学》格致诚正修齐治平之要，求之者数十年难窥阃奥，仍无当于进取之数，孰若缀缉肤辞，规模时调，博清显于数年间哉。先儒亭林顾氏有言："八股盛而六经微，十八房兴而廿一史废。"易堂诸子，遂创谓秦皇以不读书愚黔首，明祖以读书愚黔首，殆有为言之也。且时文至今日，非独其文之谫陋，无足尚也。今即有一能文之士于此，一旦登要职，握事权，其经世宰物，未必稍异于恒人也。是何也？试之以素所不习也。彼其平居所熟习者，不过曰孰为天崇国初，孰为名家大家而已。夫先辈不可磨灭之文，岂竟无得于实学者哉？然譬诸水，六经，海也；诸子百家，江湖也。天崇国初名家大家之文，取河海江湖之水，置诸沟渠以资灌溉者也。倘日汲沟渠以资灌溉，则涸可立俟。豪贾入五都之市，猝阅瑰宝，悉仇所望，斥巨赀，辇货以归，久之而因此得售者稍多焉。则所积不溢于所陈之外，久之而相踵得售者益多焉。则焜耀通阛者，无非伪物以炫人耳目。是故明初以制艺取士，征实学于制艺之中；今世以制艺取士，别制艺于实学之外，积重之势然也。或谓制艺信不足取士矣，自有明以逮近今，凡魁儒硕学，与夫瑰琦卓荦名世之大贤，曷尝不以制艺进哉？是不然。夫天生异才，必使出为一世用。其翘然不可泯没，不为末流所驱煽者，固有之矣。孰知夫二百年来，聪明才杰之资，迍邅场屋，槁项黧馘以老死牖下者，肩相望也。然则如何而可得人才乎？曰：制艺之盛，已五百年，至今日而穷矣。穷则变，变则通，通则久。为今之计，其必取之以征辟，而试之以策论乎。黜浮靡，崇实学，奖荐贤，去一切防闲，破累朝积习，则庶乎可以得人矣。

（选自《庸庵文外编》卷一）

选举论中
（1864 年）

或曰："然则征辟独无弊乎？今即以科场论，自扃门搜检，以至糊名易书，防检严矣，然且一有罅漏，百弊丛生。若以荐举事付有司，其能无弊乎？"曰：是知其一，未知其二也。夫上以苟贱不廉之心虞其下，则下亦以苟贱不廉自待。不治其本而防其末，防之者益周，应之者益巧矣。且使为有司者而贤与，必能搜访幽隐，荐扬才杰，其可以得士之术，十倍科第，非若冥搜穷索，决片刻之短长于文艺之末也。为有司者而不贤与，则其人不可一日加于民上，不当待取士之日而始防之也。窃尝观汉、唐、宋之世，自贤良方正以逮直言极谏等科，皆大臣有司荐之，天子试之，非常之人，往往而出。

本朝博学鸿词一科，其被举者虽有赴有不赴，或赴而不用，若汤潜庵、顾亭林、陆稼书、李中孚以下，凡道德经济之彦，指不胜屈，未闻有庸陋阘茸之士厕其间，是何也？朝廷苟真切求之，非才望卓著，与束修自好者，不敢妄以应诏。即有幸获虚名者，十不过二三，且其才器必稍有过人者。若今之科举，无论有司百执事之弊，未必能无；无弊矣，而夹带、枪替、剿袭之弊，断不能绝；诸弊绝矣，而所取之允推名手者，多不过十之一耳；能文之士之有潜德，有实学者，亦不过十之一耳；是百人而得一人也。是故以科举取士，虽诸弊皆绝，而百人仅得一人；以征辟取士，虽弊端偶见，而十人可得四五。或曰："征辟之盛，三代下莫如汉，然末流之弊，士以标榜相尚，甚至矫饰名誉，非议朝政，则何如浑贤否之名，而息其争竞之心哉？"曰：是所谓因噎废食者也。夫汉之立国四百年，风俗朴茂，政事清明，独非得士之效与？其后，上无明君，朝无是非，诸名士乃争相倡和，树朋党，然上下知畏清议，汉之赖以维持者数十年。且凡物不可偏重，偏重必敝。今科第之偏重久矣，宜以征辟之法救之。若子所言，其弊当见于数百年后，救之之术，在后之人，非愚所敢知也。或曰："今之孝廉方正，与各省优贡，仍仿古征辟之法，未闻得士盛于科第也。"曰：天下大势所趋，恒视上之轻重以为的，今举天下惟科第是慕，其不由此进者，则概指为他途，未闻上下交轻，犹可以得人者也。况孝廉方正之目，间数十年一举，其中真伪参半，若严先生如熤、罗忠节公泽南，皆举孝廉方正，未可谓所得之不如科第。优贡则曩时有司奉行故事而已，今进用之途已稍改，得人固不逊于科第也。然则今之取士宜如何？曰：常科之外，宜开特科。常科以待天下占毕之士，试策论，论仍以四子五经命题，特易其体格而已；策则参问古今事，问之古事以觇其学，问之今事以觇其识。勿以一节之长而遽取，必统观其实学；勿以一句之疵而遽黜，必合校其三场。特科以待隐逸之士、不羁之士，及才行素著、久困场屋之士。令内外大臣荐举，天子亲试之廷，取其学通古今、器识闳伟者授以职，罢者以礼遣归。其科，或贤良方正，或直言极谏，或博学鸿词，随时设目。其举之也，或一二十年，或五六年，凡俟有大政事则举之，大谋议则举之，大恩则举之，灾异则举之，举无定岁，取无定数。其已得科第者，五品以下亦许与选；大臣得人者，受荐贤之赏；举非其人者，受欺罔之罚；若是则人才庶少遗逸矣。虽然，法无定而用法者在人，苟此法初行，而所任或非贤者，则不知者且以咎法之不善，然则任人尤不可不慎哉，尤不可不慎哉！

（选自《庸庵文外编》卷一）

选举论下 *
（1873 年）

曩余尝论制艺取士末流之弊，由今思之，人才之进，不尽重制艺也。人才所由大用，其在小楷与试帖乎？且制艺号为代圣贤立言，文之至者，得不偏不易之旨；所病者体日刓，及有司识不精耳。即使连掇科第，苟不工于小楷试帖，不过得一知县而止。而世所谓清要之选，如翰林，如御史，如内阁中书，如军机章京，大都专选小楷，或以试帖辅之，舍是末由进也。又如三品以下京员之膺试差，及大考翰詹之迁擢，舍是亦末由得也。此数端者，定制或考策论，或考制艺，或考律赋，而小楷试帖往往兼之。自校阅之大臣，不皆邃于学，又殿廷之上，期限促迫，日趋苟简，惟小楷试帖一望可知优劣，不能无偏重之势，避烦斗捷，流风相师，久之而考者阅者，皆忘其所以然，莫不谓功令当然者矣。夫小楷取匀润，非有钟、王、颜、柳之书法也；试帖尚新巧，非有李、杜、苏、王之诗派也。其理之狭，体之庳，尤出制艺下远甚。然而圈百余年来之穹官硕辅，必令出于其中，凡经史、掌故、律令，一概可束高阁，翰詹清班，骤闻大考，懔懔焉惟恐小楷试帖偶襮其瑕，非特不能迁转，而罢黜且随之。余尝疑策论之禁涉时务，及翰詹各员专以小楷试帖为殿最，或由故相和珅之欲揽权蔽贤，为此束缚英豪之举。盖此风盛于乾隆中叶以后，浸淫渐染以迄今日也。夫以四五品之华资峻望，宜于此等汩没性灵之具，可少止矣；珍其日力，讲经世宰物之略，研国计军谋之要，岂非朝廷育才本意哉！不此之务，而尚詹詹之小技，近世如陆建瀛、叶名琛、何桂清等，皆专精小楷试帖者也，一出而殃民辱国，为世大傻，岂不哀哉！何者？所用非所学，所学非所用也。余友有官翰

---

* 本书"文选"部分原则上按照写作时间排序。此处为保持《选举论》上、中、下三篇的连续性，特打破时间顺序，将下篇移至中篇之后。

林者，须发斑白，犹以制艺试帖小楷分立课程，刻苦尤过人，终身如童子之在严师侧者。其言曰："吾一日离此，则不能得试差。居翰林而不任试差，此饥寒之媒也。吾为此所以救饥寒也。"厥后，果迭充主考学政，终以神郁气悴，得疾遽殒。余尝惜其遇而惘然悯之。曾文正公入翰林，其师季侍郎芝昌劝令劬于考试之学，文正辞以体羸多病，而大肆力于理学、古文、经济，成就至为闳远，皆于京邸十余年内基之。此文正所以为文正也，而今之翰林，能若是者鲜矣。或谓："子因何桂清等而病翰林，然文武具备、经纬区宇者，如曾文正公、胡文忠公，及今伯相合肥李公，皆出自翰林，则小楷试帖，奚负于天下哉？"应之曰：今世人才之进，不外考试、劳绩、捐纳三端，劳绩尤著者曰军功，而军功、捐纳，颇为时论所訾警矣。惟考试有正途之目，翰林尤正途上选。胡公以编修降调家居，幸藉捐纳，再得进用；李公以编修崎岖十年，继入曾文正公幕府，累以知兵保荐，始由道员超擢巡抚，亦不能无藉乎军功；惟曾公已由检讨仕至侍郎，然其后奉讳家居，起兵讨贼，亦因军功始获大用，否则以京员老耳。以军功、捐纳之蒙诟病，而三公不免涉其藩，盖贤豪应运，不可抑遏，无论何途，必由之以进也。若夫江忠烈公、罗忠节公、李忠武公兄弟、今伯相左公、威毅伯曾公，及衡阳彭侍郎等，联翩踔起，则纯倚军功矣。是故乾隆以前，贤才未尝不盛，其时登进之途，不恃小楷试帖也。乾隆以后，小楷试帖，日重一日，至咸丰初年而弊不可救，幸有军功以剂之，遂能罗英俊，济艰难。今内寇已平，而强邻环伺，其势又稍变于昔矣。而小楷试帖之相嬗成风，则如故也，隳人志气，锢人聪明，所谓自侮自伐也。为今之计，宜变更一切成法，如大考翰詹之类，可罢者罢之，其余则以策论、掌故、律令，代制艺、律赋、试帖，以糊名易书代小楷，以责公卿保荐贤才、重其赏罚，代大臣之阅卷，尤在九重之上，精神默运，询事考言，采宿望，核舆论，如是而真才不出，吾不信也。

（选自《庸庵文外编》卷一）

上曾侯相书[*]
（1865 年）

太老夫子元侯中堂节下：窃惟天下之将治，必有大人者出而经纬之。而天之靳之，往往有二。宋明以来，大儒间出，恒不得居将相之位以有为于时。得位矣，或限于地，或受任未专且久，或丁举世耳目之因循而碍于更革，则亦稍稍补苴掇拾，而未暇为百世深计。此非其人不伟，位不显，而时为之也。若夫天生瑰琦宏杰之人，而畀以至重之任，又有可因之时，则天以百世事业寄之也，不待言而决矣。国家承平，余二百年，自粤孽倡乱，荼毒遍海内，回、苗、幅、捻诸寇，如猬毛而起。节下以乡兵数千，号召贤俊，为天下倡。廓清南楚，奋兵而出，荡鄂渚，摧江州，收夺失土数千里，遂受东征之命。水陆诸军，夹江而下，规全皖形势之地，以制贼死命。推毂群帅，选将分兵，则两浙三吴，相次恢复。然后悉锐而拔金陵，枭元恶，扫除数百万猖獗之豺虎而灭其景迹。节下之勋，磊磊轩天地，海内抵掌高谈之士，窥见标末，开口不能诵说万一。拘方鄙儒，岂复能仰测高深，拟议影响间哉？抑福成窃不自揣，犹有望于节下者？语曰："行百里者半九十。"节下戡乱之业，视唐之汾阳王，明之新建伯，殆已至百里而又过之。若必如伊、傅、周、召之致治，则适及乎百里之半，而当加意之时也。伊、傅、周、召，固非福成所敢窥测，若三代下之能追踪前哲者，莫如诸葛武侯。请设言武侯之事，假令当时灭吴荡魏，天下为一，将为一代建不拔之业，必作人才以培邦本也审矣，必饬治道以康兆民也审矣，必将策富强、定经制、消反侧、防外侮、正风俗，又无疑矣。武侯虽不得行其志，而其志之所当为者，则可推也。即推而上之为伊、傅、周、召，其所为亦当如是也。今节下之功，既远出武侯上，而可为之时，又十倍武侯。天子倚之，天下信之，节下建一议，行一政，则举世将视为转移。又值变乱之后，百事兴革，民心望治，往往更张而不见其迹，施设而易蒙其泽，是伊、傅、周、召所仅能一遇之时，而又知节下平日所自期，断不在伊、傅、周、召下，故福成敢以其迂疏之说进焉。福成于学人中，志意最劣下，往在十二三岁时，强寇窃发岭外，慨然欲为经世实学，以备国家一日之用，乃屏弃一切而专力于是。始考之二千年成败兴坏之局，用兵战阵变化曲折之机，旁及天文、阴阳、奇门、卜筮之崖略，九州厄塞山川险要之统纪，靡不切究。盖穷其说者数年，而觉要领所在，初不止此。因推本姚江王氏之学，以收敛身心为主，然后浩然若有得也。既又知为学之功，居敬穷理，不可偏废，而溯其源不出六经四子之说。盖术凡三变而确然得所归宿处，所惧知识梼昧，师心独学于穷乡之中，固陋不足以应世。窃自私念，必得今世巨公如节下者以为依归，而磨砺以事，始能略有成就。昔先人以文辞受知门下，为县令湖南，方稍欲建树，不幸中道即世。福成时随长兄福辰在楚，适节下辱垂吊赙，恩谊之隆，非可言喻。既而贼陷故乡，奔驰东归省母，相遇于江北之宝应，遂侨僻处居之。读书奉亲之外，妄画灭贼方略，思欲亲诣行辕陈献，辄以母老家贫，不能远行而罢。迩者节下犁平丑类，而天下至急至切之务，与东南经久之规模，均惟节下是赖。盖所谓其人其任其时，三者咸会其极者，失此不言，复谁与言之？今闻节下以剿捻寇北上，彼皆乌合救死之寇，以节下之威临之，自当不日荡定。但所云百世事业，不尽在此，故辄献其前所欲云者。其北方利病，与剿捕机宜，数千里外，未敢悬度。至其梗概，略具于治捻寇一篇。谨撮大端，列为条目如左。曰：养人才，广垦田，兴屯政，治捻寇，澄吏治，厚民生，筹海防，挽时变。虽其间草野臆度之言不乏，而论当今要务，似不外是。言辞芜拙，字迹粗劣，伏惟恕而察之，不胜惶悚冒昧之至。门下晚学生薛福成再拜谨上。

养人才

古之取士者，或以德进，或以事举，或以言扬，三者兼用而不偏废。隋唐以降，始专尚考试，然其间自岩穴显者，犹或有之，又特设制科以待非常之士。明初至今，制艺日重，得人之途，一归之甲乙科。其初文风浑朴，期于明理而止，故凡名贤硕德，与伟才异能之思自表见于时者，亦往往由之以进。然自是不就考试之人，以事举者，固属寥寥；以德进者，更阒然无闻矣。近十数年来，潢池不靖，朝廷博求贤才，大臣举荐，率不次擢用。于是智略辐凑，虎臣辈出，四方瑰俊，雷动云合，以赞中兴之运。是岂无术以致之哉？盖由朝廷能破千载之成格，而节下以忠孝文武为之倡，又复虚怀宏奖，振古罕有。故一代人才，闻而兴起，用以截乱夷艰，而惟节下之左右之也。今巨孽已平，海内渐以无事，英俊无由自效，士之奋迅求试者，复相率而入于科举。科举行之既久，其法不能无敝。盖学士大夫以制艺相切劘，余五百年，至于今陈文委积，剿说相仍，而真意渐汩。取士者束以程式。工拙不甚相远。夫以工拙不甚相远之文，取决于有司一时之爱憎，加以贪常嗜琐，意见各异，而黜陟益以难凭。遂使世之慕速化者，置经史实学于不问，竞务为浇劣浮厖之习以弋科第。魁硕之儒，皓首而不遇者，比比是也。然则欲救科举之敝而收遗逸、养人才，莫如征辟与科举并用。大凡以今日天下人才计之：其见收于科第者十之二，其见收于军营及一切保举者十之三，其沉抑迍邅而不获一用者，犹十之五。节下诚博访而慎择之，若德行纯懿，若经术精深，若吏治明娴，若邱园高蹈，若练习名法，若谙晓韬钤，若干略过人，若文章希古，其他茂才异等，有一长一艺，堪施实用者，不拘一格，取其见闻所及，或素有时望者荐之朝，复奏之天子，饬内外大臣各举所知，仿国初举博学鸿词例，召试大廷，量才录用。然后著为成法，不时举行。如是则贤才无遗逸之患，可以辅科举所不及。而前此空疏之弊，亦且渐以转移。夫科举虽敝，其法固难变革也。若但云振文风，新士习，又非一人所能主其权，一日所能蒇其功也。节下负知人之雅鉴，昨者凶竖干纪，既以之收召英豪，奏不世之奇功矣；今复为国家扶植元气，以振耸天下人之耳目，当必有度越千古者。盖斯事体大，非节下之德之力，不能成此举，亦无复有能胜此举者矣。伏惟及时加意焉。平居所作《选举论》二篇，谨附上。

广垦田

江南衍沃称天下，顷更丧乱，民死者不可胜数。其颠沛饥羸仅存之民，或无以为耕，耕亦不获。然则事势至此，虽天时大和，灾祲不作，而甘雨下注，常委为沧海之波，民固且拱手待尽于沟壑之间，而莫之拯也。时事之可忧，孰甚于此？虽然，福成窃观古人之良法美意，垂为百世之利者，往往转出于丧乱之余。今沃野千里，旷弃不耕，诚因此时修明开垦之政，则所谓百世之利，可得而建也。开垦之政有二：曰民垦。民之有业而无力者，借以籽种、牛具资之耕，其旷绝无人之处，宜益募他州之人愿耕者，不计多寡，三年以后升科，给为永业，则亦可以少充国赋；曰官垦。藉无主之田，官自募民耕之，定其租，视民间租岁减什一二，数岁之后，当有成绪。且近世官吏仰食县官，县官所费不訾，而受者常病其薄。宜仿古禄田之法，以公田给州县，代其俸廉，大县以千五百亩为则，小县减三之一。大率银万两，可垦田五千亩。明岁俾自耕，以其租易耕他处，三岁可得万五千亩。若以十万金为之，则得十五万亩，是百县令之食也。若以二十万金为之，则祭祀役食等项，地方之费，岁省大半。每行省筹二十万金，核之经费不为多，而百世之利建焉。夫自古公田之法，往往不数十年而敝者，以官为经理，不若民之自为经理也。今以之代俸廉，及充州县公费，则州县之重之，必不后于民之自为经理也。节下哀怜百姓，招流亡，给籽种，一切条法，简而易行，若福成之愚，岂能赞一辞哉。然而经费不足，是以开之不广，请即见闻所及，就其一二言之，似亦有宜加之意者。今苏、常、松、太各属，每县各有善后局，局数十百人，平居皆习为奸利，至无行义之辈。其中或有稍公正者，上官使主其事，亦以乡党亲故，莫能相禁。以故岁縻巨万，报销于上官，不啻以一为五。道路嗟叹，以为不如其已。由此观之，孰若悉罢此辈，以节浮费而济事实哉。去岁不登，苏、松差愈，常属惟锡金下种较多耳，然亩收仅数斗。田捐之令，亩四百；差役费二百，民不得食。而州县苛督，甚于钱漕，不知有以闻节下否？且钱六百，固一二亩种麦资也。麦熟后资以种稻，亦一二亩。今独以锡金言之，田捐为五十万亩，则其所失岂可量哉？伏惟推此类汰去之，则官民并垦之利，庶可得而议焉。

兴屯政

自巨猾倡乱以来，当事者练兵募勇，奚翅数十百万。其转输之费，筹济之劳，几于无孔不入，虽倾天下之力以供之，犹岌岌乎有不继之势。赖节下威力，数年之间，贼巢尽倾，凶渠授首，而前日调集之兵勇，得以稍稍撤散。然就今之大势计之，残寇犹窃余生，反侧时多未靖，则有不可尽撤之势。孤子者既无家可归，骁健者或挺而生变，又有不能尽散之情。若聚而使之坐食，则长骄惰而滋事端，固非国家之利。况十余年间，民力已竭，幸而稍获休息，岂能复用其力以给军食于无事之时？然则处今日而欲为善全之策，不伤财，不累民，不弛备，并以开数百年富强之业者，盖非讲明屯政不可。夫屯政之有利无弊，自古然矣。三代井田之法废，惟唐府兵，得寓兵于农遗意。府兵坏而天下始有养兵之费，后惟明之卫所，颇合于唐之府兵，人各授田二十亩，纳租六石，使之且耕且守，法至良也。洎乎中叶，边将得请官田自便，且训练不明，仅责以纳租而止。于是有军之名，无军之实，而军卫之法坏。今东南数省，户口耗损大半，往往有田多人少之虞，势必不能遍垦。为今之计，宜藉各省民田之无主者，官为开垦；藉各省未散之勇丁，其愿受田者，每丁给田数十亩，官为相其便宜，理其经界，开其水利，给其牛种，三年之后，每岁纳租数石，授为永业。俟经费有余，往往创筑城堡，仿明卫所之制，为设守备、千总以训练之，三时务农，一时讲武。每省特设一屯田总兵，而统辖于提督。如此则江淮数千里要害之地，布置联络，隐然有指臂之势，一旦有警，人人各自为守，无复向者溃逃故习。行之有效，则推之而闽浙，而湖广，而山东、河南，莫不循是行之。此制一定，国无转运之费，而骤获胜兵，民无供给之劳，而藉资扞御，营伍不以屯聚而滋他衅，地方不以备〔悉〕弱而召他虞。又以位置此无业之勇丁，而为天下多垦数十百万之田，则每岁增天下之谷，无虑数十百万石，所入之租，兼足以赡国用。国家数百年富强之业，实基于此。至其经费之所出，则暂借厘金一岁，于以措理而有余。方今兵事渐戢，而厘金未遽停者，正以勇丁未能尽散也。诚假一岁所入，以为斯民建不世之利，一岁之后，勇丁各业其业，而厘金可以渐裁。此乃两得之术，即明告四方而行之，奚不可者？或曰："今之勇丁，习于酣豢，傥募之而不应，则奈何？"曰：凡事之集，难乎其始，是在劝其为倡者而已。劝之奈何？凡勇丁之始应募者，其授之田，必肥以广；给之资与籽种，必厚以倍。俾勇丁慕耕种之利，势将奔走而归之。万一勇丁应募者少，则相机渐散勇丁，而别募游民以授田，暇则以兵法部勒之，何患屯田之不广欤？虽然，天下事莫亟于人才。更愿于道府州县中，无论在任候补，令各条陈屯务利病；取其言之洞中窾要，斟酌时宜者，召之面询得失；择其才可用者，委以综理屯务；又于行事之际，察其能否，而专其责成。则异才必出，而实政可兴矣。

治捻寇

自来制寇之术在任将，而治捻之道在任吏。昔日之治捻，宜先任吏而后任将；当今之治捻，宜先任将而后任吏。方捻寇之初起也，不过饥穷乌合之徒，所至遮略剽杀，过城寨不攻，遇大军则走。斯时得一骁将，属以劲兵，虽数十百万之众，立可摧散。然今日散为民，明日复起为捻矣。即击其众而尽灭之，而潎恶民之弄兵者，复接踵以起。盖捻寇之难治在此，此其故何哉？山东、河南数省，吏治疲刓已久。民贫俗悍，习于为非。善抚之则皆民也，不善抚之，则皆捻也。故绝捻之源，首在吏治。昔龚遂守渤海而莠民复业，张陵守广陵而剧盗乞降。本朝乾隆季年，黔楚苗匪蠢动，福文襄王以天下全力临之，迄于无功以没。傅鼐一同知耳，用雕剿之法，卒以平苗。此其已事可见，故曰先任吏而成将。今之治捻也则不然。凡凶顽狡悍之民，狝薙略尽。其漏网捕窜者，不过一二桀黠之徒，为之渠率，诳诱驱胁，以与王师遌，不幸使之一再得志，猋忽慓悍，几类流寇。语曰："涓涓不塞，将为江河。"今已不啻涓涓矣，然及今治之，犹可图也。图之之机，宜檄直隶、山东、河南督抚坚壁清野，谨守封略，各以其兵策应。节下以大军蹙之，分遣诸将，或截击，或迎击，或断其道，或捣其坚，或袭其辎重，或披其形势，或攻其无备，或散其胁从，彼一二凶渠之首，且夕可致麾下。复责各省之吏，捕余孽，安反侧，抚创痍，则捻寇之踪迹，一举荡尽。然后澄清吏治，永杜复起之渐，故曰先任将而后任吏。虽然，论今之所以平捻者，岂更无当务之策乎哉？福成盖尝遥揣事机，而略举其要则有四：一曰汰冗营。夫捻所以旋灭旋炽者，岂不以大军乏犄角之援，各路鲜堵截之兵乎？兵少援绝，而邸帅以孤军疲于奔命，岂不以冗营为之累乎？何则？北方之号能战者，张曜、陈国瑞二人耳。其他屯戍诸军，支饷非不广也，核其额，则十人不能三数人，又未必可用。委员以数百计，类多歌呼饮博以待奖叙，其保举之优，薪水之费，倍于他处。故凡游河南者，率视为牟荣利之捷径。数年以来，未见其能杀一贼，克一寨也。今欲汰此诸军，当自汰冗员、清浮额始。诚节此诸军之饷，可益精兵一二万，复选健将部勒之，则大军多犄角之助，各路奏堵截之效矣。一曰用铁骑。尝闻贼所惮者，在南有水师，在北惟铁骑，此实地势使然。曩者大军在光固间，因山谷沮泽，碍于驰骋，以致失利。今贼已离其巢穴，而突齐、鲁、豫、燕之境，此皆平原旷野，非冲逐不为功。宜广调劲骑，每与贼遇，纵骑蹂之，贼虽众，可歼也。或曰："然则贼避我而入山谷沮泽，则奈何？"曰：以骑兵列守要道，勿与之战；数月以后，彼食将尽；于是广设方略，诱其支党，俟其稍懈，则步兵蹑瑕而入，穷捣其巢；而以骑兵擒斩其逋窜者，此必胜之术也。一曰离逆党。今闻贼渠悍者，并力拒我，故其势强。然彼非有骨肉之亲也，非能一心协力而永无猜贰也。诚宜察贼渠之可降者，遣间招之，非诚纳其降也，特使内相疑忌，腹心自溃。然后势分力弱，而不至为大患。否则恐其中有雄桀者，一旦魁其曹而并其众，将不可复制矣。一曰招降附。夫贼中渠魁，皆必死之寇，固决不肯就降。国家亦决无赦之之理，赦之亦必为变。若其余，固胁从耳，诖误耳，急之则为贼死，赦之则可以散其党而孤其势，此易见者也。且招降之所以不易言者，惩其诈也，惩其降而复判〔叛〕也。诈不诈，明者能辨之。其诈也，暂羁縻之，乘其懈击之，虽歼之可也；其非诈也，则固纳之矣，犹虑其叛也，归其老弱，藉其强壮者，分隶各营，以古者以一隶五之法治之。其不从也，廉得其为首者，诛之可也。此所谓以剿为体，而以剿抚互施为用者也。昔王阳明先平江西贼，或先使人招抚，俟其往来犹豫，争论不决之间，乘间急击；或令人说其酋长诣营，至则径置之狱，而兴兵击灭其巢，功甚神速，而又不留余患。今之以抚为剿，亦当如是而已。凡此四者，皆福成遥为臆度之辞；又所居僻远，传闻未必实，恐今事势已有变更者。福成姑就数月前之闻见，略道其梗概如此。伏惟采择而用之，幸甚。

澄吏治

欲举天下创残疲敝之民而致之休和，曷先乎？曰：先之州县。今州县有大弊二：曰捐班广也，门丁横也。有大要一：曰考课行也。二弊不去，一要不审，虽伊葛不治。今之由捐例进者，推其本意，不过以官为市而已。夫至以官为市，则剥民以自奉，损国以肥己，固其所也。若曰姑试之职，待其有过，大吏按劾而罢之，是以土地人民为墨吏尝试之具也。纵使旋用旋汰，而官终不得其人，其弊也，与无官等。今之病之者，不得已而用考试以困之，又非正本清源之道也。彼以捐进，庸陋固非其咎，若纳其赀而考黜之，是欺天下以罔利也。考而仍用，谋国之道，不当用此具文也。是故，与其考之于后，不若停之于前。或曰："然则当如国用不足何？"曰：国用之足不足，不在捐例之行不行，而在制用者之权其出入。且今之捐例益广，而国用益亏者，何也？天下多一贪污之吏，即多无穷失业之民，以致啸聚而为变，比其剿除，而糜饷已巨万矣。又或亏损公项，动以万计，逾其所捐数倍。各省试用之员，往往人浮于缺，大吏曲为调剂，辄授以无足重轻之事，其薪水之费，固已不赀。然则捐例虽若于国用有济，实乃赢于此而绌于彼耳。稽之治道既如彼，筹之国计又如此，是又何苦而不罢之哉！伏望奏减捐例以为停捐之渐，权定限制；捐杂职，许实任；捐正印，止虚衔。杂职中能称职者，亦许随例升转；其前已捐而在官者，亦严为考察而去留之。一二年后，军务稍平，度支稍足，然后决然停止。若其济国用之方，又在制禄田以代俸廉，每岁节俸廉以供县官，计其所赢，当不减捐例所得。其说固略具于开垦之篇矣。或谓："今之正途，大抵不晓世务，而操守不愈于捐班，甚或一莅职任，亦有以受赇闻者。"曰：是则然矣。前论征辟与科举并行，盖欲以振兴人才，转移士习，未尝无以救正途之敝也，安得以正途之敝，遂谓捐班不当止哉？若夫门丁之设，尤为州县巨蠹。今州县官一莅任，则僮仆什伯为群，无不褕衣甘食，肆为奸偷。其举财赋狱讼而悉归之者，名曰门丁，自丞尉杂职，皆仰鼻息而食。把持诞谩，玩其官于股掌之上。官或之死不悟，或自慰曰："彼权固重于我，虽智者无如何也。"噫！是犹布荆棘于门，张网罗于要道，而私忧其出入之不便我也。试问罗网荆棘，谁设之哉？推其设此，大端有二：其偷者不事事，则举官事尽委之，可以安而尸厥职；其尤不肖者，倚为奸利，外使张其爪牙，而肉[内]实与为首尾，一旦发露，则托门丁为解，而己可以免于戾。积习相循，末流益甚。虽稍有智识者，亦狃于俗例而不敢废。且每赴一缺，则上官之荐，纷然四至，彼属吏安敢不遵？今胡不取各省之案牍阅之，凡州县被民控诉者，大率多以门丁为辞，则其横可得而知也。宜严禁两司以下，毋得以门丁为荐，州县毋得辄用；用而被控者，该丁以法论，官罢黜，著为令。又尝论之，汉郡县得自辟曹掾，一时文学才俊之士，皆出其中，故能相倚如左右手。今更之以书吏，吏习猾，官孤，益无恃。似宜渐复古制，令州县得辟士之贤者为吏，优其礼而以次升诸朝。即不能为此，宜且仿古三老孝弟之制，乡举其贤能，以宾礼礼之，使为教化之倡，而任以保甲之事，则催租捕盗之吏，可以不至乡里。张官置吏，所以为民，又安取此阘茸委琐之辈，与之共天下哉？二弊既去，乃严考课。考课之行于州县，始在慎其选，继在养其廉，究在尽其才，三者备而后考课之法，不劳而立。今州县选补，吏部拘之以资格，大府私之以爱憎，不能为地择人久矣。软美巧滑，工于趋避者，则举世以为明白公事。其翘然名能吏，通省不一二数者，虽凡事勤敏，往往可观。至于利源所在，征取无艺，亦不后于他人，尚安望其抚循民瘼、变化风俗哉？今宜先择恬愉无华、有实心及民者畀之县，有干略者次之。然其要在两司得人，两司得人，则州县得人矣。虽然，州县之俸廉，大者无过千两，而所谓杂款陋规，及幕友修脯，与一切办公费，奚翅倍蓰。如是而欲其不妄取于民，不可得也。州县无清廉之操，而欲其公且慎，明且勤，不可得也。方今之务，莫如严饬司道以下，革陋规，除杂派，限幕友修脯之制。其办公费，令各县筹经费之羡，渐置公田。俾长民者，不拮据于财用，而州县始有清廉之吏。然尤不可不尽其才也。今郡守权不敌汉县令，县令权不敌汉户贼曹。县令自笞杖以上，不能专决，动须关白上官。其究也，上下以空文相束，虽贤者亦奉法救过之不赡，而不肖者反得以容其弊。又或以燕齐之人仕滇黔，瓯闽之人仕秦陇，语言不谐，土风人情不悉，孑身万里之外，叹息而思归，甚者疾病攻之，尚安望其能修职业哉？比其稍习而安之，则迁调而去矣。候补之员，委署一缺，常者一年，暂者数月。又有权缺之肥瘠，不时更代，虽授实缺者留不遣，而故使无缺者代之，名为调剂。授受之际，交代纠结难清，黠吏因缘舞弊。官知任事之不久，往往于数月中肆为掊克，以蓄数岁代缺之费。上下苟偷，岂不甚哉？今欲整饬吏治，莫如尽州县之才。欲尽州县之才，则必重其职任，涤去烦文，务持大体。又为奏明定例：凡五品以下任外任者，越省无过三千里；任实缺者，尚无大故，必满任；试用之员，非稔其才勿遣，遣之而能举其职，勿遽撤。如是，始可以尽其才矣。慎其选，养其廉，尽其才，三者无一阙，然后举当今要务责之，任其所为，而徐考其成，卓异者不次优擢，以风厉之。且宜仿有明及国初旧制，内转为御史及部曹，其阘茸赃污者，惩之勿贷。考课之行于州县者如此，而又无捐班以参之，门丁以蔽之，则贤才孰不劝？不肖孰不诫？吏治蒸蒸，百废具举，凡所以复创痍为富庶，化凋敝为敦朴者，不外是矣。

厚民生

国朝兵制：自京都满蒙汉八旗，及各行省要地，屯驻旗营之外，则有绿营，分隶督抚河漕及水陆提镇各标，为额至六十余万人，约支俸饷二千万两，去天下岁入之半。迁流既久，积习益深，乾隆以后，日形窳敝。虽叠降明旨，饬所司实力整顿，而地广势散，颇难著效。嘉庆年间，荡平教匪，已大半仗川勇之力。咸丰初年，粤寇披猖，所至无不摧靡。节下深鉴绿营之不足恃，于是倡募乡勇，以戚元敬氏束伍法部勒之，久之皆精练无敌。各行省亦渐仿效之，而湖南勇营之旌旗，几遍海内。最后传其规制，别募淮勇，而淮军复兴，用此诛锄群孽，转危为安。然十余年来，用饷无算，所以能搘持全局，弥缝阙乏者，则东南数省，抽收百货厘金之功也。向使舍此一孔，其何以馈数十万嗷嗷待食之军，而遏方张之寇焰？然则天下当有事之时，国计之不能不藉资于厘金者，势也。虽然昔之创为此法，不过济变一时而已。若军事稍纾，循是不革，非所以厚民生而培元气也。今巨患削平，跳梁之寇，非复前日比，似可斟酌盈虚，先减厘金，渐减渐少，以至于尽裁，蕲以濯痍嘘枯，稍苏民困。夫厘金每百分而取其一，征诸商者，似不为多。然以福成所亲见者论之，即如江北淮扬等处，自江宁藩司所设厘局外，有漕捐、河捐、抚捐、粮台捐，及清淮筹防、各府筹防、各县镇团练之捐，收数混殽，名目诡寄。三四百里间，卡局不下数十。是殆征其十之二也，而吏役之勒掯，司事之需索不与焉。彼为商者工于牟利，则仍昂其价于货物，而小民之生计日艰。且今日之能倚厘金为巨饷者，以前日未始有厘金也。若上下既视为定额，则将有必不可少之经费，待之以济，加以官吏侵蠹其中，法久弊生，此法即为徒设。一旦复有猝然意外之变，将筹何款以应之？故减之裁之，所以为异日缓急计也。然今之所以决不能裁者，何也？闽粤残寇，尚未殄灭，兼以群捻纵横，苗回煽乱。凡诸勇营之得力者，方且征调四出，奔命不遑。是饷项有不可减之势，即厘金有不能裁之势。即使诸寇渐平，而弹压土匪，镇守边陲，亦非勇营不可。然则厘金终不能去乎？窃谓勇营之所以不能撤者，以绿营之不足恃也。绿营不足恃，而兵额仍未稍减，坐糜二千万金之岁饷，病民病国，莫此为甚。乃计臣枢臣，未尝筹及，疆吏言官，未有论列者，则或牵于旧制不可改之说，或瞀于中外之利弊也。节下拳拳于爱民忧国，既已洞晰其原矣，似宜于此时建议，普减天下绿营十分之四，可省岁饷八百万金，以养勇营，即可先减天下厘金十分之六。盖各省要害之地，既有得力勇营填扎，疲弱之兵，不妨汰遣，所留六成，以供守汛、护饷、解犯之用，可敷分布。汰兵如有可用，或拨归屯田，或招入勇营，亦尚不至穷饿。

一转移间，而国用不耗，商民不困。盖食之者寡，则用之者舒。《大学》"生财之大道"，《易》之所谓"以美利利天下"，《书》之所谓"利用厚生"，不外是也。抑或别有远图，必暂假厘金为区画，此乃与福成屯田之议相合。然当明定限制，布告四方，以一年二年为度，截然不稍延缓，始无流弊。夫用厘金以兴屯政，数年之后，屯田毕理，兵饷大减，而厘金固可尽裁也。兴一利，除一弊，二者交相为用，又在断而行之耳。

筹海防

方今中外之势，古今之变局也。推其所以启之者，有天事，有人事。古者九州之内，各殊土而异宜，有隔数百里不相通者。然而天地之风气，日久渐开，山川之径途，习行则便。自秦一天下，至汉而收滇、粤，置河西，至唐而通回纥、定天竺，至元而服俄罗斯、取西域，恢拓可谓极广。浸寻迄于今日，西洋诸国，航海通商，凡欧罗巴、亚墨利加数十国之人，颉颃并至乎中国，而以英吉利、俄罗斯、佛兰西、米利坚四国为最强，于是地球几无不通之国。是其所以然者，天也，非人之所能为也。西人之始至也，非敢睥睨中国也。曩者禁烟之役，既以发之骤而启衅；衅作矣，彼犹惧天威之不测，未敢狡焉以逞也。忽而罢兵弛禁，且偿其货以骄之；继而倏战倏和，茫无成议，以致战则丧师，和则辱国。于是中国之情实，历历在西人之目，索地索币之师，纷然狎至，而粤寇乘之以起。洎乎庚申之岁，遂敢合从内向，直犯京师。既不获，已而讲解以罢，而中外之大防裂矣。是其所以然者，人也，不可尽委之天也。居今之世，事之在天者，宜有术以处之，然后不为气数所穷；事之在人者，必有术以挽之，然后不为邻敌所侮。窃尝默审乎天时人事之交，其道历久不弊者，要在知和之不可常恃，一日勿弛其防而已。防之之策，有体有用。言其体，则必修政刑、厚风俗、植贤才、变旧法、祛积弊、养民练兵、通商惠工，俾中兴之治业，蒸蒸日上，彼自俯首帖耳，罔敢恃叫呶之故态以螫我中国。言其用，则筹之不可不豫也。筹之豫而确有成效可睹者，莫如夺其所长，而乘其所短。西人所恃，其长有二：一则火器猛利也，一则轮船飞驶也。我之将士，闻是二者，辄有谈虎色变之惧。数十年来，瞠目束手，甘受强敌之侵陵而不能御。不知西人贪利，彼之利器，可购而得也。西人好自炫所长，彼之技艺，可学而能也。为今之计，宜筹专款，广设巨厂，多购西洋制器之器；聘西人为教习，遴募巧匠，精习制造枪炮之法；特选劲队，勤演施放枪炮之法。又仿俄人国子监读书之例，招后生之敏慧者，俾适各国，习其语言文字，考其学问机器。其杰出者，旌以爵赏。兼仿造火轮船数十艘，平居则以运漕，移卫所各官及漕标之兵以隶之，既以护运漕粮，实以练习海道，暇则兼操战法。若是，则彼之所长，我皆夺而用之矣。世之议者，或愤中国积弱，以效法西人为耻。不知工之巧，器之良，乃造化日辟之灵机，非西人所得而私也。夫巫臣教吴以弱楚国，武灵胡服而灭中山。安知中国人之才力，不能驾而上之乎？若夫乘彼所短，则有合并之说，有分离之说，有牵制之说。何谓合并？曩者彼聚而攻，我分而守，我防粤则彼攻闽，我备浙则彼扰沪，比援师调集，而彼又直指天津矣。此中国所以惫也。炽千斤之炭于通衢，人皆望而畏之，分为千百处，则一熄而无余焰。苟扼其要，则每省所注意者，不过一二口。又恐其力不厚，则以福建益广东，以浙江益江苏，以奉天、山东益直隶，一切兵权、饷权、用人之权，皆界之督师大臣。彼数万里远来，兵不众而粮不继，一不得势，则心孤而气馁矣。此分者合之之效也。何谓分离？夫英、法、俄、美四国，势均力敌，其先皆有仇隙，非能始终辑睦也。昔英吉利之初发难也，俄有可联之势，美有效顺之情，中国非但漠焉置之，抑且驱之激之，使协以谋我。闻英人之攻广州，强搂法、美二国，迫入大沽，则俄、法、美三国皆从。三国非有大憾于我也，盖知我之无可助，而实可侮也。诚能于发难之始，察诸国之无恶意者，先啖以微利而退之，或竟密与联结，俾为我助。如是庶足披敌之党，届时必有显为排解者，有隐为阻止者，此合者离之之效也。何谓牵制？今各国来者日益多，则各口之商务日益盛。倘一国有衅，则告各国以商务停止，当由启衅之国偿其利。又如英国有衅，则先以贸易之停止，谕其商民；法国有衅，则先以教民之不能安居中国，谕其教民。彼商民、教民必不愿也。而我仍默示怀柔，动其慕恋，如此则归曲于敌，使之彼此怨尤，上下乖迕，其势不顺而谋必败。此以各国牵制一国，以商民、教民牵制彼国之效也。夫既夺其所长，又乘其所短，二者虽未足以尽海防之至计，而所可豫筹者，要不离乎此。若夫伐谋伐交之策，练兵练将之方，其措注于临事者，本无定形，又非可豫为揣度矣。

挽时变

自泰西诸国立约以来，大抵于中国有利有害。利则通有无以裕税饷，得利器以剿强寇，此中国之大益也。害则洋烟不禁，渐染日广，传教通行，许其保护，此中国之大损也。窃尝较其轻重，要其始终，则所谓益者什一二，损者什八九，其利害之不能相抵也明甚。盖洋烟盛，则挠我养民之权；洋教行，则挠我教民之权；教养无所施，而国不可为国矣。此时局之变之尤可忧者也。虽然，和约一定，往往数十年不改，自非国势日张，事机绝顺，无从轻议更张。居今日而论洋烟洋教，苟不知时变而严绝之，势所格也；若默揆时变而善挽之，事所急也。今天下自衣冠至于负贩，见困于洋烟者，不啻五人而一，是举天下之人而废其五之一也。而民之趋之者，尚无穷期，一染其瘾，终身难去。且嗜之者亦自不愿去。洋人布此鸩毒于中国，弱人精力，锢人神志，其害过于洪水猛兽远甚。然而持不禁之说者，曰恐扰民也，挑衅也。不知严禁吾民，乃中国自主之权，不必如曩者焚烟之举也。法宽而简则易行，不必如曩者斩决之罪也。治其源者，在绝中国人之嗜。嗜之无人，彼之烟自无所售，而来者益寡矣。且今中国之嗜洋烟者，非其性之本然，其弊在不知诟病，而视为适俗便身之具也。则莫如厉之以耻，而止之以渐。夫天下风气之所成，恒在仕宦衣冠之地，欲民之改旧习，而不先于其所慕效，未有能改者也。诚宜奏定条例：凡京外大小文武各官，嗜洋烟者勒致仕，不改则永不起用；每届京察及大计，书之于考，为课殿最之准的；其各官幕友，各局绅董及书吏等，犯者辄黜之，不黜而举发，坐其官以降级处分；凡士子之应州县试者，责廪生保之，始许投考；诸生之应科举者，令学官察，犯者停考，能改者录之；有司巡行闾里，见有设馆诱人与嗜烟者，枷示于市，屡犯者屡枷示焉。凡此皆所以示民耻辱之端，使之知至可贱恶者，莫洋烟若也。况人情所惮，在妨其进取之路，而阻其衣食之源，苟非甚不肖者，孰不速改。夫所行至约，而处之甚宽，使民自渐摩被濯而改其习。天下少一嗜烟之人，即多一有用之人。天下少一购烟之费，即少一贩烟之利，彼洋人将爽然自退。即中国种罂粟之区，亦且渐化为黍稷桑麻之地矣。抑又思洋烟之入口者，虽暂难明禁，不妨援西国重榷烟酒之例，酌加十倍税厘。非特可济要饷，且使民惮其价之昂，则嗜之者渐减，是又不禁之禁也。至于洋人传教，载在和约，中国既有保护之条矣。然彼所谓天主教者，惯以微利唛我愚氓，一入彀中，即为之致死而不悔。教士动辄干预讼事，偏护教民，挟制州县。而应之者，或失之亢激，则彼驶兵船以肆恫喝，于是自疆吏以逮州县，凡事牵涉教堂者，莫不曲意迁就，苟求无事而止。民知未入教者，受教民之侮而无所控告；一入教，则恣横而莫之能制，自是趋之者如水赴壑矣。然福成欲稍遏传教之焰者，非谓违约，乃行约也。约章谓安分传教习教之人，不得刻待禁阻。是不安分者，理难保护矣。又谓如系中国律令之事，仍由地方官照例惩办。是教民犯法，治之勿贷，非教士所能干与矣。今诚多选廉公有威，明达大体之良有司，分布州县，凡教民之倚势犯法者惩之，教士之妄问公事者拒之。彼知入教不能求胜于平民，势当稍沮。惟判断公允，不违约，不刑法，宜有以折服其心。又当不动声色，勿鼓众民虚骄之气以激事变，但求政平讼理。且渐扩贫民生计，毋使为饥寒所驱，则传教者无权矣。若夫默抑教民进取之途，似可稍参治嗜洋烟之法，而勿露其端倪。苟才智者不入其中，则天下事犹可为也。夫洋教、洋烟，骤入中国者，气运之变也；斟酌情势，默寓挽回之术者，君相之柄也。伏惟节下出当大任，力救时艰，愿及今日为风俗人心计，为中国贫弱忧，以此二事闻天子，密抒远谟，通行各省，画一办理，实万世之福。

伯兄抚屏云："阅议郁发，灏气孤行。尤可宝者，另有一种朴茂神味，洋溢行间。古文家无此宏迈，策论家无此精深。"

同治乙丑之夏，科尔沁忠亲王战没曹南，曾文正公奉命督师，北剿捻寇，并张榜郡县，招致贤才。余上此书于宝应舟次。文正一见，大加奖誉，邀余径入幕府办事。是时幕府诸贤，为剑州李榕申甫，嘉兴钱应溥子密，黟程鸿诏伯敷，宣城屠楷晋卿，溆浦向师棣伯常，遵义黎庶昌莼斋。文正语申甫曰："吾此行得一学人，他日当有造就！"又谓余曰："子文长于论事，年少加功，可冀成一家言。即与伯常、莼斋同舟，互相切劘可也！"厥后，余从公八年，前后出入幕府共事者三十余人，多一时贤俊。余颇得晨夕晤谈，以扩见闻，充器识，皆文正提奖之力也。按《求阙斋乙丑五月日记》云："故友薛晓帆之子福成，递条陈约万余言，阅毕，嘉赏无已。"余在幕府，尝见文正手稿。近阅湖南刊本，归入品藻一类，而讹为伯兄抚屏之名。想由校者之误，恐后世考据家或生疑义，故并及之。辛卯九月自识。

（选自《庸庵文外编》卷三）

答友人论禁洋烟书
（1867 年）

福成白：辱惠书，以谓洋烟至今日，势所难禁；且既成风俗，亦自不必禁。斯言也，仆甚讶之。近有人传足下亦染此者。仆以足下绩学砥行，平日持议，与此相反，坚不之信。姑就来书之旨，一抒狂瞽之论，幸垂谅焉。大抵世风日降，而人之嗜好日多。古未闻烟可吸也，即旱烟一物，至明季始有之，吴梅村以为妖，见于《绥寇纪略》。乃阅百余年而有水烟矣。未几而洋烟入中国矣。又未几而中国膏腴之地，遍种罂粟矣，有南土、西土、广土之名矣。曩者一二巨公，怒然忧世道之变，欲厉其禁而大为之防，未获伸其志而颠沛以去。遂使世俗之论，谓洋烟终不可禁。当路诸君子，苟求无事而止。不知此事不禁，则养痈蓄蛊，生事之端，将有不胜言者。禁之而得其术，则转移甚捷，实未尝有一事。近世不惟决其防，又从而扬其波，以致洋药之局，遍布城市，民之宝之，逾于谷帛，而其害将与宇宙相终始。且自古蠹民生、败风俗之事，曰饮，曰博，曰妓。此三者，朝悔而夕改之耳。惟洋烟之瘾，能改者百无一二。其性又足耗精血，损志气，使君子不能劳心，使小人不能劳力，形神委顿，玩愒岁月。其下流无藉之贫民，因耗费不赀，往往寡廉鲜耻以求足其欲，加以烟焰薰灼，日夜销铄此心，则其心体因之以坏。五十年来，洋人布此鸩毒于中国，杀人之身，复杀人之心，其害过于洪水猛兽远甚。今天下之日趋于洋烟者，如水之源源东向而无穷期也。此其故由于上不之禁。上不之禁，则民不以为诟病，而转视为适俗怡情之具。不及百年，势将胥天下而入之矣。然而持不禁之说者，且以为海内之广，势不能人人而禁之，禁之不绝，适以扰民，不如毋禁。噫！此所谓虑趾之颠，而不敢纵步焉者也。夫国家立一法，岂必遽效于旦夕间哉？盗贼之必诛也，杀人之必死也，此千古治天下之常法也。然非尧舜之世，则不能使天下无盗贼，无杀人之人。夫自古治天下者，不因之而废其治盗贼与杀人之法也，而盗贼与杀人之人，卒以此而不比肩接迹于天下。然则洋烟之熄，亦在上之行其法耳。今计天下之财，耗于洋烟者，每岁不下数千万。以数千万之银，易无限之灰烬，此如漏卮之不可不塞也。然塞之之功，不必先与洋人校，而当自中国始。迩年以来，烟之来自外洋者半，其出于中国者亦半。仆谓在上者，宜饬州县严禁民不得种罂粟，违者责里长拔之，仍罚其田主与里长亩米各若干石，里长举发而先拔者，即以罚田主之米畀之。如是则民已难牟厚利而转有所失。而治其源者，尤在绝人之嗜。嗜之无人，彼之烟自无所售，而种者益寡，即来者亦寡矣。且今之人嗜洋烟者，非其本性，弊在不相诟病，而视为适俗怡情之具也。是当厉之以耻，而止之以渐。夫民之耳目所慕效，大率在荣富之区与秀良之士，昔日洋烟之盛，风气皆由此而开。为今之计，宜由大吏举属官之嗜烟者，劾令致仕，每届大计，书之于考，以为用舍；其各官幕友，各局绅董及书吏等，犯者辄黜之；凡士子之应州县试者，责廪生保之，始许投考；诸生之应科举者，令各学官察犯者停考；闾里中有嗜烟不戒者，里长籍其名于官，以不清白论；其尤无赖者执之，徇于市。凡此皆所以示民耻辱之端也。苟非甚不肖者，孰不速改？夫法必烦苛急迫以骇民耳目，勿禁可也。今所行至约，而处之甚宽，使民自渐摩洗濯而去其习，其效非可掼契致者哉。盖今日洋烟之炽，在上之不禁耳。上之不禁，由下持不禁之议者多耳。仆不敏，不敢随声附和。足下傥有以教之，幸甚。

饬州县禁种罂粟，迩来左文襄公及相国朝邑阎公多持此论。然其本原，尤在绝人之嗜。嗜之无人，则虽不禁，而民自不种。若禁民嗜烟一层，尚无把握，而先禁种罂粟，是适为洋药驱除者也。转不如暂弛此禁，犹可使财不外溢。观于近年土药日多，而印度洋药箱之进口者渐减，中国银之少漏入外洋者，每岁约千余万两之多。盖印度近来多种茶叶，以夺华人之利，而洋人亦谓中国多种罂粟，以夺印人之利。是以中国总以禁绝民之嗜烟为要义。若明知骤难禁绝，不得已而出此弛禁种罂粟之下策，亦事势之无可如何者也。辛卯九月自识。

（选自《庸庵文外编》卷三）

中兴叙略上
（1868 年）

昔我文宗显皇帝初嗣服，廷臣黼黻右文，鲜遑远略，各行省大府迨郡县吏，瞀于利弊，恪守文法，以就模式，不爽铢寸。泰极否生，兆于承平。时则群盗洪秀全等反于粤西，恃桀骋狂，窥觎非常。疆臣致讨，匝岁益横。天子乃简元辅为经略大臣，授钺南征。当是时，颁内府金给馈饷，无虑千万，征集缘边诸宿将、满汉各营劲旅暨东三省铁骑，隶戏下，兵众饷饶，翦凶竖宜若反手。然而贼以死党数千驰踞边城，陆梁睢盱，忽伏忽突，瞯瑕蹈便，宵军我军，天不佑顺，良将劲卒，损折过半。贼始收吾军实，围我桂林，迫我长沙，残我武昌，徇我九江，鼓胁徒众，舳舻蔽江东下，未浃月而金陵又告陷矣。自贼起孤寇，遝王师，一岁间焱驰行省六，辅名城数百；戕贼显官，众暴至数十百万，民以大困。夫岂贼始谋及是哉？毋亦当事二三大臣，为谋不臧，酿激退避以至是也。贼既覆金陵，据为伪都，侵下旁郡邑，别遣贼数万渡淮，北瞰中原，犯畿甸。一军溯江西上，复收安庆、九江，再扰湖南北，由是海宇几无完土。适会今侯相曾公以侍郎居忧在里，奉诏衰义旅讨贼，连战皆大捷。收夺荆山以南失土，乘胜席卷而东，与贼相持江浒。朝廷亦命科尔沁忠亲王讨贼之北犯者，围而歼诸山东境，贼焰少熄。然当此之时，贼犹控据长江，横溢四出，覆城杀将无虚日。环寇之师且十万，递胜递负，无寸尺功，相拒守阅八年之久，日以偷玩。贼因诡道捣我杭郡，俾我精锐南趋，乘间袭吾戎垒，师熸帅殉，列城崩溃，乘势胁略，尽收吴浙膏腴地。孑黎孤城，喁喁北望。于是曾公始受东征之命。当是时，自皖江以西属之潜霍，北跨淮沘，东并江入海，南逾浙水及括苍，皆粤贼。剑阁以南讫于滇、黔，土寇错起如猬。苗、回诸贼，啸踞蛮洞；中原西自陕洛，南带淮、泗，北距河，东苞汶、济傅于海，捻寇跳踉其中，与粤贼相表里。而西洋岛族，乘衅骋变，更相与合从内向，震我京师。天子北幸于滦之阳，全局岌岌，天下震骇。然而曾公以部卒万人，渡江驰入祁门，堑濠扼险，且守且战，群孽望风授馘，丧胆宵遁，遂收我皖南地，进拔安庆而建节焉。文宗显皇帝崩，今天子即位，旋跸京师，两宫皇太后垂帘训政，勤勤求治，靡有倦意。内诛僭竖，外僇戎帅之不职及跳奔者，乃益倚任曾公，授之相位，东南军事，咸命节制。当是时，朝廷大事，及天下有大黜陟，必以谘曾公。曾公竭诚靡隐，算无遗策，爰荐李公帅吴，左公帅浙，分兵馈饷，授以节度。俾介弟中丞公躬统雄师，长驱东迈，连拔沿江坚城名关数十，旬月间收地千余里，径造金陵城下。贼震栗失措，连嗾吴、浙之贼，大举奔援，死咋不能龁吾垒。李公、左公则以其间恢吴、浙地。贼既丧吴、浙，势益孤，食益乏。曾公复自上游分遣水陆之师，数道并进，遂合金陵之围，苦攻不解，卒摧崇墉，枭元恶，分军四出，荡灭遗烬，自是南戒无事矣。乃悉移其甲兵财赋以北逐捻寇，尽殪其魁，中原绥谧。西洋之人，亦且耆栗弭伏，不敢败和议，俾我得以专力西征。则苗、回之平，可企足待也。夫以一二桀猾之徒，煽邪诱蒙，以干天常，倾天下全力末〔未〕能胜，挫衄甚矣。及夫狂氛益张，外讧内忧，相挺而作，顾乃抚创残之地，召未训之士，鼓行前进，扫除数百万猖獗之豺虎而灭其景迹，数年之间，区宇奠定如故，独非人事邪。《传》曰："得人者昌。"岂不信哉！因叙其大略如此。

（选自《庸庵文编》卷二）

中兴叙略下
（1868 年）

　　粤孽肇衅，毒延寰区，毅卒武师，折北不救。守疆大吏，往往连城百数，闻变周章，卒以跳奔致寇，或乃与时进退，张虚级以诳取功赏。即有一二才杰之臣，躬与其间，大都挫抑壅阏，百无一施。甚者相牵率以抵于败，幸而不败，则亦困而后济，仅以揩持一二，坐视寇之燎原而莫之遏以救吾民也。若是者何哉？承平既久，人即晏安，贤才日以衰息，当事者既莫之能倡，才稍稍出，而又莫之能用故也。若夫鼓召俊雄，参会智能，以光辅中兴之业，则惟今相国曾公实倡于始，实掣其成。公之初起，兵不满万，进与贼遘，丰采隐然动天下，而尤以知人名。当是时，朝廷用人，及天下所属望，皆以曾公一言为重。凡天下鸷异闳骏非常之才，云合而景附，其所举至建牙开府者，踵相接以起。若其训兵积粟，雄峙上游，扶赞贤杰，布之海内，身处一州之任，而系天下之重，则有中丞胡文忠公。迨夫胡公既没，东事方殷，是时循江长驱，收地千里，批亢抵巇，进薄伪都，麇百万之寇而无挠志，竟以灭贼而斡全局，则有威毅伯中丞曾公。又若运谋设奇，幽契鬼神，驱驾豪彦，尽其力能，用能累殿方州，迭馘凶渠，以葳曾公之绪，则有肃毅伯揆相李公。彼三公者，皆以不世出之姿，而曾公致之大用，始终相倚如左右手，功最高，用才亦最广。若夫分当一面，犄角凶侪，战攻并庸，水涌陆骧，或筹略冠时，或英鸷迈伦，芟夷廓清之功，亦前代所罕睹，则有若恪靖伯尚书左公、尚书总督陕甘杨公、兵部侍郎彭公、将军多隆阿忠勇公、一等子提督鲍公。至如忠诚奋发，累建奇勋，部曲精良，异材辈出，不幸赍志以没，而灏气伟节，亦常与三光同明，则有若江忠烈公、塔齐布忠武公、罗忠节公、李忠武公、李勇毅公、王壮武公。此数公者，后先受曾公之知，或超自帷幕，或拔自行阵，或以讲学之儒，一旦敦起属之军旅，或自下僚推毂以进，未一二年而名位几相并，用是戮力一心，更进迭起，以夷巨艰，康海内。其他建立稍微，而皆已大显于时。及才宜大显而先没者，又未易以一二数也。夫古今盛衰之运，以才为升降久矣。今夫前圣良法，垂之数百年无弊，举而行之者，不得其才，则亦为病民之政；发谋决策，戡定乱略，任之非才，则往往致败。是故，事须才而立，才大者必任群才以集事，则其所成有大者焉。才尤大者，又能得任才之才以集事，则其所成又有大者焉。累而上之，能举天下之才会于一，乃可以平天下。夫天下曷尝一日无才哉！上莫之倡，则虽中材以上，往往不能自奋，比槁项黧馘而人莫之知，几且不能以自信，或遂渐于习俗，以自丧其才，于是乎才敝而天下与之俱敝。往者楚军之克安庆也，在今天子嗣服之初，八月之朔。是日也，五星聚张翼之间，占者以为楚地有贤才佐致治平之兆。迄今数中兴文武之佐，其什七八皆楚才也。夫岂天之生才，于楚独厚哉？以有倡之者也。语曰："一人善射，百夫决拾。"而况名世之兴乎！

（选自《庸庵文编》卷二）

练 兵
（1869 年）

　　练兵视将，练将视敌。驾驷马，驰峻坂，控驭之无术，鲜不蹶者。虽有湛卢之剑，良工磨而淬之，然后百用而铓不顿。治兵，犹御之御舆也，工之砺剑也。募万人之军而树之将，供之财粮，刍稿、器仗无不具，期年而用之，或蹶以败，或整而弱，或以雄视天下，则将之才否固殊焉。故曰练兵视将。夫杀敌者，兵也；导其兵使杀敌者，将也。今夫敌有坚有脆，有钝有锐，有椎有黠；其用武之地，则有山，有陆，有江，有海，有溪港，有厄塞；其技则有舰，有步，有骑，有火攻，有矛矢；其事则有近剿，有远御，有野而斗，有城而守，有隧而攻。若此者，术博事繁，因时异施，虽上智不能毕其巧。为将者非目击而身尝，固不能洞其机牙，而悉其情势。将不阅敌之情势，而使导其兵以杀敌之事，譬犹闭户索图，而指画山川之形势，虽或粗得崖略，然究其弊，不疏则舛。是故，敌不劲者将不练。何以知其然也？昔者唐有安史之难而后郭、李兴焉，宋有女真之难而后韩、岳兴焉，明有倭寇之难而后俞、戚兴焉。近世洪、杨构乱，毒被寰区，其始将才乏绝，有扶而树之者，则江、塔、罗、李、杨、彭、多、鲍接迹兴焉。夫此数贤者，岂专恃骜异闳骏卓绝之才哉？盖其身历艰危，屡困益奋，焦神极能，磨以岁月，始各精其制敌之术耳。其敌益强，其绩益茂。故曰练将视敌。今天下营兵之不振，其有由矣。承平日久，或没齿不更战事。为之将者，亦且酣嬉卒岁，拘文畏嫌，趋便养尊，搜校不勤。甚者浚财自丰，营徇私图。于是乎有衰窳缀名之卒，有佣仆诡寄之籍，有侵减虚悬之饷。其兵仰食县官，视为当然，骫滑苟偷，饮博无藉，愿者执业营生，旷怠厥事。临操麇集，纷应期会，时则巧演虚艺以炫耳目。一遇征调，胆寒气沮，行则需车，役则需夫，繁索供张，官民交病。洎乎临敌，名能折冲致果者，什不二三觏也。积习相沿，历久益敝。其始也，因不战而无才，无才而兵以不竞；其末也，虽有贤才，亦束于势而牵于习，虽欲振励之无由。譬之水，源清而流渐浊，流远不可复澄也。譬之广厦，楹栋桡腐而垣颓阤，非撤而新之，不可复支也。故尝试论之，近日天下有三耗，而养兵居其太半，三耗不去，则民不纾，国不富。何谓三耗？曰：河工也，漕运也，养兵也。数十年来，耗天下正赋几尽，而巨寇随之以起。今河漕之弊，幸以河徙而大减也，天也。往者粤寇之殄也，捻党之歼也，不用一兵之力，而练勇之绩，百倍绿营。然而可以救时，未能经久。于是练勇以渐而撤，而绿营之制，裁者盖寡。世之议者，知营兵之不足倚也，于是有倡练兵之谋者。其议以为绿营势难骤振，而畿辅根本重地，不可无备，宜就诸营选材武者，优其廪饩，旬试月校，练为数军。远法古人选锋之意，近仿明代十团营之制，宜若可以建威销萌，靖内寇而御外侮矣。然而五六年间，累作累辍，迄无成议。无他，病在拘守绿营之旧制也。绿营旧制，厥有数弊，曰：令太繁，权太分，情太隔。且入练出征，一再相佣代，则所练非所用，所用非所练。练之，特文具耳，糜饷耳。一旦有变，何备之足恃。然则今之练兵宜如何？曰：当无事而言练兵，薪其骤能克敌，不可必也；当极敝而言练兵，虽欲稍袭旧制，不可为也。为今之计，惟有用练勇之制，行练兵之政，减旧兵之籍，益新练之兵。盖综其术，有五杜、四裕、三戒，而终之以四效。是故，虑其习于浮惰也，则招选欲慎，演阅欲勤，约束欲简以严，此以杜浮惰之弊。虑其病于牵掣也，则一军之权付统将，一营之权付营将，俾责专而各事事，此以杜牵掣之弊。虑其工于冒袭也，则慎核其饷，而严课其技，重立禁约，责成哨队长，违者并黜，此以杜冒袭之弊。客兵远戍，服食语言弗谙也。惟其民亦外视而相疾，兵因民之见疾，斯不免鳍之以势，而客主益相龃龉。今募北方土著之民，练以南方久征之将。夫募北人，则习其风土，而与民无连；用南将，则历更战阵，而教练有法。虽其兵将不相习，然畀以威柄，加意拊循，久必有效矣。此以杜兵民不和之弊。养兵万人，分之则势隔而情涣，聚则不可以久。今宜以省垣为军府，凡用人布令选阅之期，咸于是集，无事则分路设防，不时调使巡哨以习其劳，分期践更以均其役，薪令脉络贯通，可分可合，则缓急足恃。此以杜势隔情涣之弊。五弊既杜，则又有宜裕之者四。练兵虽以万人为率，然不必一朝募也。得营将数人，始定营数，得统将数人，始定军数，要以得人而止。且使将之才，有余于兵之外，勿使兵之数，有余于将之外。此任将而裕其力。方今州县所举有才之科，意必有廉明习事，忠朴耐劳者，似可量宜采择，以备营哨官之用。异等者不次擢之，俾地无弃材，且以开北方之风气。此求人而裕其材。绿营虽敝，势难骤撤也。今就营兵，略选精者以入练，入练者裁旧营之额。其未入练之兵，老死者空勿补，获戾者黜勿补，营兵渐减，则移其饷以供练军。此补苴而裕其饷。驰逐之长，莫如马队；远攻之长，莫如火器。欲占时地之便利，则马队与火器，不可不加意选练，以待不时之用。此制寇而裕其具。夫是之谓四裕。上之所不可不戒者三：戒部例之纷而挠军政也，戒用人之拘而多宦习也，戒经费之绌而乏恒款也。其练之而成也，则有四效：新军既练，营兵可减，稍以此制推之他省，则窳坏之习以渐而变，一效也；马贼枭匪土寇之起，即时调遣，锄其穴根，二效也；洋人要求无已，实阴伺我强弱以为进退，畿辅有练军，则隐若长城，洋人不敢肆为桀悖，三效也；昔之恒屈于洋人者，非以无备故邪。国诚无备，则凡事容忍，浸至戗法伤政，损威堕防，后虽悔无及矣。今以练兵镇中外之人心，则当事者亦增气自壮，而可以理折无厌之请，四效也。凡此五杜、四裕、三戒，审之勿失，乃收四效，而练兵之能事毕矣。若夫树功之博隘，临事之变化，非可以豫言也，其权在将；将亦不能自主也，其机在敌。

曾文正公总督直隶时，余随襄幕事，会有练军之议，因作此篇。岁乙亥，余上治平六策，复申是说。部议颇韪之，下各行省酌办。近十年来，各省加饷练兵者已居三之二。然课其实效，仍不如淮、楚诸军之得力，即篇中所谓虽有贤才，亦束于势而牵于习，虽欲振励之无由也。而所筹加之公费，亦或少俭焉。当事者可以洞其微矣。自识。

（选自《庸庵文编》卷二）

上李伯相论西人传教书[*]
（1869年）

宫太保年伯中堂钧座：春间接读赐函，过蒙眷注，奖诲勤挈。顷闻黔、蜀教民之案，洋人以未得所欲，啧有烦言，复驶兵船溯江西上，冀遂其虚声恫喝之谋。逖听传闻，敢陈瞽说。曩者洋人不靖，因我粤寇之难，抵巇捣虚，震惊京师。当是时，洋人以全力争传教，传教不行，则约不成；约不成，则兵不退。与时变通，以释近患，非得已也，势也。和议既成，骤难无故而变约。且迩年内寇未尽除，海防未尽修，故含诟捐忿，弥缝瑕衅，非得已也，亦势也。势之所在，明者知不可违，则姑从容静镇以徐为之图，而不必斥言其害。然而十数年来，布于海内，其法于各州郡先立教堂，招诱愚民，济之财而饵之以药。其人辄变天性，背人伦，惟传教之师是从。其始也，一二至愚极贫之民，歆其微利而趋之耳。既而群不逞之徒，倚为藏身之窟，肆其奸顽。有司不敢致诘，其贤者勉而致诘，动须关白教主，教主惟其徒是庇，而又何理之得伸。民知未入教者，受教民之虐而无所诉，一入教，则恣睢而莫之能治。于是，相随入教而不辞，甚者剖家财之太半，输之教主无难色。是其始莠民趋之，继且迫平民而附之矣。其始民赴洋人之利，继且倾所有而纳洋人矣。浸淫蔓延，日久益炽。其间强直守正不惑之民，恃气积愤，强与之抗；而虚骄乐祸者，亦或藉以生事。于是教堂之设，闭境坚拒者有之，率众攻毁者有之，仇杀教民兼及教士者有之。一夫攘臂，群口谨咻，官不能禁。斯时欲右民而抑教，则洋人持约而责其后，恐因此召兵而误大局，且启内民玩法之渐。其或扶教而惩民，则民谁不气沮心慑，以从洋人之教，是驱吾民以归敌也。中外牵率，进退交疐，则不得不调

* 李鸿章（1823—1901），安徽合肥人，字少荃。道光进士。创办淮军，镇压太平天国、捻军起义。洋务运动倡导者，长期主持清廷外交，建立北洋海军。有《李文忠公全集》。

停客主之间，为之治其狱，偿其室。委曲经营，烦辩费财，仅乃无事。事未毕而各省攻教之狱，复纷然起矣。中国之衅，何时而弭？虽然，多事犹中国之幸也。何也？以民之未尽变于夷也。窃恐数十年后，耳目濡染，渐不之怪，则附之者日益多。彼洋人敛中国之财，唆中国之民，即率中国之民，启中国之变。胶固盘结，踞我堂奥，伺瑕伺会，猋迅云合以起，而洋人纠群国以制其弊。虽有圣人，不能为之谋矣。英、法诸国之远辟疆圉，蚕食西土，大率用此术耳。议者或曰："吾自修吾政教而正吾民心，则彼教当不振以去。"此诚探本之论矣。然譬诸治疾，或治其本，或治其标，标不治，有旋伤其本者矣。昔者尧舜之世，民心无不正，而风俗至纯美也。然使有执左道，挟幻术以蛊其民者，则尧舜必执而戮之。夫尧舜不恃其风俗之纯美，而谓民之无可蛊也。苟有一人之戾于教，则尧舜不能保天下民之不受其蛊，而足以伤纯美之教化。夫是故不得不以刑法佐教化之穷。今天下人心，远不逮尧舜之世，而异教之蛊吾民，与入教之民之挠吾政者，非特于法不能禁，又当从而保护之，势将尽化天下为奸民，而良民无以自立。本之不治，孰甚于此邪。然则为今之计宜如何？曰：尼洋人之传教，则变速而祸小；徇之畏之，则变迟而祸大；与其坐而待莫大之变，何如先事而制其小变。且洋人之心，虽我徇之畏之，固未尝不思变也。抑又闻之，日本、朝鲜诸国，尝禁传教而慑洋人矣。洋人悉锐压其境而不能螯也。岂中国之人才兵力，不如诸小国哉？然所以许其传教者，则以向之屡困于洋人也。夫向之屡困于洋人，非中国人才兵力之不逮，其弊由于不审敌情，而和战无定议，承平久而人不知兵。厥后贤才勃兴，兵威至盛，虽坚拒洋人之传教不难，然悉力以角内寇，而未暇与洋人校也。故彼得纵横肆侮，以至今日。今内寇将略平矣，诚令豫讲战守，广储人才，察诸国之可与者，厚约结之，以携其交而披其党。一旦有事，则闭关绝市，扼其牟利之源，然后确持定谋，据险逆击，未睹洋人之必得志也。夫苟操是数者，则洋人虽欲为变，固不足为中国病，且适以自速其病。夫苟操是数者，则洋人一有桀悖，暴其罪状而击之可也。否则重与之议约，许其通商而罢其传教可也；否则严立条约，俾吾有司得致法于教民可也。不然，则坐受其困矣。伏惟中堂规置六合，弛张不测，渊深闳廓之谟，想已早定于胸中，非鄙儒所敢拟议。客冬金陵侍坐，窃闻谈及洋人事，英气伟辩，感发愚衷，至今耿耿。故因睹洋人之纵恣而敢纵论及之，惟希亮察不宣。福成谨上。

季怀弟云："洋人传教，是中国一大变局。将来为害，何所底止？其不可不及早禁阻，已无疑义。文止将传教之祸，与当禁之故，畅切言之。虽未能速见施行，后必有用其言者。至其意议层出，泉涌涛驱，格高气迈，当在昌黎、眉山之间。"

李眉生云："此集中最精诣之文。"

此余十六年前所作。盖专论理不论势者。理胜，则言之短长高下皆宜，而文自不可磨灭。故录存之。自识。

（选自《庸庵文编》卷二）

赠陈主事序[*]
（1872 年）

　　天地之变，递出而不穷者也。有大智者烛幽阐微，与时推移，以御厥变，则天下被其休。否则瞢无适从，敝敝焉执故常之见，以与世变相遭，而变乃环起而不可止。自有天地以来，清淑纯灵之气之所郁积，神圣君师之所经营而垂法，恒在中国。其外去中国益远，则纪载有所不及详焉。庄生有言："六合之外，圣人存而不论；六合之内，圣人论而不议。"夫圣人之智，岂不能阅览而遐瞩哉？盖其时舟车有所不通，重译有所不达，幸而荒邈隔绝，不必凿空骋奇，俾外人抵隙以入。譬之人，理其一心，而百体顺从，不令自应。中国者，天地之心也。变之未至，圣人所能防也。然而天下之生民已久，机巧日以繁，而风气日以辟，势之所至，变且随之。国家德威远暨，北穷大漠，西跨葱岭。凡昔苗、蛮、貉、羯、羌、回之族，能为中国忧者，皆囊括而箠使之。边圉之益斥，已大变于古矣。近者泰西诸国，竞智争雄，器数之学，日新月异。其权至能制御水火，驱驾风电，恃其猋锐，逴数万里，瞰我中国。中国震于所不习，罔知所措。其始佥议驱攘，地广师疲，辄为所乘，得势益逞，征求无厌。中国欲力与之轧，则群敌联盟，协以谋我；欲严与之绝，则备多力分，难以持久。于是议立约章，岁益加增。濒海之冲，设关互市，通都下邑，广传彼教。时则华戎错杂，动生衅尤，浸寻蔓延，厥忧未艾。而彼诸国方乘时逐利，牵率以至，浩乎如大江洪河之东注于海，终古不可复分。此殆天地自然之势，虽天地不能自为主也。变之骤至，圣人所不能防也。虽然，中国之变已亟矣，为政者将谋善其后，则不可无御变之道。今之士大夫，习闻春秋攘夷之说，颇疑海外绝域，非儒者所宜道。其尤者深嚬太息，以谓中外交接之事，宜一扫刮绝去，援引古昔，用相訾謷。夫疾疢之在身，暴客之伺睨而入室，人孰不惧焉恶之哉？恶之益笃，则不能不储药石，戒守备，以薪所以自全者。今讳疾而迁忌于医，慁寇而不知所以御之，吾恐变患之无穷期也。夫变已深而抗之过激以偾事者，躁也；坐视而不豫为之谋者，玩也；欲求御变之道，而不务知彼知己者，瞽也。方今海外诸国，力与中国竞者，曰英，曰法，曰美，曰俄，曰德；其他往来海上，无虑数十国。中国之情状，彼尽知之矣。而其炮械之精，轮舰之捷，又大非中国所能敌。中国所长，则在秉礼守义，三纲五常，犁然罔斁。盖诸国之不逮亦远焉。为今之计，莫若勤修政教，而辅之以自强之术。其要在夺彼所长，益吾之短，并审彼所短，用吾之长。中国之变，庶几稍有瘳乎。同治十一年春，相国毅勇侯曾公、肃毅伯李公，奏遣刑部主事陈先生兰彬荔秋率童子若干人，出赴亚墨利加，究习西学，期以十九年来旋。先生年已逾艾，毅然无难色。盖先生兼文武才，而识闳气沉，欲为中国建无穷之业，其素志也。他日勉诸童子卒业而归以传中国，并识诸国形势风俗性情之所宜，而知所以御之。纵收效不于其躬，后之人必有享其成者。抑予更有言者，先生所携皆童子，童子志识未定，去中国礼义之乡，远适海外饕利朋淫腥膻之地，岁月渐渍，将与俱化。归而挟其所有以夸耀中国，则弊博而用鲜。为之傅者，其必有逆睹其弊而善为防闲者邪？然则先生此行，务毕究洋人之所长，更善察洋人之所短可也。予与先生相知也久，于其行，不能无言以赠。故叙其臆见如此，而于远行惜别之情，则从略焉。知先生不以此为苦也。

（选自《庸庵文编》卷二）

代李伯相拟陈督臣忠勋事实疏
（1872 年）

奏为督臣忠勋卓越，始终尽瘁，谨陈大略情形，请旨宣付史馆以备查核，恭折仰祈圣鉴事。窃惟大学士两江督臣曾国藩因病出缺，业经钦奉恩旨，轸念忠良，饰终典礼，至优极渥。伏读二月十二日上谕，称其学问纯粹，器识宏深，秉性忠诚，持躬清正。天语褒许，允为千古定评。至其生平战功政绩，昭昭在人耳目，并有历年奏报可稽，无俟臣之赘述。惟臣昔佐曾国藩戎幕数年，迩来共事亦为最久，知之稍详。其前后所历困苦艰难之境，隐微曲折之情，与其夙昔志行之所在，有外人所不能尽知者，请为圣主敬陈之。

伏查咸丰初年，粤贼蔓延东南各省，分党北窜，群寇和之，流毒几遍海内。承平已久，民不知兵，绿营将士，既未得力，各省办团练者，尤鲜成效。曾国藩以在籍侍郎，奉文宗显皇帝特旨，出治乡兵，于举世风靡之余，英谟独奋，不主故常，虽无尺寸之权，毅然以灭贼自任。奏请仿前明戚继光束伍成法，募勇训练，旋驻衡州，创建舟师，凡枪炮刀锚之模式，帆樯桨橹之位置，无不躬自演试，殚竭思力，不惮再三更制以极其精。初次出师，援岳州、援长沙，皆不利，世俗不察，交口讥议，甚者加意侵侮。当是时，势力既不行于州县，号令更难信于绅民，盖不特筹饷筹防，事事掣肘已也。曾国藩忍辱负诟，坚定不摇，庀材训士，奋兵复出，湘潭、岳州，连战大捷。尽驱粤贼出湖南境，遂克武、汉、蕲、黄，肃清湖北。咸丰四年秋冬之间，长驱千里，席卷无前，湘勇之旌旗，遂为海内生色。厥后各路之杀贼立功者，咸倚为重。以一县之人，而征伐遍于十八行省；以捍卫乡闾之举，而终以底定四方，前古未尝有也。湖北既清，遂率水陆诸军，循江东下，骎骎乎有直捣金陵之势。无如事机不顺，进围九江不克，而督臣杨霈之师，溃于上游，贼复窜踞武、汉。曾国藩以孤军困于江西，其部下得力良将，皆遣回援湖北。金陵巨寇勾结楚、粤诸贼，乘间飙至。曾国藩兵分饷绌，又无地方之任，事权掣肘，一如在湖南时。崎岖数年，仅支危局。然其所规画设施，非仅为屏障一方之计，丰采隐然动天下矣。咸丰七年，丁父忧回籍，三疏恳请终制。文宗显皇帝鉴其孝思肫切，准令暂守礼庐。既复奉命视师，廓清江西，进围安庆。旋以苏、常沦陷，授钺东征，畀以两江重任。当此之时，贼势如飘风疾雨，蹂躏大江南北，几无完土。苏、皖两省，糜烂尤甚。曾国藩于无可筹措之时，多方布置，奏荐左宗棠襄办军务，募勇湖南；征鲍超于皖北，调蒋益澧于广西，定计不撤安庆之围，自率所部万人，驰入祁门。甫接皖防，而徽、宁复陷。诸路悍贼，麋集祁门左右，叠进环攻，几有应接不暇之势。曾国藩示以镇静，激励诸军，昼夜苦战，相持数月之久，群贼望风授馘，丧胆宵遁，自是军威大振，而时局遂有转机矣。迨安庆告克，沿江名城要隘，以次底定，而全浙复陷。吴越之民，接踵告急，曾国藩以贼势浩大，定议分道进兵。其弟曾国荃统得胜之师，进薄金陵，攻守并施，麋兵连岁。杨岳斌、彭玉麟专率水师，扫荡江面；鲍超以霆军东西驰击。外此则左宗棠援浙之师为一路，臣鸿章援苏之师为一路。其淮、颍一带，则有袁甲三、李续宜、多隆阿诸军，分途并峙。将帅联翩，羽书络绎。曾国藩总持全局，会商机宜，折衷至当。数年内军情变幻，奇险环生，风波叠起，其筹兵筹饷，议剿议防，忧劳情状，殆难缕述。朝廷复虚衷延访，凡天下大政，及疆吏之能否，无不殷殷垂问。曾国藩知无不言，言无不尽。圣明鉴其忠悃，每有论奏，立见施行，用能庶政一新，捷音频奏。议者以为戡定粤逆之功，惟曾国藩实倡于始，实总其成，其沉毅之气，坚卓之力，深远之谋，即求之往古名臣，亦所罕觏也。方臣之初募淮勇也，曾国藩授臣以手订水陆营制一编，臣披玩数四，觉其所定人数之多寡，薪粮之隆杀，皆参酌时势，简要精严，允为久远不敝之规。又酌拨湘勇数营，俾获观摩练习。臣抵沪之后，扩充训募，实以此军为发轫之始。迨金陵既克，累函嘱臣勿撤淮勇，以备剿捻之用。同治四五年间，曾国藩剿捻齐豫，虽未见速效，然长墙圈制之策，实已得其要领，臣得变通尽利以竟全功。其创始之劳，实不可没。臣于七年七月，曾经附片奏明，初非推美之辞也。致治之要，莫先察吏，曾国藩之在江南，治军治吏，本自联为一气。自军旅渐平，百务创举，曾国藩集思广益，手定章程，期可行之经久；劝农课桑，修文兴教，振穷戢暴，奖廉去贪，不数年间民气大苏。而宦场浮滑之习，亦为之一变。其在直隶，未及两年，如清积讼、减差徭、筹荒政，皆有实惠及民。前后举劾属吏两疏，尤为众情所翕服。其法于莅任之始，令省中司道，将所属各员，酌加考语，开折汇进，以备校核。一面留心访察，偶有所闻，即登之记簿，参伍错综而得其真，俟贤否昭然，具疏举劾，阖省惊以为神，官民至今称颂。曾国藩平生未尝专讲吏事，然其培养元气，转移积习，则专精吏治者所不逮也。两淮鹾务，自兵燹以后，疲滞极矣。商本既亏，引岸渐废，加以营弁把持，票法全坏。曾国藩自驻安庆，即将淮南北鹾纲，次第整理，奏定新章；以运商运盐到岸，弊在争售，则立督销总局以整轮规；场商收盐入垣，弊在抢跌，则立瓜州总栈以保牌价；以商本宜轻，方利转输，则定缓厘以纾商力；以正课所入，丝毫为重，则定奏报以务稽查。计自同治三年春初，至九年冬杪，共收课银至二千万两以外，厘钱至七百万串以外。近来湘淮各军饷项，及解京之项，实以盐利为一大宗。而商民乐业，上下获益，则其平日用意之公且溥，尤有在立法之外者矣。

自泰西各国通商以来，中外情形，已大变于往古。曾国藩深知时势之艰，审之又审，不肯孟浪将事。其大旨但务守定条约，示以诚信，使彼不能求逞于我。薄物细故，或所不校。曾国藩自谓不习洋务，前岁天津之事，论者于责望之余，加以诋议。曾国藩亦深自引咎，不稍置辩。然其所持大纲，自不可易，居恒以隐患方长为虑。谓自强之道，贵于铢积寸累，一步不可蹈空，一语不可矜张。其讲求之要有三：曰制器，曰学技，曰操兵。故于沪局之造轮船，方言馆之翻译洋学，未尝不反覆致意。其他如操练轮船，演习洋队，挑选幼童出洋肄业，无非求为自强张本。盖其心兢兢于所谓绸缪未雨之谋，未尝一日忘也。

臣于曾国藩忠勋之迹，谨略举其大端若此。至其始终不变，而持之有恒者，则惟曰以克己为体，以进贤为用，二者足以尽之矣。大凡克己之功未至，则本原不立，始为学术之差，继为事业之累，其端甚微，其效立见。曾国藩自通籍后，服官侍从，即与故大学士倭仁、前侍郎吴廷栋、故太常寺卿唐鉴、故道员何桂珍，讲求儒先之书，剖析义理，宗旨极为纯正。其清修亮节，已震一时，平时制行甚严，而不事表襮于外；立心甚恕，而不务求备于人。故其道大而能容，通而不迂，无前人讲学之流弊，继乃不轻立说，专务躬行，进德尤猛。其在军在官，勤以率下，则无间昕宵；俭以奉身，则不殊寒素，久为众所共见。其素所自勖而勖人者，每遇一事，尤以畏难取巧为深戒。虽祸患在前，谤议在后，亦毅然赴之而不顾。与人共事，论功则推以让人，任劳则引为己责；盛德所感，始而部曲化之，继而同僚谅之，终则各省从而慕效之。所以转移风气者在此，所以宏济艰难者亦在此。曾国藩秉性谦退，受宠若惊，从戎之始，即奏明丁忧期内，虽稍立功绩，无论何项褒荣，概不敢受。迨服阕之后，战功益著，宠命迭加，其弟曾国荃累以战功晋秩，亦必具疏恳辞，至于再四。其深衷尤欲远避权势，隐防外重内轻之渐，故于节制四省、节制三省之命，辞之尤力，非矫饰也。临事则惧大功之难成，终事则惧盛名之难副。故位望愈重，而益存歉然不足之思。前岁回任两江，朝廷许以坐镇，闻曾国藩仍力疾视事，不肯少休，临殁之日，依旧接见属僚，料检公牍。其数十年来，逐日行事均有日记。二月初四日绝笔，犹殷殷焉以旷官为疚，战兢临履之意，溢于言表。此其克己之功，老而弥笃。虽古圣贤自强不息之学，亦无以过之也。自昔多事之秋，无不以贤才之众寡，判功效之广狭。曾国藩知人之鉴，超轶古今，或邂逅于风尘之中，一见以为伟器，或物色于形迹之表，确然许为异材。平日持议，常谓天下至大，事变至殷，决非一手一足之所能维持。故其振拔幽滞，宏奖人杰，尤属不遗余力。尝闻江忠源未达时，以公车入都谒见，款语移时。曾国藩目送之曰："此人必立名天下，然当以节烈称。"后乃专疏保荐，以应求贤之诏。胡林翼以臬司统兵，隶曾国藩部下，即奏称其才胜己十倍。二人皆不次擢用，卓著忠勤。曾国藩经营军事，卒赖其助。其在籍办团之始，若塔齐布、罗泽南、李续宾、李续宜、王鑫、杨岳斌、彭玉麟，或聘自诸生，或拔自陇亩，或招自营伍，均以至诚相与，俾获各尽所长。内而幕僚，外而台局，均极一时之选。其余部下将士，或立功既久而浸至大显，或以血战成名，临敌死绥者，尤未易以悉数。最后遣刘松山一军入关，经曾国藩拔之列将之中，谓可独当一面，卒能扬威秦陇，功勋卓然。曾国藩又谓人才以培养而出，器识以历练而成。故其取人，凡于兵事、饷事、吏事、文事，有一长者，无不优加奖借，量材录用。将吏来谒，无不立时接见，殷勤训诲。或有难办之事，难言之隐，鲜不博访周知，代为筹画。别后则驰书告诫，有师弟督课之风，有父兄期望之意。非常之士，与自好之徒，皆乐为之用。虽其桀骜贪诈，若李世忠、陈国瑞之流，苟有一节可用，必给以函牍，殷勤讽勉，奖其长而指其过，劝令痛改前非，不肯遽尔弃绝。此又其怜才之盛意，与造就之微权，相因而出者也。窃尝综叙曾国藩之为人，其临事谨慎，动应绳墨，而成败利钝，有所不计，似汉臣诸葛亮；然遭遇盛时，建树宏阔，则又过之。其发谋决策，应物度务，下笔千言，穷尽事理，似唐臣陆贽；然涉历诸艰，亲尝甘苦，则又过之。其无学不窥，默究精要，而践履笃实，始终一诚，似宋臣司马光；然百战勋劳，饱阅世变，则又过之。

臣于曾国藩师事近三十年，既确有闻见，固不敢阿好溢美，亦何忍令其苦心孤诣，湮没不彰，反覆筹思，义难终嘿。谨撮叙大略，据实渎陈，相应请旨饬付国史馆，查照施行，以彰先帝知人之明，而示后世人臣之法。所有督臣忠勋卓越，始终尽瘁情形，恭折由驿驰陈。伏乞皇太后、皇上圣鉴训示。谨奏。

伯相初闻文正公之丧，亟欲具疏胪陈事迹，请付史馆。惟以相隔较远，于近事未能周知，乃驰书金陵幕府，嘱福成与钱子密京卿就近考核。福成遂草此疏寄呈，辗转稽延，倏逾两月。时则署两江总督何公、湖广总督李公、安徽巡抚英公，皆已陆续具疏表章。朝廷恩礼优渥，至再至三。伯相以谓若再陈奏，近于烦渎，因寝不上。然其后每与幕僚谈及，颇惜当时未用此稿，又谓此等大文，其光气终自不磨灭也。自识。

李眉生云："此篇翔实扼要，在吴、楚两疏之上。"

杨利叔云："传千古大人物，须有大学识，方能窥见其精微；须有大手笔，方能包举其体用。是时吴、楚两疏，吴疏出李眉生廉访之手；楚疏出李次青方伯之手。二李皆文正公门人，必能窥见底蕴。然余读此作，透切完密，始觉毫无遗憾。"

（选自《庸庵文编》卷一）

海瑞论
（1873 年）

　　有明一代人才，皆偏于刚者也。逮其末流，厥病为客气，为沽名，为党同伐异。若夫居风气之中，不为末流所驱，粹然独葆其天真者，中叶以后，吾未睹其人焉。嘉靖、隆庆间，海忠介公瑞以鲠直事君，以果敢任事。考其事，虽未尽协圣人之中道；揆其指趣，大抵任天而动，表里如一者也。余尝综论古人而得四人焉。汉之汲黯、唐之宋璟、宋之包拯、明之海瑞，其刚气劲节，仿佛相似。宋璟辅佐良时，规模远矣，而其德器之浑全，有非三子所及者。汲黯、包拯，亦尚遭时差隆，行其所学。独瑞遇非其主，忠谏获罪，始终不挠，孑立孤行，无所依附，亦可谓豪杰之士矣。顾或者曰：瑞之抚吴，因新郑高相荐擢之恩，受其私属，为摧折华亭徐氏。此恐出自当时怨嫉者之口，盖不足为瑞病。若其锄强抑贵，不免过当。又或不审事之本末，而发之太骤，此则刚者之过耳。抑又闻之，明代抚吴最著者，前惟周文襄公忱，后惟海忠介公瑞，吴民尸祝至今。余论而断之曰：文襄，才优于德者也，其功之济民也远；忠介，气盛于才者也，其风之感民也深。

（选自《庸庵文外编》卷一）

叶向高论
（1873 年）

　　自古国家隆盛之时，非特人才昌也，或以中材而建不世之业者有之，盖势有可乘也。国家衰乱之际，非特人才乏也，或以荩臣而蹈覆𫗧之讥者有之，盖虑有所穷也。明代阁臣，自嘉靖以后，或偏尚才气而见摈清议，或依阿苟容而漫无建白。人才既敝，祸败随之。若其德器粹然，为善类所归仰，而又能弥缝匡救，与时变通，如叶向高之忠清练达，盖不多见。向高之入阁也，在沈一贯、朱赓相继去位之后，请补缺官、罢矿税，见帝不能从，又陈上下乖离之病。尝上言今天下危乱之道有数端：庙廊空虚，一也；上下否隔，二也；士大夫好胜喜争，三也；多藏厚亡，必有悖出之衅，四也；风声习气，日趋日下，莫可挽回，五也；非奋然振作，简任老成，取积年废弛政事，一举新之，恐宗社之忧不在敌国而在庙堂也。呜呼！此可谓切中时弊之言矣，惜乎神宗知其忠爱而不能用也。史又称向高用宿望居相位，忧国奉公，每事执争效忠荩，帝心重之，礼貌优厚，然其言大抵格不用，所救正十二三而已。夫以向高相神宗八年，其时人主习静泄沓于上，廷臣朋党交攻于下，加以灾伤寇盗，物怪人妖，迭出不穷，天下事已大不可为，而向高随事补救，揩持一二；又能调剂群情，辑和异同，与东林诸君子往来，不激不随，而以时左右之，斯可谓贤也已。然尚有疑之者曰："向高既致仕而去，泰昌、天启之间，可以不出；出而值客、魏用事，既不能抗章力争，与廷臣内外合谋，翦除巨蠹，厥后林汝翥之事，卒受群阉困辱以去，盖可为向高訾者。"是殆不然。夫大臣之于国也，与疏逖之臣不同。疏逖之臣，见时势不可为，去之而已；大臣之心，则有不能恝然者。且向高尝受神宗殊遇矣，主幼国危，应召而出，义也。出而值客、魏蛊惑君心，根蒂深固，度其势未可猝去，且攻之过激，彼将铤而走险，故不如与之委蛇，犹可从中挽回，潜移默夺。且向高在阁，忠贤必不能大肆其恶，他日因势利导，未尝不可乘机去之。此则向高之志也。无如熹宗昏骏受蔽，而阁臣如魏广微、顾秉谦辈，复有甘作忠贤鹰犬者，于是向高决意求去，而明事遂不可为矣。然则向高再出而时益艰，不足为向高病，而可为明之宗社惜者也。吾观天启四年以前，向高及刘一燡、韩爌等在内阁，赵南星、高攀龙、邹元标等掌部院，杨涟、左光斗等在言路，众正盈朝，忠贤尚有所忌惮。迨四年以后，至于七年，诸君子或窜或死，朝局颠倒，为亘古未有之大变，则向高既去之故也。向高去而阁臣半属阉党，善类一空，而忠贤之焰大张矣。假令向高复在阁数年，维持调护，以待怀宗之登极，则忠贤祸明决不若是之烈。然而忠贤之得肆其毒者，天也。当此之时，虽使三杨、刘、谢复生，亦奚补于毫末哉？

萧敬甫云："持论平允，深得叶文忠心事，非洞悉当年时势，不能道此。行文气格，亦近北宋大家。"

（选自《庸庵文外编》卷一）

治 河
（1873 年）

　　自古治河无善法。河之经流，久而不能不变者，势也。自禹疏九河，河自碣石入海，迄王莽时逾二千岁，河之变迁不一次，而大势以北流为归。自东汉王景导河由千乘入海，历唐至宋九百余年，河之变迁不一次，而大势以东流为归。自宋仁宗时，横垄商胡，频年大决，东流北流，迭为开闭，朝议纷纭。迄北宋之世，东北分流，靡有定局。自金明昌之世，河始分入于淮。有明中叶，北流断绝，而全河遂夺淮流，于是向之东北流者，改而南流矣。咸丰乙卯，河决铜瓦厢，全河去淮，由大清河入海，于是向之南流者复改而东流。综计四千余年之中，河流之大变，惟此数者为最甚。今值大变未久，当事者不能不谋所以善其后，于是有议复淮河故道者，是欲挽之南流也。有议就大清河筑堤者，是欲保其东流也。更有恐其北入畿甸，挟滹沱河为患者，是逆虑其北流也。事体既宏，兴举不易，且中外之论不合，而南北之见复歧。夫事之不易决也，审矣。

　　盖尝考之，中国之水，惟黄河最浊，沙淤既久，下流必先壅滞，河乃决其上流卑下之所，故黄河无千年不变之道。宋欧阳修谓河水已弃之高地，决不可复，其理然也。今自淮河之云梯关以东，康熙之世，诸巨公所迭议疏浚而未能如志者，况其后受病益深，河道且淤为平陆，夷为田庐。今诚挽河使南，而河之故道，积沙久淤，且高于平地一二丈，必不能容受全河也。则其势必将复决。决而北，则山东、河南，先被其灾，是徒费财力而启泛滥之祸也。决而南，则淮扬通海，先罹其祸，且骎骎乎有入江之势，是混江、淮、河三渎为一也。岂非宇宙一大变哉？且不观南河未徙之时乎？曩者以全盛之际，专力河工，耗竭天下财赋，奚啻三之一。犹且圣主宵旰于上，劳臣奔走于下，仅得一日以安，未几而险工又见告矣。今幸全河北徙，经费裁减什八九，顾犹必欲复之，何邪？噫！是必厅汛官弁之素醋豢于斯者也。否则，贫员游客之素仰给于斯者也。否则，狃于习见而不能统观全局者也。议者又曰："今故道之不能容河，固已，则请以北堤为南堤，而复筑堤于其北，可省堤工之半费。"是又不然。盖河堤之北，皆平地也。今欲行河于平地之上，是犹筑垣而居水也，亦已危矣。然则谓河之南流有害，而河之夺济遂无害乎？曰："否。"自河由张秋穿运而东，挟汶入海，而汶水不能济运，则有阻运之患。大清河河身狭隘，全河贯注其中，游荡靡定，频年大溜，冲啮堤埝，决溢田畴，山东之民告昏垫矣，则有病民之患。河之患先中于山东沿河州县，及直隶之开州、长垣、东明，而其他如曹州之多水套，沮河、侯家林、石庄户之累告决溢，沙河、赵王河之淤为平地，皆河流游荡所致。失今不治，诚不知其何所底止矣。夫议复淮河之害既如彼，河夺济流之害又如此，两害不能兼去也。于是徇北人之见者，则欲驱河使南；徇南人之见者，则欲留河在北。是皆以邻国为壑也，非公论也。夫两害相形，取其轻者。今山东侯家林诸工，犹不如向者豫工、丰工之巨也。岁修抢修之费，犹不如向者南河厅汛之繁也。若谓河流迁徙靡常，十年之后，恐有大决，则今将挽之南流而大决立见。与其糜数千万之巨费，而自致决裂之大变，不如因气运之自然，犹可以无悔也。为今之计，必不得已，则用大清河筑堤之说乎？夫自铜瓦厢至利津海口，约千数百里；自铜瓦厢至云梯关，亦千数百里，其地相等也。规复故河，需银二三千万，大清河筑堤，亦需银二三千万，其费又相等也。以相等之地与费，而改其已然者，其势逆；因其自然者，其势顺。顺逆之分，明者必能辨之矣。是故，虑大清河之狭，不能容河也，则宽其堤以蓄之；虑山东之有弃地，耗正赋也，则以淮河涸出之地抵之；虑山东之物力，不能独举也，则以数省协助之；而况以济之清，刷河之浊，前人已有主其说者；而其地又与汉之东流故道为近，傥治之有人，目前之患，或可少弭。若必求万全之策，使无一地一民之被其害，则自古所未见也。所谓治河无善法也。

自河、淮交会七八百年，始有铜瓦厢之决。今自清江浦以下，直至云梯关，淮水故道，尽为河沙所淤，遥望俨如陵阜，高于平地者数丈。而淮渎之故道亦亡，淮水半自洪泽、高宝等湖泄入运河以达于江，半自运河泄入里下河，分为十数支，由盐城、兴化一带入海。今如挽河使南，其故道既不能受，势必挟淮水由运河南入于江。数百年后，江之下流，自金山、焦山以下，亦当淤为平地。江、淮、河、济四渎尽亡，而中国必有洪水之患，虽神禹复生，不能治矣。所谓宇宙一大变也。今之议者，但见河之为患于北，颇欲徙河使南，不知侯家林、贾庄等处决口工程用帑不过数十万两，较之向者豫工、丰工之费，其减省奚啻一二十倍。而泛滥之害，初非甚于曩时也。且昔年南河、东河岁修之费，开支七八百万两，尽以供大小人员之浮冒。自铜瓦厢决口以后，东河、南河所支岁费，约不过百万两左右。孰得孰失，明者自能辨之。乙亥七月识。

（选自《庸庵文编》卷二）

应诏陈言疏
（1875 年）

　　奏为应诏陈言，仰赞高深事。窃臣伏读邸钞，钦奉慈安端裕康庆皇太后、慈禧端佑康颐皇太后懿旨，谕令内外大小臣工，竭诚抒悃，共济时艰，仰见圣朝博采谠言之至意。海内臣民，同深钦仰。恭惟皇太后、皇上勤求治理，纶音初布，即停三海工程，斥去宫中纷华浮丽之品，申明列圣家法，所有不安本分之太监，分别斥革定罪。用御史李宏谟之奏，将内务府大臣立予革职。九卿科道陈言者，莫不立蒙褒答。凡所谓节用爱人之政，亲贤远佞之谟，皆已实见诸施行。四海向风，翕然称颂，孰能复有遗议？然臣所欲进其愚悃者，则慎终如始，日新又新之说也。伊古圣人造诣愈高，则克治愈密。盖节俭之至，而仍虑及耗费；清明之至，而仍虑及壅蔽；忧勤之至，而仍虑及因循。惟谨之于微，防之于渐，而后圣德无纤毫之累。治本既懋，上理可臻。若夫用人行政诸事宜，莫外乎遵循成宪。然必有修明之术，有补救之方，有变通之道。臣窃就管见所及，谨拟治平六策：曰养贤才，肃吏治，恤民隐，筹漕运，练军实，裕财用，均期有裨实务，稍济时艰。如蒙圣明俯赐察核，天下幸甚。

　　世运之所以为隆替者何在乎？在贤才之消长而已。夫天之生才，恒足以周天下之用。然而贤才有盛有不盛者，则培养之道为之也。曩者大行皇帝御极之初，皇太后殷殷求治，博访贤才，大臣荐举，每多不次擢用。于是硕辅盈朝，勋臣辈出，四方瑰俊，奋袂崛起，以赞中兴之运。是岂无术以致之哉？盖由虚怀宏奖，振古罕有，而又不拘一格，随宜器使，用能光显丕业，至今犹被其庥。迩年以来，奖进之贤才，似稍不如前矣。窃恐数十年后，老成凋谢，继起无人，此事之大可虑者也。夫欲贤才之奋兴，必先培养于平日。培养之术，其要有三：一曰重京秩。自古设官，重内轻外。汉汲黯出守淮阳，则至于流涕；唐班景倩入为大理，则喜若登仙。此古帝王居中驭外，鼓舞豪俊之微权也。我朝颁禄，因明旧制。京员俸薄，不逮汉唐十分之一。又自耗羡归公之后，外官有养廉，而京员无养廉，人情益重外轻内。然其初升转犹易，京外两途互为出入，故供职者不以为苦。近日京员盼慕外放，极不易得，恒以困于资斧，告假而去，绝迹京华。其留者衣食不赡，竭蹶经营。每于国家之掌故，民生之利病，不暇讲求，此京秩所以愈轻也。查乾隆二年，增京官恩俸，法良意美，度越元明。似宜略仿前谟，酌为推广，别筹恒款，普加京员养廉。筹款之法，宜取诸节省之饷项。方今滇黔关陇，次第肃清，勇营大半凯撤，将来所节饷需，合计不下一千余万。应查明各省停拨之饷，酌提十分之一二，饬令每岁解部，以备京员养廉之用。所费于国计者甚微，所裨于治体者实大。至若清要之选，当课以经世之具，勿专尚小楷之精，试律之巧，俾获讲求实用。其各部院保举人员，在圣明鉴衡不爽，随宜超擢以励其气，中外迭用以练其才。庶举世重外轻内之见，可以默转于无形。百年树人之计，在此举矣。一曰设幕职。伏查雍正元年，世宗宪皇帝命督抚保举幕宾，以彰激劝。谕旨有云，今之幕客，即古之参谋、记室，凡节度、观察等使赴任之时，皆征辟幕僚，功绩果著，即拜表荐引，彼爱惜功名，自不敢任意苟且。臣谨案，我朝名臣若方观承、严如熤、林则徐，近年如大学士李鸿章、左宗棠，始皆托迹幕僚，洞悉中外利病，故能卓著忠勋。可否略仿汉、唐、宋遗法，仰承世宗鼓励人材之盛心，准令各督抚奏辟幕僚。自京外官以至布衣，如有才守出群者，许即专疏保荐。视其本职，计资论俸，一体升转，无职者量加录用。行之稍久，必有阆骏之士出乎其间，此亦造就之一法也。一曰开特科。隋、唐以降，始专尚考试。然其时科目甚多，登进之途颇广。明初始专以八股取士，文风浑朴，得人称盛。今行之已五百余年，陈文委积，剿说相仍，而真意渐汩。取士者束以程式，工拙不甚相远，而黜陟益以难凭。遂使世之慕速化者，置经史实学于不问，竞取近科闱墨，摹拟剽窃以弋科第。前岁中式举人徐景春，至不知《公羊传》为何书，贻笑海内，乃其明鉴。然则科举之法，久而渐敝，殆不可无以救之矣。我朝康熙、乾隆年间，两举词科，一时名儒硕德，及闳雅俊异之才，悉萃其中。文运之隆，远迈前古，非贤才之独盛于此时也。诚以大臣之举，非闻望素著者，不敢妄登荐牍。其与冥搜于场屋，决得失于片时者，迥不侔也。诚法圣祖高宗遗意，特举制科，则非常之士，闻风兴起。其设科之名，或称博学鸿词，或称贤良方正，或称直言极谏，应由部臣临时请旨定夺。庶贤才无沉抑之患，可辅科举所不逮。而前此空疏之弊，亦且渐以转移。或谓方今科甲人员不少，而复举特科，恐益致仕途之壅滞。不知特科乃旷世而一开，所用不过数十人，且其所举，大半亦出于科甲。是未足为科甲之累，而适所以剂科甲之穷。补偏救敝之方，不外是矣。盖重京秩，则贤才奋于内矣；设幕职，则贤才练于外矣；开特科，则举世贤才无遗逸之虞矣。臣之所愿养贤才者此也。

自来吏治之升降，视乎牧令之贤否。牧令之黜陟，由乎大吏之考察。大吏果贤，则吏治不患其不肃也。伏读皇太后懿旨，谕令各直省督抚秉公举劾，任用贤能。煌煌圣训，整饬吏治之宏规，不外是矣。臣愚以为方今激劝牧令，又有两端：一在清其途，一在励其气。何谓清牧令之途？国朝捐输之例，向因不得已而设。我宣宗、文宗御极之初，首停捐例，当时以为美谈。嗣因发、捻肇衅，饷需浩繁，始议推广捐例。然收数未见赢余，仕途益形庞杂。臣尝考乾隆年间常例，每岁捐监、捐封、捐级等项，收银约三百万两。今捐例既从折减，以示招徕，而每岁户部收银，转不及百五十万。是何也？名器重，则虚衔弥觉其荣，虽多费而有所不惜；名器滥，则实职不难骤获，虽减数而未必乐输。人情大抵然也。自顷军务告竣，饷需大减，如谓国家阙此百数十万之经费，臣有以知其不然矣。况今甘捐、皖捐、黔捐等局，所得无几，所伤实多。该省既已肃清，尤宜亟行停止。今欲议停捐例，宜于各省盐课、洋税项下，均匀指拨，合成巨款，以抵京铜局之所入。其捐输常例，但留捐监、捐封、捐级与捐杂职等项，概收实银。人人知名器之足贵，则户部收数，亦必不至于过绌。国计无纤毫之损，吏治有澄清之益，转移之机，非细故矣。何谓励牧令之气？东汉县令，往往入为三公。唐世凡官不历州县，不拟台省。宋制非两任州县，不得除监察御史。自明以后，行取知县，皆入为御史及主事，得人最多。我朝康熙年间，名臣如郭琇、彭鹏、陆陇其、朱轼，皆由县令入为京员，理学经济，震耀一时。康熙四十四年，御史黄秉中疏言知县考选科道，殊觉太骤，廷议停止。乾隆初年，又以主事人多缺少，凡行取知县，改以知州拣选。在当日酌更成法，原所以协一时之宜。然行之百年，州县无望于清华，渐乏循良之绩，京员未膺夫繁剧，或少练达之猷。吏治与人材，不免两为减色。今欲整饬吏治，陶铸人材，莫如复圣祖初年行取旧制，或稍变通其意，州县两途，并予行取。凡科甲出身、保举卓异之员，知州行取授御史，知县行取授主事，庶衔缺亦足相当。而上司操此为激扬，牧令羡此为清贵，吏治必有振兴之一日。或谓近日京员壅滞，而复参用外员，恐愈失疏通之意。不知康熙以前，京员练习民事，上而督抚，下而道府，莫不起自京员。方今圣朝知人善任，若果摩厉京员，俾与外员互为出入，正所以疏通京员也。京外两途，无扞格不通之患，而后郅治可期矣。夫既清其途，复励其气，然后责大吏以考课，虽中材之牧令，犹将自奋于功名。然尤有宜治其本者，则养廉坐支各项减成，不可不复也。查各省文职养廉，向支钱粮耗羡。同治八年，部议廉俸复额，必须各省钱粮耗羡征收足额，始可抵放，此亦本末兼权之意。惟是州县养廉，大者无过千两，盖与坐支各款，均属办公不可少之费。今皆减成发给，其公私之用，必至竭蹶，欲其不妄取于民，不可得也。州县无清廉之操，欲其课农桑、勤抚字、善催科，不可得也。且钱粮之不足额，半由民欠，半由官亏。与其靳数成之发款，而亏无限之公帑，似不如全复旧额，而严核官亏，可以劝官常，即可以裕国计。驭吏之本，莫先乎是。若夫劝惩之具，表率之资，是在大吏平时之措注，非一朝一夕之故也。臣之所愿肃吏治者此也。

天下当有事之时，军饷之不能不藉资于民力者，势也。曩以剿办粤捻各寇，不得已而设局抽厘，酌取商贾之赢余，略济饷需之支绌，以视元明之加赋筹饷，相去不啻霄壤。加以我国家二百余年深仁厚泽，浃髓沦肌，商民踊跃输将，源源接济，故能馈数十万嗷嗷待食之军，而灭方张之寇。惟其如是，而民情大可见矣。然民力必休养于平日，始可借资于一时。今海内军事已平，臣愚以为圣朝轸念民瘼，此其时也。军兴以来，厘金之旺，素推东南数省。今试以江苏一省论之，江苏久遭兵燹，创痍呻吟，元气未复。向已力筹巨饷，剿平诸寇。今则户部指拨之款，各省岁协之饷，悉以江苏为大宗。计其所出，地丁居其一，漕粮居其一，洋税居其一，盐课居其一，厘金又居其一，每项各数百万。幅员不广于他省，而财赋倍蓰过之，民力之竭，亦可知矣。以臣所见，闾阎十室九空，而百物昂贵，小民奔走拮据，艰于生计，力田之农，终岁勤动，尚难自给，偶遇水旱，即不免流移道路，其颠沛饥羸之况，不可殚述也。一省如此，他省可知。伏惟圣慈恫瘝在抱，似宜乘此群寇荡平之际，与民休息，渐裁厘金。即以一时经费未充，尚难骤撤，可否饬下各省督抚察度情形，或酌减捐数，或归并厘卡，以为异日尽裁之渐。至于布帛粟米，为群黎衣食所资，尤宜普除厘捐，大慰民望。若再因循不革，恐承平无事，上下视为定额，必将有不可少之出款，与为抵销，一旦复有不虞之事，将筹何款以应之？故裁之所以为异日缓急计也。若夫厘金之外，又有厉民之政，则莫如四川津贴一项。四川古称饶沃，国初定赋，以其荐经寇乱，概从轻额，故其地五倍江苏，而钱粮不逮五分之一。厥后生殖日繁，物阜民富，仕宦之人，遂视四川为财薮。其公私杂费，与一切陋规，莫不按亩加派，名曰津贴，迁流日久，变本加厉，取之无艺，用之愈奢。凡州县供应上司之差，小者千金，大者逾万。综计民力所出，逾于正赋之额，几有十倍不止者。夫圣主有轻徭薄赋之仁，而小民转受苛派无穷之累。揆厥由来，虽非一日，而循是不变，终为厉阶。兹欲剔除宿弊，诚宜大加整顿，斟酌时宜，明定经制，饬下疆臣，风励僚属，敦尚廉隅，庶积习可蠲，而于国计民生两有裨矣。臣之所愿恤民隐者此也。

自元明漕东南之粟以实京师，累代讲求，其法屡变。元用海运，患多漂溺；明用河运，患多劳费，二者得失维钧。今则海道便利，事捷而费省，运河梗阻，法敝而费多。窃尝综其利弊论之，盖河运不如海运，海运不如商运，臣请略陈其说。自前明以屯田养卫军，以卫丁运漕粮，国朝改为旗丁，其始法非不善。暨其弊也，屯户不能耕，而佣平民以耕，旗丁不能运，而募水手以运。于是积耗多而游手繁，旗丁诛求于州县，州县暴敛于平民。其取盈于旗丁者，则有闸官，有弁兵，有仓书。其取盈于州县者，则有上官，有豪绅，有胥吏。上下交征，而州县之取诸民者，往往三四倍于正赋。其费之出于上者，则有漕艘之修，有旗丁之粮，有州县之支销，有粮道之经费，加以闸官、卫官之俸，漕标、河标之饷。溯查嘉庆年间，协办大学士刘权之疏，言南漕每石需费十有八金，盖合上下浮费而言之。国家岁漕四百万石之米，是有七千余万金之费也。近岁海运之法行，盖穷极变通之候，在国家减省浮费，裨益实多。其州县之漕章，亦经各省大吏酌中厘定，明予以办公之经费，隐绝其无限之浮收，民情翕然，至今称便。乃闻议者颇欲规复河运，苟非狃于故见，则必有所利于其中者也。启中饱而便私图，孰甚于是，是河运之不如海运明矣。臣又闻京仓支用以甲米为大宗，八旗兵丁不惯米食，往往由牛录章京领米易钱，折给兵丁，买杂粮充食，每石京钱若干，合银一两有奇，相沿既久，习而安之。官俸亦然，领米辄发米铺，或因搀杂泥沙，霉烂不堪复食，则发糖坊，每石得银一两有奇，赴仓亲领米者，百不得一。盖涉途远则侵蠹必多，经时久则折耗自易。以漕运无穷之劳费，而每石仅获一金之用，亦可慨矣。今诚统计南漕抵仓之米，每岁共有若干，饬令各省将折漕之价，与其应发水脚之费，解交部库，所有甲米官俸愿领银者，照漕折银数发给。每岁部发巨帑，慎选廉干之员，于天津、通州、京仓三处，招商运米，宜于免关税外，援粮船带免他税之例，定为运米若干石，准免他税若干。回空之船，一体给照免税，仓米既满，而运米鬻于市者亦如之。商人惟利是骛，一闻定例，则江浙之米，与奉天、牛庄之米，必将航海而来；山东、河南之米，亦由运河而至；京东、丰润、玉田之米，络绎骈集，惟所择之，如此则有七便焉。米色精洁，一便也；部库充裕，二便也；民力久纾，三便也；内外支销漕项，节省至千万两以外，四便也；甲米官俸，所得有丰于前，五便也；都门内外，米商奔赴，百货流通，六便也；畿民见米之易售，多种稻田，渐兴水利，七便也。有此七便，上下交益，是海运之不如商运明矣。或谓沧海茫茫，恐一旦有不测之变，招商亦难经久，终不如河运之可恃，不知护运道以备不虞可也。虑沧海之有警，因谓海运不如河运，此因噎废食之见也。况今洋面平稳，轮船迅速，虽在多事之秋，富商大贾，挟数百万之赀，致数万里之远，逾山涉波，艰难险阻，曾不假尺寸之势，什伍之卫，不患不达。而运河数千里，节节浅阻，一有烽尘之警，亦未必畅然可行。为今之计，宜以海运与招商并举，如招商著有成效，不妨渐推渐广，而略以海运辅之。仍随时保护运河，量加修浚，每岁酌行河运十数万石，务使运道毋废而已。若是而谓运道有壅阏之虞，京仓有阙乏之患，必不然矣。臣之所愿筹漕运者此也。

自古养兵无善政。南宋之括财，晚明之加赋，皆为兵多所累，识者病之。我朝绿营兵额五十余万，较之宋明，业已大减。然养兵之费，岁二千万，几耗天下岁入之半。军兴二十余年，各省剿贼，皆倚勇丁以集事，曾未闻绿营出一良将，立一奇功。臣盖尝深究本末而知其弊也。查各省绿营旧制，马兵月饷银二两，步兵一两五钱，守兵一两。平时仰事俯畜，尚难自给，咸以小贸营生，手艺糊口。承平日久，或没齿不经战阵。其居将领之任者，亦复狃于因循，拘于文法。于是乎有老弱滥竽之籍，有役使趋走之卒，有侵减虚悬之饷。其兵仰食县官，视为当然，悍者饮博无赖，愿者疲玩不振，每遇操演之期，巧饰虚艺以炫耳目，一闻征调，胆寒气沮，甚者雇人顶替。行则需车，役则需夫，繁索供张，官民交病。洎乎临敌，真能折冲致果者，百无一二。积弊相嬗，虽有豪杰之士，无由奋兴。然则绿营之不可复恃者，时势然也。自楚军、淮军相继并起，勇丁月饷，倍于绿营之战兵。其得力尤在法令简严，事权专一，自统领以至营官什长，莫不情意相洽，谊若一家，而又可撤可募，随募随练，用其方新之气，故能奋建殊勋。然今之勇营，已稍不如前矣。若使积年屯驻，不见大敌，久而暮气乘之，又久而积习锢之，恐复如绿营之不振。故中外之议，皆主撤勇而练兵。夫练兵诚急务也，然使仅守绿营旧制，是兵愈冗而愈弱也。臣愚以为居今日而修戎备，与其以一饷养一兵，而十兵无一兵之用，何如以两饷养一兵，而一兵获数兵之用。昔人谓兵贵精不贵多，其成效可睹也。臣谨案，乾隆四十七年，增兵六万有奇，大学士阿桂上疏力争，以岁饷骤加，恐难为继，厥后果因帑藏大绌，叠议裁汰。顷者海内用兵，未遑兼顾，绿营兵饷，久发甚巨。自是每有战守之事，一倚勇营，而绿营几同虚设。近见各省整理绿营，如浙江之减兵加饷，直隶、河南之添饷练军。前大学士曾国藩在两江总督任内，整顿外海水师，旧兵一万余名裁为二千余名，以济添给薪粮、修造船只之费，部议趱之。盖中外大臣，皆已深鉴绿营之敝而思有以救之，非一日矣。可否推行此法，饬下各省督抚，裁汰绿营虚额，与其衰废斥退之缺，病故开除之缺，一概勿补，仍体察各路情形，或存绿营原额之半，或减存三之一。以其所节之饷，酌加马步口粮，分隶数镇，会合训练。营制太破者，归而并之。汛防太散者，撤而聚之。约计腹省有劲兵一万，边省万五千人，即可以弹压盗贼，隐备不虞。仍酌留得力勇营，参错屯驻；有事则辅以召募，藉战守之实务，行训练之成法。如是则平时无冗食之兵，临事获劲旅之用，循名核实，化弱为强，计无过于此矣。虽然，方今要务，整理绿营之外，尤有培护根本之计，有慎筹门户之计。所谓根本之计何也？我国家神武开基，东三省劲骑，为亘古所仅见。近以征调络绎，渐至凋零，老者物故，弱者未壮。其于布阵合围之法，驰驱击刺之术，渐失其传，若不及时整饬，恐斯事遂为绝学。似宜饬下吉林、黑龙江将军，挑选驻防子弟，优加廪饩而勤练之，务使制胜妙技，赓续不穷，将来健旅日出，北可固边塞之防，西可备新疆之用，所裨岂浅鲜哉？所谓门户之计何也？东南军事，以水师为最利。长江水师，利用舢板、长龙、快蟹等船；外海水师，利用广艇、红单、拖罾等船。而论今日海疆所需，则轮船尤为利器。然其操演之法，与长江水师截然两途，与外海水师亦迥然异辙。苟非专门名家，穷年毕世，不能洞悉其精微。今中国闽、沪各厂，虽陆续制造轮船，似尚乏统带轮船之将才，则利器不可得而用也。夫事当缔造之初，非破格鼓舞，不足以彰激劝。似应饬下海疆大吏，荐举轮船将才，其尤异者不次拔擢。俾天下知功名之路，相率研求，殚精毕力，以备干城之用。庶几将才益练，水师益精，而外侮无虞矣。臣之所愿练军实者此也。

孟子有言，无政事则财用不足。《大学》平天下一章，于理财之道，盖兢兢焉。臣之愚策，如所谓加养廉、停捐例、裁厘金，皆有妨于财用者也。如所谓核冗饷、筹漕运、减兵额，皆有裨于财用者也。以其所赢，补其所绌，原足相当。而论方今不涸之源，则尤赖朝廷崇尚节俭以风天下，天下尽趋于节俭，而财用无不足之虞。故臣又以为理财之政，不必开其源也，惟在节其流而已。节流之法，不必广其术也，惟在核州县之交盘而已。谨查吏部定例：州县交代，正限两月内不能结者，谓之初参；展限两月，复不能结者，谓之二参；如旧任官亏缺正项钱粮，或并无亏缺，而新任官迟延不接者，皆由该督抚题参革职；交代未清，而该上司不声明者，司道府州降三级调用，督抚降一级留任。此行之久而无弊者也。降及晚近，州县交代，不尽依限完结，上司惮处分之繁，亦遂不依限题参，往往藉辗转驳查，宕延岁月。及其浸久，旧任困于旅费，无款可交，终身寄寓，子孙流离，皆所不免。其新任以旧款未清，转相牵率，于是交代不结者，什有八九，而上司亦遂有参不胜参之势，库款之所以日亏，职是故也。臣闻近来办理交代，以山东为最善。山东一省，自前抚臣阎敬铭申明旧例，刊刻交代章程十一条，颁发州县，并通饬各属，不得藉各项工程名目，报销正款钱粮，其交代逾限者，参革毋贷。同治初年，每岁藩库所收正杂各款，不过八九十万两。近则藩库收款至二百五六十万以外，藉支本省饷需，及京协各饷。一省如此，天下可知矣。夫州县职司钱粮，坐拥仓库，计其公私之用，每岁多耗数千金，未甚觉其费也。然合天下千五百州县计之，是三年而耗二千万也。彼曾任州县者，亦以挪移甚便，不能节缩衣食，终不免窘乏之虞，查抄之累，此公私两损之道也。若交代素严，俾州县豫知节啬，则国家少亏帑之虞，州县免终身之累，此公私两便之道也。如臣愚见，可否饬下户部申明旧例，并咨取山东交代章程，通行各省，实力办理。又恐积亏之后，骤加整顿，则新旧相混，窒碍必多。欲杜侵亏，惟有宽既往而严将来之一法，酌复养廉以裕其力，禁止摊赔以清其流，庶各省大吏，易于措手。自兹以往，逾限必参，二参必革，功令严而亏挪少，亏项绝而库藏充。理财之道，莫先乎此矣。臣之所愿裕财用者此也。

以上六策，皆史册经见之端，士民欣慕之事，或经列圣创垂而著为良法，或系大臣筹措而迭见成功。臣不过就闻见之余，略参引伸之义，冀可推行乎海内，先期斟酌乎时宜。虽国家大政，不止此数端，然苟非治术所深资，平时所切究，亦不敢掇拾细故，冒昧渎陈。臣自惟学识疏庸，无以仰答高厚生成于万一，谨体圣世求言之意，稍摅千虑一得之愚，臣不胜战栗待罪之至。伏乞皇太后、皇上圣鉴。谨奏。

再密陈者，自古边塞之防，所备不过一隅，所患不过一国。今则西人于数万里重洋之外，飙至中华，联翩而通商者，不下数十国。其轮船之捷，火器之精，为亘古所未有。恃其诈力，要挟多端，违一言而瑕衅迭生，牵一发而全神俱动，智勇有时而并困，刚柔有时而两穷。彼又设馆京师，分驻要口，广传西教，引诱愚民。此固天地适然之气运，亦开辟以来之变局也。臣愚以为欲御外侮，先图自强；欲图自强，先求自治。臣所拟治平六策，于中国自治之方，既略陈其要矣。兹复谨筹海防密议十条，冀于自强之道，稍裨万一。伏惟圣明鉴其愚诚，俯赐采择焉。

一、择交宜审也。昔者乐毅伐齐，必先联赵；诸葛守蜀，首尚和吴。盖有所备，必有所亲，其势然也。洋人之至我中国，专恃合从连横，而我以孤立无助，受其钳制，含忍至今。诚欲于无事之时，多树外援，则择交不可不慎也。方今有约之国，以英、法、俄、美、德五国为最强。五国之中，英人险谲，法人慓悍，所至之地，便思窥伺衅隙，隐图占踞。此中国之深仇，不可忘也。俄国地广兵强，为欧洲诸国所忌，今且西守伊犁，东割黑龙江以北，据最胜之地以扼我后路。是宜罗设大防以为藩篱，而尤注意于东三省，严为之备，而婉与之和。此中国之强敌，不可忽也。美国自为一洲，风气浑朴，与中国最无嫌隙。其纽约与蒲公使所立新约，则明示以助我中国之意。盖亦恐中国稍弱，则欧洲日强，还为彼国之害也。故中国与美国，宜推诚相与，略弃小嫌，此中国之强援，不可失也。德人新破法国，日长炎炎，几与俄、英鼎峙。幸其通商之船尚少，则交涉之事亦无多。此亦中国他日之强敌，不可恃为援，亦未至骤为患也。自昔列国争雄之世，得一国，则数国必折而受盟；失一国，则诸国皆从而启衅。盖择交之道得，则仇敌可为外援；择交之道不得，则邻援皆为仇敌。诚宜豫筹布置，隐为联络，一旦有事，则援助必多，以战则操可胜之权，以和必获便利之约矣。

一、储才宜豫也。自中外交涉以来，中国士大夫拘于成见，往往高谈气节，鄙弃洋务而不屑道，一临事变，如瞽者之无所适从。其号为熟习洋务者，则又惟通事之流，与市井之雄，声色货利之外，不知其他。此异才所以难得也。今欲人才之奋起，必使聪明才杰之士，研求时务而后可。昔汉武帝诏举茂才，异等可为将相，及使绝国者。似宜略仿此意，另设一科，饬令内外大臣各举所知，亦不必设有定额。其新科进士，大挑举人，优拔两贡，如有洞达洋务者，亦许大臣保荐，仿学习河工之例，别为录用。其用之之道，如胆识兼优、才辩锋生者，宜出使；熟谙条约、操守廉洁者，宜税务；才猷练达、风骨峻整者，宜海疆州县。求之既早，斯用之不穷。彼士大夫见闻习熟，亦可转移风气，不务空谈。功名之路开，奇杰之才出矣。

一、制器宜精也。西人器数之学，日新月异。岂其智巧独胜中国哉？彼国以制器为要务，有能独创新法者，即令世守其业，世食其利。由是人争自奋，往往有积数世之精能，创一艺而成名者。中国则不然，凡百工技艺，视为鄙事，聪明之士，不肯留意于其间，此所以少专家也。夫《周官·考工》一册，自梓匠轮舆，以逮凫栗函裘陶冶，莫不设为专官，子孙世守勿替。他若奇肱氏之飞车，公输般之攻具，诸葛亮之木牛流马，其精诣独至之处，何尝不逮西人哉？正以后世不崇斯学，故浸失其传耳。今欲鼓舞人心，似宜访中国之巧匠，给之虚衔以风励之，随时派员带赴外洋，遍游各厂以窥其奥窔。有能于洋人成法之外，自出心裁者，优给奖叙；或仿西人之法，俾获世享其利。庶巧工日出，足与西国争长矣。

一、造船宜讲也。外国轮船之制，有商船，有兵船。商船以运货为主，式略短而中宽；兵船以战阵为主，式较长而中狭。至其暗轮之高下，食水之浅深，皆自截然不同。方今闽沪所造轮船，不尽可作兵船者，其初用意，盖欲取两式而兼营之。然其弊也，运货不逮商船之多，战阵不若兵船之劲，是欲求两便而适以两误也。窃谓自今以后，各厂造船，宜令访上等兵船之式，专精仿造。如有商民愿缴造价，公置轮船者，准其赴局专造商船。如此分晰办理，庶中国之船渐推渐精，而经费不至浪掷矣。

一、商情宜恤也。查西洋立法，以兵船之力卫商船，即以商船之税养兵船。所以船数虽多而饷项无缺者，职是故也。往年中国议定章程，设立轮船招商局，夺洋人之所恃，收中国之利权，诚为长策。惟是推行未广，华商之应募领船者，尚属无几。且自中外通商以来，江浙闽广诸商，亦有置买轮船者，大抵皆附西商之籍，用西国之旗。虽经费甚大，利归西人，而诸商曾不以为悔者，其故何也？盖为华商则报税过关，每虞稽滞，掣肘必多；为洋商则任往各口，无所拦阻，获利较易也。今诚体恤商情，曲加调护，务使有利可获，官吏毋许需索，关津不得稽留，令明法简，将来缴价造船之商，自必源源而来。贸易既盛，渐可驶往西洋诸埠，隐分洋商之利。然后榷其常税，专养兵船，务使巡缉各洋，以为保卫商船之用。从此兵船益多，而经费不绝。富强之道，基诸此矣。

一、茶政宜理也。中国出口之货，以丝茶为大宗。茶叶一项，与洋人进口之鸦片，其价值略足相当。然鸦片之来，为害于中国甚深；茶叶之往，为利于西洋甚大。洋人以茶叶为性命，恃以消瘴毒、除疾病，不能一日稍离。间尝询诸茶商，核诸近日新闻纸，综计每岁各路出口之茶，价值约在三千万两以外。若榷其什二之税，是岁入六百万也。今者海关税则，刊在条约，不可复改；而各省之茶捐茶税，收数未旺，隐漏尚多。夫欲筹御外之规，必先操裕财之本；欲勿累吾民而财足，莫若仍取诸外洋。昔管子谨正盐筴，而诸侯敛袂朝齐，诚知利权所在，足制诸侯之命也。方今中国大利，被洋人网罗尽矣；只此物产之菁华，可以默操其权。宜于闽浙、湖广、江西、安徽出茶诸省，酌加税额，而严核其隐漏。茶税暗增，则茶价亦昂，显取诸内地之民，实隐收洋人之利。惟其经理之法，宜出之以渐，济之以权，务使洋人相安于不觉，数年之后，必有成效。举凡制器、造船之费，练兵、筹饷之源，皆可取资于是矣。

一、开矿宜筹也。中国金银煤铁等矿，未经开采者，处处有之。货弃于地，而外人垂涎久矣。似不妨用彼国开挖之器，兴中国永远之利。查有矿苗旺处，由各省大吏谘访民情，察度地势，果其毫无妨碍，始许兴办。其开采之法有二：一曰官采。由官酌拨款项，雇洋人，买机器，随宜办理。一曰商采。仿淮盐招商之法，查有殷实华商，准其集赀报名，领帖设厂，置备机器，自行采取。官为稽其厂务，视所得之多寡，酌定收税章程，严禁隐漏。如是则地不爱宝，民无弃财，不失中国饶富之权，不启彼族觊觎之渐，似亦筹饷之一助也。

一、水师宜练也。外国兵船之式，船主为全船纲领。其下有总领官，主水陆攻战；有领队官，主船中排队；有大夥、二夥、三夥，专佐船主行船；此外如管理机器，看守汽表，与夫装送子药，视敌取准，各有专司；其收放帆篷，登陟桅顶，驾驶舢板，抽水、救火等事，皆令水手操练。职司有定位，作息有定时，习之既专且久，所以能纵横无敌。

今中国轮船，亦颇仿效西法，参用洋人，究未造其深际。无他，学习不如阅历之精，而所用洋人无上选也。昔巫臣教吴，武灵胡服，始皆借才异国，终则远出其上；唐太宗驾驭蕃将，多能得其死力。窃谓沿海大吏，与出使外洋之员，皆宜留心物色，如洋将中有挟高才而愿游中国者，不妨罗致一二人，縻以厚禄，善为驾驭，先令教练一船，久则推演渐广。仍仿俄国初年练兵之术，选沿海勤敏之子弟，送入西船，俾习各司，而协贴其经费，数年回国，分配各船，庶技艺日精，水师日劲，不难操券而决矣。

一、铁甲船宜购也。西洋守港之恃铁甲船，犹行军之恃营垒，寻常轮船，当之辄碎。又有铁甲小船，所以缠护炮台，四面伏击，最为灵活坚利。惟食水过深，不能远越重洋，是以至中国者，颇属寥寥。今中国既有轮船数十号，亦宜酌备铁甲船，外则巡缉洋面，恃为游击之师，内则扼守要口，胜于炮台之用。盖有一铁甲船，而诸轮船即可依护以增气势，尤幸彼之不能来犯，我即可恃为专长。苟非未雨绸缪，则仓猝必难筹措，似未可以需费稍巨，而失此远图也。盖铁甲小船，不难由内地仿造。其大者工程繁重，骤难得其要领，非在外国定购不可。又恐定购之后，难越重洋，不妨将铁料如式劚裁，分拆运送，饬匠钉配。但必议价定造，不可承买旧船耳。

一、条约诸书宜颁发州县也。西人风气，最重条约，至于事关军国，尤当以万国公法一书为凭。如有阻挠公事，违例干请者，地方官不妨据约驳斥。果能坚韧不移，不特遏彼狡谋，彼且从而敬慕之，如或诡随徇法，不特长彼骄气，彼且从而非笑之。盖西洋立国，非信不行，非约不济，其俗固如此也。方今海疆州县，商船之络绎，传教之纷繁，事事与洋人交涉。乃当其任者，往往以未见条约，茫然不知所措，刚柔两失其宜。其偏于刚者，既以违约而滋事端；其偏于柔者，亦以忘约而失体统。启衅召侮，职此之由。似宜将万国公法，通商条约等书，多为刊印，由各省藩司颁发州县。将来流布渐广，庶有志之士与办事之官幕书吏，咸得随时披览，一临事变，可以触类旁通，援引不穷矣。

以上十条，皆系显著之端倪，亦有可乘之事会。臣谨稽之古籍，准之时宜，虑欲周而臆见不敢参，谋欲决而先机不容缓，用敢附片密陈梗概，伏乞皇太后、皇上圣鉴。谨奏。

伯兄抚屏云：光绪元年四月，平远丁稚璜宫保在山东巡抚任内，代上此疏。奉旨留中，旋交军机大臣发各衙门议奏。其海防密议十条，由总理衙门汇入各行省大吏议复海防各折核议；而治平策六篇，则由吏、户、礼、兵四部分议。于是，总理衙门议先上，以择交、储才两条关系较重，且与南北洋大臣所论大意相同，始定遣使往驻西洋各国之议。盖谓此举为可联与国而练人才也。又议准将条约诸书，由总理衙门刊印，颁发各关道、各行省，分行州县。其制器、造船、恤商、茶政、开矿、练水师、购铁甲船各条，大致颇多许可，并行南北洋大臣酌办。各部所议之事，除设幕职、复行取、筹漕运三条由吏部、户部议驳，开特科一条由礼部议请暂缓外，其恤民隐、练军实、裕财用三端，并下各行省酌办。自是十年以来，有停止捐例之令，有津贴京员之议，有稽核州县交代之新章，而四川之裁撤夫马局，各省之蠲免米商厘税，及汰减绿营，添设练军，吉林、黑龙江相继遣大臣练兵，皆以此疏为之嚆矢。当此疏初上时，京师颇多传诵者。议论一播，鼓动中外，建言者往往响应而起。昔贾长沙、董江都条议汉事，或于数十年后见之施行，后儒称其通达治体切于世事，吾于此文亦云。

朱亮生云：此疏洋洋洒洒，浩浩落落，有千岩万壑之观，有清庙明堂之概。循绎数过，始知为纲者六，为目者几二十，有纲中之纲，有纲中之目，有目中之目。以新圣德为治平缘起，此为纲中之纲。养贤才则有重京秩、设幕职、开特科三端，肃吏治则有停捐例、复行取、加养廉三端，此为目中之目。篇中所议停捐纳、行海运、裁兵加饷，皆与鄙见不谋而合。其复养廉、恤民隐、重京秩、核交代，皆绝大关系，为治乱盈虚之所从出，言之诚不厌其详。至酌裁厘金，为后日缓急计，识虑更深。若京员因谋食不遑，未能讲求治道，及科目求速化，置经史于不问，尤能言人之所不敢言。而开特科所以剂科甲之穷，复行取无碍于疏通之路，措辞复甚圆湛。作者于二十一史因革损益、成败得失，了了胸中；而本朝掌故，近今利弊，尤谙悉无遗，故能折中立言以成至文。最可爱者，直言无讳中，复能处处婉曲，笔笔斡旋，读者但觉其忠爱恳挚，不见其激烈迫切，奏疏中有数文字也。瓣香从何处得来，知其渊源所渐者远矣。

曾栗诚云："海防密议十条，笔达而圆，意新而确。此议未出之前，系是人人意中所无；此议既出之后，乃觉人人意中所有。方洋务之初起，世之人或惊为异事，或鄙弃而不屑道，或挟其绪余以自重，数者皆非也。篇中所引，如《周官·考工记》、汉武帝、唐太宗、管子、乐毅、诸葛亮等，皆于时事极为贴切。今之所谓洋务者，实多前古已行之事，似极奇创，却极平常。尤妙在事事从浅处、显处著笔，使人易晓而世易行。宜乎乙亥、丙子间，斯议传播一时也。"

（选自《庸庵文编》卷一）

代李伯相复鲍爵军门书[*]
（1875 年）

春霆仁弟大人阁下：

　　阔别相思，时萦寤寐。前闻宠膺特召，驰企正深。顷接客岁冬月惠书，就谂养望东山，起居笃祜，曷任抃颂。承示东人启衅，患在癣疥；西人窥伺，患在腹心。所筹制胜持久之方，硕画鸿谟，洞悉时势，至以为佩。刻下日本业已行成，收师而退，虽受我中国抚恤之费，而得不偿失，自悔失计，当不复萌故智。尊意以中国帆樯之力，不逮轮船远甚，宜令商贾军民，自造轮船，驶往外洋贸易，一有缓急，可倚为用，洵系当今急务。惟轮船一号，需费总在十万两内外，商民独造则力有不支，合办则势难归一。加以中国工匠，未娴制造之法，以故商民自造轮船者，竟寂寂无闻。前经奏定在上海设立招商局，俾商民租雇轮船藉资贸易，选明干之员，经理其事。数年以来，颇著成效，商民措赀愿合股者源源而来。倘由此规模日扩，或可开风气而收利权。至西洋火器，愈出愈巧，中国各厂所造，断不能与之相敌。现惟有随时购买存储，以防不测之虞，募工仿造，以为经久之计。将来仍须多选巧匠，俾往游外国各厂，察其制造之精意，转相传习。其能自出心裁者，尤须设法鼓舞，庶可精进不穷。总之，中国人民之众，物产之富，才力聪明之胜，甲于地球诸国，原自大可有为。无如彼则法简令行，我则拘文牵义；彼则合纵连横，我则孤力无助，几几乎有积弱难支之势。今诚中外上下，戮力同心，于储才、裕饷、选将、练兵、制器、造船之道，一一讲求。如越句践之卧薪尝胆，诸葛武侯之广益集思。一面择泰西诸国可交者，隐与联络，结为外援，俟一二十年后，确有把握，然后举一最无礼之国，揭其

---

[*]　鲍超（1828—1886），四川奉节人，字春霆。湘军将领，官至湖南提督。

罪状，布告同盟，用全力而挞伐之。一败再败之后，彼必倾国复来。是时宜持重养威，百审一发，使之连败。则彼国内空虚，商穷民困，必将罪其始谋之大臣，废其启衅之国主。从此议和、议战，可以惟我所为。若彼驻京与各口洋人，一旦兵交，自宜各自引去，此乃泰西常例，无庸我之驱逐。至谓一胜之后，即可使中西划分为二，终古不相交涉，势恐万万不能。盖宇宙大势，合者不可复分。春秋之时，吴、楚、秦、蜀，皆称蛮夷，今已为中原腹地。汉唐之际，匈奴、突厥，皆为边患，今即是蒙古外藩。刻下中外情形，殆已不能闭关独治，亦在制驭得其道耳。因台端惓惓时务，筹维深远，故略道鄙怀，用相质证。肃泐，复颂台祺，不宣。

（选自《庸庵文别集》卷二）

代李伯相复郜观察书[*]
（1875 年）

获舟仁兄大人阁下：

顷接惠函，猥承饰序，绹戢曷任，就谂茞绩日隆，蕃釐云蔚，至为抃颂。承示中外大局，兢兢以通商为至虑，以防海为急务，具见深筹时变，惩前毖后之意。刻下云南一案，渐有端倪。威使在都，哓哓渎辩，多所要求。鄙人与总署再四函商，择其稍无害者许之，其不可行者，一意拒绝。至滇边通商一事，已允俟案结后勘办。方今中国疆围辽阔，防不胜防，而泰西诸国航海东来，实为数千年未有之创局，其势断不能深闭固拒。且自古互市之政，虽两国用兵而有所不废。中国数十年来，节次与西人立约通商，更未便一朝爽约。总之，中国能自强，虽斥塞通商，而弥见怀柔之盛；中国未能自强，虽闭关独治，而益多杌陧之虞。在通盘筹画而已。至于自强之道，半系气运主之，是在中外上下，戮力同心，破除积习，发愤有为，士大夫戒虚务实，戒无用而求有用，风气既辟，贤才日兴，斯不难操鞭笞八荒之具，殆非一朝夕、一手足之力也。来示又谓前此洋人招粤勇为前驱，至议和则又多索兵费，是则以我之财，招我之勇，为我之敌，言之令人慨叹。泰西风俗，凡遇出师，饷项甚巨。昨闻英国议院以往年构衅中国，耗费极重，得不偿失，是以踌躇审顾，未敢遽尔决裂。窥其微意，亦以中国营勇与军械，渐非从前之可比，所以持重而不轻发。于此知练兵简器之效，不可不益事讲求者也。复颂台祺，不宣。

（选自《庸庵文别集》卷二）

---

* 郜云鹄（1809—1900），安徽五河人，字涤尘，号获洲，也作获舟。咸丰进士，以主事分工部，后官江苏候补道。

代李伯相复盛观察书[*]
（1875 年）

杏荪世仁弟大人阁下：

接五月二十七日惠书，就谂茂绩日隆为慰。马利师履勘兴国诸山，先从马鞍、半壁兴工凿孔一事，奏效不易，愈深愈难进步，凿至极深之处，每日仅能进二三尺耳。马鞍山一孔，误为工匠凿斜，复壅卸土石。今竭昼夜之力，提起土石，改正斜孔，固已煞费巨工。至饬马利师专志一处，俟马鞍山稍为得手，再在半壁山开工，以免纷歧贻误，措注甚为合宜。兴济煤矿分列南北两岸，所用机器须备两副，方足以资周转。北岸非三百尺不能见层，与南岸地形低者迥乎不同，其应如何布置，必俟煤层凿有眉目，方可开单核办，理势宜然。刻下民情不患不顺，地产不患不富，煤质不患不佳。三者既皆确有把握，惟察看煤层最旺之区，如形家揣穴，不容毫发错误。察煤全赖凿孔，而凿孔又极艰难。洋人开煤，或深至一千五百余尺，或深至三千余尺，始遇第一层煤。则欲收效于异日，须持之以坚忍，要之以久远，断不可见小欲速，浅尝中辍。洋法之成败利钝，全在所用洋人之本领。马利师在日本开矿，未见功效。今观其看山，主意游移，决非煤师之上选。新泰兴洋行推荐之语，未可据为定评。现既与玉阶商定，届满六个月后，姑留接办，俟有效验，再行另订合同，尚觉妥协。惟马利师于铁事未经办过，则煤铁兼谙之洋人，亟应雇觅。以便比较本领，分优绌而定去留，且为推广采铁地步。此项洋人既不易雇，执事拟即赴沪筹商，但须旁询博考，断不可凭洋行一二人之推奖，信为实然。如出新闻纸，以头等考单为凭，则外国煤铁各师闻风麇至，挑选较易为力，虽半年后不妨静俟，亦不必拘定英人。

---

[*] 盛宣怀（1844—1916），江苏武进人，字杏荪，长期从事洋务活动和慈善活动。

鄙人于各领事来见之时，便中当代为询访。至谓毕德格等在敝处决不欺妄，亦未必然也。目前局费拟藉土矿售煤，弥补抵销，要能敷用为佳。入秋出煤畅旺，挹注自更舒展。客腊以前商本垫用钱文，准即由官本拨还，以清界限。翁帅于开矿一事，未免过虑。然土法效速而利微，洋法效迟而利广。方今中国欲图自强，先求自富。自富之道，以矿务为一大宗，必就台湾广济已成之局，先开风气。万一中止，则中国利源，渐被洋人占去，所关非细故也。专泐，复颂台祺，不具。

（选自《庸庵文别集》卷二）

代李伯相复沈观察书*（1875年）

品莲仁弟亲家大人阁下：

接四月二十五日手书，具聆一是，比维勋猷懋著为颂。浔郡北岸江堤年久将坏，经执事捐廉修筑，并于塘堤中央改建石闸，非特民事所关，抑亦江防所系。炮台参用洋法，经费较巨，工程亦较可恃，未便惜小费而忽远图。近来各口筑台，间有减省工料，暂饰外观者，一经时雨，渐见坍卸，以至贻笑外人，台基孤露，并不能俯击敌船，是有台不如无台。兹仗大力坚持原议办理，裨补时局，良非浅鲜。沪上铁路不过二十余里，运货搭客，尚无大利，洋人特以此为嚆矢，俟一有定局，则各口援照成案，中国无以禁之。此事未能救阻于先，沈、马二君似均不得辞其责。然卓儒为此一事，往复争执，舌敝唇焦，可谓不遗余力。惟洋人既储材购地，剧费经营，断不可戛然自止。昨有中国备价收回之议，亦未就绪，殊深焦闷。来示谓办洋务如涉风涛，挨过一番即算了一事，此系阅历甘苦之语。洋务日繁，亦日见其难。即有大智慧、大力量者身处其间，亦必限于权力，挠于风气，格于形势，岂尽能设施如意？但世变如此，无论主持大局与分办一事，只可尽其职所当为，与力所能为，人才多出一分，即于时事补救一分。尊意谓事变无穷，欲早退以全终始。此系独善其身之所为，似非留心匡济者所宜出此也。复颂台祺，不具。

（选自《庸庵文别集》卷二）

---

* 沈保靖（1827—1903），江苏江阴人，字仲维，号品莲。咸丰举人，洋务官员。历官江西广饶九南道、江西按察使、福建布政使等，长期随李鸿章办洋务，参与江南制造局、天津机器厂筹办事宜。

代李伯相复张观察书
（1875 年）

海帆尊兄大人阁下：

顷接惠函，猥承存注。承示屯田济饷之策，具见通筹大局，志挽时艰，良以为佩。屯田乃裕饷要术，所以济转运之不足，而纾民力于无穷，其功至溥且巨。然自古以屯田著者，若魏武帝、诸葛武侯、邓艾之伦，皆躬履其地，审度周详，然后专精毕力于一事。盖必择可屯之地，值可为之时，而又得人以治之也。若通行各省，一律兴屯，督饬者据为美名，奉行者视为故事，恐利未睹而弊已伏其中。今天下无主荒田，与有主之民田，犬牙相错，并无数百顷畛陌相连，可以整段开屯者。若侵耕民田，既非政体，兵民杂处，又启争端。而一切制器、给种、开渠、浚河经费，无从筹措。此兵屯未易遽行也。农夫终岁勤动，仅获糊口，与逐什一之利者，劳逸迥殊。彼商人褕衣甘食，不习农事，招佃耕种，动多亏折，势恐招之不来。此商屯未易遽行也。由此而推，则天下事有治人无治法，已可概见。此间大沽、军粮城一带，旧有稻田四百余顷，日久渐荒。现调防军就近耕垦，妥立章程，需费殊烦，而责效尚不能速。可见凡事言之甚易，行之实难耳。执事拳拳于经世之务，故特抒所怀以相质证，未识以为何如？专泐，复颂台祺，不具。

（选自《庸庵文别集》卷二）

答友人书
(1875 年)

　　薛福成白：辱惠书，知吾兄近攻舆地之学，欲考证塞外形势山川地名沿革，勒为一书，以蕲达之于用，甚盛，甚盛。国朝诸老为此学者，如嘉定钱大昕辛楣，钱塘龚自珍拱祚，平定张穆石舟，邵阳魏源默深，光泽何秋涛愿船，皆各有撰述。迩者李员外凤苞、方典簿恺，奉曾文正公命，方著《地球图说》。彼二子者，皆以绝人之资，覃精竭能，博稽古籍，复参以今所闻见，他日成书，必斐然可观。足下志力勤敏，或可与二子骖靳争先，幸努力为之毋怠。承询近日洋务，云南一案，渐有端倪。英国公使威妥玛在京师，断断相争，百方恫喝，固已变诈多端矣。然以中外全力，勉与枝梧，犹可以葳厥事。不佞所鳃鳃过虑者，滇事虽葳，而四方之衅，正未艾也。方今俄人西踞伊犁，东割黑龙江以北，包络外盟蒙古兴安岭，绵亘二万里，周匝三垂，蓄锐观衅。法人蚕食越南，取其东京以为外府，撤我滇粤之藩篱。英人由印度规缅甸，尽削其滨海膏腴地，以窥我云南西鄙。日本虽自台湾旋师，而睨隙思逞，今又有事朝鲜矣，朝鲜固中国之外蔽也。夫以我疆圉如是之广，而四与寇邻，譬诸厝火积薪，凛然不可终日。乌虖！中国不图自强，何以善其后。夫今日中国之政事，非成例不能行也，人才非资格不能进也。士大夫方敝敝焉为无益之学，以耗其日力，所习非所用，所用非所习，一闻非常之议，则群骇以为狂，拘牵粉饰，靡有所届。而彼诸国则法简令严，其决机趋事，如鸷鸟之发。如是而外国日强，中国日弱，非偶然也，皆其所自为也。今虽贤王勋臣，内外夹辅，仅能补苴揸持。一二十年后，吾辈恐未得高枕而卧也。来书又谓今之自强，不过摹仿他人之强，夸耀他人之强，与自字义相反，允矣。然使因恶他人之强，而遂不愿自强，此又因噎废食、讳疾忌医之见也。今有数人并驾于通衢，一人行百里未息；一人望尘追逐，仅至乎中道；一人綦他人之我先，不屑碌碌随人后，终不离故地一步。夫其仅至乎中道者，诚宜以不能争先为耻，然犹愈于跬步未移，而自以为高者也。开辟之初，人与万物偕生，所需于世者盖寡。其后不能无以自养，不能不相往来，即不能无争斗。圣人者出，于是有耒耜之教，有舟楫之利，有弧矢之威。迄于今造化之机日泄，而泰西诸国之人，研之愈精，于是有农织之机器，有火轮之舟车，有铜铁之枪炮。时势之相推移，虽圣人莫之能违。夫今之不能不用机器、轮船、枪炮，犹神农氏之不能不制耒耜，黄帝氏之不能不作舟楫弧矢也。谓神农、黄帝，于耒耜、舟楫、弧矢之外，无治天下之要道则不可，必谓并耒耜、舟楫、弧矢而废之则惑矣。尝谓中国人民物产风俗甲于地球诸国，若能发愤自强，原可操鞭笞八荒之具。弊在不能删成例以修政，破资格以求才。士大夫不肯捐除故见，务为有用之学。其聪明才杰之士，又往往讳言洋务。仅使一二当事者，区区于轮船枪炮，慕效西人，此犹见人之行百里，而劳神惫形以随之，不能具轻车、购骏马，以骋长途而遽瞩千里也。大抵天道数百年小变，数千年大变。自尧舜至今世益远，变益甚。吾辈读书致用，不可复为一切成说所拘，如能会通其理则几矣。足下开敏善悟，向不锢于俗学者，故略抒所怀以相质证。如有所见，幸以教我。冬寒，惟珍卫不宣。

（选自《庸庵文外编》卷三）

上李伯相论与英使议约事宜书
（1876 年）

　　宫太傅中堂钧座：昨闻梅辉立翻悔前言，毅然由烟台南下，其得步进步，狡狯叵测情状，昭然若揭。窃思自古两国相持，必先审彼己情势，情势了然，而后应敌之方裕如矣。方今英之富强，固非中国所能敌。而论天时地势，英必不愿启衅于中国者，何也？英虽主盟西土非一日，然自俄、德之交合，英人惴惴自顾，常有虑其吞噬欧洲之意，一旦有事中华，俄人必乘间长驱以窥印度，德人必兴兵侵并旁近小国，以逼法兰西，则英之唇齿亡矣。此固英之君臣所四顾踌躇者也。近闻土耳其国王为其臣民所废，俄人意在用兵，而英人不敢漠视，香港兵船已有调归之信。虽未必即确，然其不轻用兵之意，则已有明征。且威妥玛在都商办滇案，始以八条所允，既餍其欲，未尝不渐就范围。其既允而旋翻者，梅辉立之意，盖谓中国非劫之以势，不能大获所欲，故唆威使于成议之际，拂衣径出，必待我再四挽回，然后示我以勉强应允之意，此正梅辉立之妙用也。今梅辉立已抵沪矣，度其来书，必故作决裂之语以相恫喝。我之应之，不妨以距为迎，先加驳斥，然后徐徐因势利导，可以保其必不决裂，而转圜必速。设令再从而将顺之，羁縻之，则彼又必幡然改辙，而大肆厥求矣。何也？彼之所欲，本无底止；彼之所谋，亦初无定衡。彼但知事穷势迫而后言和，其和必无遗憾也。彼但知中国不见其兵船，所许必未到极至之地也。是故敌兵之来不来，不在所许之厚不厚，即令所言必允，彼以为可劫也而兵至转速，必复大索于所许之外。迨无可许而至决裂，则何如靳其所许，犹有可加于兵至之后，且使彼无奢望，而收拾转易乎。窃谓此时威使如有要挟，宜折之以理，勿稍迁就，则议和或易为功。且威使在华数十年，近将归国，设因此兵连祸结，牵掣大局，彼将内为国主所尤，外为商人所怨，实非其所深愿。彼之本计，不过见可而进，知难而退，欲乘此时迫胁中国，大得便利，以见好商人，为归老之荣耳。其水师兵船游弋各埠，呼召十数号，不难立集，彼挟其伎俩，或欲一试而后快，固未可知。然则为今之计宜如何？曰：设备而已矣。洋人之性，以强弱为是非。昔执事在上海，驾驭西洋兵将，有鞭挞龙蛇视若婴儿之风。以其时有淮军五六万人，战胜攻取，先声足以慑之也。同治九年天津之案，法国兵船数号来泊，法使罗淑亚意气骤厉，急索天津守令之头，迨闻执事率兵数万由陕东行，则骄气为之顿杀。故设防所以定和局也。或谓设防而触其怒，不如示不设防以速其和。不知自古两国相持，备愈严则和愈速，形格势禁，理有必然。诚宜密速调兵，节节布置，俾人心固而声援厚，隐然有虎豹在山之威。敌船一到，饬我军严兵以待。斯时议和，其诎伸损益之数，自与无备者迥不侔矣。谨将紧要事宜开列于后，其中有宜急筹者，有豫拟而不妨缓行者，有姑存此说以钤制敌人者，伏惟恕其愚陋而采择焉。

一、劲旅宜调也。议者或谓洋兵精悍，中国之兵，十不当一，则调兵与不调同。不知调兵而谓必胜者非也。调兵而蓄锐勿动，藉以张军声、固民志，彼之要挟，亦当稍减，此必然之理也。且洋兵恃其船炮，最利攻坚，若战于旷野，岂能操必胜之券。昔英军、法军助剿粤贼，屡挫衄而亡其将矣。淮军以枪炮剿流寇，不甚得力，至用长墙圈制而始灭之。盖野战不专尚火攻也。今诚厚集兵力，自大沽接于津郡，自津郡接于通州，分段设营，万一用武，则大沽之势不孤，而迎敌之兵相续。彼涉海远来，兵数不多，且无后继，是已居可胜不可挫之势，闻我兵力既厚，则心孤而意怯矣。直隶自周盛传一军以外，各镇练军抽调七成队伍，可得五千人。此外河南宋庆一军，剿捻剿回，百战以成健旅，今闻有遣撤之议，惜小费而弃远图，甚非计也，亟宜咨请暂停遣撤。山西树字六营，久经训练。此二军者，似须奏请谕旨作为河南、山西所遣拱卫畿甸之师，其月饷仍由两省源源运给。济宁铭军全部万人，亦宜飞调北来。如此则兵力稍厚，不至为狡寇所乘矣。

一、饷项宜裕也。曩者西师远迈，特发部帑二百万两，分作四批运解，所以重边防、励军心也。今若京畿有警，则腹心之患，百倍新疆，似宜奏请朝廷权其轻重，暂缓批解，以观形势。如英事就绪，固当陆续解往以符原议，否则宜移缓就急以顾根本。揆诸左相公忠体国之心，当必谓然。又西征军数，洋人莫测其众寡，且知其久练战事。万一海疆有急，似可奏请明降谕旨，俾左相尽率所部，克期东指，仍密嘱按兵勿动以待消息。洋人一闻此音，虑中国之无意于和也，则求成必速，而西军不至掣动矣。此亦虚实相济之权，伐谋之先几也。

一、密告各省设防也。夫京师者，天下之首也，宜以全力护之。沿海、沿江各行省者，天下之支体也，宜各自以其兵力守之。然以中国海疆之广，洋人船炮之捷且利，又无铁甲船铁炮台以御之，其不能处处设守也明矣。今宜令各省酌量兵力，择要设防；力所不逮者，准令官民迁避，让以空城。彼航海远来，人数无多，不敢深入腹地，所占不过一二城，又与吾民龃龉，动多疑惧。夫耗兵费以守空城，犹获石田也。而各口贸易为之停罢，则彼所损甚巨，久必废然退矣。昔年海疆有事，必欲处处设守，一城偶失，先自震惊，以至张皇失措，受制洋人，由不知此术故耳。

一、团练宜倡也。英人若仅以兵船数号来泊，固无事于团练，万一志在必战，调兵不敷堵御，则号召团勇，其急务矣。往者粤寇之变，各省团练，虽或奋绩一时，终以溃散不振，而今谓其可用者何也？盖粤寇人众而势盛，利攻散，不利攻整。洋人兵少而器精，利攻坚，不利攻散。彼团勇散居乡里，攻不胜攻，以洋人之所向无前，而粤东三元里之役，大为团练所困，殆不过以多制少，以散制整耳。咸丰三年，天津县令谢子澄号召团众与猎鸟枪手，摧折粤寇十万之众，此又团练可用之明证。诚令密为布置，数万之众，一呼可集，可以广张疑军，出奇掩袭，亦救急之一大助也。

一、滇案本末，宜布告各国使臣也。中国于马嘉里一案，特发重臣，为之辑凶，为之议恤，可谓郑重周至。乃威使播弄其间，欲坐我以指使之名。中国若不亟自剖白，方且受英国君臣之怨，方且被各国商民之谤，方且为地球万国所不右。今宜历叙滇案颠末，揭明曲直之理。且威使自办滇案以来，始则多方禁阻，不许详告各使，继则百端要挟，不使及时议结。宜将此两层反覆详述，咨明各国驻京公使，请其秉公评论。仍密饬江海关冯道，转嘱税务司，遍刻各国各埠新闻纸中，作为中国商民之言。彼都议院，非无公论，久必有据理以讥威使者。如此则所费无几，而转移大局之机，已在其中。或谓此法虽善，恐威使因愧生怒，愈激事端。不知洋人之性，刚则吐而柔则茹，可以势禁，不可以情感。以文文忠公之断断好辩，而威使钦服至今，气足以折之也。诚能道其隐微，洞中肯綮，彼自畏其国人之讥弹。英之君臣，必且憬然而自悟，或亦釜底抽薪之一术乎？

一、商务一条宜坚持也。威使所索八条，英使威妥玛所索八条：一、滇案前后事宜，由总署奏明请旨宣示惋惜之意，先索观折底，再会商入奏，咨会各省遍发示谕，张贴各府厅州县；一、听英使派员赴各处查看所张示谕，以两年为期；一、内地有关系英人身家案件，由英使派员观审；一、滇省与英缅边界商务，两国派员妥议章程；一、五年为期，由英派员驻寓重庆及云南大理等府，稽查通商事宜；一、补救通商大局一节，原有另议，其余正子并交之议，另具节略声明；一、钦派使臣赴英，克期启行，所有宣明惋惜之意之玺书，该使先查看底文；一、偿款由英使咨呈本国作主。惟商务尤关紧要，尤其全力所注，威妥玛所索第六条补救通商大局一事，凡沿海、沿湖、沿江，酌定各埠，开作洋船往来口岸，订明洋货进口完税时正子并交，惟宜昌一口，克期开作通商马头。总税务司赫德又递威使所索第六条内另议要端，共有六条：一、洋货入内地，华洋一律完子口税、领税单；一、买洋货时，在本口内完子税，概不重征；一、洋布在通商口岸、通商省分，概免抽厘；一、洋货在通商口岸抽厘，定不得过值百抽若干之章；一、出洋土货准华洋一律请报单入内地购办；一、通商各口设官信局，归总税务司管理；一、设铸银官局，归总税务司管理。其余似皆非其本意。此次怫然出都，故作决裂之势，盖为洋货免厘一事而发也。然彼不专就此事措辞者，何也？彼欲侵我自主之权，于理既为不顺，擅各国使臣应议之柄，于情又为不公，且与滇案毫无关涉，究属节外生枝，威使其自知之矣。故忽允忽翻以布其势，旁敲侧击以纡其途。其诬及疆臣，吠及枢府，怵我以所甚危也。其请觐见，请提滇案，逆料我所不能行也。而要无非为商务一端，作引而不发之机，欲使我自屈于无形，甘心以厘税全数相让，彼乃安坐而享其利。吁！可谓黠矣。虽然，厘税一宗，全允所请，每岁所损于中国者，将及一千万两。淮军、西军必从此而撤，京饷、协饷必从此而亏，海防应办诸务必从此而废。不数年而他案复兴，彼乘我之无备，又议减洋税矣。斯时财匮力弱，虽欲一战，不可得矣。是故商务之说，彼以全力争，我当以全力拒。即不得已而遂至用兵，用兵不胜，不过赔偿兵费，兵费少者数百万，多者千万而止耳。千万之款，取诸厘金一岁所入而有余，犹愈于不战而自困也。且以每岁千万之正款，可养劲兵十余万。诚如同治初年剿办粤寇之时，聚精会神，贤才竞奋，则何敌不可克，何功不可成哉。议者又谓失之厘金，可稍取偿于洋药。洋药乃无源之水也，厘税所收者百万，而民财之隐耗已数千万矣，其可恃以为利乎？今威使既将八条作为罢论，不妨舍此而别议，或酌添一二口岸，或另加可许者一二条，所损犹轻。倘彼必理前说，亦当告以中国关税之轻，向为地球各国所未有，今宜增至什二，以昭中外之一体，以补厘税之不足。否则饬各海关道别议办法，必令相当乃已。庶中国利权，犹保一二乎。

一、请觐见、请提滇案，并非威使本意也。洋人所重者莫如利。商务一节，乃其全神所注，外此二者，盖料我所不能行，而故以此相搅耳。我视之愈重，彼索之愈急，就令许之，中国尚无大害，洋人亦无大利，是许之而转足以止之，或未可知。若其意在必行，则提案一节，可由刑部照原供审理，坚勿改移。至岑中丞提京之说，不妨告以大员并无过犯，但可驿召至京，与威使面质是非，万无提讯之理。中国之例，虽无罪细民，不得妄加呵斥，岂独大员为然。至觐见一节，同治十二年成例具在，诚令盛设仪仗，慑以天威，彼自詟伏之不暇，似无损于体制。但未可轻易允许，或留为仓猝转圜之地，或藉以塞他事之要求，是在斟酌于轻重之间，权衡于临事之顷耳。

一、俄、德两国宜速遣使臣也。今日欧洲形势，俄、德鸱张于东北，英、法虎视于西南。俄军方下基发，窥印度，逼土耳其，英人岌岌自顾，几有儳焉不终日之势，其不能耦俱无猜也久矣。明知泰西诸国，种类虽殊，而交涉中华，则仍联为一气，牢不可破。然速遣俄、德之使，收外助则不足，布疑阵则有余，何则？俄、德乘英之多事，出兵而议其后，则印度必危，土耳其必亡，欧东小国必敛袂而朝于俄、德，大非英人之利也。诚早发使二国，彼恐俄、德与中国之交骤合而轧己也，则顾忌多；顾忌多，必不敢有事于东方矣。或谓值此中外多故，士大夫必不愿行。不知以天下之大，时艰之棘，岂无忠义才略之士，思得当以报者乎？彼畏葸偷安者置之可也。

以上八条，聊就所见拉杂书之，妄蹈出位之愆，谨抒愚者之虑。是否有当一二，伏祈采择。六月十九日，福成谨上。

> 丁稚璜宫保云："识微鉴远，洞中机宜。其体国之忱，匡时之略，应机之敏，料敌之明，超越寻常万万。篇中尤深切著明处，直将威、梅二人狡狯肺肝，雕镂出之。当事者已采择施行，决有成效可观。"

此书既上，适威妥玛久驻烟台，誓不北上，仍微露愿与伯相定约之意。朝廷特命伯相驰往，以示牢笼。伯相奏调余随行襄理，凡匝月而蒇事。一切相机措注大略，与此书吻合者十之七八，盖非必专用余言也。谋议之佥同，时势之相迫，有欲不如此而不可得者。始知凡事皆有寰要，当局者设施次第，虽稍有先后异同，固百变而不离其宗耳。自识。

（选自《庸庵文外编》卷三）

代李伯相答彭孝廉书[*]
（1876 年）

孝廉足下：顷接惠函，就谂文祺休畅，荣问日新为颂。烟台一役，议结滇案，暂以释外憾而戢戎心。然此事错误在前，鄙人勉强了结，殊未慊心，过蒙揄奖，只增惭恧。来书援引古今，推究形势，谓中国之洪荒，以圣人、制度、文物辟之；外国之洪荒，以火轮、舟车、机器、电报之类辟之。崇论闳议，于中外大局，洞若观火，足破拘墟之见。尝谓自有天地以来，所以弥纶于不敝者，道与器二者而已。开辟之初，生民浑噩，所需于世者盖寡。其后不能无以自养，不能不相往来，即不能无争斗。圣人者出，于是有耒耨之教，有舟楫之利，有弧矢之威。其风气所趋，不能不然者，道也。而道之所寓者，器也。数千年来，土宇日辟，智巧日生。吴、楚、秦、越，昔之所称戎蛮者，今皆为中原腹地。匈奴、突厥，昔之常作边患者，今即是蒙古外藩。而天复使泰西诸国研精器数以通我中华，于是有农织之机器，有火轮之舟车，有洞〔铜〕铁之枪炮。盖中国所尚者，道为重；而西人所精者，器为多。然道之中未尝无器，器之至者，亦通乎道。设令炎帝、轩辕复生乎今世，其不能不从事于舟车、枪炮、机器者，自然之势也。今之议者，动引古圣，啜糟粕而去精华，务空谈而忘实践，失之弥远。欲求驭外之术，惟有力图自治，修明前圣制度，勿使有名无实；而于外人所长，亦勿设藩篱以自隘。斯乃道器兼备，不难合四海为一家。盖中国人民之众，物产之丰，才力聪明礼义纲常之盛，甲于地球诸国。既为天地精灵所聚，则诸国之络绎而来合者，亦理之固然。来书谓世界日开，其机自外国动之，其局当自中土结之，实为远识至论。其效即不在今日，亦当见

* 彭嘉树，生卒年不详，江西人，字铁林。咸同年间举人。

诸千百年后也。因执事留心世务，故略抒一二。复颂元祺不具。某顿首。

伯相评云：精凿不磨之作。

（选自《庸庵文编》卷二）

先妣事略
（1877 年）

先妣太夫人姓顾氏，考讳钧，国子监生，貤赠资政大夫。先世自元明以来居无锡，为望族。先妣生五岁而孤，依母侯夫人作苦茹淡，衣食仅自给。亲党中有以饥寒告者，先妣痛自节啬，稍周其衣食；有不继，恒如饥寒之在身者。长老叹异，以其仁慈之性不可及也。年十八，归我先考府君。凡生六男一女，其详见于伯兄福辰所述先府君行状。先妣逮事大父母，是时府君授徒养亲，家贫，先妣裁冗缉匮，佐以女红，具甘旨，必腆。府君几自忘其艰，大父母亦以是忘府君之艰也。大父母性方严，或时不怿，家人悚惧。先妣善承大父母意旨，辄能转怒为怡，诸姑娣姒咸自谓弗如也。府君既举于乡，迄成进士，恒橐笔游四方。先妣主持家政，自婚嫁宾祭以至延师课子，区处井然有程度。从兄有早失父母者，抚之如子，从兄亦依先妣如母。凡三党贫乏者，孤寡癃废者，暨婚丧力不能自举者，辄厚恤之。府君每自外归，问家事，辄喜曰："虽吾在家，不是过也。"先妣于福成兄弟，未尝加以疾言遽色，然教诫不少倦。每归自塾中，必亲理其余课。寒暑风雨之夕，一灯荧然，诵声至夜分乃罢。暇辄为言："某能读书，身享令名，荣及父母。某不能读书，污贱危辱，濒于死亡。"福成等耸听汗下，罔敢自逸。故督责非甚严，而所学或倍常程。府君自外归，辄又喜曰："虽吾自教，不是过也。"先妣御下宽，虽臧获贱隶，不忍斥其名；闻人有过，惟恐彰之。福成兄弟习其意，自幼至长，未尝敢以恶声加人。戚党有父子妇姑勃谿者，闻先妣言，辄自戢，及将远别，其妇泣曰："吾失所天矣。"已而果不良死。其善气感人多如此。咸丰八年，府君卒官湖南，俄而粤贼扰乡里，举家侨徙宝应。所居卑洼多湿，遂得足疾，时发时愈。岁甲戌，伯兄福辰迎养山东济东泰武临道官舍。其冬，手足忽偏痹不仁，调治已渐愈。越二年，疾复大作。福成时在保定，闻耗疾驰至山东。四日而先妣卒，实光绪三年二月二日，寿六十有八。呜呼！先妣自遭府君之戚，洊丁寇乱，转徙异乡，田庐毁废，亲故凋亡，百感交集。吾姊及仲兄福同又相继卒，其疾之所由来渐矣。天降祸于福成兄弟，何酷也！光绪五年月日，男福成述。

（选自《庸庵文编》卷三）

创开中国铁路议
（1878 年）

　　窃惟政莫先于利用，功莫大于因时。上古生民之初，山无蹊隧，泽无舟梁，百里之内，有隔阂不相通者。圣人者出，刳木为舟，剡木为楫，舟楫之利以济不通，服牛乘马，引重致远以利天下。迄于今日，泰西诸国，研精器数，创为火轮舟车，环地球九万里，无阻不通。盖人心由拙而巧，器用由朴而精，风气由分而合，天地之大势，固如此也。方舟车之未创也，人各止其域，安其俗，至老死不相往来。若居中古以后，弃舟车而不用，是犹谋食而屏未粗，御寒而毁衣裳也，必冻且馁矣。今泰西诸国，竞富争强，其兴勃焉，所恃者火轮舟车耳。轮舟之制，中国既仿而用之，有明效矣。窃谓轮车之制不行，则中国终不能富且强也。考轮车之创于西洋也，康熙年间，英国北境以马车运煤，始作木轨以约车轮；迨道光十年，造成铁路，始以火轮车载客载货。其法愈研愈精，获利不赀，煤铁价减四之三，因得肆力制造，扩充诸务，遂以雄长欧洲，既而推行于俄、法、德、奥、美诸大国。即如美邦新造，四十年前，尚无铁路，今通计国中六通四达，为路至二十一万里。凡垦新城，辟荒地，无不设铁路以导其先；迨户口多而贸易盛，又必增铁路以善其后。开国仅百年，日长炎炎，几与英、俄相伯仲。盖闻美之旧金山，乘轮车至纽约，为程万一千里，行期不过八日，是万里而如数百里之期也；旅费不过洋银百余枚，是万里而如千余里之费也。是故，中国而仿行铁路，则遐者可迩，滞者可通，费者可省，散者可聚。请稍言其崖略：

　　今天下大势，江淮以南多水路，江淮以北多陆路。南方诸省，其地非尽饶沃，其民殷阜，此无他，以其支河别港，纵横贯注，而百货得以流通也。北方诸省，其地非尽硗瘠，其民贫苦，此无他，以其沙多水淤，道里修阻，而百货不能流通也。迩者岁入财赋，洋税千数百万两，厘金千数百万两，大约在南方者什九，在北方者什一。诚能于西北诸省多造铁路，俾如江南之河渠，经纬相错，则贫者可变为富。即东南诸省，得铁路以通水道所不达，则富者可以益富，厘税之旺，必且数倍曩时。此便于商务者一也。自有轮船以来，江浙漕粮，改行海运，而国与民两便。然议者犹欲规复河运，以防海道之不测。与其掷重赏以复河运，不如招商股以开铁路。铁路既成，譬如人之一身，血脉贯通，则百病尽去。且昔日西征之师，转运费逾千万。今年晋豫荐饥，山西米价腾踊，每石需银至四十余两。设令有铁路可运，由津至晋千余里，核计西人运价，每石不过三两左右，合之天津米价，亦不过六两以外耳。今以转运无路，而价昂辄逾七倍，是饥民之死于沟壑者，亦至七倍之多也。岂不哀哉？设令轮车盛行，则漕运也，赈粮也，军饷也，皆不劳而理、不费而捷矣。此便于转运者又一也。曩者海氛不靖，动辄调兵远省，经年累月，仅乃成行。筹粮筹费，拮据不遑，比其稍集，而彼又不知何往。所以未及交绥，情势已为之大绌。何则？彼萃而攻，兵虽少而见有余；我分而守，兵虽多而形不足。彼有轮船以资遄发，故一动而诸路受其警；我无轮车以利征调，故悉锐而一路尚难固也。昔普之攻法也，其初静以待动，示不用兵，逮闻法将伐普，始以电报召诸将，不十日而数十万之师，毕入法境，遂使法人不及措手。此铁路之为用大也。诚令及时兴造，一旦有事，虽云贵、甘肃之兵，半月可集。然则中国而有铁路，即令每省养兵一万，合十八行省计之，无异处处有十八万之兵也。中国而无铁路，即令每省养兵十万，而汊港纷歧，防不胜防，仍犹尪者之不能起，跛者之不能行也。矧此制一行，中国虽裁防兵之太半，而声势联络，日见其强。他日即以裁兵之费增营铁路，复收铁路之利以供国用，一举而三善备焉。此便于调兵者又一也。且今中国兴举之事不为不多，然皆必得铁路以济其穷者，何也？凡远水之区，洋货不易入，而土货不易出。今轮船所不达之处，可以轮车达之，出入之货愈多，则轮船之懋迁益广，此与轮船相表里者也。煤铁诸矿去水远者，以轮车运送，斯成本轻而销路畅，销路畅而矿务益兴，从此煤铁大开，经营铁路之费亦益省，此与矿务相表里者也。轮车之驰，日千余里，其行倍于驿站最速之马，从此文书加捷，而民间寄信章程，用西法经理，俾与铁路公司相附丽，其利甚溥，并可稍裁驿站，协济铁路之费，此与邮政相表里者也。方今闽、沪诸厂，入款日绌，出款日增，无自然之利，而专待拨公帑，未有能持久者也。今宜令出洋学徒，研究铁路利病，数年之后，各厂竟可自造。推行既广，则制者修者，日至而不穷。议定章程，按给工价之外，津贴厂费若干。较之购自外洋，既省运费，又免缓急不时之虞。各厂得此挹注，亦可经久不废，此又与机器诸厂相表里者也。夫开铁路之便，如此其广，否则不便如彼其多。是故西洋诸国视建铁路，与城郭宫室等。近以区区之日本，亦复锐意营造。然而中国独瞠乎居后者，何也？则囿于见闻，而异议有以阻之也。议者皆曰：铁路若开，恐引敌入室也；恐夺小民生计也；恐当路之冲，冢墓必遭迁徙，禾稼必被薰灼也。不知此皆揣摹影响而不审于事实者也。昔普之攻法也，阴遣死士，先坏其国中铁路。法人行师濡滞，终以是败。若果足为敌用，普人何不留为入法之途，而必坏之乎？然则铁路者，所以征兵御敌，而不能为敌用者也。是故，当总路扼要之处，必驻营以守之；每段十里五里，设巡役以瞭之；所以防护之者至周且密。设有不测，则坏其一段而全路皆废，只一举手之劳耳。恶能为敌用哉？且铁路公司既设，于是有修路之工，有驾驶之人，有巡瞭之丁，有路旁短送之马车，有上下货物伺候旅客之夫役。计其月赋工糈，八口之家，足以自赡。缘路则可增设旅店。其饶于财者，可以广买股分，坐权子母，是皆扩民生计者也。乃谓为夺民生计，谬矣。若夫迁冢墓、薰禾稼之说，殆指洋人言之。然惟中国不为，故洋人惜良法之不行，欲代中国倡行之。中国先自举动，则万国公法，固无干人自主之权者。且中国政务，以顺民心为本。其冢墓当道者，稍迁回以避之。铁路宽者不过盈丈，狭者数尺，两旁稍营余地，岂有薰灼之患？二者皆拘墟之臆说，其无足虑甚明。由是言之，此事不为，则永无创辟之机。何也？成见终难遽融也。为之，则必有振兴之日，何也？习俗可以渐化也。往岁吴淞口之开路也，南方士大夫见惯不惊，渐有称其便利者，是风气亦在倡之而已。

夫滥觞之水，可为江河，勾萌之达，可被山阿。西洋诸国，五十年前，亦犹今日之中国。为今之计，宜有以稍倡其端，以新中国人之耳目，则数十百年后，不患不如今日之西洋也。且西洋铁路虽长，其始或数十里，或数百里，皆由积累以成通衢。今宜择繁盛密迩之区，试办一二，俾民观听日洽，鼓舞于不自知。夫掷数百万之帑项，以开千古非常之功，此庸人所惊，而圣人所必为也。民俗既变，然后招商承办，官为掌其政令，定其税额，恤其隐情，而辅其不逮，可以渐推渐广，渐续渐远。自京师而西，可为路以达太原，南可为路以达汴梁，东南可为路以达清江浦。由太原而西，可接而达于西安，于兰州，于蜀滇黔。汴梁而南，可接而达于汉口，于长沙，于桂林。清江浦而南，可接而达于苏皖，于江西，于浙闽广。由是再极于四周，错综交互，无远弗届。如是而不联遐僻于呼吸，变贫弱为富强者，未之有也。而要其发轫之端，必自近地始。然斯事至繁且赜，其始行之有变通之法，有杜渐之宜，有推广之功，一不慎则弊端立见。兹谨议其大指，而略具条目如左：

一、平地开路百里，合计买地填路，及一切工程物料，置备火车机器之费，约需银四十万两。近闻开平矿务议开铁路，而居民虑其不便。盖以铁路绵亘不断，其两旁虽筑路拱，以留原有之直路。然民车农车，与夫牛驴耕具，势不得越路而往来，则横路不可不开也。当此造端之始，必以便民为本，他日扩充营建，乃不至有所阻挠。将欲便民，莫若用旱桥之一法。俾铁路出桥上，而行人车马皆出桥下。其布置之疏密，宜相度形势，或十余里，或数里而建一桥。因其故道，勿令隔绝，则民无怨言。虽因此多费数万金，固势所不能已也。开平矿政既有功效，则磁州、荆门、大冶诸矿，亦可仿行矣。

一、自大沽至天津，水路纡曲，逾二百里。若由陆路开径道，不过百里。似宜筹经费，集商股，修一铁路，与水道相辅并行。俾民闻见日多，数年之后，运载渐旺，他处必有闻风而起者。未始非为山覆篑之一助也。

一、中国士大夫不知铁路为何物，骤闻是说，不免疑骇，及目见之，则此事本甚平常，无足惊异。从前吴淞口铁路，若留至今日，则知其利者必渐多。今既先创造天津、大沽一路，则自吴淞至上海，自临清至张秋，自清江浦至桃源之仲兴集，自周家口至汴梁，自常山至玉山，自袁州之芦溪至萍乡，自江山越仙霞岭至浦城，自南安越大庾岭至南雄，皆可渐次经营。以便商旅，以利转运，以裕税课。统计成本，约皆在百万两内外。无论或招商股，或筹官款，皆易集事。商民既见惯不惊，或可渐推渐广，以收日积月累之功。

一、外洋铁路有双单行之别。双行者可以一往一来。单行者，或今日往而明日来，或半日往而半日来。双行之路，占地宽不过一丈二尺。单行之路，占地七尺。此路虽在官道之中，既须填筑加高，与官道判若两途。自于官道中车马行人，无拥挤磕碰之患，其十字午贯之路，除建旱桥一法外，又有于两旁设立栅门，瞭望火车将至，则闭栅以止行人，俟火车既过，然后启栅。其法不如旱桥之尽善，而用费亦可稍简。至造路之费，地价亦其大宗。如有田庐侵碍官道者，当不惜重价以偿贫民。

万一坟墓田庐，不愿迁徙，自当设法绕避，勿稍勉强。必使官吏尽知此意，则绅民自无阻挠矣。

一、买地筑路，议不得损民坟墓，侵民田庐，以顺民心。然非常之原，黎民所惧。彼傍路之人，疑夺其生计，必出死力以相挠。近闻闽省创办电线，恒被乡民毁坏，然彼不过耗费工程而已。若铁路受损，动关数十百人之性命，其势尤危。今立法在何处开路，宜就地先招股分，不得则以商股充之。其辟路人工，路旁巡役，与夫搬卸货物，伺应旅客，均先招用近地之人，不足则另募以补之，以为拓民生计之明证。夫土著之人，耳目易周，呼应易灵，且一人业此，足化十人，十人足化百人，推而至于无穷。则不费财而民心可大附，此要结于无形之术也。

一、洋人于中国铁路，望之甚殷。或虑内地贸易繁盛，彼又将请添口岸。不知西洋诸国，本无内地开口岸之例。即日本铁路渐兴，不闻洋人之有他求。若因此而辍要务，是犹虑人借贷，而不自理其田产也。其究也，必将借贷于人而不可得。且今经营内地铁路，洋货得我之转输，而销路益畅，我得洋货之附益，而转运益多，固属一举两利。洋人有执照游历内地者，亦听其附我轮车。总之，守定约章，无瑕可蹈，彼断不能为意外之请也。

一、铁路创办之始，似不能不购之外洋，又不能不雇用一二洋人。然宜亟令闽、沪诸厂，招募华匠，刻意研求。有知此中窾要，及能驾驶火车者，给厚糈以鼓舞之。庶数年之后，可以自造自修，不至授柄于人，亦不至一旦有事，猝然停废。公司股分，宜仿轮船招商局之例，不得转卖洋人。非惟豫防流弊也，保中国自主之权，当如此也。

一、火车大行之后，各州县驿站，渐次酌裁，其费可供铁路之用。惟州县办公，颇有仰给驿站者，宜查明有驿州县，向得余费若干，由铁路公司如数津贴，以为办公之用。如是则官与商浃洽，公事不至掣肘矣。

一、外洋有铁路新式，其窄不过一尺内外，地势不必修平，下栽木桩为架，上置浮梁，梁上铺铁为辙。辙与轮相辖，两旁复有平轮，夹木梁而行，以防倾侧。用以运兵载粮，费省工速。其木架随时可搭，不用可拆，如涉水之有浮桥，所以济急一时也。近者普法之战、俄土之战，均用此路以运军储。盖仓卒之秋，修治铁路，非惟费多，亦且不暇，不若用窄路之为便。他日有不虞之事，仿而行之，亦事半功倍之道也。

（选自《庸庵文编》卷二）

叙益阳胡文忠公御将
(1878 年)

　　咸丰之世，粤寇俶扰，益阳胡文忠公治湖北七年，威名满天下。环东南万里被贼之区，其民喁喁相告，皆曰胡公援我。以余所闻，凡公所以察吏、理财、养民、睦邻之具，罔不精绝一时。然公所以能指挥群英而为天下雄者，其御将之略，尤超轶古今云。

　　初公以道员募乡兵击贼，隶曾文正公部下，追贼至江西，文正密荐公才可大用，俾率师还援湖北，旋拜巡抚之命。公初起角巨寇，军弱，连战不利，溃而复集者数矣。会罗忠节公泽南以湖北上游地，不可不争，请于曾公，引所部三千人，由江西转战而前，连拔数城，薄武昌而垒，朝命听公节制。罗公故以名儒讲学，学者所称罗山先生者也。曾公初练乡兵，招之出，楚军规制，皆所手定，门弟子多崛起，为名将。当是时，罗公以宁绍台道赴援湖北。公一见，执弟子礼甚恭，虽与僚属语，必称罗山先生，事无巨细，谘而后行，询其军将吏之勇怯材鄙而擢汰之。罗公亦稍稍分其众隶公，俾部勒其士卒，由是尽传楚军规制，变弱为强自此始。罗公力攻武昌，被重创，三日薨。公哭之恸，以女弟妻罗公长子，举其裨将李忠武公续宾代领其军，勇毅公续宜佐之。二李者，故罗公高第弟子，沉毅多大略，公以昆弟遇之，而渐增其饷，俾益募兵，遂克武昌，尽收湖北诸郡邑，悉锐攻九江，将沿江以瞰金陵。时李公父母皆笃老，方事之殷，以不能归省为憾。公为迎养其父母，晨昏定省，如事父母。日发书慰二李，二李皆感激，愿尽死力。忠武既克九江，鼓行而东，师锐甚。会援贼大至，战没庐江三河镇。公方奉太夫人讳，有旨百日后起视事。公具疏恳辞，忽闻忠武死绥，遂投袂起，以大事属勇毅公，俾鸠溃散，修守备，吊死疗伤，期年而后用之。且谓之曰：迪庵自任灭贼而赍志长暝，吾誓为竟前功，以报死友于地下，当与吾弟勉之。迪庵者，忠武公字也。勇毅于是日夜训厉其众，众益奋，南解宝庆之围，北奠淮西地，大败悍贼陈玉成之众于挂车岭。贼再窜湖北，再平之，勋望隆然。不数年，超擢安徽巡抚。先是从曾公起兵者，罗公、李公皆以陆师称强；其专领水师，则杨公岳斌，彭公玉麟，功名与罗、李相上下。罗、李既皆为公用，而水师诸将亦奉曾公命，先后援鄂，分布江汉间。当是时，兵将骈集，客主抵牾，往往违言。公倾心调和，泯其异同，具饷必丰，奖荐愈隆，务扬善表功以联诸客将，诸客将皆亲附公，与曾公等。曾公久驻江西，不管吏事，权轻饷绌，良将少，势益孤，列郡多陷者。公名位既与曾公并，且握兵饷权，所以事曾公弥谨，馈饷源源不绝。湖北既清，乃遣诸将还江西受曾公节度，军势复大振。

曾公素有知人鉴，所识拔多贤俊。公常从问士大夫贤否，闻曾公有一言之奖，辄百方罗致，推毂惟恐不尽力。或畀以军寄，致大用。是时公所擢任于偏人中者，又有忠勇公多隆阿，今一等子提督鲍公超。多公性颇忮，而老于兵事，饶智勇；鲍公后起，以骁果克敌，功尤多。二人不相下，公因激励而两用之。谓多公曰："鲍超蠢悍，非兵家所贵，赖吾子庇荫以有今日，超之功，皆子之功也，幸始终左右之。"谓鲍公曰："多公言汝勇而无谋，汝能奋功名无蹉跌，则可以间执人口矣，勉之。"二郎河之战，贼来益众，超将退矣，公遣骑驰书告曰："寇深矣，如林翼辈生死无足重轻，君威名盖世，宜自重，盍少退。"超益疾斗，遂大捷。公知多、鲍二人皆好胜，各予卒万人，当一面。二人争以战功相掩，勋伐皆为天下最。湖北当四战之冲，为贼必争地，备多力分。公乃整榷政，通蜀盐，改漕章，每月得饷金四十万两，养兵五六万人，驱除群寇。又谓守疆当战于境外，分兵援江西，援湖南，援安徽、河南、浙江，未尝不以天下大局为兢兢。而天下之求将才者，亦不之他省而之湖北。一时以善战名者，若都兴阿、舒保、刘腾鸿、萧翰庆，皆公麾下之选也。公量能授事，体其隐衷，而匡其不逮，或家在数千里外，辄馈资用，问遗其父母，珍裘良药，使岁月至。公尝言天下无不可造之才，惟汩于仕宦与绿营旧习者，皆屏勿进。其人忠朴有志节，虽无巨绩，揄奖必逾其量；或选耎贪冒不事事，败军政，罚亦不少贷。以是人咸感其遇而服其公，莫不乐为之用。昔李勇毅公尝告曾公曰："胡公待人多血性，然亦不能无权术。"公答之曰："胡公非无权术，而待吾子昆季，则纯出至诚。"勇毅笑应曰："然，虽非至诚，吾犹将为尽力以灭此贼也。"是时将帅同心如此，故卒有成功云。

季怀弟云："纲领灿举，声畅色楸，与荆川叙沈希仪事相仿佛，知其得力于《史》、《汉》深矣。"

（选自《庸庵文编》卷四）

代李伯相重锲浔滨遗书序
（1878 年）

浔滨蔡先生诗文集十卷，语录二十卷，旧有刊本。今权天津县事王炳燮校其阙佚讹舛，知宁晋县事夏子鎏重锲诸板，请序于余。余览诵一周，为之序曰：

唐自会昌、大中以后而人才衰；明自正德、嘉靖以后，人才虽未衰，然或不能究其用，或不尽衷于道。盖其时科第重而朋党兴，居风气中而能卓然不惑者寡矣。唐之初，设科取士，为目数十，凡闳伟倜傥非常之才，奋起迭用，可谓极盛。厥后专重进士，诸科渐废，士舍帖括诗赋无所攻，其术益刓，惟相攀相轧为务，贤才寂寂者百余年。明太祖以四子书文取士，其始风气浑朴，往往根柢经史，涵泳道味，且用人之途，半由荐举。故凡巨儒硕彦，多出为时用。中叶以降，制艺试士既久，陈篇旧句，盗袭相仍，于是格律变而益精，风尚穷而益变。向之所谓根柢经史，涵泳道味者，转觉迂而不切，末由适中度程，其高下清浊之矩，有司意为去取，如风之飂然于长空而不可执也。是时科第既益重，豪俊之士，槁项没齿，冀得当于一试。幸而得之，英光锐气，耗减略尽，奚暇他求？故论者谓有明一代无学问，非无学问也，举业累之也。然而朝野上下，习于见闻，风会所趋，牢不可破，苟非由甲科进者，仕宦不逾常调，计典不入上考。暨其极敝，知有师生之情谊，而不计国事；知有门户之党伐，而不论是非。虽其雅负时望，犹蹈此失，况汶汶于科第之中者乎？其或巍然不倚，守正摅忠，匡救百一，势孤援弱，亦终不安其位以去。晚世国事日棘，乃拔一二异材于举业之外，犹必群力倾排，务俾颠沛而后已。此其末流所锢，日即沦胥，虽圣人其能振救之哉？虽然，其所托为孔孟传道之书，则其说甚纯无瑕，其初立法，取明理达意而止。视夫专崇末技，炫巧斗妍，而无实义者，犹为质胜于文。然偏重之弊已若此矣。若夫身居风气之中，廪然有以自守，与世龃龉而不悔，砥行鸣道，以终其身为善于乡里，虽限于时位，泽不逮施，学未大传，要之特立之士也。明泾滨蔡先生，早岁受业甘泉湛先生之门，不颛颛以举业自画，既以嘉靖间进士为巡按御史，孤行其意，累劾权贵，进直言，再起再仆，归而讲学著书，笃守儒先矩矱，不务标新异以眩后进，其行义四方多宗之，岂仅称一州一邑之乡先生者邪？王君、夏君表章前哲，以为邦人士模式，可谓能勤其职矣。余故乐为之序，且论晚明积习之弊，以志余慨焉。蔡先生，宁晋人，讳叆，字天章。

曾劼刚云：抉摘晚明科第朋党之弊，不遗余力，此文殆有为而言之。

（选自《庸庵文外编》卷二）

送日本某居士东归序
（1878 年）

　　环地球九万里，为大洲五，为国大者数十，小者数百，风气互殊，终古不相往来，倏焉如肝胆之相傅，几席之相接，此非人所能为也，天也。往者生民之初，山无蹊隧，泽无舟梁，民各居其地，安其俗，百里之内，或隔阂如异域。迄于今，泰西诸国，研精器数，驾水火，御风霆，舟车四驰，无阻不通。盖宇宙大势，由分而合，天之气运固如此，虽圣人其能御之。今夫滨海互市之区，始皆辽旷寂寞无人地也。迩者西洋贾客，车尘杂沓，辐辏殷殷，日夜行不休。通阛巨舶，瑰货山积，鬻艺者假灵造化，竞巧斗奇，或自标教旨，冀与吾圣人之道并峙，担簦杖策，周游内地，毂交踵接。异哉！天将使昔之隔不相闻者耦俱无猜，其风俗语言政教浸渍渐摩，亦将齐不一者而使之一邪？未可知也。光绪四年夏，日本某居士至天津，介青浦朱修仁静山内交于余，并视［示］所为诗文，其言严谨而闳实，盖确守吾孔子之教者也。夫日本与中国同处一洲，非若他国之辽远。居士守孔子道不变，非若西人之与吾异术。款谈促膝，如旧相识，有不知其然者矣。抑余闻日本山水奇丽，古所称蓬莱、方丈、瀛洲者，倪即在是，仙人不死之药，羡门安期生之迹，犹有存者邪？又闻日本旧国，多古书，稍存三代遗制。余欲一往问俗久矣。他日者，浮海东游，从居士访山川之名胜，政教之异同，居士当不余靳也。方今时势迁流，迥异古昔，虽穷荒绝域，犹将引而近之。况在同文之国乎？居士以八月东归，余无以赠其行，姑与语天下大势。居士幸藏于心，静观默察，数年相见，当有以觇余也。

　　曾劼刚云："声色神味，无不得昌黎佳境。非用力精深，心手凑泊，不能诣此。"

（选自《庸庵文外编》卷四）

代李伯相复陈叠奉寄谕分别筹议疏
（1879 年）

奏为叠奉寄谕，分别筹议，恭折密陈，仰祈圣鉴事。窃臣钦奉光绪五年六月初七日上谕：都察院奏代递贵州候补道罗应旒敬呈管见一折，所陈整学校以新吏治、练兵民之武技以自强、精机汽之器械以利用、参西国之法例以谋远、握朝野之利权以储费，各条有无可采，著李鸿章、沈葆桢体察情形，悉心妥筹具奏等因。又奉九月三十日密谕：翰林院侍读王先谦条陈洋务事宜一折，所奏审敌情、振士气、筹经费、备船械各节，不无可采，著李鸿章、沈葆桢即将海防事宜，并该侍读所陈备船械一条切实筹议，先行具奏。王先谦所称任将择使二事，亦为储才起见。李鸿章等如有所知，著随时密行陈奏，以备录用。此外各条是否可行，并著分别妥议具奏，等因。又奉十月二十四日密谕：丁日昌遵议复奏各折不无可采，现议整顿轮船水师，自非择将帅、精器械不可，西人熟习轮船操练，应如何设法访订之处，著李鸿章、沈葆桢与出使各国大臣函商办理。至学堂、练船、出洋诸举，皆为豫储将才之计，尤当扩充精选，以备异日之用。丁日昌片内所奏各节，除减额兵、停武科二事均无庸议外，所称扩充矿务、裁撤水师及凡非极要处所，只须防以水雷，暂可停造炮台，并裁汰腹地勇营，著李鸿章、沈葆桢妥议具奏。至所奏稍宽厘税以杜洋票一节，于饷项有无裨益，著一并筹议具奏，等因。钦此。并先后钞录原折给阅前来，仰见圣主虚衷听纳，博访周谘，曷胜钦服。臣于十月二十七日，业将海防、购船、选将各节，切实筹议，密折复陈。此与丁日昌之所谓择将帅、精器械，王先谦之所谓振士气、备船械，大致尚不甚歧异，现可无庸赘论。

伏思近来时事多艰，朝廷深思远虑，广开言路，内外臣工，得以抒其蕴蓄，畅所欲言，嘉谟异策，原可辐凑并进。惟是言者之精粗深浅，既有不同，即所言甚当，或碍于成例，或阻于浮言，或绌于经费，或乏于人才，往往难见诸施行。而凡一事之利弊，又非确有见闻，难遽悬断。其事之关涉他省者，尤非南北洋大臣权力所能及，耳目所能周，往返行查，迹近推诿。兹臣谨将确凿可行者，筹定一二。其于事理稍疏，与格于时势，暂宜缓行者，不复置议，以附实事求是之义。即如矿务一节，丁日昌、王先谦、罗应旒皆言之。今直隶之开平，湖北之当阳，安徽之贵池，台湾之鸡笼，均已试办，冀有数处稍著成效，即可逐渐扩充。洋药酌加厘税，与机器制造、轮船招商各节，王先谦、罗应旒皆言之。除洋药厘税并征，应由总理衙门与英使威妥玛商办外，其织造机器，已创办于兰州，轮船揽载，已设局于津沪各埠。招商借款，目下办法，原不出此，若办理日有起色，商情自更踊跃，官本亦较易筹。要之此数端者，仰赖朝廷主持于上，臣等乃得审度机宜，妥为经营。既须临事变通，尚难豫设成法。又望各省大吏意见相同，呼应无甚隔阂，各处舆情历练既久，贤才因之奋兴，则风气渐开，富强之基可立矣。至罗应旒之条议，如兼课西学以资实用，鼓励巧工以新制造，奖劝巨商以握利权，均可节取而酌行之。将来遇有此等事件，应由臣等随时请旨核办。王先谦之条议，以日本吞并琉球，藐视中国，意在整军经武，大张挞伐，耆彼强邻。斯事关系较重，必深筹乎彼此进退之机宜，熟审乎本末轻重之分数。日本国小财匮，其势原逊于泰西诸邦，惟该国近来取法西人，于练兵制器各务，刻意讲求，颇有振兴气象。中国水师尚未齐备，饷需亦未充足，若彼不再肆鸱张，似仍以按约理论为稳著。但倭人性情桀骜，设令狡焉思逞，亦不可无以待之。中国自强之图，诚难一日稍缓矣。他如垦辟荒田、严汰冗员、整顿厘榷，皆各省应办之政。择使一事，亦系要务，俟有所知，随时密陈以备录用。丁日昌之条议，洞晰中外情势，多阅历有得之言，与空谈无实者不同。所议购船及延西人教练一节，山东、浙江及闽粤各省，均须暂备蚊船。前奉旨饬臣代为经理，俟各该省筹款解到，或仍交赫德承办以资熟手。若购办铁甲船，经费果能凑齐，应函商出使大臣李凤苞等设法访购。其续延教练西人，亦请曾纪泽、李凤苞等就近物色，必须专门名家，才能出众，而又恪听调度者，始敢决计延订。赫德如有所知，苟系上品，亦可招用。但中西教法不同，上等人材，肯来中国者颇少，只能悬其格，尚难遽得其人也。海口非极要处所，防以水雷，即可停造炮台，既节糜费，又示敌以不测，固为合算。惟水雷事理颇奥，各省真能讲求者颇少。厘税宜稍崇宽大，以广招徕，是在多选廉平之员，专司榷务，必于饷项有裨。至腹地勇营，及沿海红单艇船之类，原可酌量裁撤。惟各省地势辽阔，伏莽尚多，非有得力防营，不足以资控制。艇船弁兵额饷，较轮船勇饷为俭，间能捕盗于浅水之处，以辅轮船所不逮，恐亦未可尽裁。应请敕下各省督抚参酌时宜，认真淘汰，凡艇船之窳败无用者，勇营之虚弱不得力者，量加裁撤，既昭核实，又不至偏废矣。抑臣更有请者，迩来各国环伺，外侮交加，未雨绸缪，正在今日。阅丁日昌之议，令人忧危之意，悚然而生。倘蒙圣主坚持定见，激励人才，勿为浮议所摇，勿为常例所格，内外臣工，同心戮力，以图自治自强之要，则敌国外患，未必非中国振兴之资，是在一转移间而已。所有叠奉寄谕分别筹议缘由，恭折由驿密陈，伏乞皇太后、皇上圣鉴训示。谨奏。

（选自《庸庵文编》卷一）

上李伯相论赫德不宜总司海防书[*]
(1879 年)

　　宫太傅中堂钧座：顷见总理衙门来书，将以赫德总司南北洋海防，添购快船、蚊船，分驻大连湾、南关两处，由南北洋各派监司大员，与赫德所选洋将会同督操。详绎总理衙门之意，岂不以中国创办水师，久无成效，而倭人发难，擅废琉球，外侮日迫，亟图借才异国，迅速集事，殆有不得已之苦衷。然福成窃见其患，未见其益也。夫赫德之为人，阴鸷而专利，怙势而自尊，虽食厚禄，受高职，其意仍内西人而外中国。彼既总司江海各关税务，利柄在其掌握，已有尾大不掉之势。若复授为总海防司，则中国兵权饷权，皆入赫德一人之手。且以南北洋大臣之尊，尚且画分界域，而赫德独综其全；南北洋所派监司大员，仅获列衔会办，而赫德独管其政。彼将朝建一议，暮陈一策，以眩总理衙门。既藉总理衙门之权，牵制南北洋，复藉南北洋海防之权，牵制总理衙门，南北洋不能难也，总理衙门不敢违也。数年之后，恐赫德不复如今日之可驭矣。或谓："赫德以治兵为荣，非以揽权为事，即以权论，亦不过十余号炮船耳。夫奚足为重轻？"噫！何言之易也。中国创办海防，以全力经营者，原只此十余号炮船。乃举以畀之赫德，彼得是为嚆矢，渐拓规模，中外魁柄，潜移于不觉。此履霜坚冰之渐，不可不慎也。或又谓："借才异国，古有明效，何独于赫德而虑之？"不知赫德长于理财，本不以知兵名。中国初振武备，所倚惟一赫德，恐为东西洋各国所窃笑。如欲延揽洋将以供任使，宜致书出使大臣，访求专门名家，而又能受南北洋调遣者，酌量订募，庶免太阿倒持之患，其获效亦必胜用赫德远甚。福成昨读中堂复总理衙门一书，未尝无长虑却顾之意，特

---

　　[*] 赫德（Robert Hart，1835—1911），英国人，字鹭宾。同治初年开始任中国海关总税务司，参与中国对外交涉活动，1908 年回国。

以既有成议，不欲显与立异耳。窃谓中堂自任以天下之重，天下安危所系，不得不剀切言之，总理衙门亦断无不从之理。与其使赫德掣肘于异日，而酿无穷之患；不如使赫德觖望于一时，而葆固有之权。此中得失，不待智者而决也。又绎中堂核定赫德所拟章程，凡海防司所领粮饷军火，应先移文监司大员，由监司大员转禀南北洋大臣给发，似稍足限制其权矣。然其定章，又谓用人、支饷、造械诸事，惟赫德一人主之，虽南北洋不得侵越。则所云核转一节，实无予夺增减之权，不过奉行赫德文书而已。事权倒置，孰甚于此？若谓总理衙门已与定议，不能中止，宜告赫德以兵事非可遥制，须令亲赴海滨，专司练兵，其总税务司一职，则别举人代之。赫德贪恋利权，必不肯舍此而就彼也。则其议不罢而罢矣。且蚊船徒能株守一口，快船仅备两号，声势亦孤。赫德所谓海防，本不过敷衍之局。今欲声威雄壮，战守咸宜，非购铁甲船不可。从前南北洋谋创水师，所以久无成功者，良由中外视为缓图，饷不裕而权不一也。今若以畀赫德之权畀南北洋，供赫德之饷供南北洋，添制船械，广罗将材，精心训练，提倡风气，将何功之不可成？是在中堂力任之，与总理衙门密商之而已。福成因斯事利害较巨，辄敢摅其千虑一得之愚，惟恕其狂瞽而财择焉，大局幸甚。六月二十三日，福成谨上。

　　伯相既得是书，踌躇旬日，始撮举书中要语，函达总理衙门。总理衙门以专司练兵，开去总税务司一缺之说告赫德。赫德果不愿行，遂罢此议。己卯八月识。

　　　　　　　　　　　　　　　　（选自《庸庵文编》卷二）

书太监安得海伏法事
（1879 年）

同治八年夏四月，福成自江南如保定，道出山东。时余弟福保在巡抚宫保平远丁公幕府，福成就谒公。公留之宿，与语天下事，逾二旬不倦。将别，公叹曰："方今两宫垂帘，朝政清明，内外大臣，各职其职，中兴之隆，轶唐迈宋。惟太监安得海稍稍用事，往岁恭亲王去议政权，颇为所中。近日士大夫渐有凑其门者，当奈何？"有间，复言曰："吾闻安得海将往广东，必过山东境，过则执而杀之，以其罪奏闻，何如？"福成与福保同对曰："审如是，不世之业也！其难如平一剧寇，功尤高，然布置欲豫，审几欲密、欲断，否则不惟贾祸，亦恐转益其焰而贻天下患。"公颔之。其秋，安得海果出都，公即奏闻。奉上谕："丁宝桢奏太监安得海矫旨出都，舟过德州，僭拟无度，招摇煽惑，声势赫然。著直隶、山东、江苏总督巡抚，迅遴干员，严密擒捕，捕得即就地正法，毋许轻纵。"而丁公初具疏时，闻安得海已南下，亟檄知东昌府程绳武追之。绳武躬篓屩，驰骑烈日中，踵其后三日，不敢动。复檄总兵王正起发兵追之，及泰安，围而守之，送至济南。当是时，朝旨尚未到，而安得海大言："我奉皇太后命，织龙衣广东。汝等自速戾耳！"官吏詟焉。丁公念朝旨未可知，欲先论杀之，虽获重谴，无憾。知泰安县何毓福长跪力谏，请少待之。会朝旨亦至，乃以八月丙午夜，弃安得海于市，支党死者二十余人。籍其辎重，得骏马三十余匹，黄金珠玉珍宝称是，皆输内务府。方丁公奏上朝廷也，皇太后问恭亲王及军机大臣，法当如何？皆叩头言："祖制：太监不得出都门，擅出者死无赦。请令就地诛之。"醇亲王亦以为言。命既下，天下交口称颂。伯相合肥李公阅邸钞，蹙然起，传示幕客，字呼丁公曰："稚璜成名矣！"曾文正公语福成曰："吾目疾已数月，闻是事，积翳为之一开。稚璜，豪杰士也！"乌虖！自古宦寺起细微，干朝政，忧时者或出死力与之角，角而不胜，身撄其毒者，相随属也。或至罪盈恶积，神人交愤，仅而去之，而天下旋受其敝。又或权力足以相胜，濡忍不断以酿大患，不旋踵而祸及其身。丁公独擒巨憝于萌牙之时，易如反掌，其忠与智勇，可谓兼之矣。然向非列圣家法之严，皇太后之明圣，与诸王大臣之匡弼，其安能若是神速哉？福成故谨书之，以俟后世之安天下国家者取则焉。

季怀弟云："叙述得体，文亦深得古意，造诣不在汉唐以下。"

（选自《庸庵文续编》卷下）

代李伯相筹议日本改约暂宜缓允疏
（1880 年）

奏为日本议结球案，牵涉改约，暂宜缓允，遵旨切实妥筹，恭折仰祈圣鉴事。窃臣承准军机大臣密寄十月初四日奉上谕：前据总理各国事务衙门奏议结琉球一案，又据右庶子陈宝琛奏球案不宜遽结，旧约不宜轻改，当经惇亲王等酌议宜照总理衙门所奏办理，业经允准；旋据左庶子张之洞奏日本商务可允，球案宜缓；复经惇亲王等议以日本与俄深相邀结，又与福建江浙最近，今若更动已成之局，未必甘心，且恐各国从而构煽，卒至仍归前说，或并二岛而弃之，益为所轻等语。自为揆时度势，联络邦交起见，惟事关中外交涉，不可不慎之又慎。李鸿章系原议条约之人，日本情事，素所深悉，著该督统筹全局，将此事应否照总理衙门原奏办理，并此外有无善全之策，切实指陈，迅速具奏。总理衙门折片各一件，单三件，陈宝琛、张之洞折各一件，均著钞给阅看等因。钦此。仰见圣主审于驭远，虚衷采纳，不厌精详，曷胜钦服。

从前中国与英法两国立约，皆先兵戎而后玉帛，被其迫胁，兼受朦蔽，所定条款，受亏过巨，往往有出地球公法之外者。厥后美、德诸国，及荷兰、比利时诸小国，相继来华立约。斯时中国于外务利弊，未甚讲求，率以利益均沾一条列入约内。一国所得，诸国安坐而享之；一国所求，诸国群起而助之。遂使协以谋我，有固结不解之势。同治十年，日本遣使来求立约，曾国藩始建议宜将均沾一条删去，及臣与该使臣伊达宗城往复商订，并载明：两国商民，不准入内地贩运货物，限制稍严。嗣后该国屡欲翻悔，均经驳斥。自是秘鲁、巴西立约，亦稍异于前。诚以内治与约章相为表里，苟动为外人所牵制，则中国永无自强之日。近闻各国驻京公使每有事会商，日本独不得与，其尚未联为一气者，未始不因立约之稍异也。至内地通商，西人以置买丝、茶为大宗，赀本较富，稍顾体面。日本密迩东隅，文字语言略同，其人贫窭，贪利无耻，一闻此例，势必纷至沓来，与吾民争利，或更包揽商税，为作奸犯科之事。明代倭寇之兴，即由失业商人，勾结内地奸民，不可不防其渐。此议改旧约，尚宜酌度之情形也。琉球原部三十六岛，北部九岛，中部十一岛，南部虽有十六岛，而周回不及三百里，北部中有八岛早被日本占去，仅存一岛。去年日本废灭琉球，经中国叠次理论，又有美前统领格兰忒从中排解，始有割岛分隶之说。臣与总理衙门函商，谓中国若分球地，不便收管，只可还之球人，即代为日本计算，舍此别无结局之法，此时尚未知南岛之枯瘠也。本年二月间，日本人竹添进一来津谒见，称其政府之意，拟以北岛、中岛归日本，南岛归中国，又添出改约一节。臣以其将球事与约章混作一案，显系有挟而求，严辞斥之，不稍假借。曾有笔谈问答节略两件，钞寄总理衙门在案。旋闻日本公使宍户玑，屡在总理衙门催结球案，明知中俄之约未定，意在乘此机会，图占便宜。

臣愚以为琉球初废之时，中国以体统攸关，不能不亟与理论；今则俄事方殷，中国之力，暂难兼顾，且日人多所要求，允之则大受其损，拒之则多树一敌，惟有用延宕之一法，最为相宜。盖此系彼曲我直之事，彼断不能以中国暂不诘问而转来寻衅。俟俄事既结，再理球案，则力专而势自张。近接总理衙门函述日本所议，臣因传询在津之琉球官向德宏，始知中岛物产较多，南岛贫瘠僻隘，不能自立；而球王及其世子，日本又不肯释还。遂即函商总理衙门，谓此事可缓，冀免后悔。此议结球案，尚宜酌度之情形也。臣接奉寄谕，始知已成之局，未便更动，而陈宝琛、张之洞等又各有陈奏。正筹思善全之策，适接出使大臣何如璋来书，并钞所寄总理衙门两函，力陈利益均沾及内地通商之弊，语多切实；复称询访球王，谓如宫古八重山小岛，另立王子，不止王家不愿，阖国臣民亦断断不服；南岛地瘠产微，向隶中山，政令由其土人自主，今欲举以畀球，而球人反不敢受，我之办法亦穷等语。臣思中国以存琉球宗社为重，本非利其土地，今得南岛以封球，而球人不愿，势不能不派员管理，既蹈义始利终之嫌，不免为日人分谤。且以有用之兵饷，守此瓯脱不毛之土，劳费正自无穷，而道里辽远，音问隔绝，实觉孤危可虑。若惮其劳费而弃之不守，适堕日人狡谋。且恐西人踞之，经营垦辟，扼我太平洋咽喉，亦非中国之利。是即使不议改约，而仅分我以南岛，犹恐进退两难，致贻后悔。今彼乃议改前约，倘能竟释球王，界以中、南两岛，复为一国，其利害尚足相抵，或可勉强允许。如其不然，则彼享其利而我受其害，且并失我内地之利，臣窃有所不取也。谨绎总理衙门及王大臣之意，原虑日本与俄要结，不得不揆时度势，联结邦交，洵属老成持重之见。然日本助俄之说，多出于香港日报及东人恫喝之语。议者不察，遂欲联日以拒俄，或欲暂许以商务，皆于事理未甚切当。

查陈宝琛折内所指日本兵单饷绌，债项累累，党人争权，自顾不暇。倭人畏俄如虎，性又贪狡，中国即结以甘言厚略，一旦中俄有衅，彼必背盟而趋利，均在意计之中。何如璋节次来函，亦屡称日本外强中干，内变将作。让之不能助我，不让亦不能难我，洵系确论。盖日本近日之势，仅能以长崎借俄屯驻兵船，购给煤米。彼盖贪俄之利，畏俄之强，似非中国力所能禁也。岂惟日本一国，即英、德诸邦，及日斯巴尼亚、葡萄牙各国，皆将伺俄人有事，调派兵船，名为保护商人，实未尝不思藉机渔利。是俄事之能了与否，实关全局；俄事了，则日本与各国皆戢其戎心；俄事未了，则日本与各国将萌其诡计。与其多让于倭，而倭不能助我以拒俄，则我既失之于倭，而又将失之于俄。何如稍让于俄，而我因得借俄以慑倭，则我虽失之于俄，而尚可取偿于倭。夫俄与日本强弱之势，相去百倍。若论理之曲直，则日本之侮我，为尤甚矣。而议者之谋，若有相反者，此臣之所未喻也。至若江苏之上海，浙江之宁波，福建之福州、厦门，均系各国通商口岸。日本即欲来扰，既无此兵力饷力，亦必不敢开罪于西人。惟台湾孤悬海外，地险产饶，久为外人所窥伺。苟经理得宜，亦足控蔽东南。应请庙谟加意区画，渐收成效。中国自强之图，无论俄事能否速了，均不容一日稍懈。诚以洋务愈多而难办，外侮迭至而不穷，不可不因时振作。臣前奏明南北洋须合购铁甲船四号，其数断难再减，所有请拨淮商捐项一百万两，仅准户部议拨四十万，不敷尚多，应请旨饬令全数拨济。各省关额拨海防经费，前经奏明严定处分章程，仍未如额筹解，倘再延玩，尚拟请旨严催。水师、电报各学堂，亦已陆续兴办。数年之后，船械齐集，水师练成，声威既壮，纵不必跨海远征，而未始无其具；日本嚣张之气，当为之稍平，即各国轻侮之端，或亦可渐弭。又总理衙门虑及日本于内地运货，蓄意已久，转瞬修约届期，彼必力请均沾之益，或只论修约，不提球案，恐并此南岛而失之。臣愚以为南岛得失，无关利害，修约须彼此互商，断无一国能独行其志者。日本必欲得均沾之益，傥彼亦有大益于中国者以相抵，未尝不可允行。若有施无报，一意贪求，此又当内外合力，坚持勿允者也。

臣再三筹度，除管理商民、更改税则两条，尚未订定，应俟后日酌议外，其球案条约及加约，曾声明由御笔批准，于三个月限内互换。窃谓限满之时，准不准之权，仍在朝廷。此时似宜用支展之法，专听俄事消息以分缓急，俟三月限满，傥俄议未成，而和局可以豫定，彼来催问换约，或与商展限，或再交廷议。若俄事于三个月内即已议结，拟请旨明指其不能批准之由，宣示该使，即如微臣之执奏，言路之谏诤，与彼之不能释放球王，有乖中国本意，皆可正言告之者。臣料倭人未必遽敢决裂，即欲决裂，亦尚无大患。明诏既责臣以统筹全局，切实指陈，臣不敢因朝廷议准在先，曲为回护，亦不敢务为过高之论，致碍施行。若照以上办法，总理衙门似尚无甚为难之处，所有日本议结球案，牵涉改约，暂宜缓允。遵旨妥筹缘由，恭折由驿五百里密陈，是否有当，伏乞皇太后、皇上圣鉴训示。谨奏。

伯兄抚屏云："骏迈阔通，爽朗缜密，最为奏疏中出色之作。此文与前编《论赫德不宜总司海防书》、《论援护朝鲜机宜书》，均能斡旋时务，裨补大局，功用非浅。有志之士，勿谓经济与文章，可歧为二也。"

（选自《庸庵文续编》卷上）

代李伯相议请试办铁路疏
（1880 年）

奏为铁路为富强要图，亟宜试办，筹款立法，尤宜得人，豫为考究，遵旨妥议，恭折仰祈圣鉴事。窃臣承准军机大臣密寄十二月初二日奉上谕：刘铭传奏筹造铁路一折，所请筹款试办铁路，先由清江至京一带兴办，与本年李鸿章请设之电线相为表里等语，所奏系为自强起见，著李鸿章、刘坤一按照折内所陈，悉心筹商，妥议具奏，原折著抄给阅看等因。钦此。仰见圣主廑念时艰，力图振作，周谘博访，不厌精详，曷胜钦服。伏思中国生民之初，九州万国，自为风气，虽数百里之内，有隔阂不相通者；圣人既作，刳木为舟，剡木为楫，舟楫之利以济不通，服牛乘马，引重致远，以利天下。自是四千余年以来，东西南朔，同轨同文，可谓盛事。迄于今日，泰西诸国，研精器数，创造火轮舟车，环地球九万里，无阻不通，又于古圣所制舟车外别出新意，以夺造化之工而便民用。迩者中国仿造轮船，亦颇渐收其益。盖人心由拙而巧，器用由朴而精，风尚由分而合，此天地自然之大势，非智力所能强遏也。查火轮车之制，权舆于英之煤矿，道光初年，始作铁轨以约车轮，其法渐推渐精，用以运销煤铁，获利甚多，遂得扩充工商诸务，雄长欧洲。既而法、美、俄、德诸大国相继经营，凡占夺邻疆，垦辟荒地，无不有铁路以导其先，迨户口多而贸易盛，又必增铁路以善其后。由是欧美两洲，六通四达，为路至数十万里，征调则旦夕可达，消息则呼吸相通。四五十年间，各国所以日臻富强而莫与敌者，以其有轮船以通海道，复有铁路以便陆行也。即如日本以区区小国，在其境内营造铁路，自谓师西洋长技，辄有觊觎中国之心。俄自欧洲起造铁路，渐近浩罕、恰克图等处，又欲由海参崴开路以达珲春。中国与俄接壤，万数千里，向使早得铁路数条，则就现有兵力，尽敷调遣，如无铁路，则虽增兵增饷，实属防不胜防。盖处今日各国皆有铁路之时，而中国独无，譬犹居中古以后而屏弃舟车，其动辄后于人也必矣。

窃尝考铁路之兴，大利约有九端：江淮以北，陆路为多，非若南方诸省，河渠贯注，而百货流通，故每岁所征洋税厘金二三千万两，在南省约十之九，在北方仅十之一。傥铁路渐兴，使之经纬相错，有无得以懋迁，则北民必化惰为勤，可致地无遗利，人无遗力，渐与南方相埒。此便于国计者利一也。从来兵合则强，兵分则弱。中国边防海防，各万余里，若处处设备，非特无此饷力，亦且无此办法。苟有铁路以利师行，则虽滇黔甘陇之远，不过十日可达，十八省防守之旅，皆可为游击之师。将来裁兵节饷，并成劲旅，一呼可集，声势联络，一兵能抵十兵之用。此便于军政者利二也。京师为天下根本，独居中国之北，与腹地相隔辽远，控制綦难，缓急莫助。咸丰庚申之变，议者多请迁都，卒以事体重大，未便遽行。而外人一有要挟，即欲撼我都城。若铁路既开，万里之遥，如在户庭，百万之众，克期征调，四方得拱卫之势，国家有磐石之安，则有警时易于救援矣。各省官商，络绎奔赴，远方粮货，转输迅速，皆愿出于其途，藏于其市，则无事时易于富庶矣。不必再议迁都，而外人之觊觎永绝，自有万年不拔之基。此便于京师者利三也。曩岁晋豫荐饥，山西米价腾踊，每石需银至四十余两。设有铁路可运，核以天津米价，与火车运价，每石不过七两左右。以此例之，各省遇有水旱偏灾，移粟辇金，捷于影响，可以多保民命。此便于民生者利四也。自江浙漕粮改行海运，议者常欲规复河运，以防海道之不测。铁路若成，譬如人之一身，血脉贯通，即一旦海疆有事，百万漕粮无虞梗阻，其余如军米、军火、京饷、协饷，莫不应手立至。此便于转运者利五也。轮车之行，较驿马十倍之速，从此文书加捷，而颁发条教、查察事件，疾于置邮，他如侦敌信、捕盗贼，皆朝发夕至，并可稍裁正路驿站，以其费扩充铁路。此便于邮政者利六也。煤铁诸矿，去水远者，以火车运送，斯成本轻而销路畅，销路畅而矿务益兴，从此煤铁大开，修造铁路之费可省，而军需利源，更取不尽而用不竭。此便于矿务者利七也。凡远水之区，洋货不易入，而土货不易出。今轮船所不达之处，可以火车达之，出入之货愈多，则轮船运货，亦与火车相为表里。此便于招商轮船者利八也。无论官民兵商，往来行役，千里而瞬息可到，兼程而途费转轻，无寇盗之虞，无风波之险。此便于行旅者利九也。以上各端，西洋诸国所以勃焉兴起者，罔不慎操此术，而国计、军谋两事，尤属富强切要之图。刘铭传见外患日迫，兼愤彼族欺陵，亟思振兴全局，先播风声，俾俄、日两国，潜消窥伺之心，诚如圣谕系为自强起见。

查中国要道，南路宜修二条：一由清江经山东，一由汉口经河南，俱达京师。北路二条：宜由京师东通奉天，西通甘肃。诚得此四路以为根本，则傍路繁要之区，虽相去或数百里，而地段较短，需费较省，则招商集股，亦舆情所乐就。从此由干达枝，纵横交错，不患铁路之不振兴。惟统计四路，工费浩繁，断难并举，刘铭传拟先造清江至京一路，与臣本年拟设之电线相辅并行，庶守护易而递信弥捷，洵两得之道。盖先办一路，虽于中国形势尚偏而不举，然西洋诸国，五十年前，亦与中国情形相等，惟其刻意营缮，争先恐后，故有今日之气象。刘铭传之意，盖欲先创规模，以为发轫之端，庶将来逐渐推广，不患无奋兴之日也。顾或谓铁路若开，恐转便敌人来犯之途，且洋人久思在中国兴造铁路，此端一起，或致彼愈滋烦渎。不知各国之有铁路，皆所以征兵御敌，而未闻为敌用。何也？铁路在我内地，其临边处皆有兵扼守，彼岂能凭空而至，万一有非常之警，则坏其一段而全路皆废，扣留火车而路亦无用。数十年来，各国无以此为虞者，客主顺逆之势然也。至洋人擅在他国造路，本为公法条约所不准，若虑其逞强爽约，则我即不自造铁路，彼独不能逞强乎！况洋人常以代中国兴利为词，今我先自兴其利，且将要路占造，庶足关其口而夺之气，使之废然而返矣。或又谓铁路一开，则中国之车夫贩竖，将无以谋衣食，恐小民失其生计，必滋事端。不知英国初造铁路时，亦有虑其夺民生计者，未几而傍路之要镇，以马车营生者，且倍于曩日。盖铁路只临大道，而州县乡镇之稍僻者，其送客运货，仍赖马车民夫，铁路之市易既繁，夫车亦因之增众。至若火车盛行，则有驾驶之人，有修路之工，有巡瞭之丁，有上下货物、伺候旅客之杂役，月赋工糈，皆足以仰事俯畜。其稍饶于财者，则可以增设旅店，广买股分，坐权子母。故有铁路一二千里，而民之依以谋生者，当不下数十万人。况煤铁等矿由此大开，贫民之自食其力者，更不可数计。此皆扩民生之明证也。或又谓于民间田庐坟墓有碍，必多阻挠。不知官道宽广，铁路所经，不过丈余之地，于田庐坟墓尚不相妨。即遇官道稍窄之处，亦必买地，优给价值，其坟墓当道者，不难稍纡折以避之。刘铭传剿捻数年，于中原地势民情，固亲历稔知者也。惟是事端宏大，经始之初，宜审之又审，俾日后勿滋流弊，始足资程式而行久远。臣尝博采众议，外洋造路，有坚窳久暂之不同，其价亦相去悬殊，每里需银自数千两至数万两不等。清江浦至京，最为冲要之衢，造路须坚实耐久，所需经费，虽未能豫定，为数自必不赀。现值帑项支绌之时，此宗巨费，欲筹之官，则挪凑无从，欲筹之商，则散涣难集。刘铭传所拟暂借洋债，亦系不得已之办法。从前中国曾借洋债数次，议者恐各省纷纷援例，致受洋人盘剥之累，经户部奏明停止。顾借债以兴大利，与借债以济军饷不同。盖铁路既开，则本息有所取偿，而国家所获之利，又在久远也。惟是借债之法，有不可不慎者三端：恐洋人之把持，而铁路不能自主也，宜与明立禁约，不得干预吾事，但使息银有著，期限无误，一切招工购料，与经理铁路事宜，由我自主，借债之人，毋得过问，不如是则勿借也；又恐洋人之诡谋，而铁路为所占据也，宜仿招商局之例，不准洋人附股，设立铁路公司以后，可由华商承办，而政令须官为督理，所借之债，议定章程，由该公司分年抽缴，期于本利不至亏短，万一偶有亏短，由官著追，只准以铁路为质信，不得将铁路抵交洋人，界限既明，弊端自绝，不如是则勿借也；又恐因铁路之债，或妨中国财用也，往时所借洋款，皆指定关税归偿，近则各关拨款愈繁，需用方急，宜议明借款与各海关无涉，但由国家指定日后所收铁路之利，陆续分还，可迟至一二十年缴清，庶于各项财用，无所牵掣，不如是则勿借也。凡此数端，关系较巨。闻洋人于债项出纳之间，向最慎重，若尽照所拟办法，或恐未必肯借。彼若肯借，方可兴办，与其速办而滋弊端，不如徐议而免后悔。

又闻各国铁路，无一非借债以成，但恃素有名望之监工，踏勘估工之清单，与日后运载之利益，足以取信于人。中国南北铁路，行之日久，必可多获盈余。诚设立公司名目，延一精练监工为勘估，由总理衙门暨臣等核明，妥立凭单，西洋富商，或有愿为称贷者。至铁路应试造若干里，如何选料募匠，如何费省工坚，非悉心考究，无由握其要领。一切度地用人，招商借债，事务繁赜，非有特派督办之大员，呼应断不能灵。查刘铭传年力尚强，英气迈往，曾膺艰巨，近见各国环侮，亟思转弱为强，颇以此事自任。惟造端不易，收效较迟，傥值外患方殷，朝廷或畀以军旅之寄，自应稍从缓议。现既乞假养疴，别无所事，若蒙圣主授以督办铁路公司之任，先令将此中窾要，专精考校，从容商榷。即俄、日各国，骤闻中国于多事之秋，尚有余力及此，所以示之不测，未始非先声后实之妙用。且以其暇招设公司，商借洋债，虽能否借到巨款，尚无把握，然以刘铭传之勋望，中外合力维持，措注较易于他人。其旧部驻防直苏两省，不下万余人，将来讲求愈精，或另得造路省便之法，或以勇丁帮同修筑，或招华商巨股，可以设法腾挪，当与随时酌度妥办。盖刘铭传以原议之人，始终经理，即待其效于十年以后，尤属责无旁贷，傥更有要任相需，仍可闻命即行，独当一面也。再中国既造铁路，必须自开煤铁，庶免厚费漏于外洋。山西泽潞一带，煤铁矿产甚富，苦无殷商以巨本经理，若铁路既有开办之资，可于此中腾出十分之一，仿用机器洋法，开采煤铁，即以所得专供铁路之用，是矿务因铁路而益旺，铁路因矿务而益修，二者又相济为功矣。所有筹办铁路，力图自强，宜豫为考究，设法试行各缘由，恭折由驿密陈，是否有当，伏乞皇太后、皇上圣鉴训示。谨奏。

再，臣接准军机大臣密寄十一月二十一日奉上谕：前据刘铭传奏请筹造铁路，当经谕令李鸿章等妥议。兹据张家骧奏称开造铁路，约有三弊，未可轻议施行等语，著李鸿章悉心妥筹具奏，原折著抄给阅看等因。钦此。窃思凡建一事，必兼权乎利害重轻，而后无疑畏拘牵之虑；凡议一事，必确得之阅历考校，而后无揣摩影响之谈。臣于铁路之利益大端，与筹款之难，防弊之法，既详陈之矣。至张家骧所称清江浦为水陆通衢，若造成铁路，商旅辐凑，恐洋人从旁觊觎、借端要求等语。

臣谓洋人之要挟与否，视我国势之强弱，我苟能自强，而使民物殷阜，洋人愈不敢肆其要求；我不能自强，则虽民物萧条，洋人亦必至隐图狡逞。即如越南国政，不善经理，以致民生凋敝，日就贫弱，法人乘间侵夺其六省，以洋法经营，日臻富庶，是其明鉴。盖强与富相因，而民之贫富，又与商埠之旺废相因。若虑远人之觊觎，而先遏斯民繁富之机，无论远人未必就范，即使竟绝觊觎，揆之谋国庇民之道，古今无此办法也。张家骧又谓开造铁路，恐于田庐、坟墓、桥梁有碍，民间车马及往来行人，恐至拥挤磕碰，徒滋骚扰。查外洋铁路，有双单行之别，双行者，占地宽不过一丈二尺，单行者，占地七尺。今南北官道，宽至二三丈及四五丈不等，铁路所占，不及官道之半，既须填筑加高，与官道判若两途，自于官道中车马行人无所妨碍。其十字午贯之路，则有建旱桥之法，有于两旁设立栅门，瞭望火车将至，则闭栅以止行人，俟火车既过，然后启栅之法。至造路之费，地价亦其大宗，如有田庐侵碍官道者，当不惜重价以偿贫民，舆情自可乐从。万一有民间坟墓及田庐，不愿迁售者，自无难设法绕避。其他跨山越水，建造桥梁，外洋自有成法可循，未闻其不便于民也。张家骧又谓水陆转运及往来之人，只有此数，若以铁路夺轮船之利，恐招商局数百万款项，一旦无著。查近水之区，运货利用轮船，其行稍迟而价较廉；远水之地，运货利用火车，其行更速而价较巨，二者固并行不悖。即或铁路初成之时，招商局生意略减，该局既将旗昌原价缴清，复分年拔还官帑，成本日轻，每岁得漕项津贴，纵令运载稍分于铁路，亦尚可支持周转。数年之后，商货日多，更可与铁路收相济之益。且北方地非硗瘠，而繁富之象远逊南方，盖由运路艰阻，而其民于所以殖货之原，亦遂不肯勤求。若一旦睹运销之便，则自耕织以外，必更于艺植之利、工作之利，一一讲求，可无旷土游民之患。即如江、浙、闽、鄂等省，自通商以后，丝、茶之出其地者，倍于曩日。则谓水陆转运，只有此数者，似又未尽然也。以上张家骧所陈三弊，臣逐细研求，尚觉不甚确凿。

大抵近来交涉各务，实系中国创见之端，士大夫见外侮日迫，颇有发愤自强之议。然欲自强，必先理财，而议者辄指为言利；欲自强必图振作，而议者辄斥为喜事；至稍涉洋务，则更有鄙夷不屑之见，横亘胸中。不知外患如此其多，时艰如此其棘，断非空谈所能有济。我朝处数千年未有之奇局，自应建数千年未有之奇业。若事必拘守成法，恐日即于危弱，而终无以自强。语曰："非常之原，黎民惧焉。及臻厥成，天下晏如也。"臣于铁路一事，深知其利国利民，可大可久，假令朝廷决计创办，天下之人，见闻习熟，自不至更有疑虑。然臣不敢谓其事之必成者，以集款之非易，而筹借洋债，亦难就绪也。果使巨款可集，而防弊之法，又悉能如臣所拟，则此等大事，固当力排浮议，破除积习而为之。若洋债未能多借，商股未能骤集，则虽欲举办，一时亦尚无其力。臣因张家骧所虑，而遵旨妥筹，略抒管见如此。谨附片具陈，是否有当，伏乞圣鉴训示。谨奏。

庚辰冬，刘省三爵帅上疏请开铁路，合肥傅相复疏既题其说，于是都中议论汹汹，若大敌之将至者。斯时主持清议者，如南皮张庶子之洞、丰润张侍讲佩纶，虽心知其有益，亦未敢昌言于众，遂作罢论。迄今距庚辰十年矣，南皮张公亦总督两广五六年矣，复有请由汉口开铁路至芦沟桥之奏，既蒙俞允，即中外议者亦以为是者七八，以为非者不过二三。可知事到不能不办之时，风气年开一年，虽从前主持清议之张公，亦竟明目张胆而言之矣。再一二十年后，乌知讥铁路、畏铁路者之不转而为誉为盼也。此疏于铁路要端，似已囊括无遗，与前编《创开中国铁路议》，亦有互相发明之处，故两刊之以讯来者。己丑秋自识。

（选自《庸庵文续编》卷上）

代李伯相筹议海防事宜疏
（1880 年）

奏为海防要图分别缓急，遵旨妥筹，恭折密陈，仰祈圣鉴事。窃臣承准军机大臣密寄十一月初二日奉上谕：梅启照奏请整顿水师拟定各条开单呈览一折，所称请饬船政局及江南机器局仿造铁甲船、预筹购买外洋铁甲船及枪炮等件，推广招商局船赴东西洋各国贸易，添设海运总督，设立外海水师提督，裁改海疆各种笨船，严防东洋练习水战，长江水师添拨中号轮船各节，系为自强起见，著李鸿章、刘坤一按照折内所陈悉心筹商妥议具奏，原折单著钞给阅看等因。钦此。仰见圣主整饬海防，虚衷博访至意，曷胜钦服。从来御外之道，必能战而后能守，能守而后能和。无论用刚用柔，要当豫修武备，确有可以自立之基，然后以战则胜，以守则固，以和则久。自泰西各国竞起争雄，陆兵以德国为最精，水师以英国为最盛，至其船坚炮利，则无论国之大小，莫不精益求精。盖外洋以战立国，分争互峙，实有不能不尚武之势。萃千万人之心思才力，以治战舰枪炮，遂月异而岁不同。日本虽蕞尔弹丸，近亦思学步西人，陵侮中国。夫以中国风气较迟，地广民众，为各国所环伺，即使俄与日本暂弭衅端，而滨海万余里，必宜练得力水师，为建威销萌之策。揆之事势，固难再缓。梅启照所谓讲求船炮，诚思患豫防、绸缪未雨之至计也。

查原奏单内第一第二条，请令船政大臣及江南机器局仿造铁甲船。从前闽沪轮船多系旧式，以之与西洋兵船角胜，尚难得力。闽厂后来所造"扬武"等数船，则渐渐合用矣。然欲仿造铁甲船，尚恐机器未全，工匠未备，不若西洋购材制料，取携较便，厂肆既多，可以任意选择。惟是中国制造之法，宜渐扩充，果使所造行驶之速，锋棱之利，不逊于洋厂，虽需费稍多，亦可免洋人之居奇，开华匠之风气。拟请敕下船政大臣详查该厂仿造铁甲，究须添备机器若干，船长广及吃水若干丈尺，铁甲厚若干，仿照何项新式，每点钟能行若干里，约须造价若干，详细酌估具复。如能合算，即以应购铁甲之费，附入该厂，克期造办。至沪局制造枪炮弹药各项，工器太繁，经费支绌，已饬停造轮船。同治十三年，试造小铁甲船，不能出海，炮位布置，亦不合法。虽该局机器略备，而无精熟此道之员匠，于西洋新式，隔阂尚多，似可缓议也。第三条请俟俄事定妥，仍速购铁甲船。臣前奏明南洋与台湾购铁甲船二号，北洋购铁甲船二号，合共四号，断难再少。现据李凤苞电报，已在德国船厂订造钢面铁甲一只，汇集各国新式，核开价目。船炮两宗，约需规平银一百四十万两。而添购鱼雷、电灯及回国运费，尚不在内。盖既购利器，须择其最新之式样。李凤苞亲历英、德各厂，再三悉心考校，始行定议，自必确有所见。惟臣初次请拨两船之款，仅得福建六十万两，出使经费两次借拨六十万两，部饷三十万两。本多短绌，今需价稍昂，计两船不敷已一百数十万两。至续请两船所指淮南盐捐及招商局官款，即使如数拨济，尚短百万，焦灼莫名。臣已函告李凤苞，商令此后定船，如能较前价稍减，或此间筹足款项，方可续订。第已定之一只，除先汇英银二十万磅，合银七十七万五千余两外，将来分期续汇，只有尽借拨出使经费，及部饷三十万，酌量匀凑。若续订一只，所短百万以外，应请敕下总理衙门、户部迅为筹拨的款以济要需。至南北洋经费，短解日多，臣于三月六月间两次奏催，请比照京饷章程，预定延欠处分。经户部议复，奉旨俞允在案。惟尚无分别藩司督抚明文，各省报解，仍不及八成之数。今梅启照拟请将藩司照贻误京饷例议处，督抚于藩司处分上减一等议处，实与前次部议相符。且边防海防，无分轩轾，陕甘既比例京饷，则海防岂可歧视？拟请旨敕下该衙门申明旧例，行知各省，自此次定章以后，倘再有拖欠迟逾，均即照例议处。惟原拨经费四百万两，除去福建、广东截留之款，即使解足八成，合南北洋不过得二百万余两，每处仅得百余万。目前添购后膛枪炮及水雷、电线等项，需用繁巨，以后船只到齐，岁费实苦不支。是欲购大宗船械，非随时另筹不可，铁甲船尤非另筹不可也。第四条请推广招商局船，赴东西洋各国。夫欲自强，必先裕饷，欲浚饷源，莫如振兴商务。商船能往外洋，俾外洋损一分之利，即中国益一分之利。微臣创设招商局之初意，本是如此。近来该局"和众"、"美富"两船，已往旧金山、檀香山等埠。明春拟派"海琛"船运载兵弁赴英，验收碰快船回华。均足为商船出洋之先导。然此事须逐渐扩充，非仓卒所能收效。至日本自设轮船公司，关税独减。中国商轮前往，榷税加重，故局船因亏耗而停行。所请酌派"丰顺"、"保大"试行东洋之处，应暂缓议。第五条请添设海运总督。查运河为黄水梗阻，每岁止能运十万石，而百万石断不能运，诚如梅启照所言。然往时河运，费多弊重，以有仓场，有漕督，上下各衙门，层层钤制也。今海运百万石，招商局与沙船、宁船分运，毫无贻误，经费较省，流弊尚少。若于烟台添设总督，多一衙署，即多一重胥吏丁役需索之繁，恐经费渐难撙节，弊端仍难净除。如虑海上有事，固非空设一大员所能为力。如令其节制沿海水师，则既有南北洋大臣及各省督抚，又有添设外海水师提督，又设漕督，未免号令纷歧，事权不一。应请无庸置议。第六条请将海疆各种笨船一律裁改。臣于同治十一年五月、十三年十一月，两次奏请将各省红单、拖罟、艇船、舢板等项，分别裁并，抵养轮船。前福建抚臣丁日昌亦尝奏称：裁并五十号艇船，可养给一号大兵轮船；裁并十号阔头舢板，可养给一号根钵轮船。臣于去年十一月，议复丁日昌条陈折内，奏称：艇船兵饷较俭，间能捕盗于浅水之处，以辅轮船所不逮，虽未可尽裁，请择其窳败无用者，量加裁撤。今梅启照请将各种笨船，除多桨可以逆风者，暂留少半，余皆裁改，与臣等前议大致相同，意在腾出饷项，化无用为有用，实为救时要政。拟请敕下沿海各省督抚悉心酌度，力任怨谤，认真办理。第七条请严防东洋。查日本国小民贫，虚悬喜事，长崎距中国口岸不过三四日程，揆诸远交近攻之义，日本狡焉思逞，更甚于西洋诸国。今日所以谋创水师，不遗余力者，大半为制驭日本起见。至朝鲜为东三省屏蔽，关系尤巨。臣前劝其与西人立约，并导以练兵购器，无非望其转弱为强。他日如该国有警，或须派兵应援，或别有救急之方，固当惟力是视也。第八条请设立外海水师提督。从前丁日昌有设立北洋、中洋、南洋水师提督之议，与前督臣曾国藩所陈沿海七省、沿江三省，归并设防之说，大旨略同。北洋俟铁甲二船购到，海上可自成一军。拟请添设水师提督额缺，其体制应照长江水师提督之例，节制北洋沿海各镇，按期巡洋会哨以专责成。南洋船只，亦尚未齐，或如梅启照所议，暂将统领轮船之松江提督，改为苏浙外海水师提督，节制苏浙沿海各镇。拟请敕下南洋大臣，察酌情形，随宜妥办。惟闽、粤、台湾，与松沪相去辽远，势难兼顾。且福建统领轮船之提督彭楚汉，与松江提督李朝斌，望均势敌，难相统摄，似应与广东联为一气耳。第九条请令海疆提镇练习水战，大致即是设立外海水师之说。梅启照谓水能兼陆，陆不能兼水，敌船可以到处窥伺，我挫则彼乘势直前，彼败则我望洋而叹，洵系确论。夫水师所以不能不设者，以其化呆著为活著也。今募陆勇万人，岁饷约需百万两，然仅能专顾一路耳。若北洋水师成军，核计岁饷，亦不过百余万两。如用以扼守旅顺、烟台海面较狭之处，岛屿深隐之间，出没不测，即不遽与敌船交仗，彼虑我断其接济，截其归路，未必无徘徊瞻顾之心。是此项水师，果能以全力经营，将来可渐拓远岛为藩篱，化门户为堂奥。北洋三省，皆在扞卫之中，其布势之远，奚啻十倍陆军。即此以观，而南洋之利用水师，亦可想见。然所以议之数年尚无成者，以无大宗经费购办铁甲船快船也。窃查定制，各省绿营兵数六十余万，岁饷约二千万两。迩者直隶、河南、两江、闽、浙、湖北等省，皆加饷练兵，其余岁发兵饷，自五六成至七八成不等。然自剿办粤、捻、回各逆，专倚勇营。迨内地肃清，各省复不能不酌留防勇以资弹压，而绿营则竟无可调用，其兵糈则姑循守旧章，是多一倍饷额也。自海上防务兴，而筑炮台、造战舰、购枪炮、练海军，厥费甚巨。原所以代绿营、勇营之用，而绿营、勇营仍未少减，是又多一倍饷额也。中国财用本不甚裕，而有此三倍之饷额，所以愈形支绌。今海上如有水军一枝，胜于陆勇数万人；陆勇一枝，胜于绿营数万人。值此多事之秋，勇营分防要地，尚难裁减。如欲实事求是，整军经武，惟有稍汰绿营，积存饷项，以为购造船械、创立海军之经费。拟请敕下各疆臣，查明该省绿营兵现存实数，除加饷练兵省分，及边要各镇，或难骤减，其余酌度形势，通减二三成。汰减之法：凡老病死亡斥革之卒，皆空其额，不复挑补；沿海营兵，可挑入水师者亦如之；每岁疆吏核明所减兵数，与所节饷数，咨报户、兵二部。户部即提出此款，拨归南北洋，为筹办海军之用。如此数年后，或有成数可稽。夫今之议者，颇谓勇营亦有流弊，不如绿营经制之兵。若汰经制之绿营，而立经制之海军，一转移间，可收实用。且所减仅二三成，而又出之以渐，措办尚无窒碍。裕饷强兵之道，舍此似无他术也。第十条请长江水师添拨中号轮船。查前侍郎臣彭玉麟奏请添造十七八丈之中号轮船十只，为江阴以下海防之用。奉旨敕下两江、福建、广东各省筹办，果使款项应手，克期赶造，则江防声势较盛。惟需费已近百万，现在闽、沪、粤三厂，饷项皆形竭蹶，能否认定分办，尚难悬揣。梅启照拟拨长江提督轮船二只，沿江五镇，每镇一只，计共七只，已稍减于彭玉麟所请之数。与其无款而中辍，不如少造而有成。似宜俟闽、粤各厂参酌会商，量力分造，必令仿兵船之式，而不必豫定船数，亦防务之一助也。

以上梅启照所陈十条，或亟宜兴办，或暂可缓行，或稍俟变通。至梅启照议创水师，注意于铁甲船，所称遴选武员有智谋而小心者，文员有胆略而耐劳者，为之统将，自系识时之论。或谓敌本用此，中国即有数号铁甲，岂能制胜？不知西洋各国，去中国数万里，其大铁甲来者不过数号，其余均系快船、兵船之类。中国亦须逐渐添制，但得利器与之相敌，加以客主劳逸之势，我自可操胜算。至日本地狭财匮，近虽倔强东海之中，其力量亦断不能多购真铁甲也。所有梅启照条陈各件，谨分别缓急，遵旨妥筹，恭折由驿密陈。是否有当。伏乞皇太后、皇上圣鉴训示。谨奏。

（选自《庸庵文编》卷一）

代李伯相复徐部郎书
（1880 年）

铸庵仁弟大人阁下：

顷接惠函，以时事多艰，详论措注之方，缅缅数千言，卓识闳议，切中窾要，倾佩良殷。都中自去腊以来，众议盈廷，大抵欲整理边防，而求其道于理财用人，不可谓非当务之急。业奉谕旨，逐渐施行。然议者身居局外，掇拾陈言，未必练达事理，往往舍大图小，举一遗十。其行之而善者，或可损益参半。若其中或有名无实，或窒碍难行，或变本加厉，皆所不免。鄙人忝任畿疆，奉行朝政，其便者相机妥办，其不便者随时申请，乃分之宜。

承示求才一节，咸、同年间，人才之盛，皆起自田间，备尝艰苦，然后量材授事，因事叙劳。盖获效而后用，非用之以课效。今时异势殊，御外敌与剿内寇，难易迥判，则所以用才者又不同。至才之大小真伪，全视乎主帅之造就，洵系确论。近日廷臣中，如二张、黄、宝诸君，皆鲠直敢言，雅负时望，然阅历太少，自命太高。局外执人长短，与局中任事者不同，恐骛虚名而鲜实济。尊意能使在外历练，所成当未可限量，实为当今储才切要之图。惟此中机括，不在疆吏而在朝廷。若仅由疆吏奏调，予以差委，则非诸君所愿；请为帮办，则人之意见，岂能尽同，彼此参差，徒滋掣肘，恐有如明代巡按御史之流弊。倘朝廷欲陶铸人才，不妨使诸君出而扬历，始计资格而授以司道，继课成绩而任以封圻，似亦实事求是之一法。张幼樵已奉讳在籍，敝处现订于三月间来幕襄助，亦冀其练习时事，他日可不仅托之空言。至地方绅士出佐治理者，往往瑕瑜参半。乃视疆吏之贤否，以为用人之得失。尊议取才之法，专尚恂愊无华，实心任事，可谓要言不烦。

理财一节，户部之策，首重垦荒，果能处处得良有司拊循劝导，未始无效。然兵燹以后，户口大减，乡农垦荒田一亩，耗费较巨，往往畏难中止。今欲责令开垦，非特无此人力，亦无此物力。至于履丈升科，则扰累尤甚矣。又捐收两淮票本，其意以从前票商获利已巨，虽按年加征，并不为苛。然每票每年运卖一次，获利多者千金以外，少者仅数百金。鄙意所定上中下三则，若仅捐一次，各商或尚可勉力；若按年加征，必至增价滞销，私枭充斥。来示所谓加增之利不可得，而本有之利亦俱穷，非虚语也。淮商疲困已久，近闻稍有起色，此令一行，恐淮纲又将不振，殊属可惜。清查州县交代，立法不可过严，而要在必行。

此间新立交代章程，行之数月，颇有成效。外省各项奏销，皆先讲定部费成数，然后造报，从无实用实销。今复申明定例，严核奏销，是益授部胥以讹索之柄。从此耗费益巨，公帑益亏，流弊滋多，莫此为甚。其通核关税，整顿厘金，虽获效未可必，尚属应办之事。停止工程，核实折价，每岁或可撙节若干。至减成养廉及减平银两，即令各省全数解部，每岁不过得二三十万两。从前倡议之人，本系不达大体。盖各官必廉俸足敷办公，用能下不病民，上不病国。旧制所定廉俸，本非甚裕，今复减之，势必剥取民财，暗亏国帑。所得甚微，所失甚大，此掩耳盗铃、挖肉补疮之术也。

方今救时之策，以筹饷为第一要义。但能提纲挈领，则权衡得失，当务其大者远者。查国家定制，绿营兵额六十万，需饷近二千万，几耗天下岁入之半。然剿平粤、捻、回各寇，皆恃勇营，未见绿营稍立功绩。而勇营之饷，不能不筹，是添一宗巨款矣。自海防多故，而筑炮台，造轮船，设机器局，是又添一宗巨饷矣。今勇营虽已渐撤，而一旦有事，仍不能不藉勇营之力，海防又不可稍缓，是惟绿营可以大加裁汰。以国用如此之支绌，而每岁以二千万之巨款，耗入于无何有之乡，天下乌得不贫？倪拘于旧章不可轻改，而惟鳃鳃为琐屑之图，亦复于事何裨？

来示所谓查点各营，以现可应操者为率，其余概行斥革，洵可去无用之兵，以节有用之饷，但恐格于时论，不能推行耳。直隶各处练军，现颇整肃可用。至所谓保阳军，不过二百余人，系刘荫帅在任时所设，募集省城无赖，专供省城差操，非练军也，若遂裁撤，必至游手滋事。局卡之经理厘金，州县之征收钱漕，似在委任得人，未便限以成法。其余各项领款，为数无几，而政体所关，似可无庸停止。执事研求时务，确有心得，与空谈无实者不同。至谓中外大局，宜求一能发能收之策，勿为清议所挠。此事措置未善，已一误再误。操纵之权，将在强邻，能否就范，尚难逆料耳。专泐布复，顺颂台祺，不具。

（选自《庸庵文别集》卷四）

洋货加税免厘议
（1881 年）

　　窃查洋货加税免厘一事，福成己卯夏间所拟《筹洋刍议》内有利权四篇，论之颇详。今总理衙门与威使订定值百抽十，而议者果以为不便，其间得失利病，各关局必且详言之。至其事之关系尤巨，而其理显然易见者，请再略陈梗概。考光绪六年各关贸易总册，进口正税共收银二百三十八万余两，洋货半税共收银二十六万余两。而光绪五六年间，户部册报各省岁收百货厘金将及一千二百万两，即使洋货厘金仍居三分之一，亦当得四百万两。今若加税免厘，则半税亦在所免之列，是每岁当短收厘金及半税银四百二十六万余两，而多收洋税银二百三十八万余两，以彼易此，通计每岁亏折银一百八十八万两，而落地坐贾等税不与焉，此其较然易明者也。若夫饷源偏重于洋关，动为外人所牵制，挠我自主之权，其弊一；各省少挹注之资，外权渐移于户部，而疆事益难措注，其弊二；一旦有兵荒大事，无可设法以应缓急，其弊三；土货冒洋货以漏捐，而各卡之稽查不易，则土货厘金亦必大绌，其弊四；厘金减半，而各卡仍不能裁减，所需经费，必尽取盈于土货，是因欲畅销洋货，而使土货独受其累，与外洋轻出口税重进口税之意正相反，其弊五。凡此五弊，皆为天下大局计，而非仅为一隅一时一事计也。且以二百三十余万两之洋税，散之各关，不见其多，其于原定各处之协饷，固不能多解丝毫也。若各省所收厘金，则淮军月饷，与北洋海防经费，恃为大宗，今骤阙此四百万之巨款，各省停减协饷，有辞可执，恐每岁少解淮饷，必在四五十万两以外，少解北洋经费，必在三四十万两以外，是洋货免厘之害，中于淮军与北洋者尤甚也。淮军与北洋受其病，亦天下大局之病也。虽然，斯议也，中外大臣商之数年，彼此相让，递增递减而定为此数。今再为请益则不可，若骤欲驳罢，则我转居失信之名，各国使臣必不允也。是莫如用钤制之术，使之无辞以难我，自不得不罢论矣。钤制之法，其说有三：一曰立约之时，声明试办一二年后，如于中国饷项大有亏损，即当改复旧章，或再议增加税数，如此则中国虽受其病，不过一二年，犹愈于约章一定而后悔难追也；一曰进口税值百抽十，于地球各国税额尚属最轻，此次立约亦须声明每逢修约之期，但许中国议加，不准洋商求减，万一中国遇有大事，仍得仿外洋捐饷之例，就洋货酌量抽捐，如此则洋人必甚不愿，然按之公法，揆之理势，我固气壮而辞直也；一曰各卡虽不能抽洋货之厘，而不能不防土货冒洋货，与洋货夹带土货之弊，应与议立章程，严密稽查，洋货每过一卡，须验票盖戳给单而后放行，如此则洋商以稽留为苦，又必不愿也，然我自立防弊之法，彼亦不能阻也。综兹三说，与之磋磨，坚持不变，彼能从我，则于前所云五弊者，尚可收补救之功；彼不从我，亦可互相抵制，必因意见不合而终寝斯议，此以不拒拒之也，我无废弃前议之名，而彼不能不就我范围矣。福成因中国贫富强弱之机，在此一举，辄敢效其区区之愚。是否有当，伏惟裁察。

（选自《庸庵文外编》卷一）

酌议北洋海防水师章程
（1881 年）

一、创设北洋水师一枝，全军须用铁甲船二只，碰快船三只，新式木壳大兵轮船四只，二等兵轮船四只，师丹式蚊船八只，根钵小轮船八只，水雷船十只，以津沽为大营，酌量分布辽海旅顺、大连湾，东海烟台、威海卫等第一重要口，不时巡哨操练。铁甲二船，似可泊大沽南炮台之南高墩，约二十七八里以外，该处海底泥质，可以受锚。每岁春秋二季，调集各船，大操一次。一旦有事，则铁甲、碰快及大兵轮，可战可守，可以驰援追击；蚊船可以守港；根钵船可备浅水巡剿之用；二等兵轮可以运兵送信，壮威助战；水雷船依附铁甲等大船，亦为战守所必用。

一、北洋已定购碰快船二只，现有蚊船四只，水雷船一只。又津沽有"操江"、"镇海"，奉天有"湄云"，山东有"泰安"，此四船皆可作为中等兵轮。又山东已订购蚊船二只，统计北洋须添备铁甲船二只，碰快船一只，大兵轮四只，蚊船二只，根钵船八只，水雷船九只，宜于五年内逐渐设法办齐。此外有需用之船，亦宜酌度情势，随时添制。

一、购船惟铁甲需价最巨，浮议最多，动辄疑阻。现拟购之八角台两铁甲，除以一船拨归台防外，一船尚须南北洋合用。惟南洋现无配合成军之船，亟宜与商添制之法。前者部议以边防筹饷，议捐两淮票本。今各盐商已认捐百万两，此巨款也，然一经各处提拨，则顷刻散尽而无裨实事，似宜及早与南洋会奏截留，备购一铁甲。夫海防与边防相为表里，部议所筹防饷者，原兼两防而言之。将来各省裁勇所节之饷，均可用之边防。其淮商所捐，应为购一利器，专归南洋，扼守江海门户，亦即可保淮商运盐之路。如是则可分一铁甲，专归北洋矣。又招商局应缴官本一百七十八万两，已定议分五年拨还，明知各省关需款孔殷，然散而见少，在各省关仍无大益，合而见多，在南北洋可筹大计。若失此机会，恐再难得现成之整款。拟请会同南洋，奏明于三四年内，将招商局应扣运漕水脚，截留一百万两，订购一铁甲，此船亦声明南北洋合用，惟北洋已有专军，应暂归北洋操练。至台湾林维源捐项三十余万，去年借以筹赈，议明由直、晋、豫三省分年归款。又美国所存赔偿余款，统计本利积存已多，如能于数年内见还，除酌提赈款外，可与台湾捐项，合购一铁甲。如此则南北洋各得二船，既昭公允，声势亦壮矣。

一、福建船政前得新式快船图样，只以经费不敷，未能仿造。往者函牍频施，属其停造木船，专造快船，似应专案奏明：以北洋创办水师，请旨敕令妥速钉造，造成之后，以第一号归北洋，第二号归闽省，第三号归南洋。如此则该厂成船虽多，不困于养船之费，得以专力造船，似亦两便之道也。

一、照以上办法，除现有及已购各船，与船政可造快船外，北洋全军应再购大兵轮四只，约需银八十万两；蚊船二只，约需银三十万两；根钵小船八只，约需银不及二十万两；水雷船九只，约需银不及十五万两；共计一百四十五万两。此项若分五年开支，每岁所费约在三十万两上下，而兵轮及根钵水雷等船，闽、沪两局如能分造，则原数尚可节省。刻下部议既将海防经费章程，重加厘定，若无意外阻挠，计北洋可岁收七八十万两，则于船只未齐之时，分年筹购船之费，当尚易为力也。

一、北洋船只到齐以后，除"操江"、"镇海"、"泰安"、"湄云"及山东所购之两蚊船，或由各该本省供支，或仰给洋药厘捐，其余养船之费，统计每岁约需六七十万两，加以添备子药、水雷及修船各费，每岁约需二十余万两。开设水师学堂、储才馆，及练船，及北洋提督之养廉公费，每岁约需十万两左右，再加一切费用，则每岁有的饷一百万两，自可支应。倘各省关能将部拨一百三十六万之数，除各省厘金减去二成及闽粤厘金、福建洋税被本省截留不计外。如期解足，更可岁有积存，以备添购船只及不时之用。然北洋规模既备，关系尤巨，岁额的饷一百三四十万，断难再减，如各省关解济不齐，必须设法别筹。

一、北洋拟添设外海水师提督，建阃津沽，裁撤天津镇一缺，改大沽协为总兵，应以天津镇衙门，改为北洋水师提督衙门。其镇标各营，或改为提标，或改隶大沽镇，或酌选其熟习风涛者，挑入兵船，即将绿营原额裁撤，大小员弁，亦于水师酌量挑补。旅顺、大连湾等处，添设一镇，与大沽镇、登莱镇均归提督统辖，提督亦兼受北洋大臣节制。该缺应请文武并用，武员于实缺水师提督内遴补，文员自实缺二三品以上，皆可擢用。如一时暂乏其人，北洋大臣亦可兼管，如总督兼管盐政之例。

一、水师提督，惟十月至二月，驻天津衙署。其余督操巡防，常在轮船，随时整顿；养廉公费，格外加优，年支实银，约需一万数千两。

一、大沽已有电线，应再接至大连湾及烟台等处，由海底置设，需费似不及十万两。将来水师各船，无论停泊何口，可以呼吸灵通，指挥如意。

一、登州北面群岛错杂，自长山岛、庙岛以至北隍城岛，绵延约百余里，再自北隍城岛以北，至旅顺口外之旅顺山海毛岛，海面不过六十余里，舟行过此，往往触礁。则其中经行之通道，不过数处，北洋水师成军以后，似可分拨数船，在此测量沙线，创设水寨。其群岛之间，轮船如可绕越，或拨炮船，或布水雷，或设浮炮台以守之。一旦有警，则以铁甲及大兵轮船，分排横亘于旅顺北隍城岛之间，扼截敌船，不使北上。即有一二阑越者，彼接济既断，又惧我师之袭其后，心孤意怯，必且速退。如此则大沽北塘，不守自固。燕齐辽碣之间，周围洋面数千里，竟成内海。化门户为堂奥，莫善于此。不然者，烟台口外之崆峒岛，既为洋船所泊，去岁德人又觊觎大连湾一埠，若中国不自经理，必尽被其占踞，后虽欲设水师，恐无可驻之地矣。

一、中国三代以前，文武未尝分途，汉唐犹存此意，故其时将才颇盛。宋明以来，右文轻武，自是文人不屑习武，而习武者皆系粗材，不过偏裨之选，积弱不振，外侮迭侵，职此之由。泰西各国选将练兵，以及百工技艺，无不出于学校。武备一院，选聪颖子弟读书十数年，再令入伍习练，虽王子之贵，皆视为急务。历练既深，又多学问，故能将才辈出。其操练步伐，驾船用器，皆有一定程度，非读书精熟，加以阅历，不能罄其秘要。盖中国汉唐以前之兵法，既失其传，而其精蕴乃为外洋所得，良可惜也。福建船政有前后学堂，原为培植水师将才而设，近闻已稍懈弛，且欲兼供南北洋之用，恐亦有所不给。拟由北洋设一水师学堂，照闽厂章程稍加变通，广为造就，将来管驾铁甲及碰快各船之才，既可日出不穷。而司军火，司帆缆，司机器，以及舵水管事等人，均须取给于学堂与练船之中。盖凡事以专门而精，人才以实练而出也。

一、北洋虽设水师学堂，所造将才，须收效于一二十年之后。此时购办各船，陆续前来，需才尤亟。宜暂就出洋回华之学生，与外海内江水师宿将，拣调试练而甄拔之。其有待西人教练之事，亦宜精选延订。

一、福建船政，每因经费日绌，岌岌不支。原议每岁造成两船，今则仅造一船，工匠机器，旷日停待，殊觉可惜。将来南北洋水师练成，需船日广。或在洋厂添购船只，如询明闽厂所造式样，工料与外洋相等，而价又相若，宜就近在闽厂钉造，给以原价，俾资津贴。况厂中员匠，自有月糈，不因造船而加。若造价能视洋厂稍减，则尤两便之道矣。

一、北洋水师既成，南洋自当来取法。其闽、粤两省，再能合力创成一军，正符原议化一为三之说，自应商定巡洋会哨章程，先声既播，国势自张。万一强敌凭陵，则合南北洋之力，可以一战。若东人不靖，应将蚊船各守其口，由三军抽简精锐，分道趋长崎、横滨、神户三口，彼当自救之不暇，安敢来扰？此以攻为守之妙术也。

> 辛巳之夏，张幼樵学士至天津，与余论及北洋水师事宜，余一夕草此贻之。今者创设海军，已在七八年后，局势又渐有异同。然观去年所订海军章程，大致尚多与此相合。己丑自识。

（选自《庸庵文外编》卷一）

书桐城程忠烈公遗事并序
（1881 年）

　　赠太子太保、记名提督、忠烈程公学启，发迹在安庆，授命在嘉兴，而其下苏州一役功最高。虽三尺童子闻其名，莫不敬悚。余尝病官书载公战功虽具，而公之雄略伟节有未详者，谨再撷拾所闻，以俟作史者采择云。

　　公幼不喜读书，亦不事生产，然倜傥有大志。粤贼陷桐城，闻其名，购求不得，乃执其父以招之。其父贻以密书曰："忠孝不两全，汝可为我一出，伺贼之瑕，得当以报国，亦大丈夫事也。"公乃出诣贼而父得释。伪英王陈玉成奇爱之，稍任以兵事，俾属伪将叶芸来守安庆。芸来倚如左右手，妻以女甥高氏。今尚书威毅伯曾公之围安庆也，陈玉成自江南大举来援，累为楚军诸将所折挫，围益急。芸来分其悍党授公，俾出驻城外为犄角。公私忖图贼数年，迄未得间，今其时矣。遂以其众降官军，日呼贼党出降。贼窘且愠，膊公妻子于城上。公率降众导官军昼夜环攻，未匝月而城拔，贼众歼焉。曾文正公自祁门来，公进谒，文正奇之，使将千人，而未大用也。会今大学士肃毅伯合肥李公以道员率师赴援上海，乃命公属李公东下。李公既巡抚江苏，仅有上海弹丸地，贼纠党数十万来攻，李公督诸军大创之。又至，又大创之。凡三却悍贼，而公之功为最多，贼自是不敢窥上海。公领偏师，进克旁县十数。李公察公才可独当一面，渐令增募其众至七八千人，使洋将戈登以常胜军三千人与俱，进逼苏州。公批亢蹈危，力争要害，稍薙城外贼垒。伪忠王李秀成自金陵闻警赴救，累战皆败。当是时，李公遣诸军由常熟趋无锡，以断贼常州之援。秀成以谓无锡道不通，则苏城危，乃大会诸酋，与我军鏖战无锡境上，丧其众十万，复遁入苏城拒守。适李公由沪至苏，督军破娄门外石垒长城，毁贼营略尽。公亦尽夺蠡口、黄埭、浒墅关诸隘,水陆军三面傅城,贼众凶惧。是时秀成之党,惟伪慕王谭绍洸所部,皆粤贼,每战犹致死。自伪纳王部云官以下,皆有贰志。副将郑国魁与云官有旧,云官密致款于国魁,为介绍于公。公与国魁及戈登以单舸会云官等于洋澄湖。贼党谋杀公,云官苦止之。公与云官等约为兄弟,俾斩秀成、绍洸以献。诸酋不忍于秀成,请图绍洸。公与诸酋指天誓曰:"自今以往,富贵相保,匿怜不告,必死于炮。"诸酋亦指天誓曰:"自今以往,反正输诚,有渝此盟,必死于兵。"誓毕,各归其军。既而秀成察云官等战不力,觉有变,自度力不能制,而上游官军攻金陵甚急,秀成迫欲赴援,乃以守城事属绍洸。执手泣别曰:"好为之,无几相见。"遂率死党及其孥贿乘舟宵走。官军以西洋炸炮攻城,贼益不支。越三日,绍洸召云官等焚香设誓。云官使其从者刺杀绍洸,遂据绍洸伪府,夜开齐门迎降。公令郑国魁以二营入城,时同治二年十月丁卯也。明日,贼献绍洸首,公亲入城抚视,精壮犹逾十万,降酋列名者八人,曰伪纳王部云官、伪比王伍贵文、伪康王汪安均、伪宁王周文佳、伪天将范启发、张大洲、汪怀武、汪有为。方歃血誓死生,乞公请于李公,求授总兵、副将等官,署其众为二十营,仍屯阊门、胥门、盘门、齐门,云官犹未薙发。公欲无许,恐有变,乃姑许之,而密白李公请诛之。李公谓杀降不祥,恐嘉兴、常州贼党闻之,坚守不下。公固争之曰:"今贼众能战者十倍于我,粟支五年,即令凭城拒守,我军攻之,非数年不下,徒多杀士卒与胁从之民无为也。僇八人而全数百万生灵之命,不亦可乎。人责鬼谴,某自当之。公不从某言,请公自为之,某不敢与闻军事矣。"李公曰:"既若此,任汝为之,毋偾吾事。"公乃复入城,与云官等要约,以李公命尽许所请,劝令出城行参谒礼。明日,日方中,李公临公营,云官等诣营,请李公受谒。公分军守娄门,且阴遣营遮其归路。李公见八人者,慰劳周至,渐引其从者宴于外,肃八人者设宴帐中,称有公事,遽归大营。俄而炮声举,营门闭,娄门军亦举炮应之。八人者相视色动,回顾从者,皆不在旁,欲出不得。忽闻大呼杀贼,苍头卒百余人挺矛直入,八人者惊起止之曰:"愿见抚军,惟命是听。"卒遽前斫之,皆死。八人者将死,皆顿足曰:"乃为程某所卖。"公自娄门驰入云官伪府,以云官之令召贼酋桀黠者数百人,皆诛之。俾贼众尽缴军器,贼众皆慴伏听命。明日,李公整部入城,传令诛止其魁,籍其老弱及丁壮愿归农者,资遣归乡里;能战者编入营伍,得其贿财积粟以赡军。苏城大定。李公由是遣军分道攻拔常州、嘉兴,以蠥上下游之贼。贼备多力分，而杭州、金陵相继恢复。论者谓不克苏州，则金陵、杭州不能遽拔。微公设计招降，则苏城不下。下苏城而群酋不诛，则后事未可知，而淮军亦不能尽锐出征，迭摧坚城也。夫始约而终背之，其事谲而不正，无以服群酋之心。然公亦若愿当其祸而设誓者，公所谓不有其躬以徇功名者邪？卒之大局转旋，生民蒙福，公之成功甚伟，而忠孝之忱，亦于是尽矣。公之进薄嘉兴也，涉自浮桥，麾众登城，死伤甚众，城上发炮，飞铅贯公左脑，晕绝，舁归营，部下将士奋攻入城，遂歼贼众，而公创甚，归苏。温诏询公伤状，赏赉稠叠。李公旦夕往问候，及将出视师，公犹为李公筹军事，流涕执别。创渐合，留败骨为梗，医言不可去。公自拔之，血涌不止，伤脑及喉舌，不能食饮，遂以同治三年三月庚戌卒。将卒之数日，口中唸呀，皆苏城降酋事，时奋拳作格斗状，忽瞑目叱曰："汝等敢从我乎？"或曰公平日意之所注，疾革神瞀以至此也。公廉于财，驭军纪律严，所过肃然，目不甚知书，而行军披览地图，指挈不爽铢寸。或以事怒将吏，旋觉其误，立起自责，往谢不敏，故得人死力。每遇敌，登高望之，即知其强弱坚瑕，偏正分合，随宜应之。临机果断，赴敌迅疾，每争一隘，必断贼援师绝粮道，动中窾要，其将略殆天授也。戈登初与公为昆弟交，每战必偕；及诛降酋，戈登詈公，誓不相见。闻其卒，乃哭之。乞于李公，以公督战时二长旗，携归国为念，其为远人推服如此。

　　萧敬甫云："此篇详叙下苏城事，而克安庆事次之，以其为公奇绩所在，亦即平定粤贼全局所系也。近见各书于此事或不甚详，或虽详而未能挈其纲领，无以感发人意，及读此篇，吾无间然。始知伟人伟事，必有伟笔以达之，乃可传之不朽。"

　　　　　　　　　　　　　　　（选自《庸庵文编》卷四）

祭季弟文*
（1881 年）

维光绪七年闰七月辛卯朔，越六日丁酉宜祭之辰，期服兄福成以清酌庶羞之奠，遥祭于季怀七弟之灵曰：呜呼吾弟，遽至此邪！以弟天性之孝友，植行之清峻，筹略之闳深，文学之俊迈，微特吾自愧弗能及。即吾二十年来友天下士，所见于朋辈中者盖寡，方谓志业益骞，径睎古人者，必吾弟也。发其所韫，济时艰而匡世运者，必吾弟也。孰料位不酬其才，年不称其德，而中道摧折邪？世运之不昌，吾道之不行，于斯可卜，岂独吾家之不造邪？嗟乎！人生不过数十寒暑，修短虽殊，同归于尽；日月推移，如梦一觉。岂弟已先觉，而吾犹在梦中邪？抑此吾之噩梦，而非信然邪？吾兄弟六人，惟吾与弟年尤相近，自髫龀以至成人，读书同塾，应试同时，中年各走一方，虽离合不常，然考问德业，商榷时务，每论一事，驰书不厌四五反，虽数千里外如面谭，而今已矣！德业莫与考问，时务莫与商榷矣！弟之宿疾，时愈时发，已八九年。犹忆戊寅之春，吾与弟分驰燕、蜀，执别沪上，语至夜分，依依不忍相舍，而吾尤以弟疾未瘳为虑。既而闻弟抵蜀后，疾竟不发，私心窃喜，以谓从此释然矣。今岁春夏之交，弟自蜀还里，累书告以将北来一晤，为十日谭。呜呼！孰谓弟竟以宿疾而陨其生乎！孰谓沪上一别为永诀，今夏一书为绝笔乎！积怀未倾，凶问突至。病不及讯其医药，敛不及视其衣衾。吾行负神明，此憾殆无终极！自今以后，存恤媍寡，教育孤儿，吾与诸兄弟任之；搜辑遗著，表章潜德，吾当屏弃百事而独任之。吾弟无以此为念。痛矣迫矣，言尽于此矣。呜呼哀哉！尚飨。

（选自《庸庵文外编》卷四）

---

* 薛福保（1840—1881），江苏无锡人，字季怀，薛福成之弟。同治初年先后入山东巡抚阎敬铭、丁宝桢幕，后随丁宝桢入川，经奏荐以知府候补。著有《青萍轩诗录》、《青萍轩文录》。

季弟遗集序
（1882 年）

　　余少与季怀以问学相切劘，季怀好攻古文辞，潭思不辍。余诘以时变方殷，士无论遇不遇，当蕲以有用之学表见于时，胡为矻矻于文艺之末。季怀曰："不然。夫文之至者通乎道，古文于文体最尊，且自古夷艰泽世之伟人，无文不行。如贾谊之疏，董仲舒之策，诸葛武侯出师表，陆宣公奉天改元大赦制，其所以斡旋世运，鼓动伦类者，独非文章之力邪？而贱之也。"余乃稍稍致力古文辞，季怀亦渐讲经世学，凡余所观之书无不观。其后，余佐曾文正公幕府，携季怀同往，闻公论文之旨，以谓圣门四教冠以文。文者，道德之钥，而经济之舆也。故其尚论古今，与求贤之法，一以文为之的。而幕府之得人独盛，凡魁闳瑰伟能文之士，辐凑并进。余与季怀颇得广所未闻，讲明途径，而为之益劬。季怀旋往山东，从今尚书、前山东巡抚朝邑阎公游，饫闻束躬宰物切实之论。复参今尚书、平远丁公幕事，丁公巡抚山东，总督四川，倚季怀如左右手，用其策，辄效。季怀阅事久，识益精，文亦日益进。顾其神蕴超迈，不多为文，偶有撰述，必与余互视［示］数千里外。余每叹其高复幽濬沉寥之境，非可强几也。然至揣摭利病，考核古义，苟有所疑，只字片语，必雠勿贷。季怀之于余文也亦然。余与季怀有闻辄改，虽四五易稿不厌也。岁辛巳，秋七月，余在天津，忽闻季怀噩耗，惊恸不可为怀。亟贻书诸弟，裒集季怀遗稿，仅得古文三十八首，厘为二卷，古今体诗一卷。悲夫！士固有负绝人之资，或困于无师友，与时地之凭依，不获昌其学而竟其施。若数者既兼之矣，上之宜可奋迹天衢，泽被甿庶，次之亦当摅所心得，著书成家，垂之无穷。吁嗟吾弟，其才未及大用，其所韫之发于文者，百不逮一，而天骤夺之年，施于时者未遑，即传于后者亦尚未可必。此余所以不能无疑于天道，而益忧吾道之孤，不仅骨肉之私悲也。今付之剞劂，特序其大指如此。芒乎芴乎，四顾寂寥，安得复起吾弟，一与论文乎？呜呼！追思畴昔风雨一灯，群聚讲习之乐，何可得也！

（选自《庸庵文编》卷三）

与法兰西立约通商保护越南议
（1882 年）

　　窃观法使宝海所议中国与法国应办越南事宜三条，大旨不外分界通商，与保护越南。果能互崇信义，秉公立约，则法人有悔祸之意，越南有可存之机，从此衅端渐弭，边疆渐固，而中国之经理外务，渐能制胜于无形，即异日朝鲜、琉球诸藩国，亦当隐蒙其益。此中国盛衰强弱之机括所由分也。然尝考之以敌情，征之以近事，复将宝使前后文函，反复玩味，窃虑法人未必遽就范围，尚将故作波折也。洋人之得步进步，即欲行此三条，而节目尚多可议也。约事之多歧，人言之可畏，稍不详审，或致贻悔于将来也。夫事不筹之于豫，则设虑不周；思不集之于众，则获益不广。福成因斯事关系全局，谨审其刚柔缓急进退迎距之机宜，议其大略如左：

　　一、和战二事，宜虚实相济也。迩年以来，外侮环逼，议者或偏于主战，或偏于主和，不知二者皆非也。夫一意欲战，则将使彼不能转圜，兵连祸结，致成不了之局。且中国武备未精，未可为孤注之一掷也。一意欲和，则彼窥见我之情实，益肆要求，无所底止。一国得志，而诸国效尤矣。中国将奚以自立邪？是故，为今之计，莫如以和为体，以作可战之势为用。昔者英人之救土耳其也，广调战舰，进泊黑海，仍隐劝土人与俄讲解。故俄人有所顾忌，而其约易成。庚午天津之案，误在未调重兵，不免于仓猝之间，为法人所挟制。甲戌台湾之役，虽有重兵，又误在议和太速。近者东北边调军防俄，而伊犁改约，未受大损。朝鲜告变，雄师电迈，而倭人气沮，受盟而退。此皆其明验也。且所谓作可战之势者，即使事机所值，偶出于战，亦必时时执愿和之说。如是则敌不能归曲于我，而转圜亦易。夫法人之破东京也，瞰其无备，突启波澜，无理极矣。乃转归咎于河内总督之藐视，自称并无侵占土地之意，时以交还东京，补立和约为言。战国时苏代之论秦王曰："必令其言如循环，用兵如刺蜚。"夫残破人之国都，而犹厚貌甘言，自云并无恶意，可谓言如循环矣。恃强陵弱，不崇朝而取东京，可谓用兵如刺蜚矣。中国亦宜稍袭其意，惟知虽战而无碍于和，则其究亦并不至乎战。此和战二事虚实相济之妙诀也。

一、法国上下之谋议，不可不审明也。法在欧洲，习于战斗，素称强国，自改为民政，而其国人始有息肩之意，且畏德人战胜之威，割其腴壤，偿以巨费。法之君臣，痛心疾首，未尝不思蓄锐观变，以全力求逞于德也。今睸越南之贫且弱，欲稍稍蚕食其地，如英之据印度，俄之灭波兰。然法之所畏莫如德，德与法同壤，而国势日强，不啻卧虎伺榻。俄、奥诸国，又法之世仇，而德之与国也。英人每以滇境通商，忌法人之占先著，法人岂不知之？法之牵制既多，窃料彼国经营越南，仅用财力兵力十分之一，计犹为之，若必老师糜饷而多后患，则彼必长虑却顾，有所不为矣。何则？彼非畏中国也，畏欧洲诸国之议其后也。今法闻中国发兵之信，攘臂而起者，固非无人。然究其归宿，必系愿和者多，愿战者少。观其外部接宝使电信，即饬西贡巡抚勿得生事，其情可见。窃尝以管见度之：其言战言和，纷纭无定者，法之上下议院也；经画边务，兼顾大局，适可而止者，法之朝廷也；不惮启衅，欲以拓土为功者，法之西贡巡抚也。至其使臣宝海，奉厥朝廷之意，原以排难解纷为职，然彼亦量中国之情势以为进退。苟骋其口舌，先得便利，未尝不见可而进，冀著其为使之功。审此数端，而越南之事乃可措手矣。即与宝使议办越事，尤不可不善为驾驭矣。

一、滇、粤各军不能骤撤也。自法人侵扰越南，中国分道出师以示声援。未尝明言拒法，而越南君臣以壮其气，不致骤立受亏之约；刘永福等以坚其守，不肯遽为退避之谋；即法人亦以兵少势孤，有所顾忌。此诚绥边字小之要著也。迨两国之军日益相逼，恐肇衅端，姑因宝使之言，酌许退军，以便两国派员会议，乘风转帆之妙，诚莫亟于此。乃宝使照会称中国已饬官兵退扎，足令法国派出驱逐黄黑旗党巡军，无有阻难，是我退而彼反求进，情殊叵测，且与前言不符。诚有如总理衙门所虑者，即使宝使并无此心，或因译汉文义稍有讹舛，然中国救越之得劲也，以出师；则其松劲也，必以退师。若竟如宝使照会所称退回本境，法人见中国退兵之速也，彼之议院，必因此窥我之怯馁而谋济师，彼之西贡巡抚，必益以觇越之虚弱而谋占踞，势必进攻刘永福等，以规北圻诸省，不必宝使先有此情也。倘法人乘机思逞，即宝使亦力不能禁也。彼时执前议以责宝使，彼将置之不理。若我兵因法人爽约，既退复进，恐必激成衅端，转非弭事之道。福成愚以为，此时粤军分布富良江以北，与法军尚隔一江，不必撤退；或令其最近东京之一路，酌量移营，滇军前敌在兴化以东者，宜密饬酌度形势，退舍数十里，已足表和好之谊。若宝使以未退回本境藉口，宜答以两国相交，未闻有施无报，中国既退扎以示先施，法军亦宜退出东京以昭睦谊。如此，乃足间［问］执其口，而折其无厌之求。即至会议之时，兵备尤不可稍懈，庶声威振而和局可成矣。

一、立约分界保护，最宜详审也。越南全境近三十省。顺化都城在富春省。富春以北，以广治省广平道为左圻。其河静、乂安、宁平、清化、南定、兴安、河内、海阳、北宁、广安、谅山、太原、高平、山西、兴化、宣光十六省为北圻。富春以南，以广南省广义道为右圻。而南圻九省中，有嘉定、边和、定祥、永隆、安江、河仙六省，已为法人所踞，设西贡巡抚治之。惟广和、富安、平顺三省尚属越南，是南圻所存不过三分之一。惟北圻境壤绵广，而十余年来，中国叠次出师，为越南剿平剧寇，如吴亚终、黄崇英、李扬才、陆之平等，悉就擒灭。富良江以北之山西、太原、谅山、高平、北宁、宣光、海阳等省，皆中国所戡定之地，且其土产较瘠，非法人所垂涎。其素称膏腴，为彼所注意者，盖在越都左右圻，及南圻所余之地。又以经营富良江商路，则北圻迤南之地，亦难尽让归我。此法人之隐情也。宝使照会称法国愿设法自海口以达滇境，通一河路以裨商务。又称两国在红江中间之地，划定界限，北归中国巡查保护，南归法国巡查保护，并互相立约，将越南之北圻现有全境，永远保全。夫仅曰保全北圻，则北圻以外，如顺化都城，即非所保矣。万一此约既定，彼即进取越都，我将不能过问。且红江即富良江也，富良江以北之地，不及北圻之半，是中国所巡护，仅有越地五分之一，未昭平允。况彼既认保胜为中国所开之口岸，保胜在富良江以南，则其中又多掣辖。似宜如总理衙门所议，北圻归中国保护，南圻归法国保护，以与之磋磨。虽明知彼必不允，然进求乎上，仅得其次。将来或能办到富良江以北北圻之地，归中国巡查保护。越南现有南圻全境，归法国巡查保护。富良江以南北圻之地，与其都城左右圻之地，仍令越南自为经理；由两国遣使，常驻越都，设法保护。其富良江上下游，俾越南认为法人通商之路，如中国长江通商之例。至其设官分治，设关收税，均由越南自主。如此，则措注允协，可无南顾之忧矣。

一、法人如不认越南为中国属邦，我亦宜勿认法越之旧约也。法越两国甲戌年所立和约，声明越南操自主之权，并不服属他国。是法人早伏狡谋，欲使中国不得与闻其事，而越人自堕其术中矣。又称越南之平定、海阳两省，溯上洱河，可达滇境。是其蓄意开通商路，已非一日。然越南之朝贡中国，乃中外所共知。彼既不认为我之属邦，我亦宜勿认其前约。况云南为中国之地，则通商允不允之权在我。苟能握其要领，善为操纵，彼自须就我范围也。

一、法人宜以东京交还越南，以符原议也。法人之初下东京也，曾行文越南，谓河内总督不以礼相待，致有攻战；然实非利其土也，请越南王派员赴河内妥议，以便交还城池。又称欲补立条约，即许退出东京，并将所取库银及海防关税银三十七箱，交还越南，仍许越官依旧收税。宝使亦迭次切实言明，彼国并无占并东京北圻土地之意。是法人之踞河内，初意本在要盟。今保胜通商，既如所请，则交还城池与帑项，亦必议定日期。东京既须交还，则彼设局巡查北圻之说，似宜驳罢。何则？既称巡查，则必驻兵；驻兵则越南不能自立，富良江以南之地，恐终难保全也。

一、滇境通商为英人所忌，宜令法人知之也。英人于烟台条约，早有通商云南之议，只以缅甸陆路多阻，迄今无成。乃法人捷足先登，开通江路，则缅甸通滇之路更难。英人有虑其事者，见于本年七月新闻纸，谓嗣后法与缅邻，倘英缅失欢，则法人必济缅以军火，缅与法将立保护之约，将来法必全灭越南，而以缅为外府，大非英人之利等语。是英人虑之熟而忌之深矣。春间，越南侍郎陈叔切托招商局代禀，有欲以重赂求救英、德诸国之说。厥后越南王咨两广总督，求给凭照，往聘英、德诸国，不可谓谋之不臧。中国固宜玉成其事，隐示扶持。虽英、德未必遽能助越，究竟有益无损，且易动法人顾虑之心，此亦辩论时隐奢法人之一助也。

一、处置刘永福，须妥为斟酌也。永福本黑旗党之渠魁，始为流寇，继受越南提督之职，扼守山西保胜一路，榷商税以供军饷。故法人必欲驱之，以通保胜商路。然永福素恃此为饷源，誓死不肯退让。又前尝败法师，北圻之民与黄黑旗党之啸聚者，颇恃之以为固。法之兵轮，累次驶向山西，不战而退，似稍惮永福威名者。宝使初次照会，谓中国应设法使商货畅行，如驱除盗贼，撤去保胜境上关卡之类。其后照会总理衙门，则称中国兵退扎，足令法军驱除黄黑旗党，无有阻难。此皆指刘永福而言。然使中国竟代法人驱剿永福，非惟清议所不与，且为中外所窃笑，固万无此理。若竟听法人进攻永福，则彼兵威既盛，或因此尽并北圻，中国将何以御之？今欲筹善处之方，保胜既作为中国许法人通商之口岸，而永福尝诣粤军求救，愿为前锋，似莫如由中国授以一官，编其部众为一二营，于富良江北，择地安插，其军饷许由中国给发，日后即在保胜关税开支，谅永福不敢不遵。法人既得通商之利，又闻永福为我用，斯足稍戢其狡谋矣。

一、通商章程，宜详议慎核也。法人知中国地产之厚，考求商路，殆阅十年。其著议谓开通红江商路，则川、黔、西藏之货，可由水道直达东京，各商咸愿捆载而来。数年后，进出口货物，当增至数万万佛郎。故其经营不遗余力。彼既蓄意日久，我自难于阻遏。且就大计论之，亦可不必终阻。何也？使法人谋开此路，而中国初未觉察，则法人独享其利，而中国将受其害。今由两国会议通商，原期两国共分其利。果能使滇、蜀土货畅销，边民日臻富庶，则中国之获益尤厚。倘将来保胜一关，每岁进出口货价各有一千万两，是岁得洋税百余万也。惟此为边地通商之始，与江海各口情形不同。从前各口通商所议条约，大半由逼迫而成，中国受亏过巨。此次两国本无交涉，中国因越事慨允商务，似不能援照江海各口章程，必当明示限制。仿今岁朝鲜与美国立约之意，议一最公允之规条，以昭友谊。或酌增税项，或渐收政权。如此，则他口续立之约，可援例议办；已立之约，可隐为挽回。其有裨于全局，岂浅鲜哉？

一、越南既归两国保护，则两国所办之事，均应一律也。分界通商之议既定，法廷必仍遣使驻越，与闻国政，名为保护。彼时中国若意存省事，惮于遣使，则越南之事中国仍不得与闻，将独任法使以把持，启其挟制侵占之渐，是以越南委之于法也。西洋于半主之国，无不遣使驻扎。况约章既定，无复重要事件，他日两使驻越，原不过遇事会议，照约办理而已。然既欲保全越南，则循例之举，实不可阙。或谓朝鲜、越南，同为属邦，朝鲜既不遣使，越南岂能独异？不知朝鲜之不遣使，因其为我属邦，而与西洋诸国平行也，虑体制之难一也；越南之不能不遣使，因两国既有保护之名，则两使必有会商之务也，恐措施之不一也。随机应付，各有所宜，难一概而论耳。

一、富良江以北各省，宜驻兵巡防也。中国所以力护越南者，欲固我滇、粤边圉也。而富良江以北各省，又滇、粤切近之藩篱也。越南不靖，则北圻不安；北圻不安，则滇、粤亦不安。今欲保全越南，如能跨富良江南北而守之，固属甚善；即势有不能，则江北各省，宜驻防军也必矣。盖法人既有巡查越南之说，则其军必不能尽撤。而我一旦撤师，示以未遑远略，又将启彼狡谋。且迩来粤军频岁出关，驱剿叛寇，即遇班师入塞，亦常分布要害以顾边防，其饷项仍不能稍减。古人所谓事不可息，则住与行，劳费相等也。今令滇、粤各军分驻越境，计不过于额饷之外，多加运费，而缘边有拱卫之师，属国壮辅翼之势，防军以巡练而少懈弛，强敌觇举动而惮声威，其为利也多矣。且法人以江北数省，乃中国所戡定，故其意甘让而不争。万一越南日就衰弱，终至为法所灭，则中国分此一隅，亦差免为各国所轻视。此乃将来最后之一著，而今则未可明言也。惟各军暴露已久，宜以休军为名，入屯各省城中，越人方恃我为捍蔽，必无异辞。斯边陲收坐镇之功，将士免久役之苦矣。

以上各端，或理论于事前，或筹措于事后。虽法人未必遽能尽允，然福成以为颇有把握者，以法人所深愿者在通商，所不愿者在开衅也。今胁之以所不愿，饵之以所深愿，坚持前说，不稍迁就，则管见所拟，似有八九可成。夫宝使原议三条，大旨固在撮合两国之好，然窥其意，实尚无定衡。我苟力与相持，则所得或稍溢于三条之外；我不力与相持，则所得或尚歉于三条之内。宝使之所设辞推诿者，不曰本国议院不允，即曰西贡巡抚不允。今中国亦宜如其法以相抵制，其有关于兵事者，可托滇、粤两督以拒之；其有关于界务者，可托越南及刘永福等以拒之；其余一切不可允之事，更可托中外清议以拒之。拒之有辞，而彼乃知所允之非易得矣。夫得失既巨，周折必多，果能贯以全神，始终不懈，俾斯事持平议结，则东西洋各国，知中国渐习外务，不敢肆其侵侮。从此力加整顿，益图富强，中外交涉之事，庶有豸乎？

（选自《庸庵文编》卷二）

上张尚书论援护朝鲜机宜书*
（1882 年）

昨读大疏，圆畅修洁，布置井井，而见几之明决，筹办之迅速，亦为中外意料所不及。私衷企佩，匪可言喻。退而就事理之曲折，反复思之。此举以顺讨逆，以强制弱，必可迅速成功。所虑者，日本兵船先到耳。日本外务卿井上馨素饶谋略，秩望较崇，有便宜行事之权。今年朝鲜与西洋各国立约，中国不使与闻，彼已深怀忌恨。万一此次乘朝鲜内乱，逞其狡谋以与中国为难，甚属可虞，不能不豫为之防也。然犹可冀幸者，日本海道弯环纡曲，井上馨由东京起程，非十余日不达朝鲜，不若中国兵船由烟台东驶之捷也。傥倭艘与华轮后先偕到，或虽先到数日，而稍有观望，未及肆毒，犹可措手。中国宜于此时飙驰电发，为朝鲜速定内变，内变定而日本无能为矣。今闻"扬威"、"超勇"、"威远"三船，已同时起碇。似宜速告吴军门，不必俟南洋兵船之会集，可先率一二营东渡，直指朝鲜都城；其余"泰安"、"湄云"、"登瀛洲"、"澄庆"等船，及招商局船之运陆兵者陆续进发。一则迅赴事机，取疾雷不及掩耳之势；一则使日本、朝鲜见我军络绎不绝，莫测其多寡之数。此兵法所谓实者虚之，虚者实之也。夫朝鲜之乱，已逾半月矣。近日消息，尚无所闻。若彼但幽其王，夺其柄，未敢显拒王师。王师既到，宜为书声明专讨乱党违命启衅之罪，檄召李昰应赴兵船问状，彼如挺身来前，或归罪他人，或饰辞狡辩，宜一概勿理，不动声色，暂予羁留。先以"威远"一船载送来华，致之京师，听候朝命。其大队官兵暂驻朝鲜，为之捕诛乱党，不数日而大事可立定，此善之善者也。若李昰应伏

---

* 张树声（1824—1884），安徽合肥人，字振轩。淮军将领。曾任江苏巡抚、贵州巡抚、两广总督、署理直隶总督等。中法战争初期，因所部潘鼎新战败，被革职留任，旋病卒。有《张靖达公奏议》。

匿不出，亦不显然抗拒，宜以代御外侮为名，引兵疾入王京，择地驻营。然后为之捕治乱党，严究主使，仍遣人开导昰应，谕以出则贷其重戾，不出则罪及亲族。彼慑于兵威，不敢不出。出则选精卒卫送兵船，运赴中国。若彼畏罪出奔，而乱党不时出没，官军一到，彼势自衰，可即擒诛余党，檄数昰应罪状，布告远近，俾所在郡县执之以献，敢有藏匿者罪之。抑或竟挟王出走，国都无主，宜以大军代守王京，分兵邀截要路，稍以精卒驱其后，驰檄解散其胁从，亦许昰应束身归罪，待以不死，敢有伤损及王者罪不赦。若此，则彼势孤党散，亦必自败，无足深虑也。抑或彼竟肆然罔忌，矫朝鲜王之命，驱煽徒党，授兵登陴，力与我抗。朝鲜之民，久已不睹兵革，一闻雄师压境，火器精利，莫不气馁心怯。揆彼舆情，必莫肯为之用也。是宜严兵城外，作欲攻围之势，仍檄谕阖城官民，示以为彼除害，不忍玉石俱焚之意，责以擒献罪人，即一切勿有所问。不出三日，内变必作。盖顺逆之理，强弱之势，固如此也。若夫罪人既得，或未及致之中国，而乱党有劫夺之虑，不能不便宜从事。则临以天朝之威，重以康穆太妃之命，赐之死可也。虽国王不能为请也。或罪人既在兵船，而倭人有邀截之意，则虑之不可不周，定计宜密，措注宜速，鼓轮疾驶，径入大沽可也。虽其党未必及谋也。然福成所鳃鳃过虑者，则恐日本兵船先到，而井上馨以狡毒之计行之也。盖日本之睥睨朝鲜，非一日矣。若井上馨遽以兵船入其国都，或翦除乱党而并废其王，或与李昰应相合而行废立之事，或执昰应送东京，藉以市德于朝鲜。此三者，皆非中国之利也。夫使其翦除乱党而并废王也，日本必立其素所亲厚者为王，留兵久驻，号称保护，渐收权利，为蚕食鲸吞之计。然彼大势未定，而中国兵船倏至，亦非其意计所及。中国宜乘此时据理力争，必使前王复辟而后已。彼见众心不附，公论不与，而中国兵力又较盛也，必有所怯而徐示转圜。倘中国持之稍缓，则事机一失，后悔难追矣。如其与乱党合而行废立之事也，则其意将厚其毒而取之，中国宜专以讨乱为辞，直逼朝鲜。若日本出而排解，告以中国属藩之事，不愿他国与闻。朝鲜官民，见我势壮气盛，必有应之于内者。如其执送昰应于东京也，日本必张大其辞，夸示诸国，以谓朝鲜朝贡中国二百余年，未获纤毫之助，此次削平内难，必待日本为之出兵。显以形中国之短，隐以责朝鲜之报。非多索口岸，即更立新约，此中国所病也。然犹幸我军随后即到，可以有辞，宜致谢日本曰："朝鲜系中国属邦，贵国笃念交谊，代平其乱，感谢弗谖。然贵军劳苦可念，搜除乱党之事，当由中国任之。"如此，则稍杜倭人之口矣。凡此数端，皆随其机而应之，庶稍化后著为先著。万一倭军虽到，或以兵力未厚，徘徊观衅，或专理论使馆被毁之事，必尚相持未决。中国宜遣使以温语抚绥倭人，许以乱平之后，诸事可代为清理。仍出其不意，引军疾入王京，既踞上游，则百务可代朝鲜主持矣。日本馆人被杀，必索抵偿。自不妨以捕斩乱党为抵偿人命之用，所谓一举两得者也。大抵数千里外，军情敌势，瞬息千变，原非可豫为揣测。然相机利导之方，大旨固不离其宗。倘于函致吴军门时，授以机宜，或有裨益。是否有当，伏惟裁择。六月二十九日，福成谨上。

　　光绪八年夏六月初九日，朝鲜内乱，日本使馆被毁，倭使花房义质奔还其国。十七日，日本议遣尚书井上馨督兵船驶往朝鲜。制府张公接阅电信，谋之幕僚，欲函请总理衙门奏明请旨发兵往援。余谓辗转筹商，往反之间已五六日，若倭兵先到朝鲜，彼且虏其王而踞其都，如琉球故事。事机得失，间不容发，请发"超勇"、"扬威"、"威远"三兵轮即日东驶，仍函商总理衙门续发陆军前往。制府颇以为然。遣提督丁汝昌、道员马建忠，督带"超勇"等三艘，以二十五日起碇。又豫调南洋及招商局轮船，以备运送陆兵。于是，丁汝昌等以二十七日辰刻抵朝鲜之仁川口，而倭军亦于是日未刻，有一艘先到，仅迟半日耳。见我兵船已先在，为之夺气，遂不敢动。倭官与丁军门等以礼相见。二十八日，日本续到三艘，共水陆兵一千数百名。花房义质以兵五百人驻王京，与朝鲜议约，开列多款，百端要挟。适总理衙门亦奏明派提督吴公长庆率淮军六营继往。余遂于二十九日上是书，制府题之，寄致军前酌度遵办。我军以七月初八日，抵朝鲜之南阳府。吴军门接到此议，阅之大喜，与丁提督、马道密商，意见相同，决计遵行。是时，倭使与朝鲜大员连日会议，相持未决，颇肆咆哮。朝鲜侦知我大军将到，拒之益坚。倭使于初十日，挈其众悻悻出王京，示将决裂也。马道驰诣倭船，告以同心讨乱之意。而吴军门遽于十二日，亲率大军疾驰至王京驻营。倭使不虞我军之突入也，又自觉兵少而势孤也，深悔出京之失计。然已无可奈何，遂与朝鲜成约，寻盟而退。惟李昰应尚盘踞王宫，乱党数千，日夜营造兵器，内外勾结，祸且不测。吴、丁、马三君密定机宜，十七日巳刻，共入王京，往拜李昰应，以礼周旋。申刻，昰应来营答拜。与之笔谈，延至日暮，以计遣其从者。丁汝昌亲率小队，以肩舆拥李昰应就道，冒雨夜驰百二十里。十八日，至南阳海口，即上"登瀛洲"兵轮，鼓轮疾驶，解送天津。吴军门亲督所部，宵攻乱党，尽歼其渠。朝鲜之乱乃定。壬午八月识。

此事枢纽，全在赴机迅捷。时则余友黎君莼斋为出使大臣，驻日本。侦得确音，急递密电。制府得与僚吏熟筹，豫为之备，罔误机宜。余于是役颇盛称莼斋为首功。惜乎制府奏事匆促，未及特笔为之表章，然其功自不可掩也。又识。

（选自《庸庵文编》卷二）

代李伯相张尚书筹议慑服邻邦先图自强疏
（1882 年）

　　奏为慑服领邦，先图自强，酌筹缓急机宜，遵旨复陈，仰祈圣鉴事。窃臣等承准军机大臣字寄八月初三日奉上谕：给事中邓承修奏朝鲜乱党已平，球案未结，宜乘此声威，特派知兵大臣驻扎烟台，相机调度，厚集南北洋战舰，分拨出洋梭巡，为扼吭拊背之谋，其驻朝鲜水陆各军，暂缓撤回，以为掎角，责日本以擅灭琉球，肆行要挟之罪，日人必有所惮，球案易于转圜等语，所奏不为无见，著李鸿章、张树声酌度情形，妥筹具奏等因。钦此。仰见圣主恢扩远谟，周谘博访至意，曷胜钦佩。窃惟跨海远征之具，莫切于水师；而整练水师之要，莫先于战舰。中国闽、沪各厂自造之轮船，与在洋厂订购之轮船，除商轮仅供转运外，如北洋之"镇东"等六船，南洋之"龙骧"等四船，福建之"福胜"、"建胜"，广东之"海镜"、"清海"、"东雄"，俱系蚊船式样，专备扼守海口，难以决战大洋。此外，北洋之船凡七：分驻旅顺、天津者，曰"扬威"、曰"超勇"、曰"威远"、曰"操江"、曰"镇海"，驻烟台者曰"泰安"，驻牛庄者曰"湄云"。南洋之船凡十五：驻江宁者曰"靖远"、曰"澄庆"、曰"登瀛洲"，驻吴淞者曰"测海"、曰"威靖"、曰"驭远"，驻浙江者曰"元凯"、曰"超武"，分驻福建之台湾、厦门各口者，曰"伏波"、曰"振威"、曰"艺新"、曰"福星"、曰"扬武"，近因越南多事，由船政派赴廉琼洋面巡防者曰"济安"、曰"飞云"。合计兵轮二十二号，其中有马力仅一百匹内外，未可充战船者，如"泰安"、"操江"、"湄云"等船，只可转运粮械，"驭远"则已朽敝，须加修理。惟北洋之"超勇"、"扬威"两快船，南洋之"超武"、"扬武"、"澄庆"等船，较为得力。此中国战舰之大略也。自本年六月朝鲜乱党滋事，日本兴兵报怨，臣树声遵旨迅派"扬威"、"超勇"、"威远"三船东渡，复调"澄庆"、"威靖"、"登瀛洲"与"泰安"等船陆续前往。今朝鲜虽事局粗定,一时尚难撤回。邓承修之意,欲请特派知兵大臣,进驻烟台,相机调度,厚集战舰,更番出巡,自为整军经武,詟服强邻起见。然既思厚集其力,则必有得力战舰十余号,乃足壮声势而敷调拨。近日南洋仅有"测海"、"驭远"、"靖远"三船,臣鸿章前过江宁,晤左宗棠,面称长江要口,乏船分布,碍难再调,自系实情。北洋天津等处,仅有"操江"、"镇海"两艘,往来探送文报;烟台则无驻守之船,均甚空虚。今中国所有战舰,惟闽、浙两省七号之中,或尚可抽调一二,然彼所驻,皆属要地,实虞顾此失彼。且所谓知兵大臣者,无夙练之水师,无经事之将领,以为之用。船少力孤,情见势绌,不能服远,转恐损威。万一日本窥我虚实,悉简精锐,转向他口蹈间抵瑕,为先发制人之举,尤宜豫筹所以应之,此臣等所不能不踌躇审顾者也。查日本兵船在二十艘以外,而坚利可用者约十余艘,其中"扶桑"一舰,号称铁甲;"比睿"、"金刚"两舰,号半铁甲;"东舰"一船,号次等铁甲,虽非上品,究胜木质。以彼所有,与中国絜长较短,不甚相让。况华船分隶数省,畛域各判,号令不一,似不若日本兵船,统归海军卿节制,可以呼应一气。万一中东有事,胜负之数,尚难逆料。是欲制服日本,则于南北洋兵船整齐训练之法,联合布置之方,尤必宜豫为之计也。自古两国相持,或乘藉胜势,专以虚声相恫喝,或隐修实政,转恐密议之彰闻。务虚者声扬而实不副,终有自绌之时;务实者实至而声自远,必有可期之效。从前日本初行西法,一得自矜,辄敢藐视中国,台湾一役,劫索恤款,后更废灭琉球。中国方以船械未齐,水师未练,姑稍含忍以待其敝。

然比年以来,臣鸿章与内外诸臣熟商御侮之要,力整武备,虽限于财力,格于浮议,而购船制械,选将练兵,随时设法,粗具规模,复创设电线以通声息。兹值朝鲜有衅,臣树声钦承庙谟,调派水陆雄师,飙驰电迈,既藉电报之力,事事得占先著,遂能绥靖藩服。日本见中国赴机迅捷,不似曩时之持重,亦稍戢其狡逞之谋,与朝鲜议约寻盟,言归于好。虽所索偿款略多,然日人初意,实尚不止此。其所以知难而退者,未尝不隐有所惮。至彼国议论汹汹,群疑满腹,恐中国乘机责问球案。闻初议募债洋银二千万圆,添购船舰,今虽尚未举行,敌情岂云无备。中国地大物博,但能合力以图之,持久以困之,原不患不操胜算。然苟于此时扬兵域外,彼或铤而走险,以全力结纳西人,多借洋债,广购船炮，与我争一旦之命，犹非策之上者，固不如修其实而隐其声之为愈也。

臣等再四筹商，德厂所造之"定远"铁甲船，今冬可以来华，第二号铁甲船，亦尽明年可到。容俟二舰到后，选将募兵，精心教练。而新式快船，所以辅护铁舰者，尤不可少。或在洋厂订购，或在闽厂仿造，必须酌筹巨款，陆续添备。如有余力，更宜添制铁甲船。此则全赖圣明主持于上，枢臣、部臣、疆臣合谋于下，庶水师乃有成局，海外乃可用兵。军实益蒐，威声自播。倘能不战屈人，使彼帖然就范，固为最善。若犹嚣张不靖，则声罪致讨，诸路并进，较有实际。前岁宍户玑回国，显肆要求，中国听其自去，彼终未敢决裂。今又遣榎本武扬前来驻京，或可相机议办。其球案未结以前，进止迟速，权自我操，似毋庸汲汲也。臣鸿章此次奉命出山，持丧仅逾百日，隐疚实多。傥以进图东瀛为名，移驻烟台，果能于事有济，亟愿效此驰驱。惟烟台本是北洋辖境，距津沽海程仅一日余，若论控驭海防，调度兵舰，则驻津驻烟，固无二致。即欲震慑日本，而彼亦深知我之虚实。烟台无炮台，无陆军，又无兵船，先无自立之根本，转恐无以制人。臣鸿章积年措注，所有支应局、水师学堂及厂坞局所、淮军大队，全在天津。若挈以俱行，则烦费既多，挪动不易。若独自前往，将何所凭藉以张声威，何从分拨以资调度？况自津至沪以达闽、粤，电报迅捷，军情顷刻可通。烟台则水陆电线俱无，南北各省即有可商调之事。旬日不得回信，呼应尤觉不灵。

臣等愚见，欲图自强之实事，当以添备战舰为要，不以移驻烟台为亟。中国战舰足用，统驭得人，则日本自服，球案亦易结矣。至吴长庆所部陆军，遵旨暂留朝鲜，弹压乱党，免致再有蠢动。丁汝昌带往各兵船，仍留朝鲜南阳海口，与相依护。闻日本陆军分布王京内外，兵船五号留驻仁川港者，亦均未撤退。在日人方谓朝鲜后患之须防，而我军亦为朝鲜善后之久计，互相牵制，即以潜销敌谋。容臣等随时相度情形，奏明办理。所有慑服邻邦，先图自强，遵旨酌筹缓急机宜，谨合辞恭折，由驿具陈。是否有当，伏乞皇太后、皇上圣鉴训示。谨奏。

　　黎莼斋云："中国欲图自强，当以添备战舰为要，不以移驻烟台为亟。三语扼定主脑，实无容复赞一辞。篇中指陈大势，如聚米画沙，不稍含混。邓君见之，当亦心折。"

　　　　　　　　　　　　　　　　　　　（选自《庸庵文续编》卷上）

代李伯相筹议先练水师再图东征疏
（1882 年）

奏为自强要图，宜先练水师，再图东征，遵旨妥筹复陈，仰祈圣鉴事。窃臣承准军机大臣密寄八月十六日奉上谕：翰林院侍读张佩纶奏请密定东征之策以靖藩服一折，据称日本贫寡倾危，琉球之地久踞不归，朝鲜祸起萧墙，殃及宾馆，彼狃于琉球故智，劫盟索费，贪惏无厌，今日之事，宜因二国为名，令南北洋大臣简练水师，广造战船。台湾、山东两处，宜治兵蓄舰，与南北洋掎角，沿海各督抚迅练水陆各军，以备进规日本等语。所奏颇为切要，著李鸿章先行通盘筹画，迅速复奏等因。钦此。仰见圣主研求至计，不厌精详，曷胜钦佩。

臣昨于复奏邓承修请派知兵大臣驻扎烟台折内，曾声明跨海远征之举，以整练水师，添备战舰为要；战舰足用，统驭得人，则日本自服，球案亦易结等语。今张佩纶请密定东征之策，亦谓不必遽伐日本，南北洋当简练水师、广造战船以厚其势，台湾、山东治兵蓄舰以备掎角。与臣愚计，大致不谋而合。惟中国力筹整顿，既欲待时而动，则朝鲜与日本所立之约，究因毁使馆、杀日人而起，目前可勿驳正。缘朝日昔年立约，中国并未与议；彼虽未明认朝鲜为我属国，而天下万国固皆知我属矣。似不如专论球案，以为归曲之地，转觉理直而势顺也。至日本国债之繁，帑藏之匮，萨、长二党之争权，水陆军势之不盛，原系实情。但彼自变法以来，一意媚事西人，无非欲窃其余绪，以为自雄之术。今年遣参议伊藤博文赴欧洲考究民政，复遣有栖川亲王赴俄，又分遣使聘意大里，驻奥斯马加，冠盖联翩，相望于道，其注意在树交植党。西人亦乐其倾心亲附，每遇中东交涉事件，往往意存袒护。该国洋债既多，设有危急，西人为自保财利起见，或且隐助而护持之。然天下事但论理势，今论理则我直彼曲，论势则我大彼小。中国若果精修武备，力图自强，彼西洋各国，方有所惮而不敢发，而况在日本。所虑者彼若豫知我有东征之计，君臣上下，戮力齐心，联络西人，讲求军政，广借洋债，多购船炮，与我争一旦之命，究非上策。夫未有谋人之具，而先露谋人之形者，兵家所忌。此臣前奏所以有修其实而隐其声之说也。

自昔多事之秋，凡膺大任、筹大计者，只能殚其心力，尽人事所当为，而成败利钝，尚难逆睹。以诸葛亮之才略，而兵顿于关中；以韩琦、范仲淹之经纶，而势绌于西夏。迨我高宗，武功赫濯，震慑八荒，然忠勤如傅恒、岳钟琪，而不能必灭金川，智勇如阿桂、阿里衮，而不能骤服缅甸。彼当天下全盛之时，圣明主持于上，萃各省之物力，挟千万之巨饷，荐一人无不用，陈一事无不行，犹且迁延岁月，相机了局者，时与地有所限也。日本步趋西法，虽仅得形似，而所有船炮，略足与我相敌。若必跨海数千里，与角胜负，制其死命，臣未敢谓确有把握。第东征之事不必有，东征之志不可无。中国添练水师，实不容一日稍缓。谕旨殷殷以通盘筹画责臣，窃谓此事规模较巨，必合枢臣、部臣、疆臣，同心合谋，经营数年，方有成效。从前剿办粤捻各匪，有封疆之责者，以一省之力，剿一省之贼，朝廷责成既专，一切兵权、饷权与用人之权，举以畀之，故能事半功倍。今则时势渐平，文法渐密，议论渐繁，用人必循资格，需饷必请筹拨，事事须枢臣、部臣隐为维持。况风气初开，必聚天下之贤才，则不可无鼓舞之具；局势过涣，必联各省之心志，则不可无画一之规。傥蒙圣明毅然裁决，则中外诸臣，乃有所受成，似非微臣一人所敢定议也。张佩纶谓中国措置洋务，患在谋不定而任不专，洵系确论。治军造船之说，既已询谋佥同，惟是购器专视乎财力，练兵莫急乎饷源。昔年户部指拨南北洋海防经费，每岁共四百万两，设令各省关措解无缺，七八年来，水师早已练成，铁舰尚可多购。无如指拨之时，非尽有著之款，各省厘金入不敷解，均形竭蹶，闽、粤等省，复将厘金截留。虽经臣迭次奏请严催，统计各省关所解南北洋防费，约仅及原拨四分之一。岁款不敷，岂能购备大宗船械？今欲将此事切实筹办，可否请旨敕下户部、总理衙门，将南北洋每年所收防费，核明实数，并闽省截留台防经费，由南洋划抵外，再拨的实之岁款，务足原拨四百万两之数。如此则五年之后，南北洋水师两枝，当可有成。至台湾为日本要冲，山东为辽海门户，两省疆吏，诚不可无熟悉兵事者，妥为区画，与相掎角，此又在朝廷之发纵指示矣。臣前奏慑服邻邦缓急机宜一疏，业已详陈梗概。所有自强要图，宜先练水师再图东征缘由，遵旨迅速妥筹，恭折由驿密陈。是否有当，伏乞皇太后、皇上圣鉴训示。谨奏。

章琴生云："看似与张侍读之论，无甚异同，疏中亦声明大致不谋而合，实则隐驳侍读东征之策，却又绝不费手。观其识议明豁，辞旨隽永，是汉唐以来奏疏中有数文字。中间'自昔多事之秋'一段，与侍读原疏针锋相对，所谓持矛刺盾也。读者不观侍读之疏，不知此文用笔之妙。"

（选自《庸庵文续编》卷上）

上李伯相论援救越南事宜书
（1883 年）

宫太傅伯中堂钧座：叩送旌麾，瞬逾一月，伏维礼祺康泰，永卜佳城。大事已终，渥膺眷倚，曷任企慕。昨闻越南事急，朝命督师往援，未审如何定议。窃思法越构衅，法使宝海已有分界保护之议，而法廷忽翻成约，决计济师。我出使大臣来电，与宝海来言，皆谓一二宵小之谋，非其通国之公议。法廷亦必不肯以全力图越，苟知中国志在必争，自当返而变计。此固理势之必然者。傥中国竟置勿理，彼一二宵小，必自鸣得计，益肆鸱张。我虽不愿决裂，务存退让，彼且得步进步，终迫我以不得不决裂之势。自莫如先示以不能退让，张我虚声，俾彼之议院，犹豫而不敢定谋；彼之绅商，疑沮而不肯集饷。未始非釜底抽薪之良法也。然福成愚以为当如前此钧议，荐刘军门铭传率万余人前往，已足伐敌谋而壮声威；中堂宜早还北洋，或暂驻南北洋适中扼要之地，调兵选将，兼筹全局。庙堂既便于谘询，各使亦可来会议，较之局于一隅，偏主一事者，相去远矣。廷议或又以钧座威望最隆，方略最广，呼应最灵，姑借此一行以牵制法廷之议，冀如烟台约事之速了，诚能一劳永逸，岂不甚善？惟既图大举，后难为继，究系孤注。设彼未遽就范，则旷日持久，骤难转圜，亦非长计。此事关系至巨，似宜为朝廷切实言之，不必稍避嫌疑也。一得之愚，谨陈大略如左：

一、请荐刘军门铭传为督办也。刘军门在诸将中，韬略优长，声望夙著。惟退居有年，恐其无意出山，似宜密请朝廷优以礼数，假以事权，驰往前敌，总统诸军，相机援越。其智略气概，必可詟服远人。所有分驻南北洋之铭军，皆其旧部，若南北洋各拨十数营，尚于防务无损，万一有警，不妨临时补募。且我军虽往救越，而法使驻京者自若也，法商在各埠通商者自若也，则并无决裂之形。南北洋各口，乃各国通商之公埠，法人必不遽图侵犯，即有战事，亦仅在越地而已。夫以刘军门之才，与铭军之习战，且得滇、粤官军为之援应，而法兵不过一二千，又在山险箐密崎岖之地，火器不甚得力。揆诸众寡之势，未必彼胜我负。法人心孤气馁，当可设辞讲解，似不至骤出于战也。

一、规画全局不可惜巨费也。中国征兵遣将，本意实不在战，然一动大众，则弁勇之运送有费，粮械之转移有费，将士之犒赏与一切杂用有费。或者以虚縻帑项而惜之，不知所筹在天下大计，得失之机，有不可以数计者。昔英人之救土耳其也，广调战舰，进泊黑海，而俄约以成；俄人议伊犁之约，多遣师船，屯驻海参崴等处，迨和局既定，然后徐退。盖凡两国交涉，虚实之机，互相为用，欲求实事之无损，不能不藉虚声，而欲播虚声，仍当课之实事。以西人消息甚灵，虚声固无幸获之理也。且非特此也，方今各国皆掷数千万亿之巨费，治火器、造铁舰、习技巧，无稍顾惜，而究之实有战事者，或数十年不一觏。然使因其不用而不为，则其国必危且弱；而其终也，转不能不出乎战。殆亦时势使然，虽圣人不能违也。今如添调万余人援越，除正饷因其原额无庸重筹外，所有转运赏犒及杂用各费，似可核定岁需若干，奏明由部拨款，毋使阙乏。若谓其本不出于战而多此一举，稍存顾惜之意，恐所失不仅什伯于此者已也。

一、兵轮船宜酌调也。此次中国出师，原不过广张声势。而论声势之壮盛，兵轮一号，可抵陆军一二营。兵轮虽远涉重洋，用煤而外，尚无大费，若陆军往返跋涉，其费不啻倍蓰。故多调陆军，不若多调兵轮之费省而威壮也。虽中国兵轮尚单，各守其地，未能多调，然兵轮本贵变动不居，涉历风涛以资操练，乃足化呆著为活著。今由船政派往廉琼洋面巡防者，既有"济安"、"飞云"两船，此外如北洋之"扬威"、"超勇"、"威远"、"镇海"四船，似尚可抽调一二；江南之"靖远"、"澄庆"、"登瀛洲"、"测海"、"威靖"、"驭远"六船，尚可抽调二三；浙江之"元凯"、"超武"两船，尚可抽调其一；福建之"伏波"、"振威"、"艺新"、"福星"、"扬武"五船，尚可抽调其二。如此则兵轮已近十号，再辅以广东善后局之小兵轮，遴派水师统将，前往督率，与吴军门全美会同操防，梭巡粤越洋面，在各省偶尔借拨，断不因暂少一二船而有损防务，而越事之藉其声势，则可与万人之陆军相等，亦且相辅并行，固事半功倍之策也。至"定远"铁甲船，本有三月来华之信，似宜电催，以免再有稽延。国家不惜巨帑，购此利器，正须及时而用，不可失也。

一、宜筹定驻营之地，与进兵之路也。今援越之兵，除广东、云南诸军，各由陆路出关外，如再派大枝劲旅，则陆路之艰阻，与海道之便捷，其劳逸相去，奚啻十倍。昔汉伏波将军马援南征交阯，由合浦缘海而进，大功以成。厥后水军入交，皆用此道。诚以廉州北海一口，形势稳便，海道顺利，驶往越南各海口，皆不过一二日海程，必以此为会师之地也。窃谓宜就廉州北海，择地驻军，定为老营，辅以水师，声威益壮，然后相机进止，必有不战屈人之威。至由海入越之途，当以海防之桃山一口为最扼要，然有法军驻泊，恐启衅端；此外则有安阳海口、涂山海口、多渔海口、太平海口、望瀛海口、神符海口，皆系北圻要隘，处处可以登岸。是宜临时审酌，非可豫为遥度也。

一、强敌之隐情宜审明也。方今法国议院，分党角胜，莫适为主。其持议欲吞全越，与意在适可而止者，众寡之数，本无悬殊。特彼素料中国不尚远略，姑为此举以相尝试，不过一二桀黠无赖，不顾大局者主之。然通国上下隐谋，仍在养精蓄锐，报德之仇，备德之患，而不愿敝其力于远方。若须多用兵饷，或能发而不能收，则彼计所决不肯为。且法国地居四战，与英、俄、德、意、奥诸强国境壤相接，其水陆兵额虽多，各守要地，势难撤调。即调兵赴越，而远涉重洋四五万里，其饷费必加十倍。近闻法廷定议济师，以千五百人为限，其饷以五百万佛郎为限。法非不富且强，而兵饷之数，仅能如此者，非惟势有所格，亦见其上下之情，徘徊瞻顾，未肯为孤注之一掷也。审乎此，则启衅之事，断可无虑矣。且法廷虽撤宝海，而又未派员来代，或者故留一活著，徐观形势，再定进止，固未可知。傥中国能出其不意，命将出师，自足间执法廷主议者之口，而隐戢其欲逞之心。彼议院因疑生沮，或且渐改成说，而千五百人可不尽来，即从此黩武之议亦益绌。此其机括甚微，而转移甚捷也。

一、中国如发军援越，宜筹所以措辞也。今者法军侵逼越南，自称并无与中国为难之意，不过欲使越人践甲戌旧约耳。其言近似有理，中国欲正辞以折之，则近于挑衅，欲顺受而听之，则终非长计。是宜告法人曰："越南本中国属邦，私与法盟，未告中国，又擅立亏损中国之约，故将进兵问之，断无与法为难之意。"此一说也。或正告法人曰："北圻诸省，中国频年劳师旅，斩荆棘，冒霜露，所代为戡定者。今越南不能自理，以致土寇纵横，中国不忍其民之涂炭，仍以兵力抚定其地。俟道路疏通，与各国徐议通商，自无不可。"此又一说也。二说者审时度势，参酌用之。而为之将帅者，尤贵有能战之才，可战之具，而不轻于一试。盖中外文告，既无与法开衅之辞，万一偶有战事，犹可以将士械斗为解，虽剧费口舌，似终无损两国之好也。

一、导越南联络英、德诸国也。近闻总理衙门欲仿朝鲜之事，导越南与各国立约通商，此虽要著，然已稍后而失其时。盖越南之经营此事，如在二十年前，仅足比今日之朝鲜。朝鲜如再不与各国立约，俟至二十年后，亦当如今日之越南。固由时地不侔，难可执一而论。今法已踞越之南圻，取越之东京，翦越之南定，势如破竹，危如累卵。中国即为代约各国，各国知不得已而求之，未必喜出望外。而法人亦必多方阻难，或且市恩各国，以遂其包揽之私。是其事之难办，当数倍于朝鲜，即幸而有成，恐所议条约，必不能如朝鲜之多获便利也。虽然，知其无大效而为之，犹愈于不为。且德为法之仇敌，而英人注意滇边通商，又忌法之得越者也。中国果能代为介绍，俾英、德各国，与越南立约通商，则法人无所挟以歆动各国。或再导越南使臣，历聘英、德，隐动法人顾惮之心，即遇各国有所评断，亦必归曲于法。法人恐无益于实而有损于名，则其议院之谋自变矣。

以上数端，皆就时势所宜，稍抒臆说。至于抚用刘永福以联指臂，电商出使大臣以资辩论，妥筹商务以操利柄而定和局，客冬已详议之。盖事势至迫，措注愈艰，于此而欲求万全，转恐终无一全，只可权利害之重轻而决择行之耳。伏求中堂主持至计，勿稍顾虑，大局幸甚。恭叩礼祺，伏惟崇鉴。四月初二日，福成谨上。

（选自《庸庵文外编》卷三）

援越南议上
（1883 年）

　　今越南之事急矣，法兰西之焰张矣，越亡则法必进龁滇疆，侵我厂利，索我商埠，不与则以兵威相劫，与之则得步进步，靡所底止。虽智者将何以御之。且法一二邪党，蔑视中国，显违舆论，谋并越南。迨知中国不能不争，乃遣公使脱理古逞其狡悍，欲以危言胁我，既不为动，复以巧言话我，必欲使我不与闻越事而后已。万一堕其术中，闭关守境，弃越不援，则彼益知中国可侮，他日必转诬中国以隐助越人，来致诘问。然后借端进规滇境之利，否则责令我兵助剿刘永福，以明其并不助越。是何如昌言越为中国属邦，不能强中国以不问，坚辞博辩，与之相持，使彼终无辞以难我。法廷知中国不为所挠，则邪党之言不售，而其气已夺。彼上下议院必仍申前论，排去邪党，休兵省费，而与中国讲解，是越南尚可恃中国以存也。且今日中国之援越，非径与法失和之谓也。今之局势，与古稍异。自泰西各邦分峙以来，凡两国相争，即有决裂之心，决裂之备，无明告人以决裂之说者，必故和其辞，敛其形，以懈敌怒而蓄厚势，将来若请邻国评断，既非衅自我开，必谓我直彼曲。即如法人之侵越也，突破东京，复蓊南定，其用兵之焱锐，可谓不留余地；然其为辞，不过曰欲令越南遵行旧约，欲辅越王整理国政，欲开通滇越商路，俾各国与中国皆获其益，其言固甚甘也。法之于越，尚且如此，而况中国之于法乎？中国虽不委越于法，然中外文告，不必有与法失和之辞，则彼国绅民，益不愿启衅以妨商务，以负不韪之名，以蹈舍近图远之失，而中国乃得徐为布置，拯越南之急而无后患。何则？中国之援越，非好勤远略也，非博字小之虚名也，非谓越南服事中国，永无侵叛也。中国之谋，在自固滇、粤边围耳；在杜法人无厌之求，而与议定一范围耳；在使东西洋各国不轻中国，庶朝鲜诸邦，得稍自立，琉球诸案，得以复理耳。为今之计，宜遍告友邦，兼告法国以越属中国数千百年，揆诸公法，断难置之不理；广选良将能臣谋士，遍布滇、粤三省，俾滇、粤增募劲旅，分戍北圻，而仍变其名曰防边，曰弹压土寇，曰助越南经理北圻。夫其辞顺，则彼无所藉口也。由滇、粤募师，则势不张皇也。用缘边之人为士卒，则瘴疠非所畏也。宜布告中外官民，谓法与中国和好有年，虽近因越事稍有嫌疑，然中国断无与法失和之心。法之商民在各口者，允宜加意保护，格外优待，以昭睦谊。夫优待保护，本在条约，是不过款以虚言也。法议院之主议者惟商民，而大事之定计在议院。是厚结其商民之心，即隐掣其政府之肘也。宜介英、俄请越于法，啖英、俄、德诸国以红江通商之利，先导越南与诸国立约，密济刘永福以饷械，俾得尽力抗法。夫英、俄劝法，法虽不允，然英、俄怒法之顽，所以益我之援也。先许诸国红江通商，则法无所挟以歆动各国，所以孤法之党也。扶助刘永福使捍越边，所以树法之敌也。数策并施，相机利导，倘能酌中定议，或仍如宝海分界之说，而稍加变通，或以越南为两属之国，由中法立约保护。要使彼此形势相均，权利无失，从此滇、粤边圉可固，而法人可窒其无厌之求，朝鲜诸国可以自立，琉球诸案可以复理，大局转移，在此一举。窃愿庙堂之上，坚持定谋，始终不摇，通中外之隔阂，衷群说于一是，刚柔互济，策力兼用，提倡风气，贤才益兴，定倾济变，决于须臾矣。

(选自《庸庵文编》卷二)

援越南议中
（1883年）

或问两国有事，先论强弱，以法战舰之众，士卒之练，火器之精，迥非中国所能敌；且法人谋取越南，处心积虑已十余年。今中国以兵援越，无乃挑强敌之衅乎？谨应之曰：自古胜负之机，曰理、曰情、曰势。越为中国属邦，朝贡之例，载在会典。中国累次出师保护越南，剿平黄崇英、李扬才、陆之平等，地球诸国皆知之。去冬宝海奉其国命，备文申明法国无侵占北圻土地之意，亦无贬削越王治权之谋。迨外部易人，忽尔中变，是揆之常理而法当自恶也。法之绅商广布新闻纸，谓外部不宜倡议袭取东京；各官联名具禀，谓民情不愿开衅。其外部至称病不出，其议院不肯多筹兵饷，谓北圻可攻则攻，否则决计调停。各处电信及各口新闻纸皆言之凿凿，是核以舆情而法已自馁也。法国地居四战，船炮兵额虽多，分防英、奥、俄、德诸国，其能远调者不过十之一二。然涉重洋四五万里，运兵之费，一可当十。况越境重山叠嶂，如离红江稍远，彼即不能逞志。是衡以大势而法将自绌也。夫理、情、势三者不顺，法人早自知之。故并无与中国失和之意。近闻中国势将决裂，乃调兵船东来以备不虞。但无事时铁舰游历，亦所常有。即法使脱理古素善恫喝，近亦不复挟动兵之说，若我因兵船稍形疑惧，彼转将肆其恫喝矣。今当漠焉与之相忘，固可保无事也。然中国犹惧其有失也。是故，因法之兵船麇集越南口外，将击阻我军与运军火赴越者，则令滇、粤由陆路济师以避之。因法军坚守东京、南定，未可助越进攻以授彼口实也。则令我军遥作声威，深沟高垒以待之，犹惧法人欲罢不能也。是故，与之辩论以开其悟，示之形势以伐其谋，请各国之公评以止其私，执通商之利柄以唲其志。法人或耻败军殒将，则越人早致书西贡巡抚，卑礼逊辞以谢之，犹不能已，或令越人稍出李维业恤款以饵之。法人或恋东京、南定，则彼早行文越南，谓并非利其土地，即当交还城池，宜令越人执原议以索之。又不可得，或姑许红江开矿以易之。若既如是委曲求全，而法人犹来寻衅，是在我固可以无悔，何也？以我无启衅之道也；以法人恃强不戢，我即尽捐越南以界之，犹将启衅于我也；以彼得越南，其势益张，不如及今图之，犹得理、情、势三者之顺也。为今之计，宜速筹大宗的饷二百余万两，如各省关拨解不能足数，可稍发户部四成洋税存款，与出使经费以附益之。分拨广东、广西、云南三省，并稍备接济刘永福饷械之用。俾广东速整水师，调集兵轮，布扎廉琼海口，操巡粤、越洋面。广西并旧军募足万五六千人，据守太原、高平、谅山、宣光、北宁等省，均宜入驻省城，而北宁之军，尤须厚集其势。云南并旧军募足万人，扼守保胜之大滩，仍分兵赴山西兴化，择险扎营，与黄佐炎、刘永福两军相犄角。务使越人气壮力完，不遽折而入于法，则法人势难持久，当无不就我范围者。前者粤军自北宁退扎安勇，安勇乃北宁属县，距北宁三十余里，其意盖恐法兵来攻，如拒战则衅端即启，退让则失地损威，故稍居僻邑以便进止。不知北宁为红江以北数省障蔽，粮货所萃，粤军在关外者，购粮皆在北宁。北宁失则粮路断，我军只可全退入关矣。如法人窥我怯弱，但遣锐师数百袭取北宁，则我现驻安勇之师，亦断不能不退。且将举关外数省弃之，何如先据北宁，示以坚守之形。法人与刘永福等战事方殷，若我不与挑战，断不肯来攻我军，致益一敌。今宜于北宁城外掘断来路，多埋地雷；营墙内外，多挖地道，以避大炮之轰击。法人虽来，不足为患。且法闻我守具既严，断不骤窥北宁。北宁固，则谅山、太原、高平数省皆固矣。至于山西、兴化，逼近江边，兵轮可直抵城下。法人素畏黑旗兵，累次不战而退，如以两城委之刘永福，当可坚守。无如永福兵数不多，近闻滇军出关者仅七百余人，势孤力弱。宜令大队陆续速进，专固刘永福后路。俾永福得悉其精锐，驰赴前敌。如此则红江上游，法难深入，既足扼商路咽喉，滇、粤两军分布江北，已得越地三分之一。但能稳守坚拒，则越南虽削弱，足以图存。法难遽得志于越，不能不转商于我。即法欲餍志于通商，亦不能不求成于我。操纵进退之权，惟中国主之。此其措注得失，在几微间耳。然则经营北圻，乌可一日缓哉！

（选自《庸庵文编》卷二）

援越南议下
（1883 年）

辅积弱之邦，纠散旅，撼坚城，抗方张之敌而不栗，伟哉！刘永福，盖豪杰之士也。窃观永福驱其徒众，进薄东京、南定，累挫法师，殪其渠帅，驰檄远迩，忠义郁发，其志可嘉，其才足用。中国诚宜及时调护，俾不至于蹉跌。庶永福常能助越御法，撑持危局，而中国亦得用吾全力以制其后。然则中国所亟宜措注者，其术安在哉？

一曰密助饷械也。盖闻永福旧部约有二三千人，今河内之战，其众至一万数千，则大半越兵与团众之乌合者。而永福饷源，仅恃保胜设卡抽厘，兵事方起，商旅裹足，饷必不继。设令数月之后，粮尽众散，而法之新兵方到，乘间进攻，则永福危矣。宜亟令滇、粤诸帅稍分饷项，运济永福，时其阙乏而资给之。至西式枪炮药弹，永福僻在边峤，艰于购致。然器不利则不能命中致远，而勇者必怯，强者必弱，亦宜令滇、粤各军宽为筹备，稍选精品，分给永福。俾得掩所短以奋所长，则法人亦不能独恃其长矣。

一曰密授机宜也。法师操练素精，器械犀利，今既因败增兵，必将力战泄忿。其兵轮复扼踞红江，互相援应，若与战于平地，永福殆非其敌。为永福计者，当固守上游以避其锋。彼地山径丛杂，林莽阻深，加以天时溽暑，水潦方降，法人必不敢冒险深入。而永福则不时出没，伺间狙击，或设伏以诱之，或乘夜以劫之，或亟肆以疲之，俾法人备多力分，百端惶惑，终当大为所困。又闻永福所得法俘，杀戮陵虐，甚为法人所恨。夫战争当务实事，虐待俘囚，于事无益，而徒激敌怒，使致死以求胜，甚无谓也。杀敌致果，与优待敌俘，相济为用。如能礼而恤之，既可为异日议和之地，而敌怒稍懈，则我战必克，亦兵家之要著。宜令滇、粤边将，召刘永福至营，密为开导。永福勇略有余，苦于不谙近来外洋情势，既告之，当必豁然无所疑也。

此二说者，皆宜速而不宜迟，宜隐而不宜显。若法人以暗助永福来相诘问，则我固未尝许法以必不助永福，而助之又无实事可证，法人固无如我何也。或谓法人既为永福所创，他日如议罢兵，彼必欲得永福而甘心，或尽驱黄、黑旗党不居红江左右而始快，将如之何？应之曰：西人之律，凡欲杀人而为人所杀者，则被杀者勿恤，而杀人者勿问。以其情急于自救也。永福救越南之急，则于越为忠臣。法人欲灭永福，而永福自救其急，则于永福为无罪。且法无端破越东京，杀其总督等官，若皆追问前事，法将何以处之。法人如不欲和则已，法人苟欲议和，则稍习公法而识时宜者，当不复以为言也。至红江通商之后，处置永福，本为最难。然亦当视法之胜负，与永福强弱以为权衡。若法人未能遽克永福，永福亦不愿离故地，而中国复欲借红江通商以纾越难，似可仿去冬宝海之议而稍变之。由中国在保胜设关，征收洋税，编永福之众为数营，其饷项由关税支发。夫永福为护越而兴兵，若法兵可退，越祸可解，永福亦复何求？傥通商以后，永福能戢其部众，与洋人耦俱无猜，固不妨仍驻故地。万一未能相安，亦不妨调守太原、北宁、高平诸省，俾稍离江岸以弭衅端。要之永福常在北圻，众情翕附，未始不可藉以隐詟洋人也。然则中国之于永福，始终当以全力护之而已。

> 张振轩宫保云："三议处方于变症之后，表里虚实，洞中支兰，扶危定倾，别无胜算。所难者中外一心，坚持定见耳。"

（选自《庸庵文编》卷二）

答张副都御史书 *
（1883 年）

幼樵先生中丞阁下：昨奉惠书，敬聆一一。法易政府，宝海撤回，沪上已得电信，此事竟不出去冬拙议第三条所虑之中。盖法人决计吞越，而仍藉辞欲践甲戌旧约，固由新易政府。然核计法廷定议济师，已在滇军撤退之后。滇军之退，尚在宝海来议之先。洋人电报，数万里外瞬息相通。彼既窥吾隐情，自无不图进取之理。当宝海来议之初，未始非秉其政府之意，迨知吾志不在远略，则悔其从前之失计，遂并宝海撤之，以为翻改前议也。洋人办事之狡狠，往往如此，似尚不在政府之易与不易也。今筹所以应之之方，则较之往年，更为棘手。往者以剿办土匪为名，隐作疑兵，彼尚莫测吾计所在。今此意已早为所窥，若再进兵，其势必至开衅。夫以疲癃积弱，万不可扶之越南；向又不甚归心中国，而中国至殚全力以殉之，固为非计。然使坐视越南之灭，逡巡而不为之计，且不自为计，今岁越亡，而明年滇、粤告警矣。又事之至可忧者也。窃尝于万难设法之中，勉筹应敌，大抵不外三策。今者法人之告我曰：并无与中国为难之意，欲责越南践甲戌旧约耳。夫越南本属中国，而私与法盟，有擅许法人通商滇境之约，彼又始终未告中国也。为今之计，莫如仍令滇、粤诸军，分扎北圻诸省，作欲进趋东京之势。且告法人曰：中国欲讨越南擅立私约之罪耳，非与法为难也。其于越南，则明责其罪，而阴示以保护之意，分导越官历聘英、德诸国以布疑阵，抚用刘永福以联指臂。法虽济师，不过千人以外，而中国劲旅一万数千，彼且势孤气馁，号令不能行于北圻诸省，终无以遂其吞并之谋，与

---

* 张佩纶（1848—1903），直隶丰润人，字幼樵，号蒉斋。同治进士。官至翰林院侍读学士、署都察院左副都御史。清流派重要人物，中法战争时曾奉旨会办福建海疆事宜兼船政大臣，因战败革职。

通商之志。久之必仍遣使设辞转圜，然后见风收帆，相机应付，或仍与宝海所议无甚悬殊而后止，此上策也。滇、粤各军，分守富良江以北各省，联络民团，收用刘永福等以张声势，仍明告法人以滇境通商非中法条约所有，断不能允。万一越南为法所灭，中国即画江而守，犹得披越地三分之一。而法人恋于滇境之通商，必仍与中国讲解而后罢，此中策也。敛兵入关，聊固吾圉，虽云严申儆备，徒示怯弱而已。虽以饷械稍资刘永福，无异掩耳盗铃而已。究之越南终为所灭，永福终为所并，而滇、粤边境亦日以多事，此下策也。以上三策，行之虽稍判难易，而后效则显然易明。若用上中二策，则为之将帅者，须审于刚柔缓急之机。其申明纪律，奋扬威声，宜仿虞诩增灶之谋；其坚守不战，应变识时，宜仿司马仲达受巾之智。此中筹度，殆非易易也。往者伊犁之役，中国调兵设防，决计翻案，而俄约未受大损；琉球割岛分隶一事，几为日本所绐，迨中外合力，设法转移，而利益均沾一条，不至为倭人所幸得。自有此两举，而中国之经理洋务，大有转机。越南安危，视乎中国措注之得失，实为中外交涉一大关键。然得失愈巨，措注愈难，今欲与强敌相持，挽回全局，则所以伐交伐谋而善其后者，固有无穷曲折。其一切机宜，尚非笔墨所能罄也。初春尚寒，惟为道自爱不宣。福成顿首。

（选自《庸庵文编》卷二）

与张副都御史书
（1883年）

　　幼樵先生中丞阁下：前布一函，谅登记室。近闻越南事急，合肥伯相奉督师援越之命。法廷于四月初旬遣使赴越，将逼勒越南王画诺，以东京永归法兵踞守，并声明法有保守全越之权，越之政务税务，均归管辖。果尔则越南亡矣。法使五月内必可到越，彼时再胁以兵威，越南孱弱，必惧而听命。越既受盟于彼，中国更进退失据，只可将援军撤回，尚复何说之辞。愚计以为此时伯相固宜暂驻沪上，以示可南可北、可和可战、可进可退之势，而所调之铭军，宜速集轮船陆续运往廉州，迅于法使未到之先，往张声援。则越南君臣之气自壮，刘永福等之守益坚，既足牵制于无形；法使虽到，凶焰自可稍敛，或且徐示转圜。此越南存亡呼吸之机，不容顷刻缓也。至此事之究竟办法，与伯相顾虑大局之苦衷，请为执事略陈之。盖今日中国于法越之事，不外三端：曰退让，曰决裂，曰先作势欲战而以和为归宿之地。退让一说，则谓法越甲戌旧约，已阅十年，越人自入法之彀中，中国岂能代为翻悔。既恐横挑强敌，致开大衅，惟有敛兵入关，置越南于不顾。然无论半途中辍，示弱损威，大伤国体，从此各国生心，藩篱渐撤，琉球诸案将不可复议，朝鲜诸国将不可复保，台湾各岛将不可复安，中外交涉各事将不可复言矣。法人既得越南，觊我滇、粤矿厂之饶与通商之利，必且藉端生事，乘间侵占，或称兵内犯，要以割地通商。斯时欲力图自强，而事已不可为矣。是退让之说，虽苟求省事于一时，恐十数年后，大局不堪设想也。决裂一说，则以法人之无义布告各国，大举援越，直趋东京。

　　夫以劲旅数万，与法兵千余，战于越境，未必不胜。法人初意虽不欲启衅，然事势所迫，难保不以兵船分扰南北洋，为牵制要挟之计。是中国代越受兵也，况战舰火器，尚非其敌，难操胜算。此决裂之说，中外当事所以踌躇审顾，未肯轻于一掷也。至先示欲战，后归于和之说，福成去冬议之已详，今舍此亦别无良策。然必饵以通商而后彼心稍慰，否则彼所积年歆慕之事，而我力拒之，彼知取越然后可以通滇，通滇然后可乘机进逼，徐开商埠，是坚其灭越之志也。亦必许以分界而后彼气稍平，否则彼所力征经营之地，而我欲争以口舌，俾引师而退，仍以越南专属中国，必非法人之所甘心，是启其穷兵之计也。窃思越南全境，除京圻有富春、广治、广南三省外，南圻仅存三省，其六省已为法人所踞。惟北圻境壤至有十六省之多，是北圻实得越地四分之三。前者宝海分界保护之议，欲以富良江为界。拙议复稍就其说而变通之。旋闻滇、粤诸帅，必欲以北圻尽归中国保护，仅以南圻三省归法保护，此必不可得之数也。

通商一事，曾侯之论，谓大有益于边防，与拙议大旨相同。近年江海各口多收洋税，烟台条约所增口岸，未见流弊，皆其明验。滇、粤诸帅复力持不可。充是二者，则法人无可和之理，其势必出于战。然中外共知衅端未可轻启，不能不稍务持重。而法人乃行之以坚决，济之以神速，和战互用，诱胁越王。数月之间，法越必有成局，越既属法，中国即不能过问。是其迹近于决裂，其究归于退让而已矣。窃窥伯相微恉，盖恐赴粤之后，滇、粤诸军，素非所辖，未必尽听指挥；将欲与法讲解，而通商、法〔分〕界二事，中外之见不合，即法越之衅难弭；如决裂之后，法兵窥我南北洋而撤军回援，固形狼狈。若业既大举，仍归退让，则不如径置勿理，暂免大损声威。此伯相长虑却顾之苦衷也。福成愚以为此时舍迅速进兵之外，别无长策。伯相则不妨暂驻沪上，以示居中策应之势。至其归宿，则通商分界之说，终不能废。法人虽自翻前议，今并置此不讲，而必欲尽取越南，或者故作进步，以为异日讲解之地，万一彼再理前说，似不宜坚拒以绝法人之望。滇、粤两省即有异辞，似宜由朝廷裁定，或听伯相主议，而后两国之约可成也。

大抵中外多事之际，统兵者每耻言和，奉使者每不欲战，谋疆场者不轻开衅，任地方者不愿通商。彼求各当其职，其道不相为谋而相为用，其说可以兼听而难两全。是在统筹全局者，折衷而用之耳。又如滇督岑公虽号知兵，然核其前后奏议，既称刘永福盗贼之余，断不可用；又循唐方伯之议，谓稍资永福以饷械，即可保守越南；既陈明滇军不宜久戍越地，又谓北圻断不可割，必得全境而代为保护。前后措辞，不能相应。盖由滇中僻远，消息最迟，生平与洋人交涉不多，故于敌情研之未熟，以致胸无定见。则虽有筹度，未可据为确论。是又在朝廷之发纵指示矣。时艰日棘，辄复发其狂瞽之论。春闱近甫蒇事，荩劳可念，惟顺时珍重不宣。福成顿首。

（选自《庸庵文外编》卷三）

上阁尚书书[*]
（1883 年）

年伯大人钧座：秋间接奉赐书，忧世之心，溢于言表。伏维起居曼福，仪型百寮，抃祝无量。承示户部岁费支绌，势实岌岌。窃尝深惟其故，固由外患渐逼，种种费用，日益浩繁。而漏卮之最大者，则在于养兵。汉、唐以前，临事调发，无事归农，尚少养兵之费，故其时国计常裕。自府兵废而兵农始分，数十百万之众，坐而待食。故宋、明以后，国用恒绌，甚至括财加赋，而事益不可为。本朝经制之兵，旗、绿各营岁饷用银约二千万两，几去岁入之半。然绿营之不可用，乾隆以来，圣训盖屡及之。厥后楚、淮诸军剿灭内寇，皆以勇营著绩。近虽节次裁汰，留防之勇，尚需岁饷一千数百万两，而绿营饷仍难去，是养兵费加倍矣。迩者西洋种族，纷至沓来，恃其船坚炮利，日肆侵侮。中国欲图自强，于是不得不修炮台、购火器，不得不设船政与机器局，不得不练水师、造铁甲船，不得不遣使分驻各国，以结外援而诇敌情。综计岁费亦不下一千数百万两，而绿营、勇营饷仍难去，是养兵费又加倍矣。夫汉、唐以前所无之费，宋、明以来有其一而已足以自困。宋、明以来所有一倍之费，今则化为三而尚未知底止。此固管、萧所不能谋，陶、猗所不能支者也。且今之厘金、洋税，合计岁入三千万两以外，实为昔年所无，幸稍补苴阙乏。然无事时所出仍浮于所入，有事更无论矣。诚以此时适遭开辟以来未有之奇局。东西洋各国，方日务制器、通商、开矿，其嗜财如性命，用财如泥沙，及至用兵，虽糜饷数千万亿而不惜。中国绸缪武备，断不能如各国之耗费，然为事机所迫，竟有欲罢不能之势。今于三大宗之中，如去绿营，则数百年旧制，似难骤改。如去勇

---

* 阎敬铭（1817—1892），陕西朝邑人，字丹初。道光进士。官至山东巡抚、户部尚书、东阁大学士。

营，则所留实多百战之余，今皆分扼要隘，弹压土寇，撤之则更虞单弱，各省所称无可裁减，似非尽虚辞搪覆也。至于扞御外侮，则筑炮台、练水师、治火器，最为当务之急，所费尤难减省。

然则今之时势，诚如钧谕所云万分无计者矣。顾福成于穷极思变之时，审度事理，必不得已。或者裁减绿营乎？昔胡文忠公有言："凡染宦场与绿营习气者，文武二途，万无可用，只宜屏弃。"盖以二百余年之流弊，积重难返，虽欲整理而无由也。夫勇营固不能无窳弱之弊，然或易一将而壁垒更新，或募一旅而旌旗变色，非若绿营之不能振作。绿营既决然无用，则是空养游惰六十万人，坐耗岁饷二千万两，将何以堪？为今之计，惟有淘汰绿营，而于勇营及海防诸务，亦仍精心综核。综核之法，只可视督抚为何如人而可否之。督抚有如曾文正、胡文忠诸公者，所请虽一概照行可也。督抚有如英西林、文质夫诸公者，所请虽一概痛驳可也。至各省绿营，近来发饷有八九成者，有六七成者，虽尚未能尽裁，若再普减兵额二成，每岁可省饷三百万两；普减三成，每岁可省饷四百数十万两，以十年计之，则四千余万矣。得此一项搏节，尚可稍纾财力。若谓经制之兵，减之恐冒不韪，则前哲所论，与时势所趋，确有明证。专赖有大识大力，卓然不惑于流俗者，起而变通之，庶以匡维全局。今又适值钧座兼掌兵部，此固难得之机也。或又谓绿营过单，则护饷、解犯、捕盗诸差，恐难应手。不知仅减二三成，于诸差尚可无误，且有勇营驻扎之处，不妨责令分任其劳。其汰之之法，但令各省于营兵之老死者，缘事革退者，勿复募补。则两三年内，必可减去三成矣。营兵既减，营中将弁旧额，亦须酌裁，以昭核实。或稍拨补勇营与海防诸营之缺。至于添练轮船水师之处，其原设艇船水师，亦少实用，可渐裁也。夫沿海各省原设水师，承平时久多废弛，或专恃洋烟、妓博各种规费以糊口，或船已朽烂无存，将弁尚按期支领修船造船经费，视为本署入款。此等有名无实之费，似宜设法查验，大加裁减，务稍拨补轮船水师之饷。他若长江内河各舢板水师，为扼守江河汊港之用，曩岁肃清江面，深得其力，此则当仍旧贯者也。因钧谕殷殷垂询，辄敢发其狂瞽之论。未知可备采择否？冬深骤寒，惟为道为民，珍重不宣。十一月二十七日，福成谨上。

（选自《庸庵文编》卷二）

上阁中堂书
（1884 年）

　　年伯中堂钧座：数月以来，时事益艰，不敢以肤末之辞，渎陈清听。中法之事，决裂至此，法人之蛮横无礼，妄肆侵欺，殆习知昔日之中国，不肯启衅，漫谓示将用武，必可得所欲以去。今彼既得越南，复以观音桥一役为辞，责偿兵费，奋其诈力，谋夺台湾。若使得志，彼不娄索巨款，即当久踞不还。倘台军再能与法相持数月，则彼国议院，必以开衅为非，而归咎于始谋之人，可使各国渐知悔祸，懔然于中国之不可侮。得失之机，在此一举。惟中法业既开战，而法使巴德诺脱尚留驻上海之租界，暗中侦探消息，购募汉奸，办运煤粮，散布谣说，为害甚巨。盖法使在沪，则彼可以联络各国，而敌军之声气灵通；法使离沪，则彼不能布置一切，而敌军之援应自绝。巴使所居，虽名为法租界，然仍系中国之地。按之公法条约，无两国业既开战，而使臣仍居其地者，即指名擒捕，或限期驱逐，谁曰不宜。今福成审时度势，拟请朝廷密敕南洋大臣，派兵会同江海关道，严密擒拿，拿到后，应遴派和平稳练之妥员，伴送至内地河南等处安置，严兵守卫，而优礼款待，无论巴使如何咆哮，均置之不理。一面布告各国，以法人毁我船厂，攻我台湾，而巴使仍居上海，与公法条约不合，且其谋害中国，实有不得不拿之势，仍许俟议和后释放。窃闻巴酋系法相斐礼之死党，法之用兵，惟斐礼、孤拔与巴酋等三数人实主其谋，国人皆不愿也。彼既煽法人以扰中国，复逗遛中国之境，侦我虚实，制我要害，听其所为而不之禁，窃于古今两国交兵之例，未之前闻。而狃于西人之说者，动曰法人尚未宣战，法使尚难驱逐。不知法既逞雄马江，袭踞基隆矣。此其欲以不宣战之说误我，而彼收速战之利也。凡和约之绝与否，当以战不战为凭，不以宣不宣为重。设令法人乘胜长驱而终不宣战，我仍将束手受攻乎？此可决其无是理矣。即如中国驻法大臣曾侯，因争论越南之事，与法人意见不合，早离法境。独巴使不肯循例出疆，徘徊沪上，肆其诡谋，潜相毒害，直轻中国为无人，是迫我以不得不拿之势，即请诸国秉公评论，亦断不能归曲于我。福成愚以为庚申年僧邸之擒巴夏礼，实系失著，以其正在议和而忽起波澜，致圆明园被焚也。今若擒巴德诺脱，最为先著，以法人肆扰，业已尽其力之所至，不能再加暴横，或因去其耳目，失其谋主而自绌也。夫法自构衅以来，著著占先，今我若出其不意而擒巴酋，似亦争先之一说。盖在我既有辞可执，足以骤夺其气，且待之以礼，则不至重激敌怒，而操纵变化，权仍在我，上策也。明降谕旨，声明不能容留之故，严行驱逐，中策也。由南洋大臣督同江海关道隐为防范，下策也。若听其久留，肆行无忌，受害实深，是谓无策。福成用是不揣冒昧，抒其一得之愚，幸财择焉。肃此虔叩钧安。九月十二日。年愚侄薛福成谨上。

　　阁相得书，颇善其策，然以事关重大，恐妨和局，遂不果行。附识。

（选自《浙东筹防录》卷二）

筹洋刍议[*]
（1885 年）

序

  光绪五年，日本兵船入琉球，以其王归，遂灭琉球。是时，日本势益张，而西洋德意志诸国，方议修约事，议久不协。俄罗斯踞我伊犁，索重赂，议者尤汹汹。余愚以谓应之得其道，敌虽强不足虑；不得其道，则无事而有事，后患且不可言。窃不自揆，网罗见闻，略抒胸臆，笔之于书，凡得《筹洋刍议》十四篇。既属稿，以呈伯相北洋大臣合肥李公。公大韪之，为达总理各国事务衙门，备采择。岁辛巳，余友遵义黎庶昌莼斋以出使西班牙参赞，超授出使日本大臣。至自西洋，携一册视［示］余，且曰："曩过伦敦使馆，见曾侯案上有是书，讽玩数周，心益异之。手写一通，请曾侯用泰西糖印法，印得数十册，稍贻同志。今且尽矣，而索者未已也。盍速付诸剞劂？"余谓："此特一时私论，大端所宜发挥者，十未得一二。遑敢张之以速戾邪？"今距与莼斋相晤时，又四年矣。事变愈繁，时艰未艾，余所欲言者滋益多。官事牵扰，卒卒鲜暇，不知何日能赓此志。而二三友朋，时来借钞不辍，或劝暂镌之，稍免传钞之讹舛。余乃并识莼斋语于简端，傥异日阅历益进，或所见更有异同，岂特借为自镜之资，亦以显天下之理之日出不穷焉尔。时十一年冬十一月，无锡薛福成自序于宁绍台道官廨。

---

  * 《筹洋刍议》，薛福成 1879 年开始撰写，1885 年始刊行。今以刊行时间为顺序，全文收录。

约 章

两国议和，不能无约。约章行之既久，恐有畸重畸轻之事，以致两国之有偏损也，不得不订期修改，以剂其平，此中外通行之例也。然修约之举，期于两国有益无损。损一国以益一国，不行也；一国允而一国不允，不行也。伊古以来，未闻有修约不遂而遽至决裂之举。惟其如是，则存自利之见者，不得恣睢以从事；有自护之权者，不妨从容以徐商。曩者滇边案起，英国威使以马加里之死，多方挟制。中国务持大体，不得不量予变通，以弭外衅，于是始立烟台之约。今前案早结，而英国于约内之事，尚未尽行。其理绌，则其气衰，所以威使支吾延宕，但嗾德国巴使借修约之事，多所要求。要求不得，旋肆恫喝，恫喝不应，而彼之技乃穷。即令佯示决裂之形，中国惟当静以待之。其万不能允者，始终坚执一辞，而彼固无如我何也。如其可允，而有大损于中国者，宜取大益以抵之；有小损于中国者，宜取小益以抵之。损益适足相当，彼商民犹未惬望，或将如英国新约之订而不行，否则相持不决，而修约中止，要之不失为中道，固非中国所虑也。虽然，中国立约之初，有视若寻常而贻患于无穷者，大要有二：一则曰一国获利，各国均沾也。西人始来不过一二国，中国不知其牵率而至者，如是其众也。既因有此约，一国所得，诸国安坐而享之；一国所求，诸国群起而助之。是不啻驱西洋诸国，使之协以谋我也。失计莫甚于此。从前诸国以英国为主谋，英国允而各国无不照行，是尚有统宗之处。今则德国雄长欧洲，每事与英竞胜，且烟台条款，德人藉英之力沾利多矣。今复以修约而诛求无已，而英人亦乘间而导之，合力以谋之，此皆"利益均沾"一语阶之厉也。往者不可救，来者犹可追。今欲顿弃前约，彼必不肯从也。是莫如存其名而去其实，使彼相忘于不觉。往见戊辰与英国所订新约，第一条及照会之文，用意甚善，惜乎其未行也。又闻总税务司赫德之议，拟订各国通行约本，另设一汉文条约底式，凡有外国订约者，即按通行之约以授之。此诚省事之良法也。"利益均沾"之文不必去，而其弊自去矣。今岁德国修约，尚未定议，英、法亦届修约之期。如竟能罢论固善，不然，则三国同时议约。宜告之曰：约文有"一体均沾"之语，若稍有参差，则一事两歧，而开办无期；莫若乘立约之始，而会归于一。英、法、德三国既允，其余诸国可无虑矣。他日届期修约，彼即不能迭出以相尝，万一意见不合，不过互相牵制，不行新约而止耳。各国无端之喧聒，其少纾乎？一则曰洋人居中国，不归中国官管理也。夫商民居何国何地，即受治于此地之有司，亦地球各国通行之法。独中国初定约时，洋人以中西律法迥殊，始议华人治以华法，归华官管理；洋人治以洋法，归洋官管理。然居此地而不受治于有司，则诸事为之掣肘。且中国之法重，西洋之法轻，有时华人、洋人同犯一罪，而华人受重法，洋人受轻法，已觉不均。今即以人命论，华人犯法，必议抵偿，议抚恤，无有能幸免者；洋人犯法，从无抵偿之事，洋官又必多方庇护，纵之回国，是不特轻法所未施，而直无法以治之矣。此无他，有司无权之故也。为今之计，既不能强西人而就中法，且莫如用洋法以治洋人。按烟台条款，有照会各国议定审案章程之约。赫德亦谓华洋讼件，宜定一通行之讯法、通行之罪名，乃能经久无弊。近闻美国与日本议立新约，许归复其内治之权，外人皆归地方官管辖。中国亦宜于此时商之各国，议定条约：凡通商口岸，设立理案衙门，由各省大吏遴选干员，及聘外国律师各一人主其事；凡有华洋讼件，均归此衙门审办。其通行之法，宜参用中西律例，详细酌核；如犹不能行，即专用洋法亦可。何也？治华洋交涉之事，本与中国自治之法不同。以洋法治华人，所以使华人避重就轻也；以洋法治洋人，所以使洋人难逃法外也。补偏救弊，舍是无他术矣。夫条约之要义，固不止此二端，而以此二端为最巨。骤与之商，未必肯听，则于无形之中潜寓转移可也。即不然，用以抵其所索之款可也。若夫法国之约，莫如约束教民，俄国之约，莫如清理边界，似皆宜于通行之约之外，别立专条。其间几微之得失，实为中国安危之机，是又当以全力注之者矣。

边 防

跨两洲之地，负北冰海而立国，利则乘时进取，不利则蓄锐观变，有长驱远驭之谋，有居高临下之势，则俄罗斯固天下莫强之国也。迩者泰西诸国，畏俄忌俄，如六国之摈秦。据守海道，扼其咽喉，俾俄之水师不得纵横四出。俄人亦以久居陆路，未骋厥志，辄思发愤为雄。土耳其一役，觊得黑海为训练水师之地，及英人出而阻挠，始立约罢兵，然已割土国腴壤，立为附庸之国者四，俄之号令，骎骎越黑海而南。彼又于欧、亚两洲之间，蚕食诸小国，烽火将达印度北境，英之君臣旰食深谋，而无如何也。德人藉俄之援，以破法而弱英，英亦熟视而不敢救。而德、奥诸国之于俄，又未尝不畏而防之。然则俄为欧洲诸国之忧也久矣。虽然，俄之忧在欧洲者显而缓，俄之忧在中国者隐而重。何也？俄之边境包中国东西北三面，横亘二万里，自踞守伊犁之后，其近边浩罕诸国与哈萨克、布鲁特诸部，彼皆以兵威胁服，已不啻撤我外藩。东三省自黑龙江以北、绥芬河以东瓯脱之地，割归俄属者数千里，不特库页岛为俄所有，即吉林所属割去之地已多。其野产貂，其人渔猎，俄人建屋垦荒，开铁厂，偫糗粮，买牛羊，设轮船公司于黑龙江上，经营井井，殆有深意。且彼所居之图们江口，距陪都根本之地，千里而近，形势尤嫌单薄。又闻宁古塔、珲春等处旗民，每被俄人侵侮陵暴，至不能安其生理，且时有寻衅之意。夫以欧洲诸国，与俄人比权量力，非不互有胜负，然不能不畏之者，地势使然也。中国兵力饷力，未逮欧洲一大国，而彼尚可合纵连横以拒之，则其势盛而中国之势孤；诸国扼守要害不过数处，非若中国之防不胜防，则其势专而中国之势散；而况中国练兵制器之精，传信行军之捷，百不如西人。俄非无事之国，不得于西，将务于东，此必至之势也。然而近数十年来，幸获相安者，何也？俄之先世为元所逼，危蹙甚矣，今虽国势中兴，而余威尚震。我朝康熙、乾隆全盛之时，一定黑龙江边界，再定准回诸部，辟地万里，威声遐播，俄人拱手奉约，不敢稍有异言。厥后乘英、法之变，割我黑龙江北境，而尚无大隙也。迄于今日，其贪得无厌，窥中国物产之丰，而求济其欲者，俄之商民也；其恃强求胜，稍有违言，不尽恪守约章者，俄之边吏也；至俄之君相，虽不能无动于商民与边吏之言，然以两国和局逾二百年，长虑却顾，未肯轻于一发，非若英、法之以力相竞，深知中国之虚实也。为中国今日计，宜因其机而导之，师老子"善胜不争"之训，守孙武"知彼知己"之谋，略细故而昭大信，使之无隙可乘，中国乃得以其暇讲求一切富强之具，事固大可为也，时亦大可乘也。若夫目前自固之策所最宜注意者，在东三省，其次则新疆，其次则内外盟蒙古。蒙古之日就贫弱，殆气运使然，中国宜扶持培护，使各保分地，常为北方藩卫。新疆初复之区，非屯劲旅不足以捍御回寇，其忧在经饷之难筹，然其物产有金、铜、铅、铁、盐、皮、玉、棉花、药材，有雪泉灌溉之利，诚能广兴屯田，以裕军食，招民耕垦，而收其什一之赋，采铜铸钱以便民用，定盐课、兴矿利，流通百货，以榷厘税，数年之后，内地协饷可减其半，庶各省之力少纾，而新疆亦稍足自立，斯为经久之道。至东三省中，吉林五方杂处，风气偷弱，山中金匪不下十余万，固宜设官分泛，力图富教，常以游兵驱剿，渐清金匪之源。黑龙江马队，凤昔称强天下，今其旧兵虽已耗散，而民风朴劲，募练尚易为力。鄂伦春猎户枪无虚发，熟习山径，俄人所惮，宜结以恩信，籍其人数而稍部勒之，酌给口粮铅药，无事则习其业，有事则资其力，可以节饷糈而设无形之备。且黑龙江地居极北，尤为要冲，宜择忠清强毅知兵之重臣，实力经营，宽筹其饷，而假以事权，需以岁月，庶其有济。凡此皆当今筹边之要务，而不可一日缓者也。然探其本，则筹边不过自强之一端。中国筹边之要，在中外上下戮力一心，精求自强之术而勉行之，则不言防边而边自固矣。

邻　交

古之豪杰论交邻之道，不外两端：诸葛亮之以蜀抗魏也，知吴之可结为援也，故曰释怨以联和；伍员之为吴谋越也，以其同壤而世为仇雠也，故曰去疾莫如尽。今与中国同处一洲之内，而国势稍足自立者，莫如日本。论外侮之交侵，不能不树援以自固也，宜有吴、蜀相亲之势。然日本人性桀黠，蔑视中国，彼将以远交近攻之术施之邻邦也，实有吴、越相图之心。其机甚迫，而其情甚可见也。盖日本在唐、宋以前，未尝不朝贡中国，其后平氏、源氏、北条氏、足利氏、织田氏、丰臣氏、德川氏，迭执兵柄，倔强东海之中，国主虚拥神器者，逾七百年。元代误用弩将，突遇飓风，弃师海外，是天意欲存日本，非其战胜之功也。明之中叶，边备日弛，海滨奸民，诱倭人为寇掠，而彼常有轻中国之心。十数年前，彼国中多故，诸侯群起而力争，德川氏狼狈失据，因以黜大将军，而列藩亦废，尽改郡县，骎骎乎有强干弱枝之势；又大开互市，宗尚西法，甚至改正朔，易服色，建置铁路、电线、机器之属，不遗余力，国债至二万万以外。近又购铁甲船于英国，西人啧啧称许，而彼之气焰益张。夫彼之所以不惜重费，经营如此其勤者，必曰有所取偿也；彼之所以敬事西人，交际如此其密者，必曰可以求助也。然彼有所益，则必有损者在矣；彼既日强，则必有弱者在矣。窃尝为日本踌躇审度，知其志必不仅在朝鲜、琉球也。何也？朝鲜、琉球壤地之博，民物之丰，不逮中国之百一也。且日本之在海滨，亦多事矣。数年之中，一入台湾，再议朝鲜，三废琉球。今其兵船且游历至福建，隐有耀武之意。彼盖自谓富强之术远胜中国，故欲迫中国以所难堪，使我怒而启衅，而彼乃得一试其技。幸而获胜，彼固可任其取求，万一不胜，彼恃西人为排解，决无亏损于其国，其为谋亦狡矣。故此时琉球之废，非谓其地足贪，民足用也，彼特以此尝中国也。中国而力与之校，固藉为开衅之端；中国而不与之校，亦愈知中国之弱。渐且南犯台湾，北攻朝鲜，浸寻达于内地，殆必至之势矣。今试就日本近事，与中国絜长校短而论之：日本仿行西法，颇能力排众议，凡火轮、舟车、电报及一切制造贸易之法，稍有规模，又得西人之助，此其自谓胜于中国者也。然日本土地人民，不及中国十分之一，国债累累，岁入之款半输息银，则其饷不足恃也。国库空虚，百用仰给纸币，纸币不能用之国外也。一旦有事，船炮军火，皆无可购，则其械不足恃也。日本近更军制，寓兵于农，通国陆军常额，不过三万二千人，则其众不足恃也。惟彼海军有战舰十五号，大炮数十尊，不尽新制，毁之者曰朽败难用，誉之者曰操练颇精。兵之精不精，必经战阵而始显。日本以西法练兵仅逾十年，未经战阵，核其实当与中国相等。彼西人之称之者，要不过阿好之言，亦挟为恐喝中国之具耳。况日本自变法以后，悍将骄兵之失职，废藩旧族之怀怨，常思乘间蜂起，以龁执政诸大臣。彼又北畏俄人，西防中国，苟势有不支，西人且易袒护而为窥伺。彼之政府筹之审矣，所以未敢径与中国为难，而必以琉球试其端者，职此之由。然则日本虽诡谲，仍视中国之举动以为进止也明矣。夫今之时势，与元明迥异，自强之权在中国，即所以慑伏日本之权亦在中国。彼可购而得者，我亦可购而求，彼可学而能者，我亦可学而至，而况中国之才力物力，十倍于日本者哉。琉球蕞尔国，存亡绝续，原不足为中国轻重，然日本相侵之志，危矣迫矣，儳焉不可终日矣。中国于自强之术，不宜仅托空言，不可阻于浮议。诚能一日奋然有为，而决之以果，课之以实，固旋至而立有效者也。是故为今日计，御俄人之道利用柔，非柔也，化其争竞之气也；御日本之道利用刚，非刚也，示以振作之机也。军志有之曰："上兵伐谋，其次伐交。"夫诚措注得宜，则敌之狡谋可戢，行且介西人以求成于我也，而西人之交，又何必不合于我也？

利　器

盖尝观于壮士之赴斗，以有器与无器校，则有器胜；以利器与不利之器校，则利器胜。匹夫杖剑，虽被褐怀宝，而暴客不敢睨者，气夺于所畏，备豫于先事也。中国比年以来，讲求制敌之利器，各省所购新式前膛、后膛大小洋炮不下数百尊，所购所制之新式后门洋枪不下数万杆，其余水雷及师丹式炮船，均已逐渐购备，御西人虽不足，御东人则有余矣。然西人所以夸诩日本，日本所挟以傲中国者，则彼有铁甲船而我无之也。盖闻日本定购铁甲船三号，原质本系木船，其上面蒙铁不过厚三四寸，其马力不过二百八十匹，其价不过每船三十万金，非真铁甲船也。又闻外洋铁甲船最大者，其机器有一千五百匹马力，食水太深，中国口岸恐难购用。盖船价之高下，视船之精粗、大小、厚薄、新旧为准的，其式固各有不同，其价亦难以悬断，非由驻洋明练之大员，精心考校，无从得其要领。姑就一时济急之用约略计之：夫日本三船之价，不满百万，今中国诚能筹银三百万两，则视日本已三倍有余矣。就中国口岸相需之船，大小参用，少则可购四号，多或至五六号。非必用之以摧敌也，但使得此利器，坐建无形之威，则假托者自慊然而气馁，旁观者亦竦然而神惊，不待两阵交锋，可以潜消邻衅，已省无穷之费。否则，彼欲聘所长，其势必迫我以交锋；否则，彼所购之铁甲船三号，其究亦必取偿于我。此中之得失利病，不待智者而决矣。虽然，当此经费支绌之际，即寻常用度，已日不暇给，何能复筹额外巨款？忧时者知难设法，不得已而为筹借洋债之一说。夫使中国果万无可筹，暂借外资以展大计，固无不可。惟外洋诸国，如土耳其之颠危，西班牙之贫弱，日本之困匮，皆为国债所累，甚者罄岁入之款，不足以供息银，于是苛敛横征，而内变迭作。中国债项仅逾千万，近年各省关饷额，为洋款所分，已觉异常耗竭，况西征之饷，借息加重至一分二厘，西人遂视为成例，不肯少让，设因累于输息，而辗转加借，十年之后，积累益巨，利不胜害，不可不慎也。然则洋款之难借如此，经费之难筹如彼，利器终不可致乎？谨查光绪二年，部拨西征饷银二百万两，由库存四成洋税提出批解，仍划各关应解海防经费之半，分年归款，此诚转移之妙术也。计此三四年中，所省之息银，已近百万矣。夫库储重款，原所以备缓急非常之用。今邻国之侮，甚于回寇；海防之棘，重于边疆。可否援照成案，拨发部库存银二百万两，以为创制利器之用，仍以沪关二成洋税，及粤、潮、闽、浙、山海五关四成洋税之半，分年划补。如此一转移间，则以海防之费，用之海防，不待筹拨于各省，而帑项无亏缺之虞，不受盘剥于外人，而器械有克期之举。再援照同治十三年筹办江防成案，截留长江三关四成洋税，一岁所入，几可敷三百万之数。其养船之费，则各处所解南北洋之款，如无缺额，尚可勉供。其驾船之才，则江海水师宿将，与出洋学生武弁艺成而还，皆可以备遴选。且中国所造之木轮兵船，如无铁甲船以相依护，亦不能以成军。盖木轮得铁甲而气始壮，铁甲得木轮而势益张也。古人有言："器械不利，以其将卒予敌也。将卒不练，以其器械予敌也。"是故，有是船即不能不练兵，不能不选将。而欲驾驭将领，日起有功，则推择统帅，尤其至急者矣。或曰，以区区琉球之故，而滋劳费可乎？不知日本所图并不在琉球也，我之所重亦不在琉球也。设令日本复封琉球，而利器之购遽尔中止，则彼愈有以窥我之因循，或且伺间逞逼，将迫我以不得因循之势。诚及此时毅然振奋，特发重赏，入西厂，访善式，订期定造。彼西人必先动色相告，传播遐迩，固可稍戢其扬日本抑中国之心。日本闻中国之有备也，亦必知难而退，或者器未至而彼先服也。此古人先声后实之妙用也。

敌　情

联泰西各邦以谋中国，其势可虞；分附近邻邦以合西人，其势更可虞。日本之依附西人，妄有觊觎，天下共知之矣。然东西皆有约之国，按之公法，一国不协，各国可以从中调停。而今日之中国，断不能得之于西人者，何也？彼西人之始至中国也，中国未谙外交之道，因应不尽合宜。彼疑中国之猜防之，蔑视之也，又知中国之可以势迫也，于是动辄要求，予之以利而不知感，商之以情而不即应，绳之以约而不尽遵。今中国虽渐知情伪，而彼尚狃于故智，辄思伺中国有事以图利也。中国以琉球之故，与日本稍有违言，英、德使臣虽未干预，若使与闻此事，彼必虚张日本之声势，以胁持中国；彼必代日本护其短，而故评中国为非；彼必稍损中国以益日本，因以市恩于日本；彼必反谓损中国者为助中国，因以责报于中国。夫西人于条约公法研之甚熟，岂无真是非者哉？然彼欲善自为谋，势固必出于此也。往者日本将废琉球之时，昌言不愿各国公使与闻，彼素恃西人为党援，尚且如此。中国亦宜用此例，或逆拒于无形，或昌言而布告，勿使西人参与其间，则进止自由，可免掣肘之虞矣。或曰，然则中国有事，各国调停之说，终不可恃乎？曰，此其机仍在中国而已。中国能自强，即邻邦启衅，各国出而调停，未尝无小益；中国未能自强，而狡寇争雄，各国因之玩侮，必致有大损。况今驻华各使惟利是视，又值修约之际，蹈瑕伺间，诡谋百出，不豫为之防，是倒持太阿以授之也。至若美前总统位望较崇，宅心敦厚，未染虚诈之习，不妨倚为排解。法、美、荷兰三国，旧与琉球有约，其驻倭公使，不妨联为指臂。但恐倭人性情坚韧，未必肯听耳。若幸而转圜，固有裨补，即终不见纳，亦无后患也。或曰，天下强邦，皆有独亲独厚之国，然后缓急足倚；中国孤立久矣，今诚于修约时稍让以利，其可使之亲厚我乎？曰，相亲厚之道，在布置于平日，非一朝一夕之故。今中国让之以利，彼且谓恫喝而得之也，必有得步进步之心，是让之仍无益也。若夫英、法相亲以拒俄，俄、德相亲以制法，德、奥相亲以主欧东之政，彼其先未始非仇敌也，一旦释怨修好，则一国顺而全局为之转移。中国与美有相助之约，则美可亲；与俄为最旧之交，则俄可亲；其他若英、若德、若法，苟可结约，均宜因势而导之，迎机而赴之，而此中得失，则以识彼性情为枢纽。盖尝考西人之俗矣，西人以交际与交涉判为两途，中国使臣之在外洋，彼皆礼貌隆洽，及谈公事，则截然不稍通融。中国之于各使，亦宜以此法治之，是让以虚而不让以实也。西人于练兵、造船、制器，及一切技艺，喜自耀其所长，未尝秘为独得。中国诚能切实讲求，彼谓我有自强之道，先已敬慕悦服，又知我不相鄙薄，不难罄中藏以相示，或时以微利啖之，是得其技而兼得其心也。西人颇尚豪爽，而又好为不情之请以给中国，中国宜择其可允者允之，不可允者，不妨直指利弊，告以必不能行之故，彼亦词穷而气沮，是折其非乃能折其心也。得此数者，以与西人从事，复由驻洋公使察其隐情，随宜措注，但能于诸国中得其一国，而诸国无不相助矣。近闻日本与美议立新约，美许归复日本内治之权利，日本许增两口通商以酬答之。夫此有所赠，彼有所答，是名为相让而实无所失也。而有事时可得合从连横之助，又何惮而不为哉？且中国地博物阜，西人通商所获之利十倍于日本，彼于日本何所爱，必厚彼而薄此哉？亦在得其道而已。夫诚得西人以为外援，彼日本区区之国，将从风听命之不暇，尚何桀骜之有？

藩　邦

昔者齐桓公合诸侯，致江、黄。管仲曰："江、黄远齐而近楚，若伐而不能救，则无以宗诸侯矣。"桓公不听。楚伐江灭黄，君子闵之；厥后卫人灭邢，莒人灭鄫，虽以齐、晋之强大，不能过问。此无他，形势使然也。中国朝贡之邦，有定期者六：曰朝鲜，曰琉球，曰越南，曰缅甸，曰暹罗，曰南掌。朝鲜、琉球最恭顺，越南次之，其余三国不过羁縻勿绝而已。往者英人自印度入缅，割其西南边要地，近因国中多故，失好于英，有日蹙百里之虞。暹罗国势稍完，近亦亲慕西人，用其政俗，且绝中国朝贡。南掌介暹、缅之间，东西交迫，蚕食过半，若存若亡。此三国者，中国既不能护之以力，又不能服之以威，宜以度外置之，止其贡使，彼有急难，亦勿与知，但严修吾边备而已。至如朝鲜，襟带海表，屏障中原，无朝鲜则辽水东西皆将受警。越南毗连两粤，孱弱已甚，屡为群寇所扰，非援以偏师不足以固吾边圉。琉球为日本所废，中国虽争之无益，然又未可默默也。三者必皆有以处之。窃谓救琉球之患，宜待其变；去越南之患，宜审其机；防朝鲜之患，宜变其习。夫琉球弹丸小岛，逼近日本，其不能托庇中国，势也；中国受其朝贡，本至微薄，不必因此兴兵构怨，亦势也。然日本无故废灭琉球，国人之清议不与者半，主其谋者萨摩人耳，彼遣兵设官，劳费不赀，而琉球地极硗瘠，固毫无所得。中国宜明示不贪朝贡之意，留余地以自处，兼诘其灭人宗社之故，仗大义以执言，仍于自治自强之道，实力整顿，亦即张我虚声，仿日本兵船来游之意，常选船游历东洋，以习海道。彼初得琉球，屯兵弹压，坐耗巨费，又冒不韪之名，国人之綦萨党者，必起而议其后，度彼不能无悔。俟其悔而图之，或遣大臣往议，隐予以转圜之机，则事易决也。故曰宜待其变。若夫越南为法人所侵削，失地六省，虽与法人立约议和，而国势陵夷，殆难复振。李扬才窥其可侮，从而生心，纠数千之党，徘徊边外，睢盱窜伏，谅不过草窃之辈，决非枭雄之才。然越南军久疲不练，贼既陷踞数城，有趋逼东京之势。前者中国发兵万余，由桂林出镇南关，逾二千里，出关追贼，复千余里，道远兵多，馈饷难继。贼复据险不战，以老我师，设稍有不利，损威非浅。为今之计，不必临之宿将重兵也，宜简精锐三四千人，选资望稍轻而知兵者，率之以扼贼后，相机进剿；别遣兵轮船一二号，载精卒千余，往护越南之东京。东京为通商巨埠，江海深通，往来得飙忽之机，粮械有转运之便。彼既虑我之夹击，又未测我军多寡，其众必闻风惊散。斯时进止机宜，仍用越南人为向导，越南人心既固，自可扼守城隘以绝其粮，招谕土寇以孤其党，联络民练以布其势。彼进退失据，必可成擒，所谓出奇制胜者也。故曰宜审其机。若夫朝鲜幅员之广，非不足与日本相埒，无如僻在东海，颛颛自守，日即贫弱，俄罗斯环其北，日本逼其南，并思观衅而动，彼必不能御也。议者咸谓宜劝朝鲜与西洋诸国立约通商，俄、倭有事于朝鲜，西人忌其吞并，且碍于商务也，必起而助之。此诚牵制之良策也。然朝鲜风气未开，劝之必不肯听，就令见听，而彼与诸国相处，因应必不合宜，事变滋多，是引敌入室也。今欲使朝鲜善于择交，必先扩其闻见。按朝鲜有遣生徒入国子监读书之例，宜选其聪颖者，调入同文馆，课以洋学，数年之后，咨回本国，随才录用。中国所刊条约公法，及译刻洋学诸书，酌颁若干部于其国，渐摩既久，庶使自知孤立之形，亦渐求保邦之略。此说虽若迂缓，而实治本之图也。故曰宜变其习。夫如是，则琉球、越南已然之患，有以救之；朝鲜未然之患，有以防之；字小之道，不外乎此。其余力所不能及者，宜于无事时早为之计。不为之计，恐又有如琉球之事也。或曰，万一琉球复国，中国将仍以藩服待之乎？曰，中国之不能保琉球，地势限之也；即幸而复国，亦必设变通之法，俾可持久；否则中国以朝贡之虚名，动受制于日本也。而今则尚未遑议此也。

商　政

昔商君之论富强也，以耕战为务。而西人之谋富强也，以工商为先，耕战植其基，工商扩其用也。然论西人致富之术，非工不足以开商之源，则工又为其基而商为其用。迩者英人经营国事，上下一心，殚精竭虑，工商之务，蒸蒸日上，其富强甲于地球诸国。诸国从而效之，迭起争雄。泰西强盛之势，遂为亘古所未有。夫商务未兴之时，各国闭关而治，享其地利而有余；及天下既以此为务，设或此衰彼旺，则此国之利，源源而往；彼国之利，不能源源而来，无久而不贫之理。所以地球各国，居今日而竞事通商，亦势有不得已也。今以各国商船论，其于中国每岁进出口货价银在二万万两上下，约计洋商所赢之利，当不下三千万，以十年计之，则三万万，此皆中国之利，有往而无来者也。无怪近日民穷财尽，有岌岌不终日之势矣。然则为中国计者，既不能禁各国之通商，惟有自理其商务而已。商务之兴，厥要有三：

一曰贩运之利。自各口通商，而洋人以轮船运华货，不特擅中西交易之利，抑且夺内地懋迁之利。自中国设轮船招商局，而洋商与我争衡，始则减价以求胜，继因折阅而改图。彼之占我利权者，虽尚有十之四，我之收回利权者，已不啻五之三，通计七八年间，所得运费将二千万，虽局中商息，未见赢余，而利之少入于外洋者，已二千万矣。所虑者，一局之政，主持不过数人，控制二十七埠之遥，精力已难遍及；又自归并旗昌之后，官本较多，万一稍有蹉跌，其势难图再举。夫事之艰于谋始者理也，而人之笃于私计者情也。今夫市廛之内，商旅非无折阅，而挟赀而往者踵相接，何也？以人人之欲济其私也。惟人人欲济其私，则无损公家之帑项，而终为公家之大利。为今之计，虽难用众建少力之法，骤分数局，他日如必有变通之势，或即用局中任事之商，兼招殷实明练者，量其才力赀本，俾各分任若干埠，无论盈亏得失，公家不过而问焉。此外商人有能租置轮船一二号，或十余号，或数十号者，均听其报名于官，自成一局。又恐商情之相轧也，则督以大员而齐其政令；恐商利之未饶也，则酌拨漕粮而弥其阙乏。但使商船渐多，然后由中国口岸，推之东南洋各岛，又推之西洋诸国。经商之术日益精，始步西人后尘，终必与西人抗衡矣。其利岂不溥哉？

一曰艺植之利。今华货出洋者，以丝茶两款为大宗。而日本、印度、意大里等国，起而争利，遍植桑茶。印度茶品，几胜于中国；意大里售丝之数，亦几埒于中国。数年以来，华货滞而不流，统计外洋所用丝茶，出于各国者，几及三分之二。若并此利源而尽为所夺，中国将奚以自立？是不可不亟为整理者也。整理之道，宜令郡县有司劝民栽植桑茶。盖种桑必在高亢之地，而种茶恒在山谷之中，非若罂粟之有妨稼穑，是在相其土宜，善为倡导而已。其缫丝之法、制茶之法，有能刻意讲求者，宜激劝而奖进之。至于丝茶出口，十数年前，以加税为中国之利，今则各国起而相轧，一加税则价必昂，价昂则运货者必去中国而适他国，而税额必为之大减。夫西洋诸国，往往重税外来之货，而减免本国货税，以畅其销路。今中国丝茶两宗，虽不必减税，亦不宜加税。但使地无闲旷，则产之者日益丰，而其价日益廉，即出口之货日益多，不特于税务有裨，亦为民兴利之一大端也。

一曰制造之利。英人用机器织造洋布，一夫可抵百夫之力，故工省价廉，虽棉花必购之他国，而获利固已不赀，每岁货价之出中国者数千万两。中国海隅多种棉花，若购备机器，纺花织布，既省往返运费，其获利宜胜于洋人。然中国虽有此议而尚无成效者，何也？创造一事，人情每多疑沮，其才足以办此者，苦于资本难集，而一二殷商，又以非所素习而不为，此大利所以尽归洋人也。窃谓经始之际，有能招商股自成公司者，宜察其才而假以事权，课其效而加之优奖，创办三年之内，酌减税额以示招徕，商民知有利可获，则相率而竞趋之。迨其事渐熟，利渐兴，再为厘定税章，则于国课必有所裨，推之织毡、织绒、织呢羽，莫不皆然。夫用机器以代工作，嫌于夺小民之利。若洋布以及毡绒呢羽，本非出自中国，中国多出一分之货，则外洋少获一分之利，而吾民得自食一分之力，夺外利以润吾民，无逾于此者矣。

是故中国之于商政也，彼此可共获之利，则从而分之；中国所自有之利，则从而扩之；外洋所独擅之利，则从而夺之。三要既得，而中国之富可期，中国富而后诸务可次第修举。如是而犹受制于邻敌者，未之有也。

船　政

今将乘时势，规远图，修利器，上之固我藩篱，成军于海峤，次之兴我贸易，藏富于商民，则整理船政，其急务矣。自闽、沪设厂仿造轮船以来，迄于今日，华匠能以机器造机器，华人能通西法作船主，功效不为不著。然造船愈多，则养船之费愈重，闽厂以经费支绌告者屡矣。局外不察，从而议之，至谓工厂可撤，轮船可废。不知西人每造一器、成一艺，其劳费倍蓰于中国。先难后获，凡事皆然。夫为之而旋辍，不如其勿为。掷千百万之巨款，忽弃已成之功，灰志士之心，长敌人之气，失策莫甚于此矣。虽然，欲理船政，必先筹费，船政日渐扩充，而专待公家之帑项，其势固有所不支。往岁议定华商雇买轮船章程，然自招商局外，并无商人在厂租造轮船者。何则？中国商务既未甚兴，即有一二购船之商，亦远赴外洋各厂，盖以洋厂购船之价，较廉于华厂造船之价也。然则中国之船政，欲广招徕，莫如研求厂务，俾船价与外洋相等，必无舍近图远之人。欲谋持久，莫如经营商务，俾用船与外洋相等，必有日新月盛之象。况商船既多，则入厂修船者，迭至而不穷。而租船造船之商，皆事势所必有。他日由一厂分为数厂，而公家之帑项，可毋甚费，且商船既盛，而兵船不患无养之之资。是论今日之船政，舍振兴商务，无他术矣。若夫目前补救之策，如直隶、奉天、山东、浙江等省，已各调轮船一二号，为巡洋捕盗之用，而供其岁费，所以稍纾船厂之力也。然节于此，仍费于彼，亦非可久之道。是宜察沿海水师之可减者，若红单艇船，若阔头舢板，各裁去数十号，或分防陆勇裁去数百人，均可养兵轮船一号。在各省大吏，相其形势而酌剂之，而轮船之分隶各省者，又当得精研洋学、闳达沉毅、知兵之大帅，统归节制，以一号令，每岁会操一二次，察各统将之勤惰能否而进退之。庶中国多造一船，可多得一船之用矣。虽然犹未也，闻华民之寓居外洋也，往往以势孤气馁，为他国之人所轻侮。盖西洋通例，虽二三等之国，莫不有兵船巡历外埠，名为保护商人。曩者"扬武"练船游阅东南洋各岛，而吕宋旅居华民喜色相庆，至于感泣，以为百年未有之光宠。一埠如此，他埠可知。间尝取海外华人之数，合佣工商贾并计之，吕宋一岛约四五万人，新加坡及槟榔屿诸岛约十万，美国旧金山及其近埠约十四万，流寓越南及西贡等处约三十万，古巴、秘鲁各十余万，其他若日本、若新金山、若太平洋之檀香岛，厥数或逾万，或不及万。凡华人聚居之处，莫不有会馆、有经董，彼皆自愿集赀，引领以望华官之至也久矣，而兵船抑无论也。盖养一兵船，岁费不过二万两，以一埠六万人计之，每三人而蠲费一两，尚易为力，况其中必有殷实商人为之倡者。彼略有所费，而藉华船保护，稍张声势，便足与诸洋人齿，偶有交涉，隐受无穷之益，此必华民所乐闻者也。为今之计，宜告驻扎各国公使，如各埠华民，有愿得中国兵船以壮声威者，自筹岁费报明领事，领事请公使咨船政，船政酌度拨遣，或一年调还，或半年调还，再选他船更番前往，藉资游练。如一埠不能养一船者，或数埠共养一船，使之往来于其间。中国有事，则悉数召归，以备调遣。夫如是，船厂无养船之费，而获捍御之资；兵船无坐食之名，而有历练之实；商贾佣工，蠲费不多，颇沾利益；公使领事，权力虽弱，亦倚声援。盖一举而数善备焉。而中国商船之远适他邦，未始不以此为之嚆矢，是又振兴商务之要端也夫。

矿　政

今天下日趋于贫之故，大端有二：一则商务不盛，利输于外，犹水之渐泄而人不知也；一则矿政未修，货弃于地，犹水之渐涸而人不知也。盖天地生人、养人之具，火化之用，莫大乎煤；转移之用、器械之用，莫大乎五金；此中外不易之势也。中国于取煤之法，虽研之未精，而民间犹或务之；其取五金之法，则废而不讲久矣。《周礼·卝人》一官，掌金玉锡石之地，若以时取之，则物其地图而授之。知古圣人经纬天下，所以为斯民利用厚生者，筹之盖详。《汉书·地理志》州郡有铜官、铁官者凡数十处。迄于唐、宋，未尝不采取五金，其事时见于史传。自明之晚季，以矿税为厚敛之端，宦竖四出，征求无艺，有司因之苛派百姓，海内骚然。当时既受其弊，后世遂相戒不敢复议，此矿政所以不修也。近数百年来，天地菁英之气，郁而不发，乡曲土豪与无业游民，遂敢纠党开矿，作奸犯科，抗拒官吏，幸而逐之，当事者虑其易聚难散，不得不封闭矿硐，垂为厉禁，而矿政益以不修矣。由前之说，弊在所任非人，藉其名以渔利，而并无其实，固不当因噎而废食也。由后之说，弊在委弃宝藏，故玩法者欲起而攘之，将防玩法之民，先收自然之利。苟上有治之之法，而民自难遁于法之外也。然而犹有狃于故见，而或疑为多事者，亦可谓不审于时与势之宜者矣。夫民于五金之用，一日不可缺，一人不可无。今以天下之大，而所用铜铁，皆仰给外洋。至于金银，如英、美所属之新旧金山，每岁出于矿者数千万，奚啻取之如泥沙。中国无生之之道，仅以古昔所有，互相转输，又已用之尽锱铢。通商以来，仅三十年，而外国日富，中国日贫；复数十年，则益不可支矣。是可不筹所以振之哉？且中国矿产之饶，甲于地球诸国，苟善取而善用之，固大可为之资也。而论采取之道，则官商分办之外，惟矿屯一法为最善。何以言之？今天下额设绿营之外，每省各有防营，无事坐食，既糜巨饷，去之又不足以建威销萌，益示弱于邻敌。是以新疆之豫军，畿辅之淮军，莫不经理屯田以裨军食，其他如河防、水利、炮台、城垣诸工，亦往往借助于各营，此诚撙节财用、酌剂盈虚之要道也。窃闻西南滇、黔、楚、粤、陇、蜀诸省，五金并产，宝气充积，诚择矿苗最旺之山，每省先拨一二营试行采炼，于以创开风气，逐渐推广，有六利焉。向闻佣工开矿，一人所获，每敷一人之食，如得佳矿，即有赢余。营勇开矿，计每丁终岁所获，即不能抵所支之饷，如或仅抵十之五六，亦可省营饷之半也。若矿屯渐多，即所节甚巨。其利一。勇丁游闲无事，浸至习成骄惰，骚动闾阎。今于操练之余，课以矿务，使之勤动于山谷之间，犹得葆其朴勇之气。其利二。矿产皆在穷岩绝峤辽廓之区，于此分屯各营，则苗蛮有慑服之心，客匪绝占踞之望。其利三。官商开矿，筹本最难，本之难筹，尤以工费为大宗。营勇有额支之饷，经始之初，只须购机器，订矿师，成本既轻，事乃易集。其利四。矿务既兴，则运送必有舟车，淘炼必有工匠，未始非小民谋食之资。其利五。无论金银铜铁，中国之所出渐多，则外洋之来者渐少，一年计之而不足，数十年计之而有余。其利六。有此六利，则矿屯之举，尤胜于官商之经营也审矣。若夫选将领，择官吏，联民情，定规制，则恃乎各省大吏之体察情势，访求人才，视其意之轻重，而效之大小判焉。昔宋苏轼治徐州，以利国监为铁官，商贾所聚，凡三十六冶，冶各百余人，采矿伐炭，多强力鸷忍之民，欲使冶户各出十人，籍其名于官，授以刀矟，教之击刺，每月庭集而阅试之，以待大盗，此寓强于富之术也。而矿屯之说，则足以寓富于强。推而行之，富一方可，富天下亦可。譬犹导水者之引其泉，将滚滚而不竭也，而岂有泄涸之患也哉？

利权一

自来有天下者，取诸民以制国用，即量所入以治民事，此古今不易之通义也。孟子论取民之法，准乎什一，以为轻乎此与重乎此，举非尧舜之道。盖必如是而后用可足，用足则事治，事治则民治也。后世幅员日广，道路之转输有费，官吏之征调有费，往往取之甚轻，而民之所供已至数倍。况地之肥硗，民之勤惰，万有不齐，于是取民之制，不得不务从其俭，以恤民艰。我朝承明代加赋之后，悉除一切无名赋额，厚泽深仁，旷古未有。通计一岁取诸民者，惟江浙腴壤，于什一为近，此外由内地推之边省，又推之瓯脱荒远之区，有数十而取一者，有数百而取一者，并有羁縻勿绝，一无所取者。盖地旷民贫，不得不薄赋以示绥怀，相承久矣。然其当治之事，当设之防，或更倍于内地，又不能以取之者微，而置之不理。故合计天下地丁正赋，约二千余万两，仅足供绿营兵饷之用；而其余出款尚繁，入款有限，即令无偏灾，无大役，犹且汲汲不遑。迨稍值事变，不得已而议开捐例，议减俸廉，议令州县摊捐各款，所得甚隘，而其弊不可胜穷也，所节甚微，而其耗不可胜言也。曩者粤孽构难，一时名臣谋士创为榷货抽厘之法，诚以有寇不能不募兵，有兵不能不筹饷，自然之势也。明之晚季，军饷皆出于加赋，一丝一粟必取之力田之农，农之谋食也艰，稍夺其事畜之资，即已流亡失业，所以流寇愈炽，驯至事不可为。若夫厘金悉取诸商，商有余赀，以营贸易，莫不自顾身家，且所抽之厘，仍加诸所售之货之价，则于商并无所损，而其利实取之众人，所以积少成多，而民无大怨。各省厘金最旺之时，通计岁收不下二千万两，今亦有一千四五百万两。所以能剿除群寇，懋成中兴之业者，职是故也。夫明之贻误，与今之成功，其得失较然明矣。迩者军事渐平，而经理厘务之人，或失其初意，不无病民之事，于是论时务者，莫不扼腕抵掌，欲去厘金，而洋人亦遂执洋货免厘之说，以继其后。夫厘金果不便于民，俟中国财用充足，徐图裁减可也，外人而挠我自主之权不可也。中国整饬厘金之弊，严杜中饱，俾商民乐业可也，予洋人以垄断之柄不可也。何也？洋货既免厘，必旋及于土货。洋商之运货免厘，必更揽庇华商之货。厘金之利，岂不尽失耶！

且今军事虽平，而各路防营尚不可撤，各省田赋尚未复额，一切城廨仓狱善后之工，尚未尽修，莫不恃厘金为抵注。苟或去之，则拘挛贫弱，百务俱废。异日彼乘我无备，求减洋税，将何以应之？且华商因避厘金之故，竞买税单，而洋税因之稍旺，厘金既去，则洋税必多偷漏。是洋税随厘金而减者，又自然之势也。万国公法有之曰，凡欲广其贸易，增其年税，或致他国难以自立自主，他国同此原权者，可拒之以自护也。又曰，若于他国之主权、征税、人民、内治有所妨害，则不行。今各国徇商人无厌之请，欲有妨于中国，其理之曲直，不待言而明矣。

利权二

凡两国交涉之事，条约所及者，依约而行，条约所不及者，据理而断，中外各国所以敦睦谊于不敝也。按旧约：各货纳税后，即准由中国商人遍运天下，路过税关，不得加重税则，只可按估价则例，每两加税，不得过若干分。此约立于道光二十二年，维时海内无事，田赋足额，尚无厘金名目；当事者又不知中国税额，较之地球各国，有轻至四五倍、七八倍者，故与洋人立约如此耳。厥后天下多故，饷无所出，始创为抽厘之法。盖西国通例，量出为入，一岁中有额外用度，辄加派于各项之中，或有兵事，亦由众商捐集巨饷。殆与中国抽厘名异实同，而于例定之商税，则迥不相涉也。夫中国有自主之权，军饷筹之中国，非各国所能干预。创办厘捐之初，洋商之货，亦在各子口抽课，均无异辞。迨咸丰八年、十一年订立条约与各口通其章程，始议定洋货土货，倘愿一次纳税，免各子口征收纷烦，每百两征银二两五钱，给予半税单，为他子口毫不另征之据；其不领税单者，仍应逢关纳税，遇卡抽厘。斯乃格外通融之法，体恤洋商，已无微不至。彼洋商运洋货，以子口半税，抵内地厘捐，其获利过于华商远矣。然而商人无厌之求，靡所底止。往岁滇案未结，英国威使复徇奸商之请，藉端要挟，所欲甚奢，日久相持，始立《烟台条约》，定于租界内不抽洋货厘金，又洋货运入内地，不分华商洋商，均可请领半税单。是又格外通融之法，所以优待洋商，流通洋货者，至矣尽矣，蔑以加矣。闻各国议院于中国厘金一事，本不以为非。戊寅八月新闻纸：英之大臣以《烟台条约》未遽核准，并有虑中国之责其食言者。威使徘徊观望，其理既绌，其气自衰。彼之本计，不过俟德、法诸国修约之后，坐享其成，其或从中播弄，或隐为主谋，均未可知。然各国所据以争者，旧约之说也。盖尝细绎旧约之意，当时既并无厘卡，则内地只有常关耳。常关税额，较轻于洋关，其曰路过税关不得加重税则者，譬如江海关纳税复过苏关，浙海关纳税复过杭关，均不再按值百抽五之例纳税耳。然该关之税，仍自当完，故后此议定不领税单者，有逢关纳税之款，而各商无不遵行。至厘卡收捐，专为筹饷而设，名之曰捐，则非税可知，名之曰卡，则非关可知。二者既不能相混，则条约固无不得抽厘之文，彼西人将何说之辞？且查同治元、二年间，上海洋商屡请领事阻止租界抽厘，英国卜公使批札驳斥，法、美两使亦意见相同。乙亥七月新闻纸录《字林新〔西〕报》，有同治二年英使批上海英领事禀，并美国外务大臣复英公使之语，均言租界应由华官抽收华商之捐。夫租界且如此，况在租界之外？举是以折之，而彼当无辞也。洋人之货，一入华人之手，听其或留或售，或用或不用，洋人不得过而问焉。则华人以名义所在，自捐公家之饷，亦固其所。西洋诸国，无物不征，无人无事不征，即如商贾，既税之于合夥，又税之于出入货物，又税之于发收银钱，又税之于每岁所赢之利。其征敛之繁，十倍中国。设使中国欲减其税项，以便华货之畅行，彼能允之乎？举是以折之，而彼当无辞也。洋人之说，动谓以厘金之故，致洋货阻滞不行。考近年进口洋货，每岁值银至八千万两以外，较之十数年前，几逾一倍，可谓年盛一年矣。而犹云贸易不畅，其将谁欺？举是以折之，而彼又当无辞也。总之，洋商于已得之利，则习而忘之，未得之利，则变幻百出以图之，充其无穷之欲壑，虽尽去商税，犹未以为足也。众商日聒之领事，领事日唆之公使，公使非不知事之难行，姑肆其恫喝以尝试中国，幸而得请，可以要誉市恩，万一中国必不能允，彼亦有辞以谢众商矣。然则应之者，在洞烛其情，始终勿为所摇而已。

利权三

间尝闻西人为持平之论者曰："洋商之求免厘金，非敢干中国之政，特以中国厘卡林立，收数互有异同，运货者不能约定成本，恐多折阅耳。"审如是，则加洋税免厘金之说也。昔者日耳曼未一统之时，小邦棋布，关税烦苛，百货不能流通。自普人称雄，始集各邦议立统关，入口货但征税一次，税亦视前加重，以各邦幅员之大小，按月均分。近者德相毕士麻克，又在其国议加进口税。今裁撤厘金之议，德使巴兰德颇主之，若知中国必不能允，彼或以统关之说进。然中国之形势，与德国异，中国之地，以开方道里积算，赢于德国者几及二十倍。各省各口所设厘卡，皆有必不可缓之用，待以支销。今洋关加税少，中国万不敷用；加税多，洋人又未必愿也。则惟有坚持旧章，与之驳辩而已。且中国所需之物，只有此数，即去厘金，贫民不必因之多用洋货。其贩运在数百里内者，抽课本微，即或道路绵远，纳厘较多，获利亦较厚，其数辄加之售货之内，而华民亦不因此少用洋货，是厘金并无损于洋商也。中国之护商旅也，陆路则有防勇，水路则有水师，皆恃厘金以给巨饷。去厘金，必去水陆各营，盗贼之起，何以弹压？洋货土货，皆将阻滞不行，是厘金大有益于洋商也。夫无损如彼，有益如此，然而巴使拾威使之绪余，起而相争，彼谓天下强国，德犹出英之上，故凡英所不能行于中国者，欲竞而得之，以示豪举。然窃以为误矣。巴使于约章之原委，厘务之窾要，实未究心，徒受威使之愚弄而不自知。今以洋船贸易论，英商居十之七，美、德、法及东西洋各国，共居十之三，就令争而获利，亦不过英取其十而德取其一。威使自知无可置喙，乃唆巴使于修约之时，强中国以所难行，事成则英商坐享其利，不成则德人且以不谙公法，为笑于天下。威使为英计则得矣，何英之智而德之愚耶？德之君相，素以豪杰成名，一闻此中曲折，亦必不以巴使为然也。或曰："中国加洋药之税，罢洋货之厘以相抵，可乎？"曰，抽厘则利权在我，加税则利权在彼，即令倍加洋药之税，与厘金若足相抵，然洋药在中国，例本当禁，专恃此为利源，名已不顺，万一异日有可禁之机，必以碍于帑项而中止，是使中国留终古之毒也。且洋药之为物，轻微易藏在于把握，若加税过重，偷漏必多，仍无补于国计，而厘金之利，则一去不可返矣。威、巴诸使每举关卡一二小节，以为要挟罢厘之辞，不知此等乃通商常有之事，就案清理则可，藉为要挟之资则不可，而况彼之所晓渎者，又各有一是非也。然则洋货加税之说可行乎？曰，必不得已，如所加之数，逮于厘金之数，又于立约之时，善防其弊，则固未尝不可行。西洋各国税额，大较以值百取二十、取四十为衡，又多则有值百取六十者，有值百取百者，又有通行免关税者。盖于轩轾之中，各寓自私之计，不若中国之大公无我，出入一体。今酌中定论，自洋药而外，均以值百取二十为断，或于厘金所失之数，稍足相偿乎？

利权四

自巨寇窃发以来，军饷告匮，始立榷厘之法。古之人有行之者，汉之算缗，唐之除官钱，宋之头子钱，其意皆相同也。救时之彦，创为此策，而军饷赖以支持者，逾二十年。迩者群寇削平，洋人颇谓军事起则抽厘以助饷，军事定宜免厘以恤商，不知此说似是而实非者也。盖自各国通商，而洋货之贩运，洋人之游历，日益繁多，不能无水陆各营，以资保护，不能无船政机器诸厂，以精制造，不能无江海各隘炮台，以固藩篱。凡若此类，虽质之洋人，必皆谓当为之事，而岁出之经费，亦十倍于前日。是故通商之事，既不可废，则各项经费，一日难减，即各省厘课，一日难停也。夫中国于厘务，苟持之甚坚，洋人或出于加税之一说，万一所加之数，竟如中国所需之数，则其中又有利有弊。何也？当子口税章初定之时，洋商以半税而免内地厘金，其利本优于华商，华商之巧者，不免与洋商狼狈相倚，诪张为幻，于是有代华商领半税单，而取其规费，有用运照庇送无运照之土货，有用洋船代洋商携带洋药各货，有凭运照免纳厘金，未到子口之先，已将土货销售。是洋税与厘金，均受其病也；是使守分之华商，不能获利也；是驱守分之华商，不得不为奸商也。今定税例，华商洋商一律，凡进口之洋货，纳税于海滨之通商正口，凡出口之土货，纳税于内地之第一子口；各厘卡量加裁并，论其大势，宜密于近海，而疏于内地，用新定税额，一征之后，任其所之，不复重征。是举前此弊端，一举而清之也，不必立防弊章程，而弊自绝矣。内地各省，只须于最要之口，设立总卡，既可搏节浮费，而华货贩运较近者，并无所征，则小民咸受其益，此皆中国之利也。然而犹有虑者，厘金取之华民，中国有自主之权，今既尽归之洋税，设洋人于下次修约，复以税重为言，势必致固有之利权，动为洋人所牵制。是宜于立约时，声明加税与停厘相抵，如异日酌减税额，亦宜酌复厘金，以昭平允，永杜洋人之藉口，此一端也。中国既权厘金所入，尽归之洋税，其或华人自在内地贩运土货，若免其征税，既恐洋商隐附于华商，以滋弊混，若偶经一卡，而亦用值百抽二十之例，势必有所难行。是宜明订章程，核定道里之远近，如某处至海口，须经几卡，则货税亦可作几次分缴，如是则华人不以苛敛为苦，而所经各卡节节稽征，洋税不能偷漏，此又一端也。二端既立，乃可祛其弊而收其利矣。然则中国既得其利，洋商独无利乎？曰：有。洋商运货入中国，可豫定成本若干，赢余若干，操券而来，必如愿而返，利一也；关税交纳之后，运入内地，无守候验货之烦，无逐卡停留之苦，行运既速，成本较轻，利二也；洋商一次纳税，虽若稍重，然隐加之售价之内，仍取偿于华民，华民但知洋货之不复纳税也，无不乐于贩运，或益从此畅销，利三也。利之所在，显然易明，洋人何惮而不为？然窃料洋人昧于远图，而溺于近利，加税一说，势固必不我从也。则惟有坚持旧章，与之驳辩而已。

变　法

　　窃尝以谓自生民之初，以迄于今，大都不过万年而已。何以明之？以世变之亟明之也。天道数百年小变，数千年大变。上古犷榛之世，人与万物无异耳。自燧人氏、有巢氏、包羲氏、神农氏、黄帝氏，相继御世，教之火化，教之宫室，教之网罟耒耜，教之舟楫、弧矢、衣裳、书契，积群圣人之经营，以启唐、虞，无虑数千年，于是鸿荒之天下，一变为文明之天下。自唐、虞讫夏、商、周，最称治平。泊乎秦始皇帝，吞灭六国，废诸侯，坏井田，大泯先王之法。其去尧、舜也，盖二千年，于是封建之天下，一变为郡县之天下。赢秦以降，虽盛衰分合不常，然汉、唐、宋、明之外患，不过曰匈奴，曰突厥，曰回纥、吐蕃，曰契丹、蒙古，总之不离西北塞外诸部而已。降及今日，泰西诸国，以其器数之学，勃兴海外，履垓埏若户庭，御风霆如指臂，环大地九万里，罔不通使互市。虽以尧、舜当之，终不能闭关独治。而今之去秦、汉也，亦二千年，于是华夷隔绝之天下，一变为中外联属之天下。夫自群圣人经营数千年，以至唐、虞，自唐、虞积二千年，以至秦始皇，自始皇积二千年，以至于今，故曰不过万年也，而世变已若是矣。世变小，则治世法因之小变；世变大，则治世法因之大变。夏之尚忠始于禹，殷之尚质始于汤，周之尚文始于文、武、周公，阅数百年，则弊极而变，或近至数十年间，治法不能无异同。故有以圣人继圣人，而形迹不能不变者，有以一圣人临天下，而先后不能不变者。是故惟圣人能法圣人，亦惟圣人能变圣人之法。彼其所以变者，非好变也，时势为之也。今天下之变亟矣，窃谓不变之道，宜变今以复古；迭变之法，宜变古以就今。呜呼！不审古今之势，斟酌之宜，何以救其弊？且我国家集百王之成法，其行之而无弊者，虽万世不变可也。至如官俸之俭也，部例之繁也，绿营之癥也，取士之未尽得实学也，此皆积数百年末流之弊，而久失立法之初意。稍变则弊去而法存，不变则弊存而法亡。是数者，虽无敌国之环伺，犹宜汲汲焉早为之所。苟不知变，则粉饰多而实政少，拘挛甚而百务弛矣。若夫西洋诸国，恃智力以相竞。我中国与之并峙，商政矿务宜筹也，不变则彼富而我贫；考工制器宜精也，不变则彼巧而我拙；火轮、舟车、电报宜兴也，不变则彼捷而我迟；约章之利病，使才之优绌，兵制阵法之变化宜讲也，不变则彼协而我孤，彼坚而我脆。昔者蚩尤造兵器，侵暴诸侯，黄帝始作弓矢及指南车以胜之；太公封齐，劝其女红，极技巧，通鱼盐，海岱之间，敛袂往朝。夫黄帝、太公，皆圣人也，其治天下国家，岂仅事富强者，而既厕于邻敌之间，则富强之术，有所不能废。或曰："以堂堂中国，而效法西人，不且用夷变夏乎？"是不然。夫衣冠、语言、风俗，中外所异也；假造化之灵，利生民之用，中外所同也。彼西人偶得风气之先耳，安得以天地将泄之秘，而谓西人独擅之乎？又安知百数十年后，中国不更驾其上乎？至若赵武灵王之习骑射，汉武帝之习楼船，唐太宗驾驭蕃将与内臣一体，皆有微悟存乎其间。今诚取西人器数之学，以卫吾尧、舜、禹、汤、文、武、周、孔之道，俾西人不敢蔑视中华。吾知尧、舜、禹、汤、文、武、周、孔复生，未始不有事乎此，而其道亦必渐被乎八荒，是乃所谓用夏变夷者也。或又曰："变法务其相胜，不务其相追。今西法胜而吾学之，敝敝焉以随人后，如制胜无术何？"是又不然。夫欲胜人，必尽知其法而后能变，变而后能胜，非兀然端坐而可以胜人者也。今见他人之我先，猥曰不屑随人后，将跬步不能移矣。且彼萃数百万人之才力，掷数千万亿之金钱，穷年累世而后得之，今我欲一朝而胜之，能乎？不能乎？夫江河始于滥觞，穹山基于覆篑。佛法来自天竺，而盛于东方；算学肇自中华，而精于西土。以中国人之才智视西人，安在其不可以相胜也？在操其鼓舞之具耳。噫！世变无穷，则圣人御变之道，亦与之无穷。生今之世，泥古之法，是犹居神农氏之世，而茹毛饮血，居黄帝之世，御蚩尤之暴，而徒手搏之，辄曰："我守上古圣人法也。"其不惫且蹶者几何也！且今日所宜变通之法，何尝不参古圣人之法之精意也。

答伯兄书*
（1885 年）

抚屏大哥大人尊前：二月初八日，马递一函，谅早收到。顷接十一日手书，具聆一是。此间与法开仗情形，大致已括于致傅相及王仲良两电之中。仲春以后，法船在金塘洋面呆泊，每日或竖红旗以示欲战之意，或对岸开数炮而已。此次防务得力，在法船初来之际，炮台兵轮，连击坏其两船。以后遂不敢驶近炮台，远泊十余里外，仍思乘夜放鱼雷入口，又用舢板扑岸，皆为我军所觉，屡次击退击沉。又以开花大炮，对我炮台轰击，每一弹大至五百余斤。其弹或坠麦田，或坠海岸及内河，皆不开花，此中大有天意。间有一二打著炮台者，嵌入泥土，亦不开花。盖自客岁弟到任后，中丞委弟综理海防营务处，获与欧阳军门及杨、钱两统领讲求布置。而宗太守源瀚、杜司马冠英，皆以通才，好谈时务，凡有陈说，弟无不酌择行之。军门、统领均老于军事，阅历甚深，其所以绸缪防务者，不遗余力。沿海两岸，修筑长墙，绵亘殆二三十里。冲要之口，埋伏地雷。每于山冈显露之处，设立疑营，壁垒森罗，旗帜高竖。凡炮台皆换石为土，取以柔制刚之妙，换明为暗，务使虚实相间，敌不知吾炮吾兵之所在。从前洋人构衅，中国筹防，未尽得诀，坚瑕虚实，一望了然。彼以千里镜注视吾兵民所居，军实所萃，货物所屯，以开花炮攻之，一弹所炸，鲜不糜烂。故当之者无完垒，撄之者无坚城。今经营半年，而狡寇适至，彼但遥见一片长墙，既无以辨吾孰坚孰瑕，孰虚孰实。或对高处疑营开炮，则虚无一人，徒耗药弹。敌在海面，风潮颠簸，所放之炮，往往不能取准。如欲闯入口门，既以水道不谙，恐困于险礁浅滩，又为炮台、兵轮、丛桩、水雷所阻。且法人

---

* 薛福辰（1832—1889），江苏无锡人，字振美，号抚屏。精于医术，曾为慈禧太后诊疾。官至左副都御史。

涉数万里远来，煤米药弹，必不充足。彼一弹之价，值数十金，若放炮而漫无把握，不啻以艰贵之物，浪掷诸无垠之海岸。正欲其堕吾术中，亦恐法人觉而自止。弟早与军门、统领言之。今果不出所料，彼既不肯漫然放炮，即放炮亦毫无所中。盖炸弹一遇铁、石，立即开花。今皆遇水土，竟无一人损伤。我军亦置之不理，但欲伺其近岸而击之，彼终不敢驶近，自此遂不甚开战矣。至于迁去天主教士以清间谍，客岁费两月心力，然后办到。今宁、镇、定海，廓然无内顾之忧，所以能放手办事，此层亦最得力。又如海口百余丈之宽，钉桩沉船，周密无间，系弟督同杜冠英始终经理，今敌舰果不能驶入。而南洋三轮入口后，有所凭依，不致被轰于鱼雷者，桩船力也。他若造宁镇电线以捷军报，豫以厚糈雇养善领港之洋人，以绝法船之向导，密耸英领事扬言保护定海以杜法人之窥伺，由今思之，皆系必不可缓之要著。其他小事，随时相机措注，更难缕述。

弟自元宵以后，百务环集，寝馈为废，飞檄发电，笔不停挥，手腕欲脱，今始稍觉清暇。鄙意所尤快者，如滇、如粤、如闽、如直隶、如奉天、如台湾，皆星使联翩，会办络绎，宿将棋置，且由部拨大宗巨饷。然要不过胜负互见，甚者如马江之败绩。惟浙防无督办之大臣，亦未拨巨饷，仅由弟与健飞军门承乏其间。健翁任战事，而筹画一切，则弟任之。位望最轻，用饷最省，而气势完固，有胜无败，非特中法开战后所仅见，实与洋人交涉后初次增光之事也。承询邸钞未见弟名，盖因中丞匆匆叙战，偶尔遗漏，然正与弟意暗合。夫为其实而不居其名，最为上乘。凡人求见姓名于奏报者，盖为希冀奖叙起见。弟之本心，惟兢兢以不能尽职防海为惧，岂复稍计及于奖叙？中丞平日倚弟筹防，始终言听计从，毫无掣肘，今或鉴及弟之不汲汲于表见，故不以其待诸将者待之。夫课其实用而缓其虚名，不可谓中丞非真知我也。虽然，此事之梗概，请再为兄详陈之。大抵中丞叙战之疏，悉本军门、统领报战之文，军门、统领于此素不甚留意，一以属之营中之文案。近来营中文案，大率贫穷糊口之士，本无识时务、知文墨者，不过掇拾浮辞，潦草塞责而已。盖论海防报战之体，与剿粤、捻寇时情形迥异。剿寇之役，重在临阵决胜，故叙战宜详。海防之役，重在平时布置，故叙战宜略。今镇海两次击败法舰，若核实甄叙，不过彼此各开几炮，法舰受伤旋退，寥寥数语足以括之。惟必将事前布置之曲折，择要叙明，而所以致胜之由，不言自喻。正文不过淡淡著笔，则愈简实而愈精神。彼营中办文案者，固不足以语此。于弟之布置各端，既一字不及，即于军门、统领之布置各端，亦一字不及，突叙炮台开炮一事，无以起发人意，使人阅之，转觉其敷衍无聊，疑非事实。然则浙省以卓然非常之绩，而出以黯然无光之文，固属可惜。弟推本于营中文案之无好手，虽系实情，仍宜曲谅，以前敌倥偬之际，实不暇精心营度也。且务实不务名者，固不于此争得失。因来书殷殷询此，辄纵论及之。至当时弟不专具禀牍以备中丞采择者，嫌与诸将争功也。方今和议已成，或不致再有翻异，镜清砥平，可翘待矣。泐此缕复，敬请大安。弟福成谨上。二月二十七日。

此系递通州家信，因其指述防务情形颇为详悉，特附录以备查考。自识。

（选自《浙东筹防录》卷二）

寄龛文存序
（1885 年）

国朝康、雍之间，桐城方望溪侍郎独以朴学治古文辞，继明归震川氏，以上接韩、欧阳之绪。至乾隆中叶，而姬传姚先生踔起，先生亲受业望溪弟子刘君大櫆，及其世父编修君范。其论古文曰："义理、考据、辞章，三者缺一不可。"一时著籍门下高第弟子，各以所习相传授。自淮以南，上溯长江，西至洞庭、沅、澧之交，东尽会稽，南逾服岭，言古文者，必宗桐城，号桐城派。其渊源所渐远矣。厥后流衍益广，不能无窳弱之病。曾文正公出而振之。文正，一代伟人，以理学经济发为文章，其阅历亲切，迥出诸先生上。早尝师义法于桐城，得其峻洁之诣。平时论文，必导源六经两汉，而所选《经史百家杂钞》，搜罗极博；《文选》一书，甄录至百余首。故其为文，气清体闳，不名一家，足与方、姚诸公并峙。其尤峣然者，几欲跨越前辈。余谓自桐城派盛行，而海内假托者亦众，近世高材生言古文者，或遂厌弃桐城，然以文正之贤，不能不取义法于桐城，继乃扩充以极其才。然则桐城诸老所讲之义法，虽百世不能易也。夫古文之由来远矣，自昌黎迄今千有余年，作者曾不数家。其间盖非无笃志者矣，而或未得其传；得其传矣，或限于时与地，而程功致力之不能深且久；则皆不可以至。然苟非瑰奇鸿博绝特之才，则虽得其传与时与地，或能至而不必成，能成而不必造其极。甚矣，古文之难言，而作者之不数数觏也。会稽孙君彦清，砥行绩学，治古文有声。光绪十年冬，彦清将自梓其文，都为四卷，曰《寄龛文存》，征序于予。逾岁复来趣之益力。予读彦清之文，擩哜百氏，弸中彪外，驰骋不可抑遏，集中颇见规模《史》、《汉》及六朝骈俪之作。盖其声光骏发，非桐城绳检所能束缚也。然以彦清所有，如复能默究义法，奋追曩哲，茹精晰微，屡变益进，则传世行远，其又可量邪？予愿彦清敛才抑气，深思有得，扩其所已能，研其所不足，古之作者，不难至也。予壮岁获游曾文正公之门，粗闻绪论，顾以世事役役，大惧不能卒业。羡彦清之才之敏，而知其必不鄙弃予言也。故道予志所欲就而未逮者以勖之。

（选自《庸庵文外编》卷二）

书涿州狱
（1886 年）

　　道光季年，涿州有富家妇谋杀其夫者，实用木器压其喉，气闷而殒，乃以组系项，作自磬状以闻于官。官驰往验，谓《洗冤录》凡自缢者，血荫直入发际，八字不交。今此尸喉间有勒痕，与自缢者殊，疑有别故。既廉得奸夫主名，系鞫之，具伏其平日与妇有私，及合谋杀夫状，遂以绞勒定谳，论罪如律。是时，刑部郎中满洲耆龄公总理秋审处事，详阅尸格，谓绞勒者八字必交，今究厥伤痕，明与绞死者殊。疑其有枉，欲以平反为能。囚自知罪可逭，亦遂抵死不承，重赂宗亲长老，连控于都察院，均保此妇行贞洁，力请直其谩。刑部汇核奏上。是时，宣宗恤庶狱尤劬，又惩治道觖骸，思一扫刮振励之，特赏耆龄花翎，记名以道府简用。天语褒奖，且勉刑部司员，尽当法耆龄。凡初谳是狱者，谴谪有差，并以良家节妇横遭诬蔑，特敕有司建坊旌表。于是，耆龄折狱明允之名闻天下。不数年，涿人始共传言，被旌之妇已与奸夫自配为夫妇，尽踞富家田宅有之矣。其婢仆亦稍稍出言其旧主死状，有流涕者。于是，天下复知初断是狱者之不误也，然以案经钦定，罔敢有言。耆龄旋出守广信，未及十年，超擢两广总督，改福州将军。而涿州所建之坊，至今岿然尚存。

　　夫谳狱诚不易，而谳人命尤难。彼木器礚死之痕，谓为自缢与绞勒者，同一失实。然因奸谋杀，则原谳为近之。圣人在上，仁心仁闻，弥纶寰宇。为臣下者，未能承流宣化，俾底刑措，稍有疑窦，又不能尽心推究，转令巨憝稽诛以贻人口实，有司者之咎也。傥所谓失之毫厘，差以千里者邪？乌虖！治狱之官，岂容稍有偏倚？意在深文，固失其平；意在平反，亦失其平。光绪二年，余杭举人杨乃武之狱，当时浙士在都者，议论汹汹，必尽翻前案始慊。侯相左文襄公尝述涿州狱以语座客，其是非至今亦疑莫能明也。自后浙江州县逆伦之案，上官鉴前事，皆以辗转驳诘为宕延计，凶徒无一伏法；而无辜证佐，往往十余年不得释，羁死囹圄者颇众。窃谓事之不平，至逆伦之案而极。赖执法者先平其心，乃能剂不平者而使之平。若研之未审而遽欲平反，彼自谓平者，乃至不平也。茍至不平之事，复以至不平之心助之，充其极，不至酿至不平之祸。如近日浙江事不止。然平反者之初意，亦岂料其流极至此不平邪。彼其用心，不过几微失其平而不自知也。是以古之善治狱者之宅其心，必曰如鉴之空，如衡之平。

方存之云："此为浙江杨乃武一案而发。作者在浙东，深鉴其流弊，畅切言之，殆与空谈时务，及仅据传闻，作文记事者不同矣。"

（选自《庸庵文外编》卷四）

《浙东筹防录》自序
（1887 年）

　　光绪十年，法兰西攻越南，克之；与我广西防边诸军遇，仓卒受创，憪然不靖。遣其巨酋，作言恫喝，要求无艺。不应，则以兵船遄至海上，惊恐吏民，鲸呿鲵突，不戢益张。于是，诏下濒海诸行省戒严，而福成适奉分巡浙东之命。巡道职虽主察吏，然备兵防海，实其专责；又监督两海关，为巨饷所自出，凡与远人交接事，刚柔缓急，稍失其宜，往往纳侮而为他日患。窃用此为兢兢，既受事，寇警益迫，筹防益棘。抚院庐江刘公，不以福成不敏，檄令综理营务，尽护诸军。当是时，浙江提督祁阳欧阳公驻镇海之金鸡山，以本标练兵千，暨楚勇二千五百人防南岸；统领抚标亲兵记名提督寿州杨公岐珍驻招宝山，以淮勇二千五百人防北岸；统领抚标小队记名总兵寿州钱公玉兴以衢标处标练兵千，暨淮勇二千五百人，分扼宁波至梅墟及育王岭、墙下潭等隘，并备有事时策应南北岸两路；又有威远、靖远、镇远三炮台炮兵，以守备吴杰领之。"元凯"、"超武"两轮船在海口，而红单师船五六，往来不常。两统领之军，及炮台兵轮，仍总统于提督，而皆遥受节度于中丞。中丞传宣号令，筹议大计，悉下营务处。凡战守机宜，无巨细，一埤遗之。其佐理营务处者，则有知宁波府上元宗君源瀚，治行焯著，识略颇闳；试用同知太平杜君冠英，抗谈经济，多得要领。二君皆锐敏喜任事，每有所建白，未尝不中吾志也，既倚之如左右手矣。欧阳公练戎机，有雅量；二统领亦精心兵事，奋欲有所树立；皆与福成交久，契合无间言。福成时与商榷，必尽心乃止，未尝有不同之见。顾中丞既不驻宁波，将吏不甚相统摄。巡道位稍下，权力轻，所与共事者皆等夷，若稍颛己自用，则必有所龃龉而志不一。志不一，则势不完而防不密。窃尝自念所居之地，尤以联上下、化异同为职。吾职稍有不举，辄凛凛然惧之。故凡进言于中丞者，惧将吏之隐情，有不上达也；惧中丞之德之威，有未下究也。凡调和于将帅之间者，惧其有町畦而意计相歧也，惧吾积诚之未至也，惧吾谋虽忠，议虽密，或稍矜意气，致听者不能虚受也。凡鼓舞群才而为吾辅者，未事则惧不尽所长，既事则惧不彰其绩。而当夫策力并进，未有折衷，又惧不能砥砺损益，归于至当也。慎此数者，识之不忘，幸而文武一心，上下辑睦，奋其智能，各事其事，绸缪寒暑，不怵不惕。于是因形势，设巨防，定民心，搜军实，用与国，伐敌谋，清间谍，杜向导，申纪律，明赏罚，励客将，布利器，备御稍严。寇氛已逼，恃其慓锐，突进无前，我舰我台，纵炮拒之，毁坏敌船，偃旗转轮，仅能出险，再进再却，折北夷伤，悍酋嚄唶，既悝且惊，毒技险谋，郁不得泄，屡肆桀黠，鱼雷舢板，乘宵入袭，以遗我禽。彼乃久居狂风怒涛颠顿振撼之中，饱尝潮汐，与我相持四五十日，欲蹈瑕伺间以图一逞，卒不可得。迨和议成，复逗遛三阅月，乃退去。是役也，法水师将孤拔乘中国海军未成，以铁木战舰十余，纵横南洋，龁我海疆。其别将统陆师由越南进窥广西边境，中国将吏分道御之。马江之战，以不设备而大败。然法用诡道单［取］胜，诸国咸羞称之。台北之战，迭胜迭败，以法人全力所注，受围最久，战守亦最苦。镇南关之战，先大败，后大胜，穷追出关，遂复谅山。非此一战，法尚未肯就款也。惟广东以重臣宿将，络绎布置，先声所震，敌气自慑，遂不敢犯。镇海一口，本非敌所必犯，以追南洋援台兵轮船至此，又因浙防声势弱，有轻我心。我乃出其不意，逆摧凶焰。彼既败之后，复稍务持重，不敢浪战。故法船在浙洋四月有余，而民不受兵，其完固清谧之效，殆与广东相并云。兹辑当时文牍、书檄、电报，稍有关系者，厘为四卷，时时取以自镜，并付剞劂，以质当世达时务者。夫武备日新，事变无穷，此詹詹者，本不足道。然存其梗概，用为防海之嚆矢焉，亦以鸣安不忘危之意云尔。时十有三年岁次丁亥，秋七月，无锡薛福成自序于分巡宁绍台道廨斋。

（选自《浙东筹防录》）

书编修吴观礼论时事疏后
（1887 年）

　　光绪初年，翰林院编修吴观礼抗疏论时政，其言得失参半，独疏中"疆吏侵官"、"藩司旷职"二语，议者尤啧啧称诵。大旨谓：各行省有布政使司，理财用人，皆其专责；总督、巡抚，乃朝廷所遣督察之官，不过考其成而已。今通省政事，必由督抚主持，是为侵官；藩司让权督抚以卸责，是为旷职。乌虖！斯言也，在不知治体者皆为所眩，抑未就数百年官制沿革一考之也。

　　自宋废藩镇，金、元始就各路设行中书省，皆以重臣位望稍亚于宰相者领之。明太祖废中书省，而行省之名亦罢，改为布政使司；又因政务繁重，设左右布政使分治之，而听考核于吏、户诸部。当时布政使之职特重，往往入为尚书、侍郎及副都御史，而尚书亦常有出为布政使者。又特设按察使司，专理刑名，而藩臬两司又各有副使参议，襄理其事，今之道员是也。洎明中叶，以布政使不能统摄各司道，乃遣部院大臣为巡抚临其上而权始一，后又增设总督。本朝因明旧制，各省政事之权，未尝不操于督抚，故体肃而任专。晚近吏治稍刓，大吏以迁调频仍，莅事日浅，不能获指臂相使之效。时艰益棘，牵制愈多，号令不行，浸至覆败相随属。自曾文正、胡文忠诸公乘时踔起，划去文法，不主故常，渐为风气。各省自司道府以下，罔不惟督抚令是听，于是政权复归于一，而事乃无不济，治道蒸蒸日上矣。试以今日吏治兵政，与三十年前絜长校短，其相去为何如，吴君独未之知邪？大抵吴君于古今官制，但拘其名，不明其意。夫今之督抚，犹元之行中书省，明初之布政使司也。自督抚设而布政使之职轻，其权杀矣。其一省刑名、漕粮、运盐、关税，既各有官分任而不为所属，其所司亦只以丁赋与用人二事为大。即以用人论，若尽归藩司去取，而督抚不闻问，势必上下隔阂，指拗不灵。若藩司谓贤而用之，督抚复谓否而黜之，则政令纷歧，下无适从，不若由藩司请命督抚为画一。且阃省司道，与藩司体制相并，倪谓督抚不当问藩司之政，则亦不当问各司道之政，而藩司更不能问各司道之政。藩司曰："吾之所司，不必关白督抚。"各司道亦曰："吾之所司，不必关白督抚。"一省之政，乖迕纷错，竟无统绪，其如朝廷遣大臣临制之意何？果若所言，则必督抚养尊废事，政柄旁移，然后谓之不侵官，势将旷职而后已；藩司任意专断，与上龃龉，然后谓之不旷职，势将侵官而后已。藩司旷职，尚有督抚督率其上，至督抚旷职，而政事全弛矣。疆吏侵官，不过藩司承顺于下，至藩司侵官，而体制益舛矣。岂非驯至大乱之道欤？若吴君谓督抚二官，可省其一。吾必以为知言。今乃欲责疆吏以不事事，抑不知其意何居也。小儒昧时务，滞见闻，立言之蔽，往往如此。独怪一时议者从风而靡，余恐其误人学识也，不可以不辨。

萧敬甫云："洞悉古今设官用人之意，辩论深切著明，耐人寻玩。吴君见之，应自悔其失言矣。"

（选自《庸庵文续编》卷上）

书长白文文端公相业
（1887 年）

　　圣清御宇余二百年，凡磊落闳伟盖世之勋业，皆出满洲世族，及蒙古汉军之隶旗籍者。汉臣虽不乏贤俊，不过以文学议论，黼黻隆平而已。先皇措注之深意，盖谓疏戚相维，近远相驭之道当如此。而风气文弱，不娴骑射，将略非所长，又其次也。乾隆、嘉庆间，防畛犹严，如岳襄勤公之服金川，二杨侯之平教匪，虽倚任专且久，而受上赏、为元勋者，必以旗籍当之，斯制所由来旧矣。虽然，人才视时势为转移者也，限于一格，则时栋不出，用之无方，则赓续不穷。必有深识伟量者默烛先几，乃能知穷变通久之道，而断然行之不疑。此其斡旋气运之功，何可及邪？长白相国文端公文庆，以咸丰初年为大学士、军机大臣。是时海内多故，粤寇纵横。经略大臣，如赛尚阿、讷尔经额两使相，皆以失律获咎。公尝言："欲办天下大事，当重用汉人。彼皆从田间来，知民疾苦，熟谙情伪。岂若吾辈未出国门一步，瞢然于大计者乎？"平时建白，常密请破除满汉藩篱，不拘资地以用人。曾文正公起乡兵击贼，为寿阳祁文端公所抵排，又累战失利。公独谓曾某负时望，能杀贼，终当建非常之功，时时左右之。胡文忠公以庚子江南科场失察，与公同镌秩，公尝与胡公语，奇其才略，由贵州道员，一岁间，擢巡抚湖北，所请无不从者，公实从中主之。当是时，袁端敏公甲三督师淮上，骆文忠公秉章巡抚湖南，公尝荐其才，请勿他调以观厥成。其兼管户部也，今相国朝邑阎公方为主事，明习部务，公常采用其议，虽他司所掌，亦询之以定稿。郑亲王端华、侍卫肃顺渐进用事，然独严惮公。公累世贵显，气度浑融，能断大事，为八旗王公所敬信。端华、肃顺虽颇被裁抑，弗敢怨也。及公将薨，遗疏谓各省督抚，如庆端、福济、崇恩、瑛棨等，皆难胜任，不早罢之，恐误封疆事。其后，数人皆如公所料，而庙谟亦颇循公成画，未及数年，曾、李、左诸公联翩大用，遂以削平群寇。曾公克金陵报捷也，推使相官文恭公居首，而己次之，海内称其让德。今伯相李公将平捻寇，将军都兴阿公甫受命督师，而寇适灭，都公谦不报捷，大功之成由汉大臣专报，自兹役始。迨左文襄公平回寇，则竟不参以他帅，满汉已无町畦。功名之路大开，贤才奋而国势张，盖文文端公之力为多。夫宰相以荐贤为职，荐一世之贤，平一世之难，其功固不浅，若所荐不仅一世之贤，而移数百年积重之风气，非具不世出之深识伟量，其孰能之？余故表而书之，以谓中兴之先，论相业者，必以公为首焉。

（选自《庸庵文续编》卷下）

书宰相有学无识
（1887 年）

昔司马子长不善汉相公孙弘，其所以讥切弘者，曰希世用事，曰曲学阿世，曰意忌，外宽内深。然观其请罢西南夷，及沮卜式，黜宁成，皆有大臣之言。独惜其年老，阅世深，气衰意倦，不肯廷净耳。厥后匡衡、孔光、张禹等相继为相，史又称之曰，皆持禄保位，被阿谀之讥。彼以古人之迹见绳，乌能胜其任乎？此数人者，学行炳然，皆足媲公孙弘，及为相，依阿苟容，又甚于弘，竟无一事可称述者。余谓位至宰相，当知其远者大者，若识度不闳，则其气不足以鼓之，力不足以守之，虽学行敦美，不过为钓名誉、弋富贵之资耳。卒之大节无称，为世诟讥，而学不能施于用，行不能要其终也。乌足道哉？乌足道哉？

相国某公者，累掌文柄，门下士私相标榜，推为儒宗，以问学淹雅负重望，一时考据辞章之士，与讲许氏学者，翕然称之。道光季年，以尚书入为军机大臣，与首相穆彰阿共事无龃龉。咸丰初，遂为首相。粤贼之踞武昌、汉阳也，进陷岳州以逼长沙，曾文正公以丁忧侍郎起乡兵，逐贼出湖南境，进克武汉黄诸郡，肃清湖北。捷书方至，文宗显皇帝喜形于色，谓军机大臣曰："不意曾国藩一书生，乃能建此奇功。"某公对曰："曾国藩以侍郎在籍，犹匹夫耳。匹夫居闾里，一呼，蹶起从之者万余人，恐非国家福也。"文宗默然变色者久之。由是曾公不获大行其志者七八年。侍郎吕文节公贤基疏论天下事，颇忤政府。是时皖北全境糜烂，某公请派吕公还籍治团练，无兵饷以畀之。吕公自陈书生不知兵，陛辞曰，痛哭而出。未几，遂殉舒城之难。刑部员外郎邵懿辰以经学文章名于世，性戆直，好议天下大计，与某公学术不相中，又素与曾公善，时为军机章京。会粤贼北犯，某公请遣懿辰出防河。人谓懿辰，黄河绵亘千里，纵有劲兵数万，且不易守，而况徒手无一兵者乎？

此政府欲置君死地，否则以疏防罪君也。已而粤贼果渡河辅畿辅，懿辰坐是镌秩去。寇氛日棘，某公乞病予告。同治初元，征用耆旧，复以大学士衔补礼部尚书，入值鸿［弘］德殿。适两江总督何桂清以玩寇弃城，逮入刑部狱，舆论皆谓死有余罪，某公独上疏力救之，为言路卞宝第等所纠，士大夫诵其弹章，交口称善，由是清望益减。盖好贤恶不肖，宰相职也。某公于贤者嫉之如仇，于不肖者爱之若命，观其好恶，可以卜其相业焉。又有相国某公者，以咸丰初年入政府，后遂为首相，力荐何桂清兼资文武，必能保障江南。迄苏、常告陷，犹不悟，力庇桂清，谋贳其罪。与端华、肃顺等共事，肃顺尤横恣，某公未尝迕之。庚申之变，乞病予告，亦以同治初元征起。某公条议时事颇备，不自上疏，诣军机大臣，请代陈之，其大旨谓楚军遍天下，曾国藩权太重，恐有尾大不掉之患。于所以撤楚军，削曾公权者，三致意焉。是时，曾公负朝野重望，天子方倚以平贼，军机大臣见而哂之，由是不获再用。但有旨暂权都察院事，以疾笃辞，遂卒。夫此二公者，学非不淹雅，行非不廉谨也，而一任天下事，不能当乎人心若此。则利害之私挠乎中，爱憎之公变于外也。《秦誓》曰："以不能保我子孙黎民，亦曰殆哉。"幸而二公早退，不竟其用耳。其识固难与公孙弘比伦，其学亦尚不如匡衡等，而其希世用事，依阿苟容，堕坏国事于冥冥之中则一也。余故表而论之，以为宰相不可无识，识扩之欲其闳，审之欲其定，乃能不为私意所淆，不为俗论所拘，夫然后居宰相位，可不负生平所学矣。

　　方存之云："读书论世，须先明是非；是非不明，则学术大误，而天下后世亦必受其误。即如某相为近今士大夫所推仰，以其门生之遍天下也。然彼所以推重之者，私也，非公也。作者不避嫌怨，大声疾呼，于两相心事，看似抉摘无遗，却极平允确凿，不过欲以是非正告天下后世耳。即如上篇书文文端公相业，亦所以明是非也。此等文为一代文章家所不多见，不薪传而自无不传，犹隐得《春秋》遗意，而文之闳雅翔实，又其余事。"

　　　　　　　　　　　　　　　　　　　　　（选自《庸庵文续编》卷下）

书陈玉成苗沛霖二贼伏诛事
（1887 年）

　　粤贼据金陵，控长江，垂十二年。自杨秀清死，贼所仗以力抗官军者，惟陈玉成、李秀成最强。玉成黠猾与秀成颉颃，而鸷勇慓锐则过之，海内称为四眼狗者也。尝攻李忠武公续宾于三河镇，覆其军；与张忠武公国梁相持江上，迭有胜负；大败德兴阿、胜保二帅之师，纵横死咋，所陷城杀将为最多。胡文忠公在上游，与曾文正公协谋，以安庆玉成分地，其父母妻子皆在焉，进规安庆以致玉成，玉成果悉锐西上。是时大帅则曾、胡二公，左文襄公与今伯相合肥李公，皆在幕府。合多隆阿忠勇公，鲍武襄公超诸将之力，苦战累月。初不利，后乃大创之。玉成反旆而南，攻陷金陵大营，张忠武公死之，苏、常诸郡皆陷。于是道员今威毅伯宫保曾公以兵万人急围安庆，多公率万人围桐城御援贼，李勇毅公续宜以万人驻青草塥，为两军援。鲍公以万人为游军，东西驰剿。水师将杨公岳斌扼驻滨江要隘，并助守围军内外长濠，集厚力，张远势以待敌。玉成自江南扫境而至，与多公、李公鏖战于挂车河，大败；进薄围军，不克。玉成私念湖北、江西，楚军根本，冲其腹心，必撤围自救。乃从英霍间道入犯湖北，连陷黄州、德安、随州，武汉、襄樊皆大震。嗾悍酋李世贤、黄文金各挟其全部，辖徽、饶、信三府；李秀成纠贼十余万围抚州，攻建昌，进陷吉安、瑞州，以逼南昌、九江，皆援安庆也。曾公、胡公分遣诸军且防且战，竟不撤围军。玉成乃分党踞所陷城，自率悍贼东援安庆。多公邀击于练潭，于高河铺，于挂车河，皆大败之。玉成之党入自集贤关，筑垒菱湖、赤冈岭以围我围军。曾公凭濠拒贼，与鲍公军夹击，破贼四垒，贼将刘玱林跳而逸，水师擒磔之。复展外濠，环贼十八垒于围内，俘斩无脱者。玱林，玉成部下骁将也，既失之，军势遂不振。告急金陵，金陵贼益纵，玉成复率杨辅清等三伪王分援安庆、桐城，昼夜疾斗，屡进屡北，贼众崩溃。其江西援贼，则左文襄公以一军特起，鲍公亦以全军驰往，连与贼遘，大败之于乐平，于景德镇，于丰城，于河口，群贼失势东遁，官军遂拔安庆、桐城，徇濒江郡县，皆下之。李公由青草塥回援湖北，悉复所陷城。玉成退入庐州拒守。同治元年夏四月，多公军克庐州，玉成以皖、鄂胁从数万人，奔苗沛霖于下蔡，欲与同拒官军。苗沛霖者，以诸生为团练长，劫其众以叛。大帅胜保招降之，犹持两端，意叵测，受官于朝，不肯冠带，使其下呼己为苗先生，攻巡抚翁同书于寿州，陷之，杀豪族之不附己者。有诏褫沛霖布政使衔川北兵备道，将进兵讨之。沛霖乃复求抚于胜保，亦阴通款玉成。玉成伪封为平北王。累书招玉成，谓凤、颍二府形胜可踞，诸乡寨练丁，皆习战守，足备征调。玉成信之。既去庐州，多公以劲骑蹑其后，胁从败散略尽，惟余亲兵三千人。沛霖出城迎玉成，执礼甚恭，见其亲兵皆百战精锐，欲夺有之。乃给玉成驻众城外，仅以百余人入城。沛霖分兵防守诸门，多具酒食，阴令部卒引玉成从者入帐酣饮，而以盛馔飨玉成，伏兵齐起，遂麇之，送胜保军中。胜保欲降之，不屈；因述胜保败状以为诮。槛送京师，行至延津，有诏磔死。玉成既死，亲兵三千皆降于沛霖，为致死力。沛霖以是益横。

明年，科尔沁忠亲王追剿捻酋张洛行于颍北，沛霖引兵椅其后，设伏守隘，而洛行就禽。自谓连立大功，当受上赏，顾以前罪削籍，三年未复，鞅鞅不平。进据寿州、怀远，断临淮大营饷道；南畏楚军之威，欲北趋中原，号召群捻，而蒙城扼其冲，乃悉起练众攻围之。连营百余里，势张甚。将军富明阿，总兵王万青、詹启纶等引军赴援，皆坚壁不敢战。俄而科尔沁亲王督大军南下，以总兵陈国瑞为先锋。王之诛张洛行也，狝薙积寇无遗种，淮甸之民，震其余威，闻王将至，则已心胆欲碎，窃窃私语，谓："苗先生陷我于死也。"陈国瑞以数千人先至，连日夜攻击，破沛霖数垒。沛霖之党皆夜惊曰："王爷率大军数十万至矣。今其先锋军威尚如此，况王爷亲至，我辈其能免乎！"亲兵三千人相与谋曰："我辈故英王旧部也。苗先生肆其诈慝，诱杀我英王，复以威劫我，使为之用，是苗先生乃吾仇也，我辈何苦为之尽力？卒令自就死地。孰与报雠雪耻，以邀爵赏而纾死乎？"一夕，沛霖登营墙，有所指挥，亲兵二人掖以赴之外，挺矛舂之，殪。报詹启纶，启纶不信，拒之。迟明，报王万青，万青往验之，信，刲其首，迎献于王。淮南北练党闻沛霖死，数百里间皆启城寨降。王嘉王万青之功，奏赏黄马褂，万青甓二亲兵之分其功也，殪之以灭口。还至高邮，暴病以卒。人谓二亲兵为祟也。

伯兄抚屏云："曾、胡之谋安庆，与陈玉成之救安庆，一胜一负，往往掣动天下大局。当时聚精会神，贤才辐凑，而将士之精练，亦恰到好处，用能擒此剧贼。玉成既擒，而粤贼之平，可计日待矣。至曾公围安庆，而玉成之党复围我围军，曾公又与鲍公夹击，以围围我围军之贼，兵势变幻，不可名状。文势亦适与之相称。苗沛霖本无大伎俩，而玉成之擒乃在其手，厥后为其下所戕，则由于党众之惊惶。后段叙练党之惊，亲兵之谋，洵系传神之笔。此篇不立闲架，只随事曲折叙去，自觉光焰熊熊。鸿文无范，独辟町畦，传世何疑。"

（选自《庸庵文续编》卷下）

书合肥伯相李公用沪平吴
（1887 年）

　　咸丰庚申、辛酉间，粤贼陷据苏、浙两省郡县，江苏之境，自大江以南，皆沦于贼。其仅存者，则提督冯子材以一军守镇江府城；巡抚薛焕与署布政使苏松太道吴煦等皆栖上海，仅保松江、上海两城，与黄浦以东三县而已。既而浦东之奉贤、南汇、川沙等城皆被贼扰，松江亦失而复得，上海屡受围逼，势岌岌。吴煦在沪，颇谙洋人性，能联络为用，以厚饷募勇数千，使洋将华尔以泰西阵法部勒之，名曰"常胜军"，战稍有功。复以重利啖英、法两国兵官，兵官欲保通商口岸，皆尽力助战守。上海当江海绾毂口，虽寇氛日迫，而商贾辐凑，关税厘金，视承平时旺数倍。煦执利权，亦颇有综核才，然宦江苏久，为积习所渐，不能自祓，且素不知兵，仅倚洋将御贼。洋将恃功骄倨，缓则索重赏，急则坐观成败。巡抚以饷权在煦，而才又不如煦，儽然不能有所为，啸诺而已。前后募勇五万余人，以不能训练，遇贼辄北。吴中绅耆避寇在沪者，皆知其危，屡议赴曾文正公安庆大营乞师。巡抚以下皆弗善也，然意虽不怿，而无辞以阻之。会巡抚为言路所劾，朝廷密令曾公荐能胜抚苏任者。曾公初欲荐沈文肃公葆桢，既念沈公虽精吏治，而军事阅历不甚深，乃荐幕僚延建邵遗缺道今伯相合肥李公，欲令创开淮军风气，以弥楚军之阙。又议镇江为上游形势必争地，欲令驻军镇江，与扬州防军联声势，上可以会剿金陵，下可以规复苏、常。是时，在籍户部主事太仓钱鼎铭与绅士十余人附轮舰西上，谒见曾公，力陈东南百姓阽危状，歔欷流涕，纵声长号。退至幕府见李公，复言沪滨商货骈集，税厘充美，饷源之富，虽数千里腴壤财赋所入，不足当之，若弃以资贼，可惋也。李公乃入言于曾公，定计径趋上海。吴中士民不支官帑，蠲财得白金十八万两，租西洋巨舰五，络绎迎师，鼓轮东下，穿贼境千余里。贼以其行之捷也，又心畏洋人，皆在江岸遥望，不敢何问。李公遂以同治元年三月，率所部楚军及新募淮军共五千五百人至上海，军于城南。甫一月，奉命署理江苏巡抚，而总兵黄翼升亦率水师十营东下，受李公节度。

初薛焕等闻李公将至，内不自安，乃以巨饷购英、法两国提督，代攻嘉定、青浦两城，下之。洋人欲令李公分兵守两城，李公曰："吾所将数千人，皆战兵也，能合不能分，岂区区守此二城者乎？俟巨寇自来送死，观我胜之。"已而伪忠王李秀成纠贼数十万来攻，洋人皆敛手不出战，欲试李公能否，亦畏贼之悍且众也。李公督诸军力战，破走剧贼，洋人始同声叹服。贼复纠党麇至，李公三战三捷，沪防肃清，洋人益倾心，奉约束维谨。其兵官皆奋欲自效，以随同杀贼为荣，始渐得洋人死力矣。李公初奏明以筹饷责吴煦，既念煦管饷权，多牵掣，前在安庆出兵时，曾文正公谓："不去煦，政权不一，沪事未可理也。"于是制造局、支应局，咸择人任之，以分其权。一夕，李公便服跨马踏月，直入道署。煦仓猝出迎，李公与谈他事，款语良久，忽谓曰："我忝为巡抚，而此间所收税厘确数，尚未周知。闻君有简明计簿，可借我一观乎？"煦揣李公匆匆翻阅，未必能得要领，因检十数本呈之。李公曰："当尚不止此。"煦复检呈数本。李公复索之，煦复呈之，如是者三。李公乃曰："此事条目繁重，非今夕所能遍阅，我将携归详阅之。"顾命从者，取怀中黄袱挈之驰去。煦出不意，而无如之何。李公阅簿籍，益知上海饷源不竭，可大有为也。于是，疏劾道府数人，去煦羽翼。奏调安徽道员王大经，总办牙厘局事，已披煦权太半。金陵官军被贼围甚急，征援师于沪。李公乃奏派煦督常胜军往援，以法兰西人白齐文为将。未及拔队，白齐文倡众索饷，大噪，因褫白齐文兵柄，煦亦以不善统驭罢职，自是饷权无旁挠矣。当是时，每月税厘所入，不下五六十万金。而薛焕所募五万余人，皆疲弱不耐战，李公稍稍淘汰几尽，辄募淮勇补其阙，用楚军营制练之，皆成劲旅，最后得水陆军六万余人，四出攻击，威声隆然。

西洋诸国火器精利，亘古无匹，中国初不知购习，诸军皆畏其锋而未能得其用。李公既与洋人习，闻见渐稔，以英吉利人戈登领"常胜军"三千人，俾总兵程学启挟以攻战，精劲为诸军冠。又采用委员丁日昌条议，益购机器，募洋师，设局制造，颇渐窥西洋人奥窔。而淮军各营，皆颇自练洋枪队，助军锋，所用开花炮，大者可攻城，小者以击贼阵，破贼垒，遂能下姑苏，拔常州，连克嘉湖诸郡，设非借助利器，殆不能若是勍且捷也。夫上海弹丸小邑，迫临海滨，形如釜底，论古今用兵常理，谓之绝地可也。曾文正公议进军必由镇江，取高屋建瓴之势，有深意焉。然上海自洋船互市以来，后路既无不通，西人各愿保护口岸，驾驭如法，可得其力。程忠烈公学启尝有言曰："沪地四面临水，汊港纷歧，虽贼众数十万来前，我军即数百人，踞一卡，扼一桥，足以拒守。且由沪趋苏二百余里，辅以水师，则处处皆捷径。此之谓天然形势。"殆阅历有得语也。

自古用兵胜负，只争数端，曰：训练精、器械利、财用足、形势便。然焯然之财用、形势，争之者众，其用易穷。惟上海初与各国通商，隐为胜地，而世犹见谓庳狭迫蹙，故贼不以全力争之，即杰士荩臣，欲凭尺寸，树功名者，亦所不争也。苏、浙两省皆为贼踞，道路壅隔，商货流虵，必以上海为枢纽，税厘遂冠绝一时。而世但见谓创痍拮据，自顾不遑，故户部无征调之檄，邻省无受协之款。惟如是而形势财用，乃可专恃。然后招淮上之健卒，传楚营之规制，研西法之窾要，开华军之先声，将士同心，上下齐奋，既克苏州，而上下游之贼震惶失措，金陵、杭州，相次戡定。所谓击中则首尾俱应者也。岂天特留此数者，以贻李公而启中兴之运者邪？夫既遭逢时会，当世尚忽不及觉，而李公之筹略闳远，英气盖世，足以任之。淮南之豪彦云兴，策力兼懋，又足以辅之。且得程公智勇绝伦之将，当一面，由是与楚军代兴，功济寰宇，有以也夫！有以也夫！余于是憬然于大功之成，必先由苍苍者之默为布置，非尽可以人力求也。

　　黎莼斋云："体验极精，论断极确，非目见不能道其只字。然实在目见之人，亦岂能叙得如此详明简要？此等绝大事业，须得此大手笔以传之，愈可垂之不朽。并世不乏才人、学人，若论经世之文，当于作者首屈一指。"

（选自《庸庵文续编》卷下）

书汉阳叶相广州之变
（1887 年）

西洋诸族初至中华，仰互市之利，其国地皆悬隔数万里外，航海遝来，颇驯顺不敢肆。后以禁烟肇衅，发难之地，实在广东。自使相琦善撤防引敌以就和议，驯至割香港、输重币，粤人固已决眦切齿，思一泄其愤，而未得间也。抚局屡变，倏战倏和，使相耆英卒与英吉利订江宁之约。约中既定于广州、福州、厦门、宁波、上海港口通商，又有许英领事官居五处城邑专理商贾事宜之语。于是宁波、上海、厦门领事馆虽不在城中，常得与道府以下官相见。福州城中乌石山顶建洋楼，大府弗能禁，且与行相见礼。粤人闻而诟病之，合辞诉大府，请毋许洋人入城，不省；乃大起团练，传檄远近，不支官饷，亦不受官约束，駸駸与官为仇矣。

是时耆英总督两广，英人复以入城请，纳之惧激变，拒之虑启衅，密告英人：粤民鸷悍，请徐图之，期以二年后践约。既鹿邑徐广缙为总督，汉阳叶名琛为巡抚，英人以兵轮闯入粤河，申前约。总督密召诸乡团练，先后至者逾十万人。自乘扁舟赴英船，告以众怒不可犯，耆老十余辈，迭入领事馆，陈说百端。英酋方谋留总督为质，两岸练勇呼声震天，英酋惧，请仍修旧好，不复言入城事。于是粤人益自得，谓洋人固易制也。好事者宣言于外，欲遂乘胜沮败通商事。英公使文翰贻书总督，愿重定和约。粤人请为载书，严禁洋人入城。文翰见众情汹汹，恐妨商务，遂茇盟。总督、巡抚会疏入告，宣宗成皇帝嘉之，封总督一等子、巡抚一等男。时道光二十九年也。

咸丰二年，徐广缙移督湖广，巡抚坐迁总督。是时群寇纵横，而广东差完，又为中外通商都会，称殷富地。凡邻近诸行省调兵食、购器械，率仰给广东。总督亦颇能选将募兵，击平境内土匪，及群寇之闯入者。五年，拜体仁阁大学士，名位愈隆，宠眷稠叠。叶相以翰林清望，年未四十，超任疆圻，既累著勋绩，膺封拜，遂疑古今成功者，皆如是而已，不知天下事多艰难也。然性木强，勤吏事，治两粤久，属吏惮其威重，皆不敢违。初以拒洋人入城有贤声，因颇自负，常以雪大耻、尊国体为言。凡遇中外交涉事，驭外人尤严，每接文书，辄略书数字答之，或竟不答。顾其术仅止于此，既不屑讲交邻之道，与通商诸国联络；又未尝默审诸国情势之向背、虚实、强弱，而谋所以应之。英人以入城之约为粤民所挠，居常悒悒，兼憾叶相之摧沮，而慑其积年虚望，未有以难也。东莞会匪倡乱，合他寇围广州，势张甚。有议借洋人力御寇者，叶相斥之退。诸寇旋败散，按察使沈棣辉督军剿贼，功尤多，列上官绅兵练之力战者，请奖荐。叶相格不奏，兵练皆解体，棣辉忧愤而卒。叶相檄诸府州县，凡昔通匪者，吏民格杀勿论；黠悍者皆假捕会匪名相仇杀，前后斩十余万人；从贼者不敢归，或轶扰广西、江西，或遁入海，栖诸岛中；英人以火轮船围而降之。

英方与俄罗斯争雄，欲驱降贼以敌俄。贼首关巨、梁楫惮远行，坚请英领事官巴夏礼先攻广东，可以得志。巴夏礼谓师出无名，留香港数月，日夜训练。六年九月，有水师千总巡粤河，遇一划艇张英国旗。千总知奸民惯借英旗以自护也，登艇大索，执逸匪十三人，拔其旗，以获匪报。西洋通例，以下旗为大辱。巴夏礼驰与争论，千总弗为礼。巴夏礼大恚，照会叶相，谓按和约，拿匪当移取，不当擅执，毁旗尤非礼；且华民在英舟为佣，实无罪，责归所获十三人。其驻粤公使包泠谯让书亦至。叶相曰："此小事，不足校，其畀之。"遣一微员，送十三人者于领事馆。是时巴夏礼已与公使及水师提督密谋，欲乘此时求入城，翻前约；又见所遣仅微员，疑有意折辱之，遂不受，曰："此水师事，当送水师提督舟中。若并送千总来，乃受。"微员复命，叶相曰："系之！"遂系十三人于狱。丁丑，英酋忽遣通事来告："越日日中不如约，即攻城。"亦不省。己卯，叶相方在校场，阅武闱马箭，忽闻炮声从东来，吏报英兵舰进夺猎得中流炮台。文武相顾愕眙。叶相笑曰："乌有是，日昃，彼自走耳。"令粤河水师偃旗，勿与战。英船进迫十三洋行。明日，英人趋凤凰山炮台，守兵以有勿与战之令也，则皆走，不知所往。明日，英人夺踞海珠炮台，遂驾炮注击总督署。司道冒烟进见，请避居，叶相手一卷书危坐，笑而遣之。十月，乙酉朔，日当午，炮声震，城骤崩，缺口余二丈，英兵既入城，复退出。叶相遣知府蒋立昂往诘领事用师之故，英水师提督亦在坐，同辞答曰：“两国官不晤，情不亲，误听传言，屡乖旧好，请得入城面议之。”叶相坚守前约，亦心惮洋人诡谲，虑既见而受辱也，遂不许。巴夏礼请先议定相见礼，然后入见，或于城外设公所为会议地，亦不许。

是时英兵不满千，而兵勇及团练赴援者数万人，皆畏敌火器，未能力战。于是，炸炮连日分五路入城。十一月，炮昼夜发；辛未夜，西关外洋楼大火，粤民火之也。先焚美利坚、法兰西居室，次日，始延及英馆，凡昔十三行皆烬焉，丧失货财无算。英兵亦携火具，焚缘濠居民数千家以报之，遂悉众登舟。己卯，退泊大黄滘炮台，稍稍驶去。巴夏礼知法、美二国馆被焚，喜曰：“二国必与我矣。”大抵群酋隐谋，初守便宜，欲以兵劫盟，改前约，俟得所欲，乃报国主。故其开炮入城，务作声势，恐吓叶相；叶相亦微觉之，谓彼实无能为，固不敢困我也。叶相狃前功，蓄矜气，好为大言以御众，渐忘其无所挟持。每到危迫无措，亦常有天幸，获转圜。默念与洋人角力，必不敌，既恐挫衄以损威，或以首坏和局膺严谴，不如听彼所为，善藏吾短。又私揣洋人重通商，恋粤繁富，而未尝不惮粤民之悍，彼欲与粤民相安，或不敢纵其力之所至以自绝也。其始终意计殆如此。

英商以洋行被毁，所丧货财多，愤甚，驰报国主。群酋知不能隐，亦驰报国主，遂敛船退舍以待命。国主下议院议，上议院大臣力主称兵，下议院绅民不允。有调停其说者，谓宜先遣特使至中土，请重定盟约，并索偿款以恤群商；不许，则先礼后兵，理直辞顺，乃可激众怒用之。国主以为然，简二等伯爵额尔金赴粤，调派兵轮，分泊澳门、香港，俟进止，遣使告法、美二国合从之利。额尔金贻书叶相，大略谓：“旧约凡领事官得与中国官相见，所以联气谊，释嫌疑，故两国无难办之事。自广东禁止入城以来，浮言互煽，壅阏不通，致有今日之衅。粤民毁我洋行，群商何辜，丧其资斧。请订期会议偿款，重立约章，则两国和好如初，永无龃龉；否即以兵戎相见，毋贻后悔。”叶相谓其语狂悖，置不答。额尔金再三趣之，皆不答。法、美两国领事官亦以毁屋失财照会叶相，请酌给赔偿，且言英已决计攻城，愿居间排解。议者或劝抚定法、美以伐敌交，叶相谓彼皆比周以胁我也，遂不听，且不设备。粤民扬言英使果来，当群起击之。

额尔金淹留香港，久不得中国要领，欲与他省大吏议之，则皆以叶相握通商大臣关防，不敢搀越为辞；欲入都，则是时未设总理各国事务衙门，无主之者。适法、美两国兵船至香港汲淡水，将赴日本，乃讽之同攻广东，谓得志中国，则日本不战自服，遂与联盟。七年五月，英师攻东莞，不克。己丑，琼州镇总兵黄开广以钓船、红单船百余与英师战于三山，我军溃，英师追至佛山镇而止。九月，谍报英船骤至，将大举攻城。叶相笑曰："讹言耳，必无是事。"十月，戊申朔，忽有英、法两国小火轮船入粤河，竖白旗，示无战意，递照会，仍言入城索偿及通商事。叶相答以通商而外，概不能从。于是，英、法、美三国兵船皆集黄埔。十一月，戊寅朔，进泊花地。癸未，进泊沙面，登河南岸，夺民屋以驻兵。法人、美人皆不欲战，谓我于中国素无怨，何必弃好寻仇。英人谓曰："方今中国内寇益横，又瞢于外交之道，助之不知德，病之不知怨，贵国笃念交谊，中国且益自尊，谓小国不敢叛天朝也。贵国如不欲责偿款，我将独进，如有所得，我自擅之。"二国乃与约：得利均沾。美船虽从而不助战，英又兼供二国一月兵饷。当是时，文宗显皇帝忧粤事，密戒叶相，海内多故，饷源在广东，凡驭洋人务持平，勿偏执，酿衅端。叶相于英兵之退，既增饰击剿获胜状以闻，累疏称："英国主厌兵，粤事皆额尔金、包泠、巴夏礼等所为；臣始终坚持，不为所胁。彼技已穷，行自服矣。"粤民疾视英人，互播流言，或称英属国印度已叛，英兵败绩，连丧其渠；或称英船遭飓风，火器已荡尽，叶相撼以入奏；又称英兵纵火焚民居，自致延烧洋楼，今反索偿款，此端万不可开；因自陈布置之方，驳辩之辞甚具。天子又特戒之，谓浮言难尽信，当相机慎图，勿存轻视意。顾南北相距七八千里，实状无由上达；又以叶相驻粤，综理洋务久，更事多，心有把握，故常优旨答之。叶相失事时，犹奉温谕褒勉，盖冀其措注得宜也。将军、巡抚、司道进见，商战守策，而叶相澹若无事然。或密询其故，则曰："彼第作战势来吓我耳。张同云在敌中，动作我先知之。我不与和，彼穷蹙甚矣。"张同云者，本通事，叶相购为外间者也。有识时者退而叹曰："强寇岂可以空言应哉！己则无备，辄谓人穷蹙，譬犹延颈受暴客白刃，尚告人曰：彼惧犯法，穷蹙甚矣。自欺如此，祸其可纾乎！"

粤民自使相琦善莅粤后，尝疑大府阳剿阴抚。叶相亦畏粤民之悍，遇事尤裁抑洋人，欲求众谅。然粤民见叶相之夷然不惊，转疑其与英人有私。及英人累致书不答，且不宣示，则愈疑之。僚属见寇势日迫，请调兵设防，不许；请招集团练，又不许。众固请，叶相曰："姑待之，过十五日，必无事矣。"乃乩语也。先是叶相之父志诜喜扶乩，叶相为建长春仙馆居之，祠吕洞宾、李太白二仙，一切军机进止咸取决焉。乩语告以过十五日可无事，而广州竟以十四日先陷，人咸讶之。或曰："洋人赂扶乩者为之也。"然其事秘，世莫得而详云。戊子，得密报，敌已分布巨炮，将攻城。或称宜遣绅商赴船观动静，叶相盛怒，传谕官绅士庶，敢有赴敌船者按军法。英人复照会叶相，一欲相见，二欲在河南岸建洋楼，三欲通商，四欲进城，五欲索偿款及兵饷银六百万两，仍不见答。己丑，英香港总督会同法、美二国提督张榜郭外，限以二十四时破城，劝商民暂避其锋。庚寅旦，敌据海珠炮台，炮声如百万雷霆，并击总督署，开花弹芒焰四射，火箭入南门，延烧市廛，火光烛天，阖城鼎沸；叶相微服奔粤华书院。千总邓安邦率粤勇千人殊死战，杀伤颇相当，以无后继遂不支。辛卯，日未中，洋人登城，城内炮台及观音山顶遍竖红旗。叶相知城陷，始派弁持令箭出新城，悬万金赏，调潮勇攻观音山，战良久，不能克。巡抚柏贵檄绅商伍崇曜等议和，往见叶相，仍以"断不许进城"五字语之。壬辰，将军穆克德讷竖白旗西北城上，开西门，纵居民迁徙；洋人塞城上炮门，分兵巡城瞭望，张榜禁止杀掠，谓此行惟仇总督，不扰商民也。癸巳，将军巡抚会同出榜安民，谓和议可定，城内士民毋惊恐。伍崇曜等趋英船谒公使额尔金，不得见，见其翻译官威妥玛、领事官巴夏礼，及通事张同云、李小春，往返三四，和议不成。英人索叶相甚急，乃以乙未夜，移居左都统署圃之八角亭。戊戌，英人括总督署中财物，并取布政司库银二十万两以去；释南海县狱囚，分队引路寻总督。己亥，突劫将军、巡抚、都统至观音山，诡云会议公事，旋搜至八角亭，拥叶相置大轿中，尚冠带翎顶如平时，遂登观音山，度飞桥，逾城出。薄暮，舁入舢板小舟，携上火轮船，从者或以手指河，摄之以目，盖劝之赴水也，叶相惝不悟。将军、巡抚等会疏劾叶相，旋得旨以乖谬刚愎之罪褫其职。

壬寅，洋人送将军、巡抚等还署，挟叶相至香港，犹每日亲作书画以应洋人之请。从者力劝不可题姓名，乃自书"海上苏武"。八年二月，英人挟至印度之孟加腊，居之镇海楼上，惟武巡捕蓝瑸，与一栉工二仆实从。叶相犹赋诗见志，日诵吕祖经不辍。九年正月，蓝瑸病卒；叶相寝疾，西医治之，不效；三月丁丑，卒。英人敛以铁棺松椁，伴以水银，并所作诗归于广东。时人读其诗，未尝不哀其志，而憾其玩敌误国之咎也。因为之语曰："不战不和不守，不死不降不走，相臣度量，疆臣抱负，古之所无，今亦罕有。"盖反言以嘲之云。诗曰："镇海楼头月色寒，将星翻作客星单；纵云一范军中有，怎奈诸君壁上看。向戍何心求免死，苏卿无恙劝加餐；任他日把丹青绘，恨态愁容下笔难。"又曰："零丁洋泊叹无家，雁札犹传节度衙；海外难寻高士粟，斗边远泛使臣槎。心惊跃虎筲声急，望断慈乌日影斜；惟有春光依旧返，隔墙红遍木棉花。"盖叶相在镇海楼，洋官五日绘相一次，分报英国主及香港、上海洋官，而叶相之父当城破时仓皇出走，未得音问，故其诗云然。

英、法两国兵久踞粤城不去，而北门外九十六乡之义师起，设团练局于佛山镇，扬言戒期攻城，然心志不齐，号令不一，讫于无成。英人初志在得入城见大吏，藉以通隔阂、驭商民，乃粤民一激再激，叶相复一误再误，使拱手而有粤城，非英所望也。然其意终在更定约章、索偿款、增商埠；又因粤事，益知中国易与，遂纠法、俄、美三国兵船北上，驶入大沽，阻我海运，立约而还。既而约事中变，科尔沁忠亲王以重兵扼大沽，九年，击败英、法兵船。英人退至香港，益募闽、粤亡命，操练不辍。十年，复悉锐犯大沽北塘炮台，连败官军，陷天津，逼京师，寇焰披猖，海内震动；英、法两国乃迫索巨饷，别订约章，大得便利，视旧约加倍蓰焉。嗟乎！西洋诸国之勃兴，亘古以来未有之奇局也。其得失利弊，与前史所著迥殊，非默究数十年，不能得其綮要；或视为寻常，忽不加察，而大受亏损；或上下内外，坚持力争，而无关至计。粤民激于前此大府议和之愤，万众一辞，牢不可破，必阻其入城一事以为快，屡请屡拒，纷纭者二十年，而大沽之失，天津之约，皆成于此，由今观之，甚无谓也。英、法两国于和议定后，至同治元年，始退出城，英人占将军署为领事廨，沙面造洋楼为通商埠；法人占布政使署为领事廨，并踞新城总督署，改建天主堂；而粤人固无如之何。夫民气固结，国家之宝也，善用之，则足以制敌；不善用之，则筑室道谋，上下乖暌，互相牵累，未有不覆败者。

观于粤人己酉之役，官民一心，措注协矣；厥后志满气器，动掣大吏之肘，微特中材以下不能用粤民，即使同治以来中兴诸将相当之，恐有大费踌躇者；叶相之瞻顾徬徨，进退失据，亦固其宜。寻至城陷帅虏，而粤人坐视不能救，其愤盈激昂之气，亦稍颓矣，是果可常恃乎？昔侯官林文忠公初禁洋烟之时，洋人未识中国虚实，有顾忌心。若使林公久于其任，未必无以善其后。乃使相琦善继之，而大局一坏不可振；耆英、伊里布又继之，和议遂定。彼时舍此固无以弭外患，而主和议者，例受人指摘，下流之居，未必如世俗所讥之甚也。粤民之与官相抗，亦琦、耆、伊三相有以激之。叶相见林文忠、裕忠节诸公，或以挑衅获重咎，或以壮往致挠败；而主和之人，又皆见摈清议，身败名裂；于是于可否两难之中，别创一格，以薪所以自全者。高谈尊攘，矫托镇静，自处于不刚不柔、不竞不绿之间，乃举事一不当，卒至辱身以大辱国，而洋人燎原之势，遂不可复遏。然则洋人之祸，引其机者琦相，决其防者叶相也。要之御非常之变，虽豪杰之士，鲜不智勇俱困焉。盖因前事无可师，而俗论不可徇也。若以太平文吏、翰苑侍从之才当之，岂不难哉？岂不殆哉？

叶相广州之变，亦中外交涉以来一大案，纪载者下不十余种，或怨诽过当，或传闻失实。惟粤人李凤翎《洋务续记》一卷，七弦河上钓叟《英吉利广东入城始末》一卷，所书较为明核。余病其选辞未尽雅驯，且月日尚有未审，事迹尚有未确者，乃集十数种书，大加考订删次，并参核江上蹇叟所著《中西纪事》，复附益以余平日所素闻于粤人者，稍加论断以垂鉴戒焉。自识。

《中西纪事》谓粤城之陷在十二月，《洋务续记》谓在十一月，《英吉利入城始末》谓在十月。观洋人于是月十七日贺元旦，乃中国冬至后十日也，自以《洋务续记》为确。又识。

方存之云："《中西纪事》于英人陷粤城事，过嫌疏略；此外专记此事者数家，则又冗秽芜蔓，传闻失实，有不能择言之病。此篇选辞雅驯，采录精审，摹写叶相与粤人及洋人心事，形容曲肖，却无一语不确实，无一句不平允。至其随事曲折叙去，意韵深远，音调铿锵，篇中顿挫停蓄，或顺递，或递接，或明揭，或隐藏，或豫摄下意，或总挈全旨，用笔自有法度。此种大文，殆得《左传》、《汉书》之神髓者。"

（选自《庸庵文续编》卷下）

书剧寇石达开就禽事
（1888 年）

　　粤贼石达开与洪秀全、杨秀清同起浔州之金田，伪称翼王。逾岭涉湖，乘胜循江而下，攻陷金陵，旋叛秀全不与通，纠党踞江西八府，与曾文正公相持连年。既乃突入浙江，由福建、江西以扰湖南，声势震荡。巡抚花县骆文忠公多调宿将，与力角于洞庭、衡山以南，仅驱出境。达开乃还鬻广西诸郡，仍绕湖南北，径窥四川边境，退入滇、黔之交，奔突万余里，蹂躏数百城。厥性惯走边地，避实蹈瑕，每为官军所蹙，则跧伏山中，候伺形便，飘然远飏。自谓生长岭峤，善陟奇险，蹑幽径，恣其出没，使官军震眩失措，莫之能防，然亦卒以此禽灭。同治二年三月，由云南犯四川，使其先锋赖裕新率贼万余，由宁远冒险深入。裕新败死，余众穷日夜力兼行，飘忽如风雨，阑入陕西，欲引官军追之北上，俾南路空虚，达开遂自率大队渡金沙江，将北窥大渡河。大渡河为西南巨堑，贼由越巂、冕宁大小两路而来，必走安庆坝及万工汛，缘河二百余里，有渡口十三处。若西绕土司辖境，皆仄径，可北越松林小河，由上游泸定桥及化坪林径渡，入薄天全雅州。是时，骆文忠公总督四川，长沙刘蓉为布政使，综理营务，赞画军谋。侦知松林地诸土司受贼略，将让路，骆公乃调总兵唐友耕一军，专防安庆坝至万工汛，檄知府蔡步钟率雅州劲勇驰往助之。檄诸军陆续驰扼雅州、荥经及化坪林，以张声援。檄松林地土千户王应元率所部土兵，驻守松林小河。檄邛部土司岭承恩统夷兵截断越巂大路。逼贼使入土司境，伺贼入险，即钞其后路，使不得退。先重赉岭承恩、王应元夷兵土兵，并许获贼财物悉赏之。布置既定，达开率众可四万，绕越巂、冕宁前进。知越巂诸要隘严兵以待，果由小径趋王应元所辖之紫打地。其旁两山壁立，隘口险仄，易进难退。前阻大渡河，左阻松林河，右阻老鸦漩河。达开以土司之纳其赇也，夷然信之，长驱入险。是时大渡河北岸尚无官兵，达开使其下造船筏速渡，渡者已万余人。会日暮，忽传令撤还南岸，谓其下曰："我生平行军谨慎，今师渡未及半，傥官军卒至，此危道也，不如俟明日毕渡。"迟明，遣贼探视，忽见大渡河及松林河水陡高数丈。达开谓山水暴发，一二日可平也，当少俟之。越二日，水势稍平，忽见官军已到北岸，用枪炮隔水击贼，有死者。达开欲退出险，遣其党回视隘口，则土司已断千年古木六大干，偃于地以塞路，且有夷兵把守。欲索两旁小径，则皆千仞绝壁，无可攀跻。贼众游弋大渡河、松林河南岸，昼夜伺间冲突，皆被官兵、土兵击退，死亡者万余人。岭承恩复由后路抄入，攻夺马鞍山贼营，绝其粮道。夷兵或三五为辈，伏险阻击，或自山巅陨木石杀贼。官兵亦不时渡河雕剿。达开进退无路，约书于矢，隔河射入王应元营，啖以重利，求让路，应元不应。复以利诱岭承恩，承恩攻之益急。达开徇于众曰："吾起兵以来十四年矣，跋险阻，济江湖，如履平地。虽遭时艰难，亦常蹶而复奋，转败为功，若有天祐。今不幸受土司迁，陷入绝地，重烦诸君血战出险，毋徒束手受缚，为天下笑，则诸君之赐厚矣。"因泣稽颡，众皆泣稽颡。克日加造竹筏，誓于死中求生。夏四月，癸巳夜，达开尽斩向导二百余人祭旗，悉众分扑大渡河、松林河，每数十人乘一筏，人以挡牌蔽身，皆披发衔刃，挺矛植立，众筏同时齐奋，为官兵、土兵枪炮所击，悉随惊湍飘没，浮尸如群鹜蔽流而下。达开在围中匝月，糗粮既罄，杀马而食，继啖桑叶草根皆尽。官军与承恩、应元四面兜剿，直入紫打地，尽毁贼巢。达开丧其辎重，率余党七八千人，奔至老鸦漩，复为夷兵所阻。妻妾五人携其二子，自沉于河。达开望见官军竖投诚免死大旗，乃携一子及伪宰辅等三人，与其余党呼曰："石达开降。"岭承恩等羁之营中，讯其余党之旄倪及胁从者，逾四千人，分途遣散。其积年老贼二千余人，唐友耕派营分驻弹压。五月，丙午朔，达开等五人过河，至唐友耕营中。越二日，解送成都。明日，官军夜以火箭为号，会合夷兵，围击伪官二百余人，悍贼二千余人歼焉。达开到成都对簿，有司讯其前后抗官军事甚悉。口如悬河，应答不穷，自称年三十三，于当世诸将负盛名者，皆加贬辞，惟谓曾文正公虽不以善战名，而能识拔贤将，规画精严，无间可寻，大帅如此，实起事以来所未觏也。乙卯，磔达开于成都市。是役也，达开不自入绝地，则不得灭；即入绝地而无夷兵四面扼剿，亦不得灭。然使诸土司中始无得贿纵贼之人，以达开之审于行军，亦决不肯竟入绝地也。知土司之隐情而善用之，则视乎当事者之筹略矣。至贼众临渡而山水忽发，又似天意灭贼云。

按，达开初到大渡河边，北岸实尚无官兵，而骆文忠公奏疏谓唐友耕一军已驻北岸，似为将士请奖张本，不得不声明其防河得力，因稍移数日以迁就之。当时外省军报，大都如此，亦疆吏与将帅不得已之办法也。达开之众，半渡撤回，系唐友耕亲告余弟季怀者。余追忆而书之。其他月日与地名人名，则仍考骆公奏疏以免讹舛云。自识。

萧敬甫云："作者本以经世议论之作为最长，然观以上九篇，记事尤极精美，令人百读不厌。固知能者无所不可，是真以《史》、《汉》之笔法，叙一代之要事者。连日把玩，智慧为之一增，茅塞为之一辟。亟录一册，以当枕中之秘。"

（选自《庸庵文续编》卷下）

母弟季怀事状
（1888 年）

母弟季怀，讳福保，于兄弟行第四，季怀其字也。幼读书，外呐而中莹，每课三四行，终日读，犹多蹇字。然尝仿东莱博议文法，尚论古人，则已妙解独得，天才颖发。先大夫见而大奇之。年十八，以古学受知学使者临川李公联琇，与余同补县学生。李公学故闳邃，其相士悬格尤峻，从遗卷中拔取余兄弟，后常诧其事以语人人。避粤寇之难，举家侨徙宝应之东乡，兄弟数人，益以读书求志相砥砺。聚居斗室中，昼则纵观经史，质问疑义；夜则一灯围坐，互论圣贤立教微旨，古今理乱得失之要最。有不合，则断断辩难，欢声与僮仆鼾声相应。俄而鸟鸣日出，余亦颓然欲卧，季怀方启户至宅后，观田禾滴露以为乐，徜徉而归，归乃高卧，日中方起。如是者五六年。是时，余兄弟怡怡愉愉，乐道娱亲，几不知饥寒之将迫、寇警之环逼也。会曾文正公以使相剿捻寇北上，张榜郡县，招贤俊，谘筹略。余上便宜万余言，文正立延余入戎幕，且问余居江北久，交游中颇有佳士乎？余答有弟福保，学识嶙然特出，所知殆无其俦。文正曰："可与俱来。"余乃挈季怀从文正临淮、徐州、济宁军中。适今相国朝邑阎公巡抚山东，从文正求士。文正知阎公与先大夫同年进士，交尤挚，乃荐季怀入阎公幕。阎公之学，以苦身励行，约己奉公为宗。季怀饫闻其说，所造益进。无何，阎公移疾归，荐布政使平远丁文诚公宝桢自代，复荐季怀为掌笺奏以佐之。当是时，捻寇破运河长墙，风驰而东，蹂躏登、莱、青等府。丁公新涖事，兵势弱，山东士民，既以不能御贼怨訾大吏。丁公与诸客将谋分扼胶莱河，蹙贼海隅。诸客将皆欲自驻善地，而以恶地与他将。往复勘议，争数日不决，围未合而贼突出。诸客将不任咎，反乘机归罪以撼丁公。机受已甚，季怀劝丁公容忍百端，为草密疏，陈其颠末。朝廷始知客将之妄，卒直丁公而绌客将。季怀因劝联络淮军，获歼剧贼任柱、赖文光等。明年，巨酋张总愚突入山东境，诸路客将骈集。季怀为丁公密筹所以驾驭调和之方甚具，遂灭张总愚。方事之殷，丁公欲代季怀援例捐赀为道员，致之大用，季怀辞不受。又欲举统五六千人，复力辞之。事既平，丁公具密疏，荐季怀凡百余言，大率称其学博行高，器略冠时，可属大事。特诏征赴吏部引见，终以资地浅，不能骤进，以同知直隶州分发陕西补用，复不宜其水土，改发浙江。逾年，丁公总督四川，锐意兴革利弊，裁郡县夫马费，改盐法为官运商销，修都江堰水利。奸商墨吏多不便，嗾言官撼款劾之。天子为发重臣赴勘，又严劾之，丁公遂镌职，暂权总督事。贻书敦请季怀入蜀，季怀为丁公揣势揆情，得不逞者诬谤之萌而逆折之。措注轻重，各适其宜。未几，上下翕然，浮言遽熄。丁公复职，蜀盐亦适有成效，赢利岁百余万金。滇、黔两省兵饷皆仰给焉。所裁夫马费，又岁省数十万金。蜀民始免重敛之困。丁公尝曰："吾数月不见季怀，遂不闻谠论，贤者傥不宜远邪？"丁公天资高，性卞急，不能无疏阔。诸司道统将才皆弗如远甚，罔敢儳一言，言又不能得要领，季怀转圜无形，每为丁公引其端而筹之益精。其言初甚平无奇，然熟思终无以易也。用是能辅丁公所不逮，措之无不效。光绪六年，丁公应诏荐贤，仍以季怀居首。明年，以知府留四川，将应吏部檄入都，顺道还里小憩。途中触暑得疟疾，遽以七月二十四日卒，年四十二。娶杨氏，生一子，聪彝，季怀卒后五年，补县学生，笃谨好学，宜有成立。乌虖！方季怀佐戎运筹，内夷寇难，外撙群侮，措危疆如磐石，出生灵于水火，贤帅折节，倾心推毂，年未三十，遂膺特召。方谓蹑天衢，流膏泽，可挽契致。乃位不称其才，年不副其遇，岂非命邪？季怀孝友笃挚，门内无闲言，性澹泊寡营，于人世间荣利，视之蔑如，而不自标揭，胸中无执滞，任其自然而已。始颇伉直不能容恶，晚乃不露锋颖。尝自言恐流禅学，盖用此自警也。疾革，处置后事，神明炯然。已乃笑曰："余竟止于此乎？"端坐而逝。平时于经史百子无不窥，然但涵哜大意，默究精微，所守甚约。为文章，瑰闳幽渝，高辞微旨，翛然尘壒之外。余既刊而行之矣。自季怀之卒，余久欲状其志行，卒卒未果。今已八年，恐遂沉泯，乃拉杂书之。光绪十四年秋七月，兄福成述。

伯兄抚屏云："余兄弟中惟作者与季怀幼同学，长同游，知季怀尤深，而又攻古文，故余以季怀事状属之。此文状季怀，但将季怀性情学问事业，质实写出，无一句虚辞，亦无一言溢量。而季怀乃必传无疑。世之为行状及墓铭者，往往构设虚事，满纸浮辞，以冀其传。孰知其人本无可传，文既作伪，尽失古意，更无可传。然后知人之传不传，仍在所自为，而文章无权也。"

黎莼斋云："文寓俊迈之气于绵密中，其叙季怀赞画丁文诚始末，辞非溢美。观文诚两次特荐，非获季怀之助，知季怀之深，而能若是乎？自余与叔耘始在曾文正公临淮、徐州军幕，今二十五年矣。曩与叔耘谈及，相别二十余年，所遇人才，似无出向伯常及季怀右者。季怀，余曾序其《青萍轩遗集》，今年又补为伯常墓志。以见二子者之不得竟其志业，实厄于天，而亦重为人才惜也。读此益增人琴之感。己丑十一月记。"

（选自《庸庵文续编》卷下）

全氏七校水经注序
（1888 年）

　　往余好研经世之学，以谓天下要政，莫先养民。方今水旱频仍，西北尤甚。盖农政不修，由水利不讲，考之未详，措之无具，未有能济于时者。窃愿潜搜博讨，默究时地之宜，以薪勿窒于用。治之数年，才谫力弱，世事牵率，卒卒未遑卒业，迄今有余愧焉。自昔言水之书，首称《禹贡》，次则班《志》，司马氏《续汉志》挦摭无法，已不足据。惟范阳郦善长氏《水经注》，叙述源委了如指掌，而于汉、晋以来，陂塘堤堰之属，具载兴废，傥能参稽古迹，随宜经画，用俾冀、兖、青、徐、雍、豫诸州之域，咸成沃壤，其为功岂浅也哉？宋、元以来，此书已无善本，朱郁仪所校，盛行明代，然其讹错淆乱，去俗本亦不甚远也。

　　国初顾、阎、胡、黄诸老，并治《水经》，拾遗订谬，时有所得。何义门、沈绎旃继之，而集其成于全谢山先生。先生阅览硕学，著述数十种，《水经》一书，尤生平所致力者。校于扬，校于杭，校于粤，经七校而始有完书。剖别经注，改易次第，采诸家之长，补原文之佚，神明焕发，顿还旧观。当时定本未及刊行，辗转流传，入于有力者之手，而先生之功转晦。其后赵东潜、戴东原各有校本，多所是正，而不知皆先生为之先导也。余备兵浙东，访求先生手稿不可得，惟得王氏腆轩重录本。腆轩亦未见原书，特从卢氏稿本、林氏副本稿本，参合补缀而成之者。同年董君觉轩家藏是编，复以殷氏、张氏残钞本校之，而知腆轩之书往往据戴改全，与先生自作题词两相抵牾，颇失其旧。且分别大小注，乃先生之创见。原书大注亚经文一格，小注亚大注一格，腆轩所钞高下互易者綦多，亦未能一一厘正也。岁戊子，余以董君之本，命书院高材生合赵、戴二本，重加校订，仍请董君总核之，数月毕功，付诸削氏。有志之士，精心研究，即谓得见先生之定本可也。且谓得见郦氏之原本亦可也。夫郦氏当分割之世，戎马稍暇，作为此书。其征引宏富，文章家之资粮也；沿革明晰，考据家之津筏也；而其有裨于水利农政，实经济家疆理天下之书也。世顾可忽乎哉？刊成，余奉简命陈臬湖南，行有日矣，爰叙刻书大恉，弁于简端。其板即庋崇实书院，俾公同好焉。

（选自《庸庵文外编》卷二）

叙疆臣建树之基
（1889 年）

　　国家承平余二百年，凡有大寇患，兴大兵役，必特简经略大臣及参赞大臣，驰往督办。继乃有佩钦差大臣关防，及号为会办、帮办者，皆王公亲要之臣，勋绩久著，呼应素灵。吏部助之用人，户部为拨巨饷，萃天下全力以经营之。总督、巡抚，不过承号令，备策应而已。其去一督抚，犹拉枯朽也。故督抚皆奉命维谨，罔敢违异。

　　道光季年，海疆事起，经略大臣才望稍不如前，权力亦稍减焉，已与各行省大吏有互为胜负之势。咸丰之世，粤寇势张，首相赛尚阿与总督徐广缙，相继奉命督师剿贼，皆无远略以偾厥事。自时厥后，或用尚书侍郎及将军提督为钦差大臣，或用各行省督抚兼任兵事，而能有成功者，则在督抚为多。曾文正公以侍郎剿贼，不能大行其志；及总督两江而大功告成，以其有土地、人民之柄，无所需于人也。是故督抚建树之基，在得一行省为之用；而其绩效所就之大小，尤视所凭之地以为准焉。大抵多事之秋，莫急于筹饷。饷源以地丁、漕政、盐政、关税、厘金为大宗。地丁有正额、耗羡、租粮三款；而租粮之中，有旗租、地租、屯租等名目，各行省事例不同。漕政有漕粮、漕折、漕项三款。漕项者，按粮额征银，以备运粮经费者也；漕折者，由征粮之原额，改为折色者也。盐政有课、羡、厘三款。关税有洋税、常税两款。厘金有百货、洋药两款；洋药厘税未并征以前，所收厘金，盖仅抵货厘之十一云。夫承平时筹饷之权，固在户部。疆事糜烂，关税而外，户部提拨之檄不常至，至亦坚不应。盖事机急迫，安危系之。斯时欲待户部济饷，势所不能。而疆臣竭蹶经营于艰难之中，则部臣亦不能以承平时文法掣之。故疆臣之负才略者，转得从容发舒，以成夷艰济变之功焉。江苏一省，丁、漕、盐、税、厘五者俱赢，岁入白金一千万两以外。曾文正公用之以削平大难，旋乾转坤。今伯相合肥李公亦用之以招练淮军，四出征剿。曾公所用，在江扬淮徐通海者为多，以盐务为最饶，而地丁、厘金辅之。李公所用，在苏松常镇太者为多，以洋税、厘金为最沃，而地丁、漕政辅之。浙江一省，亦五者兼备，岁入可得江苏之半。左文襄公用之以驱殄悍贼，肃清西陲。盖左公后虽去浙，而西征所藉，惟浙饷尤丰也。湖北一省，平时本仰他省协饷，自胡文忠公改漕章，通蜀盐，整権务，是时汉口洋关虽尚未设，而丁、漕、盐、厘四项，岁入已四百余万金。文忠用之以养兵六万，分援邻省，规画江淮，有匡维全局之勋。江西一省，以地丁、漕折、厘金为大宗，而浔关之税稍辅之，岁入与湖北相上下。曾文正公始用之以撑持危局，进兵江南；沈文肃公葆桢继用之以征军调将，克歼残孽。惟地非天下之中，故大势稍不如湖北焉。四川一省，地博物阜，赋额素轻，今于地丁之外加津贴，津贴之外加捐输，虽三倍旧额，尚仅得江南田赋之半，再以盐课、税、厘三项辅之，岁入不亚湖北、江西。骆文忠公用之以芟夷剧寇，兼顾滇、黔、陕、甘诸省；丁文诚公宝桢，复用之以协济邻饷，筹奠边疆。盖自文诚改盐法，岁入又加百万余金矣。湖南一省，合地丁、漕折、厘金三项，岁入约二百五六十万金。骆文忠公用之以练兵选将，克复邻疆。旧时湖南本仰协饷，列在中省，乃其声绩远闻，犹出上省之右，则人皆习战，贤才奋兴之效也。福建一省，地丁、盐课、厘金、茶税等项，约逾三百四十万金，加以闽关、洋税三百余万金，岁入尚在浙江之上。然关税由户部提拨，非大吏所能主持。地又滨海，养兵较多，终岁所征，以供地方留支之费，及水陆经制兵饷，尚觉孑孑不遑。故以左文襄公之雄略，未闻有以大用之。惟船政经费，指拨关税，由文襄始，亦富强要图也。广东一省，综地丁、盐课、税、厘四项，岁入几与浙江相埒。近又有沙田、烟膏、闱姓等捐章，皆成巨款，则所以筹饷之途更宽。曩昔大吏无卓绝之才识，往往袭蹈故常，或欲措施而权不属，未能奋树规模。近者南皮张尚书之洞，颇用之以整理海防，而未竟厥绪，然固大有为之地也。此外如直隶、陕西、安徽、广西四省，其力皆足以自顾，如有非常措注，则必赖他省之转输。直隶地丁、旗租、盐课、税、厘，岁入约三百五六十万金以外，以在畿内，支用稍繁。陕西、安徽、广西，岁入约自一百六七十万至一百二三十万金不等；广西向无承拨京饷，十五六年前，藩库颇积存数十万金，今则稍稍竭矣。又如山东、河南、山西三省，财赋以地丁为大宗，而他项稍辅之，岁入各逾三百万金。山西以全力供京饷，事亦稍简。山东自巡抚崇恩废弛吏治，州县皆侵亏钱粮，岁入几不及百万。今相国朝邑阎公为巡抚时，始大加整顿。丁文诚公复继之，渐复旧额。文诚遂用之以剿捻寇，塞决河，声施烂焉。河南久未整顿，然历任巡抚，亦以其余力练成张曜、宋庆两军，驰剿捻、回诸寇有功。又如甘肃、云南、贵州三省，向赖他省之协助。云南岁入六十余万金，甘肃岁入三十余万金，贵州岁入二十余万金，皆断断不能自立。左文襄公岁征东南之饷八百余万金，用能蒇西征之绩。岑襄勤公毓英之平云南回寇，颇随地借资民力，亦兼仰他省协饷。若必尽用本省经制之款则绌矣。夫天下事运之以才力，而成之以财力。若财力不裕，则才力虽宏，无所用之。余故略次各行省岁入大数，以知用之者之所以成功，俾后之有志者得所考镜焉。抑闻今者台湾新设行省，既分闽关洋税三分之一，又得地丁、盐课、厘金以附益之，岁入可逾二百万金。刘中丞铭传尝用之以抗强敌，近复购战舰，筑炮台，造铁路，创开风气，为天下先。他日必与福建、广东并峙，为东南海疆屏障。苟经理得宜，非特形势之胜，即物力之饶，亦足以自奋也。而岂必以地之褊小为疑哉？

（选自《庸庵海外文编》卷四）

致总理衙门总办论争
回坎巨提两属体制书
（1890 年）

　　敬启者：二月初三、初九日续奉钧署两电，当经先后电复在案。福成自到英后，已将坎巨提事与外部晤谈三次。第一、二次情形，前已函达。末后一次，因守候半月，彼未将印督回电送来，不能不再往诘问。外部始终不肯吐一实语，总以印度政府目前既未商妥，碍难凭空回复为词。揣其用意，良由狃于从前琉球、越、缅榜样，彼谓此等极小部落，一被吞并，中国断不能用大力与争。若只争以口舌，彼更可置之不理。所以一闻派员会办之说，即甚不愿，虑我从此分其辖坎之权也。乃托言未接回电，欲为并翻前议地步，坚执如故。且谓外国即办事迟缓，较之中国犹为快速。因诘以华使所行照会，亦仅认为两属，今英废立坎酋，不使中国与闻，两属之体何在？彼云：坎酋更换，中国向不遣使册立，今忽欲派员，恐系创举。答以英忽废立坎酋，亦系创举。辩论一时之久，彼始微露其意，若中国派员会立坎酋，将来不沿为常例，或可与印督相商。福成知再争无益，不得不见风收帆，允暂回法候信。且申明向来坎酋继立，是否由喀道就近派员，我不深知；日后之事，不妨查照向章办理，以昭公允。又微讽以坎事尚小，若英不还中国体面，使他国视为榜样，将来遇有中、英、俄三国交涉之事，恐更棘手。沙侯闻之，颇似心动。顷在法馆接英馆来信，知外部已送回音，愿遵前说，已发铣电陈明。又探闻坎酋实系恶人，不值保护，印督现拟于其兄弟子侄中择立一人；择定后，即请中国派员会同往立。窃思此事选酋之权，隐属于英；在我则仅如告朔饩羊，稍存体制。然坎之政权在英，实非一日。中国因有越、缅前事，稍欲争回体制，已若登天之难，争回一分，即保全一分，不过求勿损上国声名，勿使他国效尤耳。派员一节，如电喀什噶尔道就近遵委赴坎，尤觉途捷而费省，且免彼以不能久待为词，则事不致中变也。钧署拟将帕米尔作为中、英、俄三国不侵占之地，办法甚善。前遣马格理赴外部微露此意，虽未始非英人所愿，然亦有疑我受俄人之嘱者，有云三国既皆不管，终究恐多事者。而俄人之能否意见相符，亦尚难逆料。即华使乐闻一层，想亦须由外部详审，再行定夺。在我只能相机措注，遇便调停。但就节次而论，总须俟坎事妥协之后，始能理论帕事耳。再目下与英外部辩论之件，一滇缅边事，一梅生罪名，俱在吃紧时候，若件件不放松，必致件件不得力。权其轻重，则坎事视二者关系较轻。坎事既可暂作收束。鄙意滇边之事，紧要十倍于坎。何以言之？滇边袤延三四千里，环境错列之土司，不下数十；每一土司，地广人众，皆数倍于坎。英人初幸我不遽与分界，乘间派兵，迭入土司各境，肆其诱胁，俾为两属。及我致诘问，则以游历为名，以勘界为词。盖西人狡谋，先诱我所属之小邦，号为两属；及既两属，然后劫以兵威，夺其权利，使我无从插手，乃其惯技也。今闻普洱之车里、孟连诸土司，已被英胁为两属矣。王夒帅函电频仍，边警日至，窃恐日后非但原议之作为瓯脱地者，及掸人、南掌之应归中国者，俱为英有；渐且龉及土司，渐且眈及内地，大局将不堪设想。福成是以不惮烦难，择边事之确有证据者，逐件与之理论。虽未能显著全效，或可冀争回二三。而其不早分界之隐谋，微经福成点破，所以近有欲商分界之说。刻下最要关键，似宜由钧署主持，赶速派员分界，以清轇轕，譬之门户谨严，则宵小自绝觊觎也。以上各节，伏乞回明堂宪酌核为祷。肃泐布达。敬请台安。二月十九日。

（选自《出使公牍》卷三）

英吉利用商务辟荒地说
（1890 年）

香港、新嘉坡，五六十年前皆弃壤也。西人经营商务，每辟荒地为巨埠，而英吉利尤擅能事，以英人于商务最精也。当缔造之初，必审其地为水陆要冲，又有泊船避风之澳，有险要可以扼守，有平地可以建屋。于是招致商民，创辟市廛。未几而街衢、桥梁、阛阓、园林，无不毕具；未几而学堂、教堂、医院、博物院，无不毕具；又未几而电线、铁路、炮台、船坞，无不毕具。寖至商货流贮，民物殷阜，辄与中国之上海、汉口相颉颃。夫商为中国四民之殿，而西人则恃商为创国、造家、开物、成务之命脉。迭著神奇之效者，何也？盖有商则士可行其所学而学益精，农可通其所植而植益盛，工可售其所作而作益勤。是握四民之纲者，商也。此其理为从前九州之内所未知，六经之内所未讲。西洋创此规模，实有可操之券，不能执崇本抑末之旧说以难之。因思神农氏日中为市，交易而退，各得其所，以王天下；齐太公劝女红，管子正盐笑，而诸侯敛袂朝齐。是商政之足以奔走天下，古之圣贤有用之者矣。盖在太古，民物未繁，原可闭关独治，老死不相往来。若居今日万国相通之世，虽圣人复生，必不置商务为缓图。傥以其为西人所尚而忽之，则以中国生财之极富，不数十年而渐输海外，中国日贫且弱，西人日富且强，斯固西人所大愿也。

（选自《庸庵海外文编》卷三）

西法为公共之理说
（1890 年）

　　欧、美两洲诸国勃焉兴起之机，在学问日新，工商奋绩，而其绝大关键，皆在近百年中。至其所以横绝寰宇而莫与抗者，不过恃火轮舟车及电线诸务，实皆创行于六七十年之内，其他概可知矣。今之议者，或惊骇他人之强盛而推之过当，或以堂堂中国何至效法西人，意在摈绝，而贬之过严。殆皆所见之不广也。

　　夫西人之商政兵法，造船制器，及农渔牧矿诸务，实无不精，而皆导其源于汽学、光学、电学、化学，以得御水、御火、御电之法。斯殆造化之灵机，无久而不泄之理，特假西人之专门名家以阐之，乃天地间公共之理，非西人所得而私也。中国缀学之士，聪明才力，岂逊西人？特无如少年精力，多縻于时文、试帖、小楷之中，非若西洋亿兆人之奋其智慧，专攻有用之学，遂能直造精微。斯固无庸自讳，亦何必自画也。上古之世，制作萃于中华，自神圣迭兴，造卦画，造市易，造耒耜，造舟车，造弧矢，造网罟，造衣裳，造书契。当鸿荒草昧而忽有此文明，岂不较今日西人制作尤为神奇？特人皆习惯而不察耳。即如《尧典》之定四时，《周髀》之传算术，西人星算之学，未始不权舆于此。其他有益国事民事者，安知其非取法于中华也！昔者宇宙尚无制作，中国圣人仰观俯察，而西人渐效之；今者西人踵中国圣人之制作而研精不辍，中国又何尝不可因之。若怵他人我先，而不欲自形其短，是讳疾忌医也；若谓追随不易，而虑始终不能胜人，是因噎废食也。夫青出于蓝而胜于蓝，冰凝于水而寒于水。巫臣教吴而弱楚，武灵变服以灭胡，盖相师者未必无相胜之机。吾又安知千百年后，华人不因西人之学，再辟造化之灵机，俾西人色然以惊？翠然而企也。

（选自《庸庵海外文编》卷三）

攻战守具不用之用说
（1890 年）

　　今天下之制枪，则有前门、后门、单响、连响之殊。制炮，则有前膛、后膛、铜、铁、纯钢之异。炮台，则有明式、暗式、泥土、三合土、铁铸之分。战舰，则有蚊船、雷船、碰船、快船、铁甲船之异。其余，水雷则伏雷、行雷、杆雷、鱼雷，体制不穷；火药则炸药、棉药、饼药、栗药，新奇叠出。惨烈如此，耗费如此，造物将何以供其镌镵？然风气盛开，即在今三四十年。而此三四十年中，攻守战争之事，转少于昔日者何也？诸国皆惮于先发也。往者泰西战事，一曰英、法助土攻俄之战，一曰南北花旗之战，一曰普法之战。此三役者，皆在二三十年以前，或构兵连年，或震动大局，而拿破仑之佳兵黩武，动以全国为孤注，又无论焉。近年则如俄土之衅，智利、秘鲁之争，或邻邦为之劝和，或构难而即讲解，故烽火之警稍靖焉，即兵民之祸亦稍纾焉。大抵昔之筹攻战守具也较易，故其视攻战守也亦较轻；今之筹攻战守具也较难，故其视攻战守也亦较重。且其费至繁，往往倾数十年之蓄积，以侥幸于胜负不可知之数，即使偶胜，已觉得不偿失，智者所不为。其术至酷，偶一设想，犹为之心悸而神惊，若一朝逞忿，一念喜争，糜烂数百万生灵之命，仁者所不为。是故今之时势，善为国家谋者，常以精筹攻战守具，为无形之攻战守，初不必见之实事也。窃尝观英、法、俄、德、美诸大国，不惮殚其人力物力，穷年累世，以求枪之灵，炮之猛，舰之精，台之坚。迨各造乎其极，而又无所用之，非不用也，殆以不用为用也。夫瀛环各国，平时互相考校，于枪炮舰台之孰良孰楛，无不确有定评。一旦有事，则弱者让于强者，强者让于尤强者，殆必至之势，固然之理。强者于攻战守早有把握，未及发难，虽取千百里之地，索千百万之饷而不难。弱者于攻战守茫无把握，不敢轻试，则亦割地输币而有所不靳。且弱国即幸而偶胜，而弱固不足以敌强，于是虑大国有再举之师，邻邦有勒和之议，终于弃地受盟。如光绪戊寅、己卯之间，土耳其之于俄罗斯是也。是故与其争胜于境外，不如制胜于国中。盖必平时精心营度，然后能操此无形之具。若不得已而用攻战守，则已出于下策矣。然则居今世而图立国之本，虽伊、吕复出，管、葛复生，谓可勿致意于枪之灵，炮之猛，舰之精，台之坚，吾不信也。若夫修内政，厚民生，浚财源，励人才，则又筹此数者之本原也。

（选自《庸庵海外文编》卷三）

叙督抚同城之损
（1890 年）

　　国朝例设总督八阙，巡抚十五阙；近又添设新疆巡抚一阙，而移福建巡抚于台湾。当未移以前，凡督抚同城者四：闽浙总督与福建巡抚同驻福州，湖广总督与湖北巡抚同驻武昌，两广总督与广东巡抚同驻广州，云贵总督与云南巡抚同驻云南。厥初总督不常设，值其时其地用兵者设之；军事既平，遂不复罢，亦俾与巡抚互相稽察，所以示维制、防恣横也。然一城之中，主大政者二人，志不齐，权不一，其势不得不出于争。若督抚二人皆不肖，则互相容隐以便私图，仍难收牵制之益，如乾隆间伍拉纳、浦霖之事可睹矣。若一贤一不肖，则以小人綦君子，力常有余，以君子抗小人，势常不足，即久而是非自明，赏罚不爽，而国计民生之受病已深，如康熙间噶礼、张伯行之事可睹矣。又有君子与小人共事，不免稍事瞻徇者，如乾隆间孙嘉淦、许容之事可睹矣。若督抚皆贤，则本无所用其牵制；然或意见不同，性情不同，因而不能相安者，虽贤者不免。曾文正公与沈文肃公葆桢本不同城，且有推荐之谊，尚难始终浃洽。其他可知矣。郭侍郎嵩焘于去广东巡抚任时，疏陈督抚同城之弊，谓宜酌量变通，言甚切至。

　　兹余姑就见闻所逮者述之。吴文节公文镕总督湖广时，粤贼势方张，为巡抚崇纶所觭龁，迫令督师出省而隐掣其肘，军械粮饷皆缺，文节由此死绥，武昌旋陷。厥后惟胡文忠公与总督文恭公官文相处最善，为天下所称诵。文忠既没，文恭劾巡抚严树森去之。威毅伯曾公国荃为巡抚，又劾去文恭，曾公亦不安其位以去。迨伯相合肥李公总督湖广，为巡抚者，本其属吏，诸事拱手受成。李尚书瀚章继之，一循旧辙，又在位日久。自此巡抚几以闲散自居，而督抚无龃龉，政权无纷挠矣。郭侍郎之巡抚广东也，适故相瑞麟以将军迁总督，颇黩货卖官，治军尤畏蕙，侍郎心弗善也，上疏微纠其失，以无奥援罢去。蒋果敏公益澧为巡抚，英锐喜任事，瑞麟心惮之，严劾蒋公去职，因愈专横无顾忌。其后英翰为总督，以允闱姓缴捐事，为巡抚张兆栋所劾罢。近今张尚书之洞总督两广，与历任巡抚皆不相能，朝廷至今兼摄巡抚以专其任。则督抚同设之无益，亦可概见矣。咸丰、同治间，徐之铭巡抚云南，为叛回所胁制，复倚回寇以自固，杀升任陕西巡抚邓尔恒于境上。张尚书亮基为总督，至引疾求退，以速出滇境为幸。潘忠毅公铎为总督，方图以回攻回，之铭泄其谋，忠毅遂遇害。光绪初年，总督刘岳昭与巡抚岑襄勤公毓英不相能，舆论皆不直总督，寖至罢黜。潘鼎新巡抚云南，盛气陵总督刘武慎公长佑，颇蔑视之，刘公郁郁上疏求去，朝廷罢鼎新，慰留刘公。此皆督抚不能相容之明证也。福建督抚之外，又有将军及船政大臣，政令歧出，尤不能画一。自巡抚移台湾，复裁船政大臣，而总督兼理船政及巡抚事，未始无裨于政体。余谓湖北、广东、云南三行省，皆可废巡抚，而以总督兼理，如福建之例。不特此也，各省之道府同城者，皆可废知府，而以道员兼理其事，庶几纷争之衅可弭，民生吏治，受益多矣。窃考宋代节度、安抚等使，皆兼知一府，故虽使相亦称大府，此诚意美法良，非近制所及者也。夫尊如督抚，尚可兼知一府，然则以总督兼巡抚，以道员兼知府事，尚何不可之有？

（选自《庸庵海外文编》卷四）

叙团练大臣
（1890年）

　　自府兵变为召募，有国家者整军经武，不能不筹养兵之费，亦时势使然也。本朝绿营兵饷，岁费二千万金，然因额数较多，马步守兵所得饷糈，不尽能给其事畜之资，无事各谋生业，届期始赴操练。是以川楚教匪之变，绿营兵已不尽得力，多有用川勇以成功者。近世号乡兵曰勇营，以别于绿营经制之兵，而川勇之名，始著于时。迨粤匪、捻匪、回匪之祸，藉楚勇、淮勇之力以平之，而绿营兵之绩更无闻焉。左文襄公遂有减兵加饷之策，然则饷不加裕，尚罕实用，而况无饷乎？团练之说，即古保甲之法之遗意，防小盗则可，御强寇则不可；有得力之劲军以剿强寇，而以团练辅之，为坚壁清野计则可，专恃团练以剿强寇则不可。咸丰、同治间，群寇蜂起，设防愈多而力愈分，用兵愈众而饷愈匮。自阁部大臣以逮言路，颇建议劝民团练，特派大臣督之，无募兵之劳，无筹饷之难，其说非不美也。然天下事无实意者鲜成效，务虚名者多后患。姑就余见闻所及论列之。

　　当粤寇之始横也，长沙则有丁忧湖北巡抚罗绕典，南昌则有前刑部尚书陈孚恩，二公皆与本省巡抚会办军务，同在围城之中，而又历时甚暂，故意见未至相歧，权力未至相轧。安徽则有工部侍郎吕文节公贤基，当皖北糜烂之时，无兵无饷，赤手空拳，卒殉舒城之难。惟曾文正公始不过奉命帮办团防，后乃改为就地捐饷，募勇自练，数战之后，声威既著，于是有本省之捐饷，有邻省之协饷，饷源广而募勇渐多。是文正以团练始，不以团练终，且幸其改图之速，所以能成殄寇之奇功，扩勇营之规制也。外此如河南有内阁学士毛昶熙，亦号为自成一军，然实疲弱不耐战，或俟贼自退，掞张将吏功绩，创贼则未也。又如山东有礼部侍郎杜翻，才力尤短，信任戚友，隐挠官吏之权，以致弱者抗粮自豪，强者揭竿而起，库藏虚耗，上下交困；相国朝邑阎公巡抚山东时，尝太息言之。又如浙东有前漕运总督邵灿，为巡抚王有龄所劾罢，继之者为左副都御史王履谦，尤与有龄不相能，官绅忤于上，兵练哄于下，绍兴失陷，杭州亦难固守，有龄殉难，遗疏劾履谦，加严谴，而事已无及矣。又如通州有前湖南布政使王璪，怙势作威，杀害避难绅商，侵夺良民财产，富拥专城，幸而贼氛未到，一方先被其毒矣。至如寇势最张之时，江南则有侍郎庞钟璐，江北则有左副都御史晏端书，江西则有候补京卿刘绎，数公皆清德雅望，不愿多事，能使民间不知有团练大臣，已为一时罕觏。若其笃老癃废，虽充团练大臣之数，口不言战守事宜，一闻贼至，仓皇奔徙之不暇，遑恤其他。若是者累累也。呜呼！自兵事起，世之谈经济者，措意于团练已数十年；曾文正公虽由此发轫，然惟早变其实，并变其名，所以能有成功，否则前事可睹矣。其贤者固束手无措，仅以一死报国，或明知无可发舒，洁身远引而已，其不贤者则龉齕大吏，蠹国殃民，不啻为贼先导，求其能捍寇保境者，十无一二。盖在上者以不必筹饷为便，不知百端流弊，皆由此起。苗沛霖以团练为名，遂据淮北以叛。咸丰季年，山东、河南、安徽立寨自固者，遍布诸郡县，遂有寨主名目。凡为寨主者，皆武断乡曲，贼害行旅，官吏所不能问，王法所不能施。科尔沁忠亲王藉百战之威而划平之，何其难也。同治七年，捻寇冲突畿辅，各营将士孤行失道，及公车北上之士，有为诸寨所活埋者，竟无从问其主名。此皆团练之遗祸也。

（选自《庸庵海外文编》卷四）

察看英法两国交涉事宜疏
（1890 年）

奏为微臣分驻英、法数月，察看交涉事宜，谨陈梗概，恭折仰祈圣鉴事。窃臣在法国、英国、比国呈递国书，已将各国互敦和好之意，陆续据实奏报在案。惟闻义国罗马都城，一交夏令，瘴气甚重，该国王及其外部大臣等皆避暑在外，必俟八九月后回都办事。臣是以暂缓驰赴罗马，稍以其暇详阅接管案卷，联络议院官绅。谨将见闻所及，为圣主缕陈之。

窃惟数十年来，西洋诸国，惟英、法与我中国素多龃龉，一二强邦，迭起乘之，事变愈棘。从前英使如威妥玛、巴夏礼等，法使如巴德诺脱等，尤窥知中国情事，狃于积习，动辄要挟，勾结他国，协以谋我。与之以利而不知感，商之以情而不即应，绳之以约而不尽遵，其所由来，非一日矣。臣尝观光绪三四年间旧牍，前使臣郭嵩焘初到之时，枝节不少，口舌滋繁。有明系中国自主之权，而妄思侵碍者；有明系彼国订行之款，而不即照办者。盖彼之商人，惟利是视，不顾大体；而公使领事，向恃中国无驻洋使臣与彼外部辩论，往往逞其一面之辞，要求迫胁，惟所欲为。今则事势既异于前，威、巴诸使，或退或死，狡谋斯戢，积案稍清。臣尝与英、法官绅往来酬酢，察其言论，多有联络中国之意，不复如昔日之一意轻藐。推原其故，厥有数端：一则越南一役，法人欲索赔偿，竟不可得，至今法人议论，咸咎斐礼之开衅，恨其得不偿失，各国始知中国之不受恫喝也；一则十余年中，冠盖联翩，出驻各国，渐能谙其风俗，审其利弊，情意既洽，邦交益固也；一则中国于海防、海军诸要政，逐渐整顿，风声所播，收效无形，且近年出洋学生试于书院，常列高等，彼亦知华人之才力，不后西人也。凡此数端，皆系圣明措注因时，及内外大臣尽力经营之效。臣愚以为乘此振兴之际，遇有交涉事件，可以相机度势，默转潜移，稍裨大局。大抵外交之道，与内治息息相通。如商税受损，则财用不足矣；教民横恣，则吏治不饬矣；海外之华民保护不及，则国势不张矣；内地之土货行销不远，则民生不厚矣。此在任使事者设法维持，随宜筹措，虽旧约骤难更改，而情势或可变通。臣拟于兹数者，审度情形，俟有机会，大则奏请谕旨遵办，小则函咨总理衙门裁酌。总期捷声息而通隔阂，收权利而销外侮，仰副朝廷委任之意。抑臣又闻外洋各国使臣，互相驻扎，皆以得见君主为荣，君主亦必接见以示优异。皇上亲政以来，各使以未觐天颜，疑有薄待之意，不无私议，屡见英法新闻纸中，将来恐不免合力固请，似亦当筹所以应之也。所有察看交涉事宜，理合恭折密陈，伏乞皇上圣鉴训示。谨奏。

（选自《庸庵海外文编》卷一）

豫筹各国使臣合请觐见片
（1890 年）

再，查外洋各国风气，交际与交涉，截然判为两事。交际之礼节，务为周到；交涉之事件，不稍通融。惟其厚于交际，故可严于交涉。凡各国使臣初到一国驻扎之时，其君主无不接见，慰劳数语以示优待，使臣鞠躬而退，并不言及公事，此西国之通例也。臣到英后，除呈递国书外，其君主延请讌会一次，听乐观舞会各二次，礼意颇为周浃。今闻各国驻京公使，以未蒙昼接，不无私议。万一合辞来请，我若深闭固拒，相形之下，似觉情谊恝然。昔年英使威妥玛，借未许觐见为辞，颇于烟台条款多所要挟。夫靳虚礼而受实损，非计之得也。臣愚以为，今日有同治十二年间成案可循，不妨援照办理。当时议者亦颇多疑虑，一则恐其有所渎请，一则谓中西之礼不同也。然礼成而退，海内且传为盛事者，何也？西例公见不言公事，即晤其外部亦然，洋使断无不谙之理。若论礼节，可于召见各使臣之先，敕下总理衙门，告以如愿行中礼，或愿行西礼，各听其便。如是，则彼虽自行西礼，仍于体制无损。又闻雍正年间，罗马教王遣使到京，世宗宪皇帝允行西礼；乾隆五十八年，英国遣使马戛尔尼原作马格理，今依出使奏疏，据《海国图志》。来华，亦奉高宗纯皇帝特旨准行西礼，赐以筵宴。未知礼部等衙门，是否有案可稽，似亦足备考证。臣为豫筹应付各使起见，理合附片密陈，伏乞圣鉴。谨奏。

（选自《庸庵海外文编》卷一）

致总理衙门总办论接见外国使臣书
（1890 年）

　　敬启者：六月二十七日肃布英字第五号书，计达荃览。福成到洋后，倏已五月有余，察看交涉情形，粗有所见。兹谨具一折二片，敬求贵衙门恭递。除钞稿咨照外，有折中未敢陈明者，请为执事言之。查西洋通例，于各国使臣来驻国都者，平日接待礼文，颇为周至，异乎寻常。即如朝会礼节，其待各国使臣，与本国贵戚一体，而与待国中之臣不同，以寓宾敬之意，即以联彼此之情。福成来英四月，除常例朝会外，樽俎款接，听乐观舞，已非一次。前日阅彼国《泰晤士新报》，将此事著为论说，谓中国皇上亲政之后，尚未接见外国使臣，其意不无觖望，且似咎中国使臣不将外人接待情形告知本国，以致中外交际之礼，厚薄悬殊云云。在彼族不知中国堂陛尊严，自有体制，万不能与外邦之礼相提并论。然准情酌理，欧洲各使驻京十数年，尚未一邀觐见，似于情谊恝然。福成窃揣彼族不久必有合词请见之举，届时似不能却。然此议与其发之于彼而我始俯允之，不如发之自我，尤为得体。若谕旨定期召见，慰劳数语，俾各如所愿而退，此王会之隆仪，实怀柔之胜算。福成于正折中微引其端，附片复详陈之，而于明请谕旨一节，仍不敢轻言于君父之前。诚以事体重大，未可渎陈，而区区之愚，终不能自閟，伏祈回明堂宪裁夺为祷。专肃布达。谨请勋安。七月初六日，英字第六号。

（选自《出使公牍》卷三）

陆续订运湖北炼铁织布机器情形片
（1890 年）

　　再，前使臣刘瑞芬代湖广督臣张之洞在英国谛塞德厂定购炼铁炼钢机器汽炉全副，又在柏辣德厂及喜克哈葛里甫厂定购纺纱织布机器汽炉全副。原议铁、布两厂俟造成后各分五批运赴广东，适张之洞调任湖广，勘地未定，筑厂需时，而布机皆系细巧之件，若无厂屋存储，恐致锈坏。臣电商张之洞，暂缓运鄂，惟织布锅炉六座及炼铁机器两批，业已雇船送至汉口。又有筑厂物料及应添器具，臣亦为之详慎访订，陆续运送。窃维炼铁、织布两大端，裕强兵富国之谋，握利用厚生之本，若果办理有效，每岁中国之银少漏入外洋者，不下四五千万两。惟炼铁必与开矿相济为用，若数端并举，事体宏巨，恐非一省之物力才力所易集事，想朝廷必已默操至计，允为始终主持。然如厂屋尚待卜筑，工匠亦须募练，运器之水脚难省，添制之零件犹多，固非旦夕所能动工。而外洋各国每兴一利源，其初不免耗折，赖有坚忍之力以持之。中国始基初立，用帑较巨，势难中止。伏维圣明洞烛时势，创建宏规，不以疆臣易任为作辍，不以浮议稍兴为疑沮，俾内外合力，妥慎经营，十余年后，当有成效可睹。至如筹运全机，雇募洋匠，访各厂之良法，询购物之时价，与张之洞函电频商，务臻妥善。此系微臣之责，断不敢稍形怠忽。合将大概情形附片具陈，伏乞圣鉴。谨奏。

（选自《出使奏疏》卷上）

致总理衙门总办论英使
华尔身议华民入英籍书
（1890 年）

　　敬再启者：昨闻人谈及新嘉坡近事，知英使华尔身曾在贵衙门建议，令英属地华民悉入英籍之说。此举殊骇听闻。即饬参赞马格理至外部，询其知否。外部亦深讶异，谓华使老成稳练，不应轻发此议。福成窃揣情形，或因商议保护新金山华民，华使姑发此说以资搪塞，亦知其未必能行，遂未报知外部。从前威妥玛常有此等举动，希冀堕其术中，侥幸成议，出于外部之所不料，彼乃自诩其功。窃谓华使此说，直可置之不理，彼亦无从置喙。今日海外各国属地，寄寓华民不下二三百万。其坟墓眷口，均在中国，不愿竟化为异类，亦正斯民不忘本之意，万无拒之之理。倘一国强令入籍，则各国必相仿效。英属地之待华民，除新金山外，均尚不至十分苛刻。若法属之西贡、日斯巴尼亚之小吕宋，其虐待华人情状，殆不可言。如悉令就地入籍，则绝百万华人喁喁内向之心。恐各国闻之，益滋轻侮。不独以后保护二字无可复言，且非吾民所愿，办理必多窒碍。迨我既办不动，而彼据成约以相责，召衅更多。福成未知华使是否实有此说，贵衙门曾否与之开议。但既有所见，不敢不罄其愚。若因保护新金山等处华民，与华使商议未能就范，似不妨径饬敝处与彼外部磋磨。此间各岛华民，消息较灵。且事务稍简，可以专精经理，断不敢稍有推诿。除电达大意外，兹再泐陈梗概，希即回明堂宪裁夺是祷。手此再颂勋安。七月二十日。

（选自《出使公牍》卷三）

致总理衙门总办论英派员驻喀什噶尔及商设香港领事书（1890年）

敬启者：本月初六日，接奉钧署来电，当即电复大意。查英人欲于喀什噶尔驻员一节，前月下旬，敝署英文参赞马格理因事至外部，晤侍郎山特生，曾言有三事相商：一、中国回疆之西南，英属阿富汗之东北，中间有地五六百里，为布鲁特游牧所到，该部久去其地，几同瓯脱，既不属中，亦未属英，而逼近俄境，恐日久必思占据，英人不愿阿富汗之与俄为邻，现拟占先手，会同中国勘明，分辖其地，以杜他族窥伺。一、中国允俄在喀城驻设领事，其地实无贸易，俄人在彼设官，筹度一切，难保不于印度有损，英人隔在岭外，声息不通，无从窥测，拟请中国允英在喀设一领事，以便伺察俄人。一、叶尔羌之南，克什米尔境内，有一废炮台，名曰刹衣都拉，现闻中国官兵屯扎其中，此虽无甚紧要，但此后即当永久驻守，勿再弃去，致被俄据。以上三事，是否与中国使臣在此商议报知中国办理，抑由英国驻京公使在总理衙门商量办理？嘱马格理询复。福成当时窃揣彼虽设为两可之词，实则隐谋已定，必电该使华尔身先探钧署意向，再行相机设法。又念钧署公事既繁，其中委曲底蕴，未必尽悉。敝处屡于新闻纸中见其梗概，仓猝间又无由详达。因嘱马格理复以不妨在此筹商，再告钧署。外部果不出福成所料，诿以现印度方派员前往察勘情形，须两月后再商，而喀城驻员一层，果嘱华使在钧署开议矣。福成就马格理所述三事而论，其第一第三两端，若尽如该外部之说，似于中国无损。办理得宜，或可有益。尚非专系彼之有求于我，故暂匿不以告。或将来由伊自行区画，竟不再言，亦未可定。其驻员一层，则必须中国允准，方可举办。所以先行抽出，来探口气，再作计议。福成窃思驻员一节，于彼国诚为大益，于中国似尚无损。何以言之？俄人觊觎阿富汗，蓄意已久，若英派员在喀，则俄人图阿富汗之举动，纤悉必知。喀与印度呼吸相通，不致落人后著，此所谓有益于彼也。中俄接境几二万里，万一有衅，防不胜防。关外信息阻隔，不能灵捷，尤为可虑。若喀城驻一英员，于英人通信固便，但使新疆大臣驾驭外人有法，于我亦未尝不便。且喀城北邻俄而允俄驻员，南邻印度而允英驻员，彼此接壤，事属一体，此所谓无损于我也。惟俄于喀城，以贸易为词，英现无贸易，故不免闪烁其词，或将来渐有通商之说，亦未可定。然通商一事，固无损于中国也。所虑者喀城派员，系俄之专约，若许英亦驻员，恐开他国照行俄约之渐。欲将此一层斡旋妥协，似亦不难。盖凡条约本无之事，如一旦骤议开端，必彼此所让利益足以相当，后来自不滋流弊。喀城添驻英员，此条约之所无，拒之原无不可。但拒之而俄不见德，英适见怨，则不如不拒，而索以利益相当之事。前奉钧署大咨，议设南洋各岛领事，此事英廷允否，尚未可必。然如槟榔屿、麻六甲、柔佛等处，能令允设领事，固于保护华民一事有裨。惟香港一区，逼近粤垣，且华人生聚日繁，闽粤盗犯，均恃此为逋逃薮，诸多掣肘。从前屡次商设领事，彼国坚持不允。福成现拟乘此机会，与之熟商，稍缓即当钞稿咨呈查核。彼以英人未到之喀城，尚欲驻员，我以华人麇集之香港，而与议驻员，名正言顺。若彼或有未便，而因此辍喀城之议，我可不任受怨。若彼因喀城设员，势不能已，则香港之事，彼亦当就我范围。然福成尚未以此二事，明与相提并论。万一彼遵公法，先允我添设领事，鄙意或留喀城派员之举，另索他项利益更妙。盖因旧时交涉吃亏甚多，所须更正者不止一端。则钧署此时似不可松口，稍露能允之意。倘告华使以此事现方函询敝处，或称已交福成就近与英外部妥商，似尚浑含无迹。是否如此？即乞回明堂宪裁夺，并乞先将大意电示为盼。肃溯密布，敬请勋安。八月十二日英字第八号。

（选自《出使公牍》卷三）

致总理衙门总办再论添设香港
领事及英派员驻喀什噶尔书
（1890 年）

　　敬启者：英廷允设南洋各岛领事，及调左秉隆往香港开办，业经外部照复，陆续钞稿，咨呈冰案。福成前于英字第九号函中，曾声明香港设领事，与喀城驻员二事，分开各办，不必相提并论。诚以向来中外交涉之件，外部往往设法支展，且因到洋日浅，外人之情，实亦未能深信，不敢遽谓确有把握也。乃此次外部始终无一言阻难，且并未支展时日，慨然应允，力顾两国交谊，实出意计之外。福成前函谓其必因喀城一事，以示先施之义，第念此事由华使在钧署所请，应由堂宪主裁，非使臣所敢遥参末议。则仍不欲以两事相提并论之意，乃近日外部侍郎山特生致本署参赞马格理函，措词虽极婉转，而已微示责报之意。窃思福成初接钧署大咨，于南洋筹设领事一节，颇苦无从著手。及闻华使有喀城驻员之请，乃得乘间而入，先诘以公法，中国在英属地，皆可添设领事；继又明指香港一区而言。亦思彼若允我所请，则我收回权利已多，与彼所求，既足相抵；万一不允所请，则喀城驻员，就此可作罢论。刻下英廷既一一允许，颇有意结欢中国。若以施报恒情而论，似亦只可俯允所求。向之不欲以二事相提并论者，今则势不能不以此累彼。又念向来外人要求利益，大都不尽循理，勉强得之，或仅有施而无报。此次独致先施之意，亦未始非朝廷近年德礼渐摩之效。若彼以好来而我漠然不应，恐彼谓中国之事，仍须待迫胁而成，转觉乏味。至于就事而论，此举在中国实亦无损。新疆距内地太远，中外信息，每患不能灵通。英、俄同处一洲，而其互相猜忌之心，时见于日报。中国若许英在喀驻员，固可藉英以察俄情。驻英使臣常与外部往来，必能闻其消息，报知钧署。若虑其藉此通商，致各国竞思援照，则彼之派员，可稍变名目。彼函中所谓经手领事人，即与另商再改，亦无不可。兹将山特生原信译稿呈览。敬乞回明堂宪裁夺是祷。手肃布达。敬请勋安。十一月二十一日，英字第十三号。

（选自《出使公牍》卷三）

致总理衙门总办三论添设香港
领事及英派员驻喀什噶尔书
（1890 年）

敬再启者：福成八月十二日致尊处函中，曾云万一彼遵公法，允我添设领事，则留喀城派员之举，尚稍可设法另索他项利益，未知钧署曾否筹及拟索何项为抵？福成查俄在喀通商，当时曾侯因此路商务初兴，贸易未旺，故于俄货入境关税一节，暂允免征。今届修约之期，闻俄尚未肯完税。此次英欲驻员，或稍有商务，可与议明循照通例：凡货入喀境，须照值百抽五章程，一律征收。亦可使俄人无词再图宕缓。日前马格理见山特生时，曾言及此。今其来函，似已答允，此亦利益之一端。然鄙意尚有大于此者，从前洋人在中国欲设领事，并不请中国准照，随意遣派，竟若在中国有自主之权者。因而辄敢与地方有司，遇事掣肘，动辄要挟，蛮横无理。查此事实不合公法。从前李傅相与巴西议约，欲复领事官领准照之例，甚费踌躇。然仅一弱国，尚办不动。此次趁英国欲在喀城驻员，可与议明，必须待中国给予准照，然后新疆地方官才认为英国领事。自此次为始，各口领事亦必领给准照，此亦万国通行之法，谅彼无词坚拒。英人允许，即可相机推之各国，一律照行。此则裨益更大，将来如遇外国领事官桀骜不驯，我即可追回准照不认。向时肆行无忌之心，从此当可稍戢。如索此项利益，似较入境征税一节，尤有关系。至于通商一节，在彼已为第二层义。窃料该处荒瘠之地，贸易亦骤难见旺，但不借商务为名，则无端设一领事，恐启俄人之疑。故山特生致马格理函中，已有商务字样。窃谓喀城远在边徼，果能商务大兴，则照章抽税，于事亦未为无裨，并非损碍之事，似不必过虑也。愚陋之见，是否如此，并乞回明堂宪裁夺为祷。手此，再请勋安。十一月二十一日。

译录英外部侍郎山特生致参赞马格理函：

敬启者：数月之前，此间曾嘱驻京公使宝星华尔身，劝中国允许英国派一经手领事人于新疆，以为两国获益起见，况俄国已有一领事在彼矣。现英廷已允中国派所拟领事官于英地，望华尔身所劝一节，中朝亦能允许。倘贵钦差能相助速允此事，沙侯实为欣望。然此举亦于两国商务及政务，均有益处。阁下前来此间，曾说英货入华界，中国或欲略收微税，每百取五。此节想亦不难，特到办理时须与印度政府一商。肃布，敬请台安。山特生谨启。

（选自《出使公牍》卷三）

致总理衙门总办四论添设香港
领事及英派员驻喀什噶尔书
（1891 年）

　　敬密启者：前在巴黎，接奉吉字二三四号堂宪钧函，谨悉一是。三月廿五、本月初一、初六等日，叠奉三次电示。敝处发有三电，布达大意，想均登签记矣。钧署来电之意，欲将喀员、港员两罢，以作收束。自因华使言香港领事请派税司，又谓英廷不发准照，致有此议。然与外部现商情形，实已不符。电文简略，易致误会。兹特详陈之：溯查喀事发端，系在去秋七月。其时，敝处添设南洋领事一层，尚未咨照外部。迨后外部照复允准，始又明提香港一区，已在十月以后，与喀议绝不相涉。福成秋冬之间，叠次布函，俱谓两事分开各办。即与外部言港事，从未一语牵连喀事在内。不过因彼意有所求，隐相抵制，并非显为互换之局。此次若因喀事而罢港议，不独喀事能罢与否，尚无把握，而港员之设，原据万国公例而言，且暹罗、日本皆已有香港领事，而中国独无之，英人亦自觉其不情，所以不能不允。今既得而又弃之，转觉难以措词。若明言因喀事难在应俄，牵连而罢，则恐更着痕迹。迩来两国相交，有不妨揭其隐情以告人者，有不宜露其隐情以示人者。即如华使来言喀事，固可明告以难在应俄，藉索应得之利益，兼以示德于彼。若以喀事而至愿罢港员，使英人谓我意在亲俄，则必以忌俄而启嫌；谓我意在畏俄，则必以轻我而变计。钧署虑及俄之见猜，亦宜防及英之生隙。大抵港议之成，由于英廷明示睦谊。客秋华使请喀城设员，钧署以香港之事折之，实已握其肯綮。俾英人有歉于中，而激其先施之意者，未始不因乎此。然沙侯以宰相而兼外部，位尊望重。左、黄之派港、坡，既有复文允准在先，今我忽欲罢议于后，在我固失其权利，在彼亦失其体面。以后遇有交涉之事，恐难和平商办，势当较前棘手。谅钧署必不愿有此。反覆筹思，只能抱定原议，责其不应将港、喀两事牵混，致华使在钧署晓渎。外部此次办事，亦尚大方，不欲显露抵制之形，业已电饬华使勿阻港事。此事因福成驰赴法义两国，留住数月，不能兼顾，遂生波折。费尽气力，与之理论，始仍以办妥港员为收束，然已舌敝唇焦矣。至于试办一年之说，福成初亦疑其卜喀事成否。旋闻香港总督不愿中国在彼设员，转谓华民多所疑虑，有函到其藩部。兹外部已商之藩部，函劝港督勿稍梗阻，并云以试办释华民之疑，且为港督前议转圜。又据侍郎克蕾面称，决不因喀事而图抵制，但使年内华民不与领事为难，领事不侵英官之权，即系长局。从前新嘉坡开办之初，亦云试办，久而相安无事，即以为常。盖华民之喁喁慕义，不至滋事，实有可豫必者，请纾厪虑。交犯一层，须领事官设定后，察看情形，方可妥议章程。此事自有公法，不必预提。且所关不仅香港一区，不宜于此时添入，多费笔舌。准照一层，英章与美国不同，必须奉有谕旨，始给文凭。外部电告华使，亦如此说。现惟静待电传奉旨日期，即可请发准照，饬左、黄前赴新任矣。窃思华使以港、喀两事相提并论，致多周折，似非尽出外部初意。或因赫德近在咫尺，就与商议，作此狡狯，亦未可知。九龙税司兼办一层，既与外部申说，外部亦不谓然。盖华使既欲用税司，断无不与赫德筹商而先自开口者。况赫德意在揽权，彼既闻有此事，恐不免挟私指使，另生枝节。尚祈钧署随时留意为祷。刻下喀事既言明与港事不相牵涉，则操纵之权，自在钧署。尽可从容商办，谈笑应之。福成窃观近年中外交涉大局，似有转机。欧洲诸大国，颇思结好中朝，引以为重。中、英交固，则俄益重中国。中、俄交固，则英亦重中国。英、俄虽互为猜忌，旦夕亦未必有衅，其视用兵极为郑重。各报馆播弄笔墨，臆测之谈，未可尽信。窃谓中国此时，正宜两利俱存，于投桃报李之中，寓鉴空衡平之意。则柔远绥边，中外蒙福矣。愚见如此，伏乞回明堂宪裁示为祷。除俟将修约各事另函续陈外，肃泐密布。敬请勋安。四月十二日，英字第十四号。

（选自《出使公牍》卷三）

致总理衙门总办论中外办事情形书
（1890 年）

　　敬再启者：福成自到洋后，熟察交涉情形，大约彼国外部，尚能遇事主持公道，不如驻华使臣，一味自逞私意，强人所难。如从前威妥玛、巴夏里之徒，动辄要挟，实皆以此为见长之地，非尽出英廷本意。论者咸谓外部管数十国交涉之事，统筹大局，故其心宽平；驻华公使所管只一国之事，其心迫隘，皆欲多占利益，取悦于其本国商民。况从前中国未知外洋情形，所予外人利益，每以勉强得之，因而习以为常。华使为人，虽较威、巴诸使忠厚，不甚生事，然受在华商民之怂恿，恐所难免。又如所议英地华民入籍一事，亦于理势多所窒碍。彼或如钧署综理各国各口交涉之事，公务繁冗，海外情形，仓猝又难详达，所以辄思尝试。近来外部亦颇恃此为独得之秘。鄙意交涉之事，有必须在内地办结者，如重庆通商等事，非由钧署主裁，断难如此妥洽。以其与内地督抚大臣行文商办，亦较顺手也。其不必尽由内地办结者，如保护华民等事，或径檄出使大臣，与外部从容辩论；或由钧署主持，而与使臣函电频商，务求灵通一气。盖因使署事简，可以专精考究，全神应付。且海外大局，与彼国命意所在，信息较内地灵捷也。惟中外相隔既远，函牍往来，每延时日；又苦电价太昂，细情难达。福成现方筹轻减电价，疏通消息之法。俟有端倪，再当详细布达，请钧署酌核示遵。敬泐，再颂勋安。福成又肃。八月十二日。

（选自《出使公牍》卷三）

与英外部商设英属各埠领事
（1890 年）

　　为照会事：照得华民寓居英属各地者极多，中英往来交情，日加友睦，日增紧要，而中国领事官仍仅新嘉坡一处。本大臣拟请贵爵部堂渐除此等立异之见，稍合两国亲睦之道，及中朝惠顾出洋华民之意。本大臣奉总理衙门来文，嘱与贵爵部堂相商中国设领事官于英地之事。从前议设中国领事官于新嘉坡时，一千八百七十八年四月十六日贵爵部堂致郭大臣照会内，曾云："中国与各国往来，系照特定和约之章，非遵各国通好之道。况中国尚未尽准洋人入内地，洋人商务，亦未各处开办。故不能援引各国之式，准派领事官分驻英地"等因。此事于一千八百七十八年，中国与别国往来，或有此等情形。但于近日观之，实无此等情形。中国并未不遵万国公法，而近来十五年之内，更觉按照万国公法办事。虽尚未将内地各处，尽准西人通商，然即中国所办之事论之，亦足有准设领事官驻扎英地之理。各友邦均许派领事官分驻英地，中国深望英廷照此例一律办理。中国有二十余处地方，准令外国人民居住经商。其收税之轻，与有约各国比之，中国实可称无税之地耳。计有二十二处，英国曾派领事官驻扎其地。本大臣请贵爵部堂详察之。盖非恐英廷有不允之意，不过于贵爵部堂前一为讲解而已。一千八百七十八年四月十六日贵爵部堂缮写照会时，《烟台条约》尚未核准。此条约内已言中国有派领事官至英地之权。又一千八百六十九年十月二十四日条约中，曾明言英国愿认中国有派领事官至英国各处之权。此约虽未曾照行，本大臣必提及此者，因欲声明英廷已早有允中国派领事官之意。而其约之未经批准者，系由别事之故耳。今本大臣又向贵爵部堂言明，如此事商妥，中国并非欲一时遍派领事官分驻英国各处地方，因有酌量添设之处，并为以后陆续派领事官时请给文凭之事而已。相应照会贵爵部堂，请烦查照。须至照会者。光绪十六年八月十五日。

（选自《出使公牍》卷八）

咨总理衙门与英外部商办添设领事
（1890 年）

　　为咨呈事：窃照光绪十六年七月初十日，承准贵衙门文开准北洋大臣咨开据北洋海军提督丁汝昌文，称南洋各岛，华人巨万，惟新嘉坡已设有领事，交涉懋迁，尚称安谧；其未设领事各岛，曰槟榔屿，曰麻六甲，曰柔佛，曰芙蓉，曰石兰莪，曰白蜡，该处商民无不受其欺凌剥削，环诉哀求，实不忍视；新嘉坡领事既无兼管各埠明文，亦无遥制各岛权势，拟请新嘉坡改为总领事；其余随地设立副领事一员，即以该处公正殷商摄之，统辖于新嘉坡之总领事；至应设副领事几处，每年经费若干，应由总领事查明撙节禀办；惟总领事每年巡历各小埠，应增公费以为各项川资，俾示体恤，咨请核办等因。本衙门查外洋各属境添设领事，均须先与该国外部商定，核给准照，方能次第筹议；应摘叙原文咨行，试与英国外部商议，如能办到，实于华民有益，并将商办情形咨复等因。承准此。

　　本大臣查中英条约，未有设立领事明文，是以前任大臣于新嘉坡初设领事，及续派领事时，与英外部文牍往来辩论，殊费周折。诚如贵衙门文开须先与该国商定，方能筹议。惟本大臣查英属各岛，华民流寓者极多，而香港一岛，附近粤东，尤为中外往来咽喉。凡华洋各商货物，均先至香港，然后转运各省。而交涉事务，一曰逃犯，一曰走私，一曰海界，繁难丛杂。每出巨案，粤省遇事，辄派员至港，而声气不通，往往缓不及事。所以该处添设领事，实为刻不容缓之图。查阅案卷，在前任大臣曾任内，迭次照会英外部，请于该处设一领事，迄未就绪。至澳大利亚一岛，现有限禁华工一事，亦关紧要。而英国政府于此二处，颇有不欲轻许之意。本大臣以为设立一处，始商议一处，枝枝节节，徒费唇舌，未见大效。因遣英文参赞官马格理，到外部先述大意，援照公法，作笼统之辞，只言中国欲设领事于英属各地，不言设于何地。该外部似尚无峻拒之意。旋即将此意办文照会，如果外部允办，将来某处应设，某处缓办，其操纵之权，似仍在我。本大臣又查泰西各国所设领事一官，遍于地球，所以保护人民，疏通商务。盖枝叶盛则本根固，声息捷则国势张，关系綦重。即英国在中国领事，既有二十余员之多。而南洋各岛，华民流寓者有数百万，其为中外门户，固不待言。中国从前未甚措意。而近年中外往来交涉日繁，风气大开。若谓遍设领事，即已握长驾远驭之规；或称就地可筹巨费，或冀收彼华民，为我所用。此皆阅历未深之语，其事亦断办不到。然尝盱衡全局，实有不能不择要筹措者。即就英属各岛而论，如能添设领事数员，每岁不过多费数万金，已隐收无形之益，其效当有十倍于所费者。且商民人等，环诉迭求，若置之不顾，颇足以长华民觖望之心，招外人轻侮之议。丁提督所陈，均系实在情形。惟槟榔屿等六处，势不能遍设领事，即公正殷商，亦难多得。或酌量添设，而改新嘉坡领事为总领事，以兼辖之。或将各岛统归新嘉坡领事管辖，令总领事以时巡历诸岛，以通民情而保商务，似尚皆切近可行。除札饬新嘉坡领事左秉隆，将各该岛情形详查具复外，仍俟外部复文到日，再行商办。相应将照会外部洋文译汉咨呈贵衙门，谨请查照。须至咨呈者。

计钞单一件。

光绪十六年八月二十五日。

（选自《出使公牍》卷一）

咨总理衙门送摘译英法两国新闻纸
（1890 年）

为咨呈事：窃照奉使一职，办理交涉以外，自以觇国势、审敌情为要义；而耳目所寄，不能不借助于新闻纸。查泰西各国新闻纸，主持公议，探究舆情，为遐迩所依据；其主笔之人，多有曾膺显职者。若英国《泰晤士报》，声望最重，与各国政府，消息常通；其所论著，往往可征其效于旬月数年之后。虽其中采访不实，好恶徇情，事所恒有，固不可尽据为典要，存刻舟求剑之心；亦不宜概斥为无稽，蹈因噎废食之弊。本大臣到任以来，每饬令翻译员生，摘译新闻之稍有关系者，随时查阅，以备参考。兹再删辑各条，自四月至六、七月间，英、法两国新闻纸各缮一帙，相应咨呈贵衙门，谨请查照，须至咨呈者。光绪十六年九月初四日。

（选自《出使公牍》卷一）

致总理衙门总办论藏印通商事宜书
（1890 年）

　　敬再启者：查《藏印条约》第四款，有藏哲通商应如何增益便利一事，容后再议之语。福成询之马格理，据云廓尔喀等国与印度通商，入印度境不收进口税，以英人意在招徕也；印度货入廓尔喀境须纳进口税，以其地素贫，不能不藉供国用也；将来印藏商务，若与议藏货入印不纳税，印货入藏须收税，英官似可应允等语。自不妨以此说知照升大臣，存为此时议约之料件。因从前各约，当时未审利弊，日久每形掣肘。此后争得一分利益，即有一分体面，且可据为别案张本也。愚见如此，伏乞回明堂宪裁夺为荷。肃此再请勋安。九月初十日。

（选自《出使公牍》卷三）

通筹南洋各岛添设领事官保护华民疏
（1890 年）

奏为英国属埠，拟添设领事官保护华民，并通筹南洋各岛派员先后次第，恭折仰祈圣鉴事。窃臣查光绪十二年，两广督臣张之洞派遣委员副将王荣和、知府余璃，访查南洋各岛华民商务，奏称该委员等周历二十余埠，约计英、荷、日三国属岛，应设总领事者三处，设正副领事者各数处，经总理衙门议复在案。臣于光绪十六年七月，准总理衙门咨称：据海军提督丁汝昌文称此次巡洋，如附近新嘉坡各岛，曰槟榔屿，曰麻六甲，曰柔佛，曰芙蓉，曰石兰莪，曰白蜡，皆未设领事，华商因受欺陵剥削，无不环诉哀求；拟请各设副领事一员，即以随地公正殷商摄之，统辖于新嘉坡领事。应先与该外部商定，核给凭照。如能办到，实于华民有裨等因到，臣当经办文照会英国外部，援照公法及各国常例，声明中国可派领事官分驻英国属境。俟商有端倪，拟再咨明总理衙门详筹妥办。

臣窃思领事一官，关系紧要，而南洋各岛，华民繁庶，若不统论全局，则一事之利弊无以明；若不兼筹各国，则一隅之情势无由显。臣谨综其始终本末，为圣主敬陈之。

大抵外洋各国，莫不以商务为富强之本。凡在他国通商之口，必设领事以保护商人，遇有苛例，随时驳阻。所以旅居乐业，商务日旺；即游历之员，工艺之人，亦皆所至如归。而西洋各国领事之在中国，权力尤大。良由立约之初，中国未谙洋情，允令管辖本国寓华商民，与地方官无异。洋人每有人命债讼等案，均由领事官自理，往往掣我地方官之肘。从前中国各口之枝节横生，亦实由于此。然即在他国不理政务之领事，仅以保护商务为名者，各国亦视之甚重，稍有交涉，即筹建设。盖枝叶繁则本根固，耳目广则声息灵，民气乐则国势张，自然之理也。中国领事之驻外洋者，在英则有新嘉坡领事，在美则有旧金山总领事、有纽约领事，在西班牙则有古巴总领事、有马丹萨领事，在秘鲁则有嘉里约领事，在日本则有长崎、横滨、神户三处理事，有箱馆副理事。盖南北美洲与日本各口，迭经总理衙门与出使大臣筹画经营，建置较密。惟南洋各岛星罗棋布，形势尤为切近，华民往来居住，或通商、或佣工、或种值、或开矿，不下三百余万人，即委员王荣和等所到之处，亦已报有百余万人。

臣窃据平日所见闻，参以张之洞原奏，计华民萃居之地，荷兰、西班牙两国所属，应专设领事者约四处：曰苏门答腊之日里埠，曰噶罗巴，曰三宝陇等埠，曰小吕宋。英、法两国所属，应专设领事者约五处：曰香港，曰新金山，曰缅甸之仰江，曰越南之北圻与西贡。他如槟榔屿等处，已可相机设法，或以就近领事兼摄，或选殷商为绅董，畀以副领事之名，略给经费，而以就近领事辖之。斟酌盈虚，随宜措注，要亦所费无多。就南洋各岛而论，只须设领事十数员，大势已觉周妥，加以略有添派，综计岁费，当不过十万金。窃查各关洋税项下每岁提拨一成半，作为出使经费，约银一百数十万两。而近年出使各馆所需，暨游历人员所用，统计当不过六十万两。总理衙门原议以其赢数，豫备添派各国使臣之用。臣愚以为西洋头等强国，均已派有使臣，即二三等之国，亦由各使就近兼摄，似暂无须多派。惟逐渐添此十数领事者，则商政日兴，民财日阜，息息有与内政相通之故。且慰舆情于绝远，不启华人觖望之端，收权利于无形，不开外人姗笑之渐。所获裨益，较之所费，奚啻十倍？

臣尝阅各国贸易总册，以洋货、土货出入相准，每岁中国之银，流入外洋者约一二千万两。又考数年前美国旧金山银行汇票总数，每岁华民汇入中国之银，约合八百万两内外。虽该处工资较丰，而人数尚非最多，则推之古巴、秘鲁可知，推之南洋各岛又可知。夫中国贸易，与各国相衡，亏短甚巨。然尚有可周转者，以华民出洋所获之利，足资补苴也。倘此源再塞，则内地之银，必更立形匮乏，民穷已甚，窃恐事变丛生。即就新嘉坡一埠而论，设立领事已十三年，支销经费，未满十万金，然各省赈捐、海防捐所获之款，实已倍之；而商佣十四五万人，其前后携寄回华者，当亦不下一二千万。盖领事一官，在彼外洋，虽无管辖华民之权，实有保护华民之责。纵令妥订条约章程，必得领事随所见闻，与彼地方官商办，则洋官亦得藉以稽查，而土人不敢任意苛虐。即驻洋使臣欲与外部辩论，亦必以领事所报为凭，方能使洋官有所顾忌。此领事一官所以不能不设之由，而已设领事之处，未尝无显著之效也。

今华民出洋之利，已稍不如前矣。诚能于南洋各岛酌添领事，尚可挽回补救而收固有之利源。然所以议之稍久，迄少就绪者，盖亦因立约之初，中国未悉洋情，并不知华民出洋之众，于是但给彼在中国设领事之柄，而无我在外洋设领事之文。又各国开荒岛为巨埠，专赖招致华民，而洋人实属寥寥。一经我设立领事，彼不免喧宾夺主之嫌，又碍其暴敛横征之举，所以始必坚拒，继则宕延。外部以咨商藩部为辞，藩部以官民不便为说。虽管秃唇焦，而终无如彼何。此惟在局中者深知其难。而局外之视事太易者，又或称就地可集巨赀，无需另筹经费；或狃于洋官驻华之例，几谓一设领事，华民即为所辖，竟无异管理地方者。此皆阅历未深，持论实多隔阂。当局者知其断难办到，不无矫枉过正之议，几谓徒多耗费，无甚裨益，斯殆有激而然。臣窃以为望之过奢，转滋流弊。领事所收之身格费、船照费，原可略资津贴，正不必敛巨赀以招物议。今已设领事之处，验民船，稽民数，原可稍分彼权，正不必揽政柄以启猜疑。但如臣以上所陈，则不求近效而其效最大。惟须认定主见，中外一意，合力坚持，得寸得尺，相机筹办，必可循序就范。即如新嘉坡初设领事，英之外部亦尽力阻挠，当时颇费周折，至今乃无异议。

窃查英、法、荷、日四国属境，其苛待华民，不愿我设领事者，以荷、日二国为最，而法次之，英又次之。荷、日国势皆昔盛今衰，其立国命脉，乃在南洋诸岛。岛中垦田、开矿、招商、征税各事，又恃华民为根柢。惟其政令不甚明肃，呼应不甚灵通，洋官往往征取无艺。侨寓之西人，又侵侮华民，或迫之入籍，或拘之为奴，或禁其往来，或朘其生计。若有华官在旁理论，究可补救一二。虽商设领事之始，彼必枝梧〔支吾〕推宕。然我苟据理执言，因势利导，始终坚持，谅彼亦无辞以难我。及早图之，则难者或渐化为易；失今不图，则易者亦渐觉其难。想总理衙门必仍知照出使美、日、秘臣崔国因，催商日国外部，先在小吕宋设立领事，俾便次第推广以符原议。至英国待我华民，较为公允。臣观各国在英属地设一领事，视为泛常之举，向无拦阻。又知英国君臣用意，颇欲与中国互敦睦谊，或不于此等事件，稍露歧视中国之形。近与该外部商议，请照各国之例，在英地随宜派设领事。即彼未肯速允，臣拟坚持初议，至再至三，与之磋磨。先就香港、仰江、新金山等埠酌设一二员，而槟榔屿等六处，亦当审其地势人数，从长筹画。由此推之法、荷各属，亦或较易为力。臣非不知洋人性情坚韧，每商一事，必多波折，然苟不惮笔舌之繁，不参游移之见，不紊缓急之序，或稍有效可图。盖庇荫周则民生厚，而不独开商务；财用裕则近忧纾，而非以勤远略；布置广则众志联，而兼可诇敌情；呼吁少则国体尊，而即以销外侮。臣为海外数百万生灵起见，不敢稍安缄默。所有英国属埠拟设领事，并通筹南洋各岛派员次第缘由，恭折具陈，伏乞皇上圣鉴训示。谨奏。

（选自《庸庵海外文编》卷一）

致总理衙门总办论添设南洋领事书
（1890 年）

　　敬启者：南洋添设领事一节，顷已准英外部照复应允，尚无难词。其所称间有待查地方情形，刻下或难照给文凭，须由英廷察看定夺者，系指新金山一处而言。福成现拟先将调左秉隆前往香港开办一层，及改新嘉坡为总领事，兼辖槟榔屿、麻六甲各岛之说，备文照会外部，以免缓则彼族另生枝节。查前任郭大臣议设新嘉坡领事时，开办之初，大费笔舌，始获应允；后曾侯拟设香港领事，辩论再三，迄无成议。此次南洋各岛及香港之议，彼遽慨然允诺，固由朝廷威福渐摩所致，亦因喀城驻员一层，彼所注意，或以此示先施之义。闻华使在钧署开议，未知曾否略索他项利益，示以可允之机？抑或以行查一说，藉稍宕缓以观动静？想堂宪必有主裁。此事福成既未与闻，未敢遥参末议。惟念南洋准添领事，则法、日、荷各国属地，皆可以次仿行，徐商添设，于海外商民，大有裨益。香港准设领事，则于广东省垣政事，裨补尤多，是此举在我所收权利，已不为少。其喀城派员，英意重在伺察俄情，闻其所遣之员，不必定以领事为名，若我驾驭有方，万一中、俄有衅，我亦可藉英以察俄情，似尚有益无损，俟订议时斟酌可耳。鄙见如此，伏乞回明堂宪酌夺为荷。除将英外部照复原文，译汉咨呈外。肃泐奉布，敬请勋安。十一月初一日，英字第十一号。

（选自《出使公牍》卷三）

致总理衙门总办论大东大北
电报两公司订立合同书
（1890 年）

敬启者：大东、大北两公司报效官电、订立合同一节，十一月十八日寄上一电。因查该公司之例，凡为电报公事发电者，不给电费。爰将办法详叙电中，惟须俟该局闲暇时，始能发递，闻逾半月后，甫经达到。旋接钧署来电，谨悉一是，已经电复梗概。所拟合同第二款内，除中国电报局外，不准别国公司在中国海边安设水线等语。该公司初意，欲作不准别公司在中国海边安设水线，而无别国字样，则中国电局，将来亦不能设，自断无此办法，理论数月，始改为不准别国公司字样。然合同全款，皆从此生根，北、东公司所得利益，只此一事。至第一款明认其在吴淞等处设线，原系空文，并非实惠。盖彼之设线，已一二十年矣，势固难以不认而骤撤之。但我须以此说斡旋，方无损于体制。彼亦知此条并无所获，而彼于第四、第五、第八等款，皆予我以绝大权利，实专酬第二款之益耳。若第二款不行，则全款当废，功败垂成，殊属可惜。

窃意北、东公司前函，谓他国必生异议，实系两公司争论时情形。昔年大北来华，先设海线，大东起而相争，谓英使威妥玛前在钧署理论滇案，曾议请英商在中国设水陆电线。当时曾否答允，固未可知，而威使之藉端要挟，不循公法，亦与近来各国情形不同。福成近到外洋，窃观各国，于电线、铁路等事，尤以自主之权为兢兢，断不任他人干预；无论交何国何人承办，惟其自为酌度，友邦不能过问。查蒲安臣所定《中美续约》第八款，亦声明电线、铁路，均系内治之法，美国并无干预之权。光绪初年，英商在吴淞私设铁路，经沈文肃公力与相持，彼遂停辍者，殆格于公法也。中国二十年前，于此等利害，尚未深谙。大北乘隙先来，擅自设线，当时亦以彼族饶舌为疑虑，并未从严禁阻，以致大东相继效尤，并托威使原议以为券，与大北两不相让，势难坚拒。今大东早经设线，则于威使前议一层，业已安置妥帖。目下各国交涉，与前迥殊，均能循理，且不生要挟之端，更无异议。鄙意乘此闲暇，亟定规模，收回权利，最为要著。从前合肥傅相，亦与大北订立合同六条，惟于报效官电之外，尚无别项利益，且于合同字句，未及仔细推敲，因有不准别公司设线之说。彼时中国电局，适自造线，大东又来搀越，而大北乃趁此翻悔，不肯践约，迄今未有归宿。福成所深虑者，北、东来华设线，而我未能禁阻，又不责其报效；若各国公司援照前来，我将无辞以拒之。凡值用兵之时，电线尤关紧要，傥德、奥、法、倭诸国，并遣公司来华设线，则中国为各邦公共通电之地。门户洞开，何所底止？即如甲申年孤拔接法廷密电，掩我不备，遂有马江之失。其时为法通电者，非大北即大东，因我未订合同，故彼并无所忌也。

今之办法，借北、东两公司之报效，而予以保护两公司为名，而杜他线之来。各国公司既知有此合同，自不妄生觊觎。前电所云，英、丹、俄公使若来问此事，请以中国自主之权回复决绝者，盖彼使不能与闻。明非国家交涉之事，则各国自不能援均沾之例为辞。因系我与该公司自订合同，犹之在英购制机器，法不能以此相责望；在德采办军火，奥不能以此相渎扰也。况北、东既为我用，遇有他公司潜来设线，彼必侦探密报。我可豫筹设法禁拒，非若昔日办理之棘手。福成深知电务关系紧要，派员与两公司理论，舌敝唇焦，已有八阅月之心力，注于其间，始获渐就范围。即现拟九款，亦经句斟字酌，与彼往返驳论者，五六次矣。硁硁之见，窃谓此举，俾各国不生觊觎，永保中国自主之权，为第一义；有事时受我监察，不为我敌国通电，为第二义；疏通中外消息，办理交涉，隐获裨益，为第三义；中外各署，每岁可节省电费数万金，犹系第四义也。前电各款，彼此磋磨既久，大致已无甚出入。第三款应改之语，谨遵钧电，当与北、东商定。惟中国电局，与两公司商订各项章程一句，仍拟作为允两公司与中国电局自行商订各项章程。以下再照电示之语叙入，则电局已获无形之权利。盖合同之语，谓电局应商之公司，则权在公司；若云允公司商之电局，则权在电局。查两公司在中国，仅有海线数处，较之电局陆线，通连各省，究有主客之分，众寡之殊。察其隐情，似不能不联络电局，且其交涉之事甚多，势固不能不与商也。

福成已于腊月初二日移驻巴黎，而大东总办亦有事外出，仲春始返伦敦。福成拟于回英时，再与商订合同。俟议妥后，一面咨报候核，一面奏闻请旨。缘前此大北合同六条，北洋曾有奏案，此次必须具奏，以示郑重，乃足取信于洋人，俾无翻悔。而核定之权，仍在钧署也。重洋远隔，电价过昂，每致信息不灵。窃冀此局早定一日，即早收一日撙节之益。即使赶速就绪，恐通行开办，已在明年夏秋间矣。以上各情，敬乞回明堂宪裁夺。肃泐奉布，敬请勋安。十二月二十六日，法字第三号。

（选自《出使公牍》卷三）

致总理衙门总办再论
电报两公司订立合同书
（1890 年）

敬再启者：前与北、东两公司先议合同节略，据称该两公司系英、俄国家扶持创设，今与中国商订合同，必须请示国家，并请将此节叙入合同之内。福成思我若明认其请示，必受彼国家牵制；且自主之权，隐被英、俄干预，殊多不便。所以不允将此层叙入，告以此系中国之事，与英、俄国家无涉。彼之请示与否，非中国所能过问，但我总不能明认耳。两公司遂亦无辞。万一英、俄公使诣钧署询问此事，请明告以此非两国交涉之事，应由中国自主，不愿他人与闻。否则，彼且认为当问之事，始而干预，继而把持，流弊恐无穷矣。合并缕陈，再请勋安。十二月二十五日。

（选自《出使公牍》卷三）

论俄罗斯立国之势
（1891 年）

俄罗斯一国，商务之旺不如英，水师之盛亦不如英；地产之富不如法，工艺之良亦不如法；陆师之练不如德，学问之精亦不如德。若是，则俄当为欧罗巴诸国所弱矣。然而，诸国畏之忌之者，何也？俄之地形，广博无垠，以一面制三面，有长驾远驭之威，居高临下之势。且旷土既多，以其地之产，养其地之人而有余，是得地利。秋冬结冰，入夏始解，虽有强兵猛将，不足以病俄，是得天时。俄之君权特重，非若他国有议院之牵制，且其开国较迟，纯朴之气未散，内外上下，戮力一心以图远略，是得人和。夫俄立国之基，初与西洋诸国不同，故不必事事如西洋，而西洋且视为最强之国，各有瞠乎其后之势。况俄自前皇彼得罗以来，慕效西洋政俗，讲求制造，风气日开。数十年后，商务未必不日旺，武备未必不日精，工艺未必不日良，学问未必不日新。以俄事事不如西国，尚擅最强之胜势；若其诸务一旦与西国相颉颃，譬犹大江洪河，出三峡，下底柱，奔腾冲突于平原之地，浩浩汤汤，莫之能御矣。此欧洲诸国所以长虑却顾、隐忧莫释者也。夫俄不有事于天下则已，俄若有事于天下，东则中国与朝鲜当其冲，西则土耳其当其冲，中则印度当其冲。而余默察俄之隐谋，则注意印度为尤甚。然果使印度折而入于俄，则中国与土耳其，亦岂能一夕甘寝？英之执政，知俄之睥睨印度也，乃随事而豫为之防。窃闻俄皇之论，亦颇踌躇审顾，不欲轻动，意在抚绥其人民，辑和其部族，垦辟其荒地，联络其邦交，沉机观变，引而不发，固有虎豹在山之威。然后以其全力，生聚教训，积至数十百年后，地广人众，势力且十倍英、德诸国，相机而动，纵横四出，谁能阻之？昔者战国之初，六国合力摈秦，而秦得闭关息民，养精蓄锐者数世。迨开关出师，六国从风而靡，自救不赡。俄之机势，大与秦类。盖积之愈厚，则基愈固；蓄之愈久，则势愈雄。今日者，俄如多事，固天下之患也。俄竟息事，尤俄国之利也。然则中西各国将若之何？曰：尽其自治自强之道而已矣。若俄之所以自谋，则非他国所能与闻也。

（选自《庸庵海外文编》卷三）

再论俄罗斯立国之势
（1891 年）

　　欧罗巴诸国之畏俄罗斯，其事固灼然显著矣。夫诸国所以尤畏之者，知其虽败而不困也。昔者瑞典国王查理，材武过人，战无不捷。尝伐败俄兵，取波兰，进捣俄都，骤迷失道，为俄所乘，全军燔焉。身困壤蹙，复割芬兰以讲，瑞典至今削弱不振。法王拿破仑矜其雄略，尝驱六十万锐师，逴万里，覆俄墨斯科都城。俄人敛兵不战，遮遏险要，乘风纵火，别遣奇军出间道以轹之。拿破仑狼狈退师，粮尽天寒，士卒饥冻，中途崩溃，死亡略尽。未几而俄皇率诸国之兵，径造巴黎城下矣。英、法两国助土攻俄之役，俄之炮台、兵舰，被毁实多，于是立约定盟，禁俄之水师，不得驶入黑海。未及数年，俄人遽寒黑海之盟，英、法且熟视而不能禁矣。

　　夫两雄相扼，莫急于挫其锋，乃挫之而俄不加损，设复为俄所挫，将若之何？莫难于破其都，乃破之而俄且益劲，设再为俄所破，将若之何？是故六国抑秦于函谷，而终无如秦何，则六国之并于秦也可决矣。项羽摧汉于彭城，而终无如汉何，则项羽之灭于汉也可卜矣。石虎侵逼慕容氏，而终不能取燕，则燕将反取赵地。慕容垂击败拓跋氏，而终不能倾魏，则魏将反倾燕国。此皆必至之事，固然之理，无待蓍蔡者也。何则？俄之为国，地广人稀，冰雪坚冱，粮无可因，城无可据，得其地不能守，得其人不能用。故诸国不窥俄则已，窥之未有不败者。而俄则因利乘便，恢拓疆土，方无虚日。此欧洲诸国所以栗栗危惧也。《兵法》云："先为不可胜，以待敌之可胜。"惟俄有之，非俄之君相所能自为，乃其形势然也。或曰："俄之凶党，蕴其瘭毒，朋谋揖志，冀革旧政。俄皇权力虽重，日夜虑炸药飞弹之祸，可谓至危。俄民亦以所享权利，不能与英、法、德诸国齐民齿，嚣然丧其乐生之心，尚何能日加强盛哉?"答之曰,余所论者国势也,非国政也。俄之国政,寖久亦必改变,与英、法、德诸国相同。昔者田氏代齐,因其霸国余烈,往往能与秦、楚争雄。西魏创府兵及租庸调法,历周及隋,至唐太宗始收其大效。凡至强之国,其基定于数百年前,非必一姓之所为。则余所能衡量者,亦俄之国势而已矣,遑计其他哉。

（选自《庸庵海外文编》卷三）

书俄皇告洪大臣之言
（1891 年）

光绪十七年春正月，出使俄、德、荷、奥四国兵部侍郎洪大臣钧任满将归，诣俄皇宫辞别。俄皇免冠握手为礼毕，深语密谈，不知晷之移也。其言曰："外人谓予欲与中国为难，又有龃龉朝鲜意。此等议论，如风不可执，影不可捕，虽明者能烛其隐，而惑者易饫其欺。或有西边大国，造为此说以耸听闻。若过信之，洵足损邦交，误国是。中、俄和好，余二百年，交谊在诸国之先，予固不肯一旦废弃。且俄国前得波兰之地，及割瑞典、芬兰之地，并所定图尔齐斯坦诸部，壤博人众，未能心服，常思乘俄有事，逐风尘而得逞。彼时西方诸强国，且睨隙而议其后。俄地悬隔过远，气脉不贯，呼应不灵，能无顾虑？予是以日夜兢兢，不欲生事境外，必先绥辑新得之地，俾其人志趣与俄为一，此非用数十年心力不为功。至东境创筑铁路，盖为输写珲春、海参崴商货之故。且苟无铁路，则珲春、海参崴终觉孤悬，势难兼顾。况以天下大势言之，俄境虽甚绵长，自西趋东，处处皆侧面也。中国由南向北，处处皆正面也。我虽建造铁路，亦必联络中国，始能缜密无间。议者每云英人助土耳其扼守君士但丁海峡，俾俄之水师不得出地中海，故俄常欲营一屯泊水师之海口，而思有事于朝鲜。斯又不然。近数年来，我已于黑海之滨，得停泊兵轮之善澳。北边又得煤矿，苗旺质良。又于库页岛得海口两处，皆风静水暖，可泊轮船，亦有煤矿。且俄与丹马，婚姻之国，俄若欲济水师，丹马海峡亦可假道，奚必注意朝鲜哉？贵大臣归中国，可劝政府务崇睦谊，切勿为谗言所蒸。"传闻俄皇之说如此。数千里外辗转演述，或恐稍泪其真，然其大旨无歧也。

窃谓俄皇所论，未必非由衷之言。顾自古交邻之道，往往约为兄弟，齐以盟誓；不数年而时移势改，有难副其初志者矣。今必谓俄皇之言不可信，固非事实。然所系于时局者至重，闻此说者，能无概然于心？总之，修内政，鼓人才，饬边防，整海军，审洋情，联与国，数者缺一不可。孙子曰："毋恃人之不来，恃吾有以待之。"此数者，无论诸国有事与否，皆我一日不可缓之事。窃玩俄皇之语，似发于至诚，则我亦当以至诚之意待之。夫使俄皇之爱中国而出于至诚也，试以六事质之，亦必谓当务之急也。

（选自《庸庵海外文编》卷四）

许巴西墨西哥立约招工说
（1891 年）

今天下诸国人民之众，中国第一，英国第二，俄国第三。中国人数在四万万以外，大约四倍于英，五倍于俄。余因考二千年来，以汉平帝、元世祖、明神宗为户口最盛之世，然户多不逾一千二三百万，口多不过六千万以内而已。国朝康熙四十九年，民数二千三百三十一万有奇；乾隆五十七年，民数三万七百四十六万有奇，较之康熙年间，已增十三倍之多；道光二十八年，会计天下民数，除台湾未报外，共得四万二千六百七十三万余人，则阅时未六十年，又增一万一千九百余万人矣。自粤、捻、苗、回各寇迭起，弄兵潢池，人数几耗一万万有奇。迄今荡定之后，又已休养二十余年，户口颇复道光季年之盛。余尝闻父老谈及乾隆中叶物产之丰，谋生之易，较之今日，如在天上。再追溯康熙初年物产之丰，谋生之易，则由乾隆年间视之，又如在天上焉。无他，以昔供一人之衣食，而今供二十人焉；以昔居一人之庐舍，而今居二十人焉。即较之汉、元、明户口极盛之时，又不啻析一人所用，以供七八人之用。盖我圣清德威所暨，罔间内外，煦濡涵育，泽及群萌，民生不见兵革，户口蕃衍，实中国数千年来所未有。然生计之艰，物力之竭，亦由于此。利病相倚，丰耗相循，有理所必至者矣。今欲筹补苴之策，谓中国地有遗利与？则凡山之坡，水之浒，暨海中沙田，江中洲沚，均已垦辟无余。抑谓人有遗力与？则中国人数众多，人工之廉，减于泰西诸国十倍，竭一人终岁勤动之力，往往不能仰事俯畜。彼知力终不能自赡，则益好逸恶劳，或流为游手，为佣丐，为会匪者，所在多有。仓廪不实，不知礼节，衣食不足，不知荣辱，自然之势也。窃尝横览方舆，盱衡全局，而得补偏救弊之术焉。方今美洲初辟，地广人稀，招徕远氓，不遗余力。即如巴西、墨西哥两国，疆圉之广，不亚中国十八行省，其民数不能当中国二十分之一。其地多神皋沃壤，气候和平，不异中国。而旷土未垦，勤于招致，且无苛待远人之例。诚乘此时与彼两国详议约章，许其招纳华民，或佣工，或贸易，或艺植，或开矿。设立领事官，以保护而约束之。并与订立专条，彼既招我华民，力垦荒土，功成之后，当始终优待，毋许如美国设谋驱逐。夫有官保护，则遇事理论，驳其苛例，不至为远人所欺。有官约束，则随时教督，阻其不法、不至为远人所憎。华民在此，皆可买田宅，长子孙，或有数世不忘故土，辇运余财，输之中国者。如此则合于古之王者，有分土无分民之意。且不啻于中国之外，又辟一二中国之地，以居吾民，以养吾民也。于以张国势，厚民生，纾内忧，阜财用，广声气，一举而五善备焉。救时之要，莫切于此。若夫欧洲人满之患，渐似中国。阿非利加一洲，鸿荒未尽辟，瘴气未尽除，华民愿往者尚寡；美国有驱逐华民之政；秘鲁一国，及荷兰、西班牙所属诸岛，或迫之入籍，或拘之为奴；而澳大利亚一洲，亦有薄待华民之意。自当就其旧有之华民而保护之，不必导之前往也。

（选自《庸庵文外编》卷一）

西洋诸国导民生财说
（1891 年）

西洋富而中国贫，以中国患人满也。然余考欧洲诸国，通计合算，每十方里每英方里合中国十方里居九十四人，中国每十方里居四十八人，是欧洲人满，实倍于中国矣。而其地之膏腴，又多不逮中国。以逊于中国之地，养倍于中国之人，非但不至如中国之民穷财尽，而英、法诸国，多有饶富景象者，何也？为能浚其生财之源也。盖西人于艺植之法、畜牧之方、农田水利之益，讲求至精，厥产已颇胜于膏腴之地；其人多研矿学，审矿苗，兴矿利，金、银、铜、铁、锡、铅、煤之属，日出不穷，是不但挈之地上，又铲之地下矣；工艺之兴，新奇日著，又能切于民生日用，质良价廉，为遐迩所必需，是不但不遗地力，又善用人力矣；商务为上下所注意，风气既开，经营尽善，五洲万国，无货不流，各挟巨赀以逐什一之利，是不但鸠之境内，又辇自境外矣。凡诸要端，国家皆设官以经理之，又立法以鼓舞之。夫然则以欧洲之人，用欧洲之地，而其导民生财之道，殆不啻有三四欧洲也。且其人又善寻新地，天涯海角，无阻不通，无荒不垦，其民远适异域，视为乐土者，无岁无之。噫！彼以此法治民，虽人满何尝不富也，而况其能使不满也。若中国之矿务、商务、工务，无一振兴，坐视民之困穷而不为之所，虽人不满，奚能不贫也？而况乎日形其满也！

（选自《庸庵海外文编》卷三）

答袁户部书[*]
（1891 年）

爽秋仁兄同年大人阁下：奉二月十三日惠书，猥承葸注，纫佩无涯。香港设领事一事，其用在缉逃犯，防漏税，严海界，于广东全局尤有裨益。鄙人不过窥英之愿敦睦谊，迎机而导，不敢以畏葸迟疑，失国家之权利而已，本不足道。英人求在喀城设员，贵署堂上公函，初称港员既允，喀员亦难终拒。此论固为持平。且西陲逼近强邻，而喀什噶尔，惟俄独设领事。领事不逊益骜，往往以条约所无之事，迫我疆吏。疆吏不谙洋务，甘饫其欺。英之游员过喀城者，代为不平，辄以俄情密告疆吏。因是英欲设员，俄颇惎之。尊议得英牵制，亦可戢俄戎心。于筹边大局，洞若观火，实获我心。前者港员机有可乘，未便逆料其别有所求，坚拒不受。乃贵署堂上某公，因出使时商设吕宋领事，三年不成，恐香港骤派领事，致形其短，意稍病之。遂因英使华尔身以设喀城领事为请，乘机力阻港事。叠接署中来电，辄谓喀员空驻，俄必生疑。一则曰难在应俄，势须两罢。再则曰港、喀相形，利少害多。不佞若善自为谋，不过声请罢设港员，迎合署意，即可卸后来仔肩，免无穷尤悔。岂不甚便？无如大局利害攸关，私衷实不忍漠视。

从前中国不明外务，所定条约，多受亏损。如各国领事在中国者，权势甚张，独不许中国在欧洲及南洋设立领事，是明明不以万国公例待中国矣。间尝与之切实理论，磋磨半年。且暹罗、日本，皆已设香港领事，而中国独无之。英人亦自觉其不情，所以不能不允者。职是之故，将来即可为援案布告他国张本，亦可为隐换受亏条约张本。今既得而又

---

　　* 袁昶（1846—1900），浙江桐庐人，字爽秋。光绪进士。曾以户部郎中兼总理衙门总办章京。后以太常寺卿任总理衙门大臣。1900 年因为主张镇压义和团、反对围攻使馆被杀。著有《渐西村人集》等。

弃之，转觉难以措辞。若明言因喀事难在应俄而至愿罢港员，使英人谓我意在亲俄，则必以忌俄而启嫌；谓我意在畏俄，则必以轻我而变计。俄之见猜，固为可虑，英之生隙，亦所宜防。港员既罢，则此后更难再议。不佞所以宁违署意，不敢附和雷同者也。凡两国交涉，遇本国关系利害之事，无论于彼国有无先施，皆可发端；亦无论曾否受彼国之先施，皆可相机迎拒。喀事发端在港事之前，原不因港事而起。港事因喀事而易成，则固有之。然使英果注意喀事，我虽罢设港员，彼亦未必终已。甚且如威妥玛之故智，有别起波以图之者矣。况两国交涉之利，争得一分，即受一分之益。港员之设，不妨先饫其盛情，而喀事之允否，仍宜以我之利害为衡。鄙意喀员足以牵制强俄，乘彼之以喀员为请，又可借为酬情之举，则港、喀两利，中国兼而有之，此机胡可失也？俄人生疑一说，尤属昧于事情。俄果欲发难于中国，无论何事，皆可执以为辞。若犹循照公法条约，则许他国设一领事，与俄何涉？此音一播，中国外交之事，俄皆得而制之，是殆以俄之属国自居也；不则别有见解，不恤国计民生利害者也。执事洞晰中外情势，胆识兼裕，前读伟议，皆关至计。此事得失较巨，正杰人志士发抒谠论之时，职所当为，谅必献替以挽全局，企盼何极。手渤布达，敬颂台安。福成顿首。

（选自《庸庵海外文编》卷三）

致总理衙门总办论办理教案书
（1891 年）

敬密启者：五月二十八日，接奉钧署来电，谨悉一是。敝处于本月初二、初五日，发过两电，知已早经鉴及。福成接电之后，当日即赴英外部详达钧署之意。外部副尚书克蕾初闻办法，似已满意，且云缉犯既严，再议赔偿，即可了结。越数日，侍郎山特生又称有一天主教之公爵，及威妥玛相继到署，谓中国不认真办理，则法人不服，必纠合英、德两国，多生枝节；且教门力量较大，足以鼓动议院，届时外部亦无法阻止。察其词色，似因接在华英官文函，又稍蓄他意者。当即相机与之剖辩。又据驻法参赞官庆常来禀，言往告法外部，据外部之意，只在严防未来，不在苛惩既往，所言极为近情。越数日，又称有法兵官自中国发电到巴黎，谓此次滋闹，系有会匪煽动，中国官员束手无策，势须彼国自办云云。此系彼族恫喝长技，若欲藉此启衅者。然我自审办法不错，岂能尽如彼意？彼固无如我何也。福成现又函致该参赞，以目下平静情形告之矣。

窃查西人传教，虽条约所许，而数十年来民教不和，势同水火，终非久计。似宜俟全案清结之后，借此事为由，与之理论，设法挽回。即如中国与美立约，明言待中国人与待最优之国无异，及至华佣在彼种种不妥，即云有碍于其地方平安。初议立法限制，继竟禁绝不许登岸。若执条约而言，大相径庭，而彼竟悍然行之。中国不能责其违约者，以民情之所不便，条约可得而变通也。且近日德、法、义、奥等国，于教民限制约束，与二十年前大不相同。彼在本国则禁约之，在中国则纵庇之，亦甚不合于公法。福成愚见，此次拆毁教堂之案，几近十起之多，初疑有会匪暗中鼓煽，继思民情愤激，亦概可想见，必其平日有恃教欺压情形。芜湖并无杀死教士必须拟抵之事，业已正法二人，办理非不从重。而彼国公使犹在钧署哓渎，是直一味蛮横而已。犹忆同治庚午年天津案结之后，当时钧署曾议办法八条，照会各国公使；旋闻各使相约驳回，其议遂罢。实则此等情形，若令彼国外部详知，未必尽以各使为然。刻下中国既有使臣驻洋，与彼外部可以和平商办，非复如前隔膜。窃谓此次案结之后，或仍将庚午年所拟办法八条，或量为增损，由钧署行文来洋，嘱使臣照会外部。稍改前约，妥筹办法。但抱定民教不和，有碍地方太平立论。不过多费笔舌，傥稍能就我范围，所裨甚大；即使竟难依允，而我先自立脚，万一再有民教不和之事，转足间执彼族之口，似亦相时补救之一道也。

查西国通例，遇有此等案件，大抵命意重在赔偿，不在多诛凶犯。窃谓除人命缉凶拟抵外，其余各案，若仅愚民逞忿，既许赔偿，似当坚持定见，不允株连，庶可固结民心。至此中如查出会匪实在踪迹，固当严办，乃自治之道如此。其迹虽因教案牵涉，其意实不与教案相关也。再威妥玛居乡，家食已久，素不出门，而精神甚健，前日忽闻亲赴外部，颇以中国教案迭起，有怂恿藉端挟制之言，似有觊觎复出之意。果尔，则以后办事又将棘手。福成尚须设法措辞，以解外部之惑。以上各节，伏乞回明堂宪裁示为祷。专肃布达。敬请勋安。六月十一日，英字第十七号。

（选自《出使公牍》卷三）

致总理衙门总办论长江教案书
（1891 年）

　　敬再启者：六月初九日接奉钧署来电：教案除七起外，又如皋毁堂三十余间，南昌拆华教士房一进；现各省严防，尚安静；惟武穴已诛正凶二人，而英领事意在株连，并欲罪及印官，多方作难，尚未提及恤偿等因。除函饬驻法参赞庆常往告外部，俾免著急，并劝李梅暂缓回华外，因思英外部前闻威妥玛之议，颇劝藉端挟制，傥该领事再唆华使，华使或耸外部，又将多生枝节，不得不先事豫防。为釜底抽薪之计，乃告外部侍郎山特生以教案已共诛四人，获犯数十人，即武穴亦已诛正凶二人；此等案件，虽在西国，恐办理亦不能如此之严且速；而领事意在株连，不欲了结，实所不解；且当教案初出之时，中国不待各国催问，办理格外从严；今地方业已平静，办法亦无可复加，领事虽欲苛求，中国亦不过如是而止。盖凡事自有一定绳尺也，威前大臣所论，乃中国二三十年前情形，与今日已格不相入矣。山特生云，中国向来事急之时，则拿凶犯，事缓则仍释去，所以公使、领事不能不争。答以所拿之犯，姑置勿论，今教案已诛四人，死者不可以复生矣。且英国向遇教案，尚称公允，因教案而喜多事者，乃在法国。此次教案除武穴外，以法教堂之受损为多，而多方作难者，乃在英领事，何也？山特生云，芜湖英领事馆亦被滋闹。答以此因法教堂而波及，究系略受虚惊，并无大损。山特生云，英之贸易在中国者最多，公使、领事意在保护商务，故欲严惩教案以儆将来。答以从前法国教案，办理常失其平，中国民心积愤愈深，所以日久不能相安，一发不可复遏。凡事未能持平者，往往激变，譬之救火，非以遏其焰，正以扬其焰也。山特生云，威大臣谓法国必借此案，大得中国便宜，是以英国不可落后。答以我接中国电报后，函饬驻法参赞往告外部尚书李宝，李宝谓中国办理如此认真，甚为感激，并无他辞，则威大臣之言似看错矣。山特生闻言色动，乃举笔记之，且云将转达沙侯，或当电致华使，俾止领事云云。刻下是否议及恤偿，能否一律妥结，至以为念。再颂勋安。六月十八日。

（选自《出使公牍》卷四）

致总理衙门总办论外国
领事宜由中国给予准照书
（1891 年）

敬再启者：正拟封函，接到钧署来电，谨悉武穴已诛正凶二人；英领事尚意在株连，多方作难，揣其情不过知偿恤一层，非中国所难，视为势所必得，是以借端盘旋作势，或别欲肆其奢望，或仍归于多索偿恤之费，均未可知。福成思芜湖、武穴两案，已诛四人，办理不可谓不严，而公使、领事尚思无理取闹者，则由该领事之设，不由中国给予准照，虽肆行无忌，中国不得而撤去之也。领事以无厌之求唆公使，公使以无厌之求渎钧署，实则彼国外部绝未闻知。成则公使、领事以此居功，不成彼无所损。此数十年来受外人欺侮之积弊，言之可为太息者也。福成前议中如允喀城设员，必商明英外部；此后亦援西例，须由我给予准照，权其得失，所益较多。钧署二月十七日堂宪公函，亦谓港事就绪，喀员势难终拒，而亦归重于给发准照一层。刻下港员之设，未审钧署已否复奏，近日华使曾否又来提及喀事。敝处闻华使现将任满，威妥玛希图复出。傥钧署以喀城驻员无甚大碍，或及华使任内，与之妥商，援照西例，收回中国给发领事准照之权，得从早办成最妙。傥虑一时未必就范，或径将此事交敝处与外部熟商，亦无不可。福成为领事蛮横，不得不思驾驭之术起见。总之，交涉事件应挽回者甚多，然欲挽回一事，不能凭空如愿，必须有所抵换。夫抵换非尽不可行，在权其利害之轻重耳。喀城设员，充其究竟，不过通商，然通商亦于我无大碍。公函谓得英牵制，亦可戢俄戎心，未始无益，实洞见症结之论，亦持平切实之言。福成既有所见，不敢不再三烦耴，亦并无回护前说乐于多事之意。港员一节，略而不论可也。伏乞回明堂宪，是否可行，裁示为祷。肃此再叩勋绥。六月十八日。

（选自《出使公牍》卷四）

咨总理衙门送出使
英法义比四国日记
（1891 年）

为咨呈事：窃查接管卷内，光绪四年八月十六日，贵衙门咨行具奏出使各国大臣，应随时咨送日记等件一片，内称凡有关系交涉事件，及各国风土人情，该使臣皆当详细记载，随时咨报；数年以后，各国事机，中国人员可以洞悉，不至漫无把握；况日记并无一定体裁，办理此等事件，自当尽心竭力，以期有益于国等因。光绪三年十一月初一日，奉旨依议钦此，钦遵在案。本大臣于光绪十六年正月十二日，由上海起程，一路访察外洋各埠情形，随所见闻，据实纂记。莅任以后，驰驱英、法、义、比四国，又逐事考求，于各国形势政事风俗，观其大略，编录成帙。惟日记虽体例不一，而出使情事，无甚歧异。查前出使英、法大臣郭，及前出使英、法大臣曾，俱有日记，所纪程途，颇已详备。若但仿照成式，别无发挥，雷同之弊，恐不能免，此一难也。出使之职，固在联络邦交，至如觇国势、审敌情，贵能见其远者大者，而事之真伪虚实、得失利病，本不易辨，或拘于一隅，而不能会其通，或震其一端，而不能究其极，若但掇拾琐事，见其粗而遗其精，羡所长而忘其短，津津铺叙，舍己芸人，无关宏旨，此二难也。中西通好，本系创举，非絜四千年之史事，观九万里之全势，无以通其变而应其机；偶有论说，抑扬稍过，恐失其平，或致议者之反唇，或启远人之藉口；必斟酌夫理之当然、势之必然，权衡轻重，不可稍有偏倚，此三难也。有此三难，最宜审慎。本大臣奉使之余，据所亲历，笔之于书，或采新闻，或稽旧牍，或抒胸臆之议，或备掌故之遗，不敢谓折衷至当，要不过于日记中自备一格。始于庚寅正月，迄于辛卯二月，分为六卷，用西洋糖印法，饬员楷录，印订六册，由文报局附邮赍送，相应咨呈贵衙门。谨请查照，须至咨呈者。

光绪十七年十二月二十日。

（选自《出使公牍》卷一）

论中国在公法外之害
（1892 年）

　　泰西有《万国公法》一书，所以齐大小强弱不齐之国，而使有可守之准绳。各国所以能息兵革者，此书不为无功。然所以用公法之柄，仍隐隐以强弱为衡，颇有名实之不同。强盛之国，事事欲轶乎公法，而人勉以公法绳之，虽稍自克以俯循乎公法，其取盈于公法之外者已不少矣；衰弱之国，事事求合乎公法，而人不以公法待之，虽能自奋以仰企乎公法，其受损于公法之外者，已无穷矣。是同遵公法者其名，同遵公法而损益大有不同者其实也。虽然，各国之大小强弱，万有不齐，究赖此公法以齐之，则可以弭有形之衅。虽至弱小之国，亦得藉公法以自存。惟亚细亚东方诸国，风气不同，政事不同，言语文字不同，初与公法有格格不相人之势，而此书亦若未挈东方诸国在内。三十年来，日本、暹罗尽力经营，以求附乎泰西之公法。日本至改正朔，易服色，以媚西人，而西人亦遂引之入公法矣。中国与西人立约之初，不知《万国公法》为何书，有时西人援公法以相诘责，秉钧者尝应之曰："我中国不愿入尔之公法。中西之俗，岂能强同？尔述公法，我实不知。"自是以后，西人辄谓中国为公法外之国，公法内应享之权利，阙然无与。如各国商埠，独不许中国设领事官；而彼之领事在中国者，统辖商民，权与守土官相埒；洋人杀害华民，无一按律治罪者；近者美国驱禁华民，几不齿中国于友邦。此皆与公法大相刺谬者也。公法外所受之害，中国无不受之。盖西人明知我不能举公法以与之争，即欲与争，诸国皆漠视之，不肯发一公论也；则其悍然冒不韪以陵我者，虽违理伤谊，有所不恤矣。余尝谓中国如有秦始皇、汉武帝、唐太宗、元太祖之声威，则虽黜公法，拒西人，其何向而不济？若势有不逮，曷若以公法为依归，尚不受无穷之害。秉钧者初不料其一言之失，流弊至于此极也。近年以来，使臣出驻各国，往往援据公法为辩论之资，虽有效有不效，西人之旧习已稍改矣。往岁余殚竭心力，与英廷议定设立香港领事官，此可为风示他国张本，即可为隐抽昔日受亏条约张本。无如当事诸公，有一二人挟私怀忌，出死力以阻之。余独不解其是何肺肝？中国办事之难，一至于此，可胜叹哉！可胜叹哉！

（选自《庸庵海外文编》卷三）

西洋诸国为民理财说
（1892 年）

英吉利三岛及法、德等国，皆不过中国两行省地耳。然其岁出岁入之款，大都在白金四五万万两以外，不啻六七倍于中国。盖诸国之取诸民也，百余倍于中国矣。其在民家，畜一狗马也有税，置一器具也有税，佩一环钏也有税，而田产、房屋更无论焉。于商，则既税之于货物，又税之于市廛，又税之于契票；而舟车之过关津者，更无论焉。关税有值百取四十、取六十者，甚有值百取百，取二百者。征敛若此，民必不堪命矣，而民不甚以为病者何也？以其取之于民，而仍用之于民也。古者中国制用之经，每量入以为出；今之外国，则按年豫计国用之大者，而量出以为入。其入焉者，无不旋出焉者也；其出焉者，又无不旋入焉者也。余观诸国出款，以水陆兵费为最巨，实皆自养本国之民。他如养老济贫之费，贫民子弟入学堂之费，岁支不下一二千万两；水陆兵丁赡老恤伤之费，文武官致仕后半俸之费，岁支亦不下一二千万两，用意可谓至厚。其或造一炮台也，制一铁甲船也，动费千百万金，而金工、木工、石工、开矿之工、熔炼之工，无不获利矣。筑一铁路也，通一电线也，动费千百万金，而巧者、朴者、富者、贫者、学通格致者，无不仰食焉。至如造一桥梁，辟一园林，而日收众人之费，无不有所取偿焉；起一师旅，兴一水利，而责敌以酬兵费，劝民以增田赋，无不有所取偿焉。且彼取诸贫民者，较富民为轻，所以养护贫民者则甚备。平时谋国精神，专在藏富于商，其爱之也若子，其汲之也若水。盖其绸缪商政，所以体恤而扶植之者，无微不至，宜其厚输而无怨也。大抵天地生财，欲其川流不息，苟有壅之而勿流者，造物恶之。如隋文帝之积粟于仓，明神宗之积金于库，将有睨而思攘之者矣。若西洋诸国之为民理财，虽有重敛之实，而无厉民之迹者，无他，以其能聚亦能散也。

（选自《庸庵海外文编》卷三）

使才与将相并重说
（1892 年）

　　昔汉武帝诏举茂才异等，可为将相，及使绝国者。使才与将相并重久矣。孔子亟称子产，其相郑以润色辞命为功。管仲，天下才，而平戎之役，文辞彬雅，为周天子所宾敬。秦汉而后，中国疆宇广矣，即令日拓日远，不能无与并立之国。有并立之国，不外战、守、和三事。战资乎将，守资乎相，和资乎使，殆有交相为用而不可阙者。且相臣主内政，使臣主外务，绥外则内方可治，外与内相表里也。将臣尚武力，使臣尚文辩，辩胜则力可勿用，辩与力相补救也。是故有百年安边之计，定于三寸舌者，富弼之使契丹是也；有一介行李之驰，贤于十万兵者，陆贾之使南粤是也。近数十年以来，火轮舟车，无阻不通，瀛环诸国，互为比邻，实开宇宙之奇局。英、法、俄、德、美数大国，各挟胜势以相陵相伺。彼与我通商定界立约，应之稍一不审，往往贻患无穷，而使臣之责乃益重。吾观西洋诸国，或以宰相及外部大臣出为全权公使，或以大将军及兵部大臣出为全权公使，其视将相与使臣，无纤毫轩轾焉。大抵使臣宣国威，觇敌势，恤民瘼，宜与庙堂谋议翕然相通。至于造船制炮之法，练兵储才之要，或考其新式，或侦其密计，以告我将帅而为之备，繄惟使臣是赖。是故，无贤相之识与度，不可以为使臣；无贤将之胆与智，亦不可以为使臣。夐乎艰哉！中国可膺此选者尚寡，安能应变而不受人侮？然非士大夫之才力不如西人也，亦在有权力者之开其风气而已矣。

　　　　　　　　　　　　　　　　（选自《庸庵海外文编》卷三）

用机器殖财养民说
（1892 年）

凡人用物，蕲其质良价廉，此情之所必趋，势之所必至，非峻法严刑之所能禁也，非令名美誉之所能劝也，非善政温辞之所能导也。西洋各国，工艺日精，制造日宏，其术在使人获质良价廉之益，而自享货流财聚之效，彼此交便，理无不顺。所以能致此者，恃机器为之用也。有机器，则人力不能造者，机器能造之；十人百人之力所仅能造者，一人之力能造之。夫以一人兼百人之工，则所成之物必多矣。然以一人所为百人之工，减作十人之工之价，则四方必争购之矣；再减作二三人之工之价，则四方尤争购之矣。然则论所成之物，一人可兼十百，论所获之价，一人可兼二三，加以四方之争购其物，视如减十减百之便利，而谓商务有不殷盛，民生有不富厚，国势有不勃兴者哉。中国人民之众，十倍西洋诸国，议者谓广用机器，不啻夺贫民生计，俾不能自食其力。西洋以善用机器为养民之法，中国以屏除机器为养民之法。然使行是说也，必有人所能造之物，而我不能造者；且以一人所为之工，必收一人之工之价，则其物之为人所争购，必不能与西人之物相抗也明矣。自是中国之货，非但不能售于各国，并不能售于本国；自是中国之民，非但不能自食其力，且知用力之无益，亦遂不自用其力；自是中国之民，非但不能成货，以与西人争利，且争购彼货以自供其用，而厚殖西人之利。然则商务有不衰歇，民生有不凋敝，国势有不陵替者哉。是故守不用机器调济贫民之说者，皆饥寒斯民，困厄斯民者也。此从前闭关独治之说，非所施于今日也。必也研精机器以集西人之长，兼尽人力以收中国之用，斟酌变通，务使物质益良，物价益廉，如近年日本之夺西人利者。则以中国之大，何图不济？余观西洋用机器之各厂，皆能养贫民数千人，或数万人。盖用机器以造物，则利归富商；不用机器以造物，则利归西人。利归富商，则利犹在中国，尚可分其余润以养我贫民；利归西人，则如水渐涸而禾自萎，如膏渐销而火自灭，后患有不可言者矣。

（选自《庸庵海外文编》卷三）

治术学术在专精说
（1892 年）

　　中国上古之世，贤者与民并耕而食，饔飧而治。孟子讥其以大人小人之事，并而为一。盖鸿荒朴略之时，文明尚未启也。厥后耕织陶冶之事，不能不分，分之愈多，术乃愈精。是故以禹之圣而专作司空，皋陶之圣而专作士，稷契之圣而专作司农、司徒，甚至终其身不改一官，此唐、虞之所以盛也。管子称天下才，其所以教民之法，不外士之子恒为士，农之子恒为农，工之子恒为工，商之子恒为商，此齐国之所以霸也。宋、明以来，渐失此意，自取士专用时文、试帖、小楷，若谓工其艺者，即无所不能；究其极，乃一无所能。仕于京者，忽户部，忽刑部，忽兵部，迄无定职；仕于外者，忽齐鲁，忽吴楚，忽蜀粤，迄无定居；忽治河，忽督粮，忽运盐，亦迄无定官。夫以古之圣人，所经营数十年而不敢自谓有成效者，乃以今之常人，于岁月之间而望尽其职守，岂不难哉？泰西诸国，颇异于此。出使一途，由随员而领事，而参赞，而公使，浸升为全权公使，或外部大臣，数十年不改其用焉。军政一途，由百总而千总，而都司，而副将，浸升为水陆军提督，或兵部大臣，数十年不变其术焉。他如或娴工程，或精会计，或谙法律，或究牧矿，皆倚厥专长，各尽所用，不相搀也，不相挠也。士之所研，则有算学、化学、电学、光学、声学、天学、地学，及一切格致之学；而一学之中，又往往分为数十百种，至累世莫殚其业焉。工之所习，则有攻金、攻木、攻石、攻皮、攻骨角、攻毛羽，及设色搏埴；而一艺之中，又往往分为数十种。即如造炮，攻金之一事也，而炮膛、炮门、炮弹、炮架，所析不下数十件，各有专业而不相混焉；造船，攻木之一事也，而船板、船桅、船轮、船机，所分不下数十事，各有专家而不相侵焉。所以近年订购船炮，每由承办之一厂，向诸厂分购各料，汇集成器，而其器乃愈精。余谓西人不过略师管子之意而推广之，治术如是，学术亦如是，宜其骤致富强也。中国承宋、明以来之积弊，日趋贫弱。贫弱之极，恐致衰微。必也筹振兴之善策，求自治之要图；亦惟详考唐、虞以后，宋、明以前之良法，而渐扩充之，而稍变通之，斯可矣。

（选自《庸庵海外文编》卷三）

考旧知新说
（1892 年）

　　吾闻西人之言曰，华人尚旧，西人尚新。盖自憙其能创一切新法以致富强，而微讽中国不知变计也。讵知不忘旧，然后能自新；亦惟能自新，然后能复旧。夫日月，日新也，而容光之照，万古如旧；流水，日新也，而就下之性，万古如旧。西人敹械，所以能参造化精微者，亦本前人已阐之学，屡研而益进耳，并非一旦豁然超悟，骤得无上之秘诀也。即如中国上古之世，继天立极之圣人，应运迭兴，造卦画，造市易，造网罟，造耒耜，造舟车，造弧矢，造衣裳，造书契，能使鸿荒气象，一变为宇宙之文明。盖新莫新于此矣。其化由东而西，至今西学有东来之法，是能新中国，并能新及遐方殊俗者，莫中国之圣人若也。降及近古，中国之病，固在不能更新，尤在不能守旧。即以制器一端而论，惟黄帝、周公之指南车，民间尚知造针之法；外此如《考工记》所论，暨公输般之攻具，墨子之守具，张衡之浑天仪，诸葛亮之木牛流马，杜预之河桥，早已尽失其传。藉令因其旧法，相与潭思竭能，庸讵不能出西人上乎？夫惟其轻于忘旧，所以阻其日新也。窃尝盱衡时局，参核至计，为以两言决之曰："宜考旧，勿厌旧；宜知新，勿骛新。"

（选自《庸庵海外文编》卷三）

南洋诸岛致富强说
（1892 年）

　　南洋诸大岛，星列棋置，固有千余年前入贡中国，自齿外藩，迄今转式微者；亦有亘古荒秽，广莫无垠，人迹不到者。自西人相继南来，占踞诸岛，仅阅一二百年，而疆理恢辟，民物蕃昌，无不有蒸蒸日上之势。将谓恃西人之经理乎？则离其本国数万里，究竟来者不甚多也。谓藉土人之奋兴乎？则狉獉之俗，囿于方隅，风气未大开，智慧未尽牖也。然则其所以渐树富强之基者，不外招致华民以为之质干而已矣。大抵古今谋国之经，强由于富，富生于庶，所以昔人有生聚教训之说。然谋庶富而欲自生之，自教之，已觉其迂矣。今彼乘中国之患人满，而鸠我闲民，辟彼旷土，数十万人，无难骤集也，不待生也。中国之人，秀者，良者，精敏者，勤苦耐劳者，无不有之，稍以西法部勒之，而成效自著矣。非若土人之颛蒙难教也。西人所留意经营者，惟聚之之法而已矣。泰西诸国用此术者，独英人为最精，自香港、新加坡，以及北般鸟、澳大利亚，皆能骤变荒岛为巨埠。荷兰、西班牙，亦知华民之可用，始则勉招之，继则虐待之，甚有羁禁之使为奴，诱胁之使入籍者，而其功效乃终逊于英远甚。然所以能自立于南洋者，莫非藉华民力也。余尝考越南、暹罗、柬埔寨等国，虽往往多受西人约束，而贸易、开矿诸利权，华人操之者六七，西人操之者二三，土人则阒然无与焉。至若吕宋、噶罗巴、婆罗洲、苏门答腊、澳大利亚等处，商矿、种植之利，华人约占其大半。惜乎受人统辖，中国又无领事官以保护之，以至失势被侮。若使中国仿西人之法，早为设官保护，则南洋诸岛之利权，未尝不隐分之。惜乎失机者数十年，一旦觉悟，已多牵制。惟英之属岛，已允我设领事官，而当事者犹以费绌为辞，不愿多设。是中国有可富可强之机，而不知用也。亦终于贫弱而已矣，谓之何哉！

（选自《庸庵海外文编》卷三）

枪炮说上
（1892 年）

　　自枪炮兴而弓矢戈矛之术废，战阵胜负之数，与前迥殊，即所以论将才者亦异。古之将才杰出者，如项羽之拔山扛鼎，其气固盖一世矣。至若汉之黥、彭，蜀之关、张，唐之褒、鄂，明之常遇春、傅友德等，皆以武勇显名于时，奋建奇绩。即岳武穆将才天挺，百战百胜，而其武艺绝伦，亦实非一时诸将所及。夫战，勇气也。故自古恃勇而胜者，十常七八。今之决战则不然，设以虓猛绝伦之将，而遇快枪精炮，不能不殒于飞铅之下。虽拔山扛鼎之雄，亦奚益哉？往者粤寇之乱，将才辈出，塔、罗、杨、彭、多、鲍诸公，出百死，入一生，撤去捍蔽，立群子最密之处而不避，用能累战累捷。语人曰："炮固有眼，不吾伤也。"此亦倡勇敢之一法。然究当听命于天，不尽以人事为胜负。且当时粤寇所用，不过中国旧式枪炮耳，否则西人所废弃之枪炮耳。若有今日至精之枪炮，恐应之之法，又稍不同。居今日而论将才，不外筹款之裕，鸠工之良，取法之精，操练之勤。四者备矣，善用之则胜，不善用之则败。智勇固不可阙，所以用厥勇者不同矣。若夫恩威兼济，信赏必罚，法令简肃，实用兵机要所最先。此又古今不变，中外不变者也。

（选自《庸庵海外文编》卷三）

枪炮说下
（1892 年）

　　泰西诸国枪炮之精，不越四端：曰力之猛也，发之速也，击之准也，至之远也。诸国竭其才力物力，苦心经营者数十年，遂于猛速准远四大端，各有极至之处。今其隽士巧工，覃精研思者尚未已也。或谓："果若此，则西国四端之精进，将终无已时。恐复阅数十年，今日所谓精枪利炮，又成废物矣。"余谓不然。凡物生长，各有止境。人之长，七八尺而止。象、犀、马、驼之巨，逾丈而止。千年古木，高数百寻而止。西国枪炮，殆已止于极至之境，末由再精之时也。何以言之？今日至精至利之枪炮，如欲再加其猛，必有转移重滞之病，有不能多开之病。如欲再加其速，必有子药骤竭之病，有不暇命中之病。如欲再加其准，必有运掉不灵之病，有应机迟钝之病。如欲再加其远，必有目力不及之病，有子力坠下之病。是故欲加一端之胜，或反为三端之累；且过求一端之胜，亦必势有所穷，利不胜害。此余所以决今日之猛速准远，为不能不止之境也。若夫随宜而变通之，相机而损益之，盖造者用者无时可已之事，乃其范围固莫能轶矣。或问："百世以下，事久而术迁，机熟而智生。傥能别创新法以制枪炮，则枪炮可终废乎？"答之曰：理固有之。然此究在百世下，非余所能悬揣也。

　　　　　　　　　　　　　　　　　（选自《庸庵海外文编》卷三）

书周官卝人后
（1892 年）

余读《周礼·夏官》"卝人掌金玉锡石之地，为之厉禁以守之。若以时取之，则物其地图而授之，巡其禁令"。乃知三代以前，未尝不修矿政也。假令古之圣王，不以矿务为兢兢，则荆扬州之金三品、梁州之璆铁银镂、雍州之球琳琅玕，奚自而纳贡？而大宗伯所掌之圭、璧、琮、璋、璜、琥，又奚自而给用哉？《汉书·地理志》州郡有铜官、铁官者凡数十处；迄于唐、宋，未尝不开采五金；晚明以后，始渐废不讲耳。

余谓数百年来，中国矿政之大厄有二：一则明季万历年间之征矿税也。当时并未尝察矿苗、集矿丁、兴矿利，不过宦官四出，迫胁官吏，搜括民财，俾若辈尽肥囊橐，而上仅沾其余润，是科敛也，非开矿也。一则光绪初年华商之集矿股也。西洋诸国兴办一事，有立公司招商股之法。当时风气初行于上海，凡稍通声气之商人及无业游民，动辄禀请通商衙门，允其开矿，遂藉为集股之徽帜，数十万金一朝可致。彼乃恣其挥霍，饮博声伎，穷极奢豪；或仅聘一矿师，入山探视；或远购机器，未及半途，而商本早罄矣。是售诈也，非开矿也。中国之矿，阅此两大厄，于是上之有权者，不能不禁开矿，以邀时誉而慰舆情；下之有财者，相率视开矿为畏途，不敢稍出其余资以博后效，而中国矿政，从此无振兴之日矣。

夫以中国之大，言利者攘臂抵掌，高谈矿务，惟开平之煤、漠河之金，稍著微效，其余则皆已覆辙相循。是何也？彼但知视开矿如掘窖，而不知视开矿如耕田也。今即有一最旺之金矿于此，如欲设立公司，则购地有费，开硐有费，镕炼有费，运兑有费，制机器有费，聘矿师有费，造室庐有费，雇夫役有费，必须一一详审，措注合宜，终岁勤劬，通校出入，始获稍有赢余。群商纠集赀本，所获不逮什一之利，偶不节用，而折阅且随之。夫矿产虽丰，视如良田可也，视如金穴不可也。良田一岁不耕，则不能得谷。良矿一日不挖，则不能得金。江源之沙，灿然多金，贫民淘沙者，竭终日之力，所得之金，往往与为耕农、为工艺者相等，甚且稍不逮焉。此亦造化自然之理，不明斯道则败矣。或谓耕田之利最微，若开矿仅如耕田，亦奚以开矿为哉？应之曰：此乃所以为天地之美利，国家之大利也。夫开一矿，仰食者不下数万人，或数千人。果能养数万人，是不啻得十万亩良田也；能养数千人，是不啻得一万亩良田也。当此人多田少、民穷财尽之时，安得广开诸矿，为天下多扩良田乎？必能如此，然后穷民有衣食之源，而祸乱于是乎不生；境内之财，不流溢于海外，而国家于是乎不贫。

（选自《庸庵文外编》卷二）

复许大臣书[*]
（1892 年）

　　竹篔仁兄同年大人阁下：昨奉惠书，敬聆一是。新疆檄撤帕米尔驻兵，惟留卡伦数处，俄廷意尚未慊，此事似不可听彼謷言。请查询所谓卡伦者，何时创设？如设在一二年内，不妨为总理衙门明言之，檄令疆吏暂撤，以待两国会勘；万一系数十百年旧设之卡伦，即此可为我地之左证，似宜先与辩明以留余地，否则恐俄人得步进步，必欲我让旧设之卡伦。设令他日疆吏据旧案以力争，为使臣者，必致进退维谷，此不可不虑者也。窃尝以谓中外交涉，惟边界要端，须由疆吏主持，总理衙门只参酌其间，使臣不过传达语言耳。何者？朝廷必据疆吏之言为铁案也。且使臣相隔辽远，边事无从悬揣，如非吾地而主进取，则为生事；本吾地而主退让，则为蹙境。二者有一于此，皆足以干重戾。往者崇地山宫保之获咎，可为殷鉴。当时亦只求迅速了事，而不知有左侯相之訾謷也。不才与执事远役海外，同舟共济，如故持高论而使执事为难者，有如苍天。某生谗慝诈伪，造为邪说，离间两馆，想明者必能洞见症结。至帕米尔作为三国局外之地一层，迭承总理衙门函电，与英国外部仔细商论。英人谓帕米尔人才物力，不能自成一国，非瑞士、比利时可比，万一有如生番劫人之事，三国中孰担其责？孰理其事？从前欧洲多此等办法，鲜有能善其后者。倪云公同商酌，则意见恐难画一，必致参差；即有一国力任其事，又将为异日占踞之渐，此则措注更难者也。尊议又谓鸿沟瓯脱，均非其时，今日惟有任俄所为，听两虎之自斗。然恐风波一起，英未必竟与俄斗，而受其敝者，先在中国。俄兵必长驱采

　　* 许景澄（1845—1900），浙江嘉兴人，字竹篔。同治进士。1884 年出任清政府驻法、德、意、荷、奥五国公使（时称钦差大臣），次年兼任驻比利时公使；1890 年再任驻俄、德、荷、奥四国公使。1900 年因主张镇压义和团、反对围攻使馆被杀。有《许文肃公遗稿》行世。

入，尽占帕地，瞰我回疆。俄欲先撤卡伦以顺适其意，然后再与勘界，熟玩总理衙门来电，似已考证确凿，与合肥傅相函意大旨相同。疆吏想亦必持此议，所谓众论不可违也，违之恐又蹈蹙境之嫌矣。总之，俄人贪地无厌，只有力持正论以折其气，详稽成案以塞其辩。彼既自知理屈，或者狡谋稍戢乎。鄙人欲求固圉息事，殆与执事同心，然有不如此不能固圉息事者。谬叨知爱，辄敢进其愚戆之论，俄勿见罪，幸甚，幸甚。手泐布复，敬请台安不宣。福成顿首。

（选自《庸庵海外文编》卷三）

致总理衙门总办论巴西招工事宜书
（1892 年）

　　敬再启者：巴西遣使驻京一事，前函已陈梗概。顷复详加探访，知该国政府用意，实系专注招工。窃查从前美洲各国在华招工之弊，如古巴、秘鲁等处，皆有洋人集赀在中国招雇华工，与立合同，给发船费，运送该处，转鬻于种植田园实需雇工之人，视为奇货；迨合同限满，又被一再转鬻，终身沦于异域，役使无异牛马，所以有"猪仔"之称。自日、秘两国订立条约，稍革此弊。然当时因欲顾全先到之华工，不免受彼牵制，所立约章，尚难尽如人意。惟赴美国之华工，人人有自主之权，获利较丰，称为乐土。迩来该国又有驱逐之政，而华民之生计稍绌。今欲为吾民广浚利源，莫如准赴异域佣工；而保其自主之权，杜其驱逐之渐，则必待彼再三吁恳，与之议立专章，添设领事，方可操纵由我。倘彼稍未就范，不妨始终坚拒。盖彼因注意招工而遣使，或因不许招工而撤使，似亦不妨听之，然后招工可无流弊。窃谓此事枢纽，在许华工自往，而不宜允其来招。华民适彼国者，苟获赡身家，蒙乐利，往返自如，出入无禁，则闻风者且源源而往，本无所用其来招。务使人人有自主之权，去留久暂，悉从其便，则田主非但不能虐待，而挟制、扣留、转鬻诸弊，亦不禁自绝矣。至订约之始，尤宜以重领事之权，杜驱禁之萌为归宿，然后稽查有法，而规模可久。若夫洋人或挟重赀，或驶巨舰，动辄来招数千百人，运往该国，辗转贩鬻，必当严立章程，悬为厉禁，自无疑义。因遣使一节，福成既为转达，故再将招工利弊切实言之。便中回明堂宪，察核为祷。再颂台安。十一月初四日。

（选自《出使公牍》卷五）

致总理衙门总办论
办理教案善后章程书
（1892 年）

　　敬启者：敝处曾因清查教堂育婴一事，电商钧署，兹再详晰言之。查上年教案事结之后，本拟妥筹善后章程。岘帅亦屡有信来，意在及时补救，以保内治之权。冬间又接傅相来函，知有教士在津门递呈，请由教王派总主教来华，专理教务等情。福成悉心体察，此事应由南北洋妥商建议，请钧署主持奏明，饬使臣照会外邦，则步骤方不凌乱。今春曾拟善后章程十条，函商南北洋。福成驻巴黎时，饬参赞庆常与教王所派驻法公使一再晤谈，微示此意，该公使深以为然，允报明教王定夺。又闻土耳其近与教王通使立约之后，教士皆安分守法，一变旧习。因又嘱庆常向土国驻法公使询问章程，译寄北洋以备采择。自三月杪回英之后，因理论坎巨提及梅生罪名、滇缅界务诸事，未暇筹议及此。近接北洋来电，知改派总主教一层尚难就绪，而教王于敝处亦无的实回音，自以暂缓为是。惟乘去年教案之后，总宜略有变更。因于前拟章程十条中，抽出育婴一项，专以清查此事，藉释群疑为言，嘱庆常往商法外部。讵外部以各省新出揭帖及陕西教案为词，坚不就范。且据送阅领事所收各项揭帖，福成查帖内有庚寅年刊刻等字样，因令庆常答以教案及周汉等案，叠次议结，此等数见不鲜之件，一概不能再提。外部谓此项揭帖，实系新出，至年月则可随意捏造。又答以年月捏造者颇少，且安知非领事去年所收藏，至今始呈报乎？至各处教堂启衅之由，咸以育婴为藉口，欲为经久之计，不得不设法剖白，以靖浮言。再三争论，外部始允以后准中国官绅到堂观看，即日函嘱李梅酌办。兹将拟商育婴堂条议一件，钞稿呈览。伏乞回明堂宪，并将钧署近日与李梅商论情形示知，以便饬庆常相机因应，于事不无裨益。再据英外部称汉口嘉领事报湖南揭帖，愈出愈多，力请电达衙门严禁，昨已发电矣。欧格讷于旬内启行。专肃泐布，敬请勋安。八月初三日，英字第三十一号。

拟商育婴堂条议

查西国教会，在中国各处所设之育婴堂，因中国士民素怀疑虑，恐致匪徒造言生事，是以拟定办法，俾释群疑而杜讹言。兹将各条开列于后：

第一条

现在西国教会，在中国各处所设之育婴堂，共有若干处，坐落何地，应由各国驻京大臣开单，知照总理衙门存案。将来添设之处，亦由该大臣开单知照。均由中国国家饬令各省督抚，转饬地方官认真保护。

第二条

各处教会所设之育婴堂，应准中国官绅及体面之人前往观看。俾官绅等皆知该堂为正经善举，以便开导百姓，而使该堂之功德昭然共见。则人自敬佩，毫无疑惑矣。

第三条

各处育婴堂首领，应按季将本堂婴孩出入数目，开单报明地方官存案。遇有死亡者，亦报明地方官查验，饬派土工敛埋，并准令绅民往看，以破疑团而杜仇口。则剜眼剖心之谣，不辩自明矣。

第四条

凡育婴堂收养婴孩之时，应查其来历。如有形迹可疑者，即报地方官。倘系窃取之孩，查有实据，仍给还其家。如该堂曾经报官存案之婴孩失去，亦可报明地方官，设法查追。

第五条

教堂收育婴孩，本系为善之道，断无中国愚民所疑之事。然愚民所以起疑者，则中国拐匪累之也。中国有等拐匪，惯骗小孩，肆行残酷，如大清律例所谓采生、折割之事，无所不有。迨经地方官严捕，往往投入教堂，恃为护符。教士不知而误收之，俾得仗势欺人，遂致众情忿怒，转以拐匪所为之事指目教堂，百喙莫解。况拐匪亦甚狡狯，往往骗得数孩，以一孩送之教堂，俾教堂与之同担恶名，亦太不值矣。自宜严饬教士，切不可滥收莠民；如接地方官符檄，即速交出。如此，可保育婴堂不至误收被拐之孩，亦可保教堂声誉日起。

第六条

育婴堂如能限定，但收十岁以上，或十二岁以上之孩童，更可免招浮议。

第七条

各教堂育婴堂首领，与中国地方官绅应和衷共济，彼此以礼相待，但不准干预地方公事。傥遇有事之时，可速报地方官妥为保护。

第八条

以上各条，应饬地方官及各育婴堂遵照施行。

（选自《出使公牍》卷五）

致总理衙门总办论豁除海禁招徕华民书
（1892 年）

　　敬启者：近日接到新嘉坡总领事黄道来禀，大略谓坡埠富商多属闽人，虽正朔服色，仍守华风，然大抵土著多而流寓少。其视中国官吏，有同陌路。偶有回华再来者，无不切齿痛恨，极言宗族戚里之讹索，官长胥吏之欺侮，多自居化外，不愿归国。间有以商贾往者，不曰英人，则曰荷人，反倚势挟威，干犯国纪。推原其故，盖缘中国旧例，有不准出番华民回籍各条。当顺治、康熙之时，因海寇盛行，严设海禁，例意森严。今则邻交已订，海禁久弛，与往昔情形，截然不同。而旧例并无废弃明文，奸胥劣绅，恃有此条，得以藉端讹索，致回籍华民，万万不能出头。必须大张晓谕，将旧例革除，庶华民耳目一新，往来自便，力请福成奏开旧禁。本日业已具牍，据原禀咨呈冰案。窃思此等旧例，在今日原同隔岁之旧历，积年之废券，存之毫无所用。而一经划除，可以禁遏讹索，招徕羁旅，收拾既散之人心，挽回积坏之大局，所裨实非浅鲜。惟事关各国交涉，与数十万华民之向背，似不当由福成一人具奏，必须钧署以全力主持，方能与沿海疆吏，呼应灵通。拟请回明堂宪，酌夺具折上闻。恭俟命下之日，通饬沿海各省，暨出使各国大臣，一体遵行。愚见如此，此信到后，无论堂宪能否允办，尚祈先行电示，以便转告黄总领事，似于公务有裨。专肃布达，敬请勋安。九月二十二日，英字第三十四号。

　　　　　　　　　　　　　　　　　　（选自《出使公牍》卷五）

请豁除旧禁招徕华民疏
（1893 年）

奏为时势互殊，例意已变，拟请申明新章，豁除旧禁，以护商民而广招徕，恭折仰祈圣鉴事。窃臣溯查国朝顺治、康熙年间，始严海禁。当时，因郑成功父子窃据台湾，窥犯江、浙、闽、粤，招诱平民，胁为死党，寇势滋蔓，沿海骚动，不能不创立禁例，以大为之防。凡闽人在番，托故不归，复偷渡私回者，一经拿获，即行正法。厥后台湾既平，务在与民休息，不欲生事海外。康熙五十六年，禁止南洋贸易一案，经九卿议定：凡出洋久留者，行文外国，解回正法。蒙圣祖仁皇帝特恩，令五十六年以前出洋之人，俱准回原籍。雍正六年，奉谕：出洋之人，陆续返棹，而彼地存留不归者，皆甘心异域；违禁偷往之人，不准回籍。钦此。乾隆十四年，复奉高宗纯皇帝特谕，将私往噶罗巴充当甲必丹之陈怡老，严加惩治，货物入官。大抵昔日海盗未歼、邻交未订，彼出洋之民，禁之则可以孤寇党、弭衅端，不禁则虑其泄事机、伤国体。且承平之世，地广而人不稠，人散则土益旷，深维至计，首悬厉禁，非苟待此出洋之民也，时势为之也。

自道光二十二年以来，陆续与东西洋诸国立约通商。英国江宁和约第一条，华英人民各住他国者，必受保佑身家安全。美国续约第五条，中国与美国人民前往各国，或愿常住入籍，或随时来往，总听其自便。而秘鲁条约及古巴华工条款，亦于出洋华民，郑重再三，庇之惟恐不周，筹之惟恐不至，每于海外要地，设领事官以保护之。诚以今者火轮舟车无阻不通，瀛环诸国，固已近若户庭，迩于几席，势不能闭关独治。且我圣朝煦濡涵育，逾二百年，中国渐有人满之患，遂不得不导佣工以扩生计，开商路以阜财用，顺民志以联声气，张国势以尊体统。盖海禁早弛，风气大开，一视同仁，无间遐迩，前例已不废而自废，不删而自删，非偏厚此出洋之民也，时势为之也。臣于光绪十七年，奏派道员黄遵宪为新嘉坡总领事官，属令到任后详察流寓华民情形，核实禀报。兹据称南洋各岛华民不下百余万人，约计沿海贸易，落地产业，所有利权，欧洲、阿剌伯、巫来由人各居十之一，而华人乃占十之七。华人中如广、琼、惠、嘉各籍，约居七之二；粤之潮州，闽之漳、泉，乃占七之五。粤人多来往自如，潮人则去留各半；闽人最称殷富，惟土著多而流寓少，皆置田园，长子孙。虽居外洋已百余年，正朔服色，仍守华风；婚丧宾祭，亦沿旧俗。近年各省筹赈筹防，多捐巨款，竞邀封衔翎顶以志荣幸。观其拳拳本国之心，知圣泽之浃洽者深矣。惟筹及归计，则皆蹙额相告，以为官长之查究，胥吏之侵扰，宗党邻里之讹索，种种贻累，不可胜言。凡挟赀回国之人，有指为逋盗者，有斥为通番者，有谓为偷运军火、接济海盗者，有谓其贩卖猪仔、要结洋匪者，有强取其箱箧、肆行瓜分者，有拆毁其屋宇、不许建造者，有伪造积年契券、藉索逋欠者。海外羁氓，孤行孑立，一遭诬陷，控诉无门，因是不欲回国；间有以商贾至者，不称英人，则称荷人，反倚势挟威，干犯法纪，地方有司，莫敢谁何。今欲扫除积弊，必当大张晓谕，申明旧例既停，新章早定，俾民间耳目一新，庶有裨益。盖黄遵宪体察既深，见闻较熟，故言之详切如此。

臣窃惟保富之法，肇于《周官》；怀远之谟，陈于《管子》。民性何常，惟能安彼身家者，是趋是附。中国出洋之民数百万，粤人以佣工为较多，其俗虽贱视之，尚能听其自便，衣食之外，颇积余财，至今滨海郡县，稍称殷阜，未始不藉乎此。闽人多富商巨贾，其俗则待之甚苛，拒之过峻，往往拥赀百万，羁栖海外，十无一还。且华民非无依恋故土之思也，国家亦本非行驱禁之政也。特以约章初立之时，未及广布明文，家喻户晓，遂使累朝深仁厚意，泽不下究，化不远被，奸胥劣绅且得窥其罅以滋扰累。为渊驱鱼，为丛驱爵，甚非计也。夫英、荷诸国招致华民，开荒岛为巨埠，是彼能借资于我也；华民擅干才，操利柄，不思联为指臂，又从而摈绝之，是我不能借资于彼也。及今而早为之图，尚可收桑榆之效；及今而不为之计，必至忧杼柚之空。查前督臣沈葆桢奏请将不准偷渡台湾旧例一概豁除，曾奉特旨俞允。省具文，裨实政，莫善于此，迄今海内交口称便。出洋华民，事同一律。可否吁恳天恩，俯念民生凋敝，敕下总理各国事务衙门，核议保护出洋华民良法，并声明旧例已改，以杜吏民诈扰之端；由沿海各省督抚及出使大臣分途切实晓谕，奉宣德意，俾众周知；并准各口领事官访其平日声名素称良善，核给护照。如是，则不事纷更，不滋烦扰，可以收将涣之人心，可以振积玩之大局，可以融中外之畛域，可以通官民之隔阂。怀旧国者，源源而至，细民无轻去其乡之心；适乐土者，熙熙而来，朝廷获藏富于民之益。一旦有事，缓急足倚，枝荣本固，厥效非浅。所有拟请申明新章，豁除旧禁，以护商民而广招徕缘由，理合恭折沥陈，伏乞皇上圣鉴训示。谨奏。

是疏于光绪十九年五月十六日由英伦使馆发递，七月初十日奉朱批：该衙门议奏。钦此。总理衙门于八月初四日复奏，应如所请。敕下刑部将私出外境之例，酌拟删改，并由沿海督抚出示晓谕：凡良善商民无论在洋久暂，婚娶生息，一概准由出使大臣或领事官给与护照，任其回国治生置业，与内地人民一律看待，毋得仍前藉端讹索，违者按律惩治。奉朱批：依议。钦此。

（选自《庸庵海外文编》卷一）

附陈派拨兵船保护商民片
（1893 年）

　　再，臣闻流寓外洋华民，往往以势孤气馁，为他国人所轻侮。西洋通例，莫不派拨兵船保护商民，俾旅居者增气以自壮。近者，中国海军各舰亦尝巡历新嘉坡诸埠，华民喜色相庆，以手加额，谓为从前未有之光宠。惟海军船数不多，经费不裕，势难分拨兵轮，久驻海外。华民集赀，积少成多，未尝不愿供给船费，禀请酌派军舰，稍张声势。从前两广督臣张之洞，曾议劝办此事，未及就绪。设令果有成效，则海军省养船之费，而有历练之资；兵船无坐食之名，而著保护之绩；商贾佣工捐费不多，颇沾利益；使臣领事权力虽弱，亦倚声援一举；而数善备焉。臣属总领事黄遵宪，相机利导。据称闽商未肯出力，事难必成。臣是以有招护华民之请。盖华商有力者之在外埠，商务之旺衰系之，军实之强弱系之，即西人亦视之颇重也。理合附片密陈，伏乞圣鉴。谨奏。

（选自《庸庵海外文编》卷一）

书工商核给凭单之例
（1893 年）

　　西洋制造之精，以汽学、重学、化学、电学为本原。人人用力格致，实事求是，斯其体也；国家定例，凡创一器者，得报官核给凭单，专享其利，斯其用也。夫开物成务之功，如火轮舟车，暨传电、炼钢诸大端，非一时一人智力所骤致，必有集众能，研绝学，穷年累世，始获变通尽利者。其用费则虽斥私财、贷巨债而不惜也；其用力则虽积祖孙父子之创述而不倦也。国家既给凭单之后，凡购物之费，大较雠制器价者什八，雠创法价者什二。故或有以窭人崛起，或家财素裕，因攻新艺而致贫困，俄复富拟王侯者，其君若相必从而宾异之，旌以显爵。如是，则虽积数世之耗财竭智，有所不惮矣。中国则不然，此兴一艺而彼效之，此营一业而彼夺之，往往有缔造者大受折阅，摹袭者转获便利者矣。而一二千年以来，亦竟无一人研精阐微，为斯民辟妙用，为天下扩美利者，此无他，政权不足以鼓舞之也。一镜于彼之所以得，则知此之所以失矣。西俗又有创一良法，鬻与他人者，则必先报其法于官，官为核定其价，卖者获价后，概不訾省，买者鸠赀经营，专享其息。余于初抵伦敦时，见一美国之士，潭思得然灯妙法，因本国售价不高，特赴英工部献其术；工部为之核价英金三万五千镑，未及五旬，挈金如数以归。评之者有定程，购之者无疑志。吁！此其所以能率数十百万人之心思才力，以窥造化之灵机，而尚无穷期也。

（选自《庸庵海外文编》卷四）

请展接电线扞御水患片
（1893 年）

再，臣闻本年六月，永定河水势盛涨，南北汛各堤同时漫溢，通州北运河亦陡涨丈许，冲决长堤，以致顺、直数十州县皆成泽国，漂荡田庐，淹没人口，不可胜数。湖北荆州，淫雨连绵，江流暴涨，江陵、公安各属，堤垸先后决口，巨浸汪洋，居民避水不及者，均遭沉溺。窃思江河下游水势之涨，其上游来源必已先旺；再值霖雨不止，山水暴发，奔注下游，啮堤溃防之患，鲜不由此而生。盖霖雨山水，无可以骤挽之势，而上游来源，有可以豫知之理。方今各省电线四通八达，若由通衢干线，接一枝线至江河之上源，短者数十里，长者数百里而止，厥费不多，厥事易集。派一妥员，专司其事，每日测量水势，电报下游专辖兼辖各官。夫水行之速不如风，风行之速不如电。外洋各国，每藉电音以报海上飓风，俾当其冲者速为之备，无不大获裨益。迩来永定河为患日剧，几于无岁不决；荆州地势濒江，万城大堤亦为要工。若永定河设线在桑乾河以上，长江设线在夔、巫、重庆以上，即令来源骤旺，下游一接警电，官堤民埝可以克期加工，水之大至尚在数日之后，乘间缮完较易为力。虽时雨之行，山水之发，或出意外，而田庐民畜藉一电以保全者，当得十之三四；低洼之区，闻一电而互相告戒、俾获迁徙逃避者，当得十之七八。至于大河流长源远，设电尤为要诀。昔人每于河之上游择地标志，谓上游水涨一寸，下游即涨一尺。今若于陕甘境内接线以达河滨，则河流稍涨，下游得电更早，厅汛各员皆有十日之暇，可豫集料添埽，妥筹设法，化险为夷，获效尤巨。推之淮、汉诸水，凡可以为民利害者，皆当以此法治之。可否敕下直隶、湖广督臣暨河臣、漕臣，察核情形，相机酌办。似于扞御水患之道，有益无损。是否有当，理合附片具陈，伏乞圣鉴。谨奏。

（选自《庸庵海外文编》卷二）

议定滇缅界务商务条约疏
（1893 年）

　　奏为遵旨与英国外部议定滇缅界务商务条约，恭折仰祈圣鉴事。窃臣于光绪十九年七月，谨陈滇缅分界大概情形，并声明界务将竣，续议商务，惟腾越八关，界址未清，尚须理论等情在案。臣前与英廷订明将久沦于缅之汉龙、天马两关，归还中国。秋冬之间，仔细考察，始知铁壁、虎踞二关，亦早被英兵占据。幸铁壁关距边密迩，臣屡向英外部争论，彼始允令英兵却退数里，让还关址，以库弄河为界。惟虎踞关界限方向，初甚渺茫，久无定论，乃电请云贵督臣王文韶派员查阅，邀同八募英官履勘，英官并无异辞。印度总督则谓该关深入彼境七八十里，已与八募相近，且隶缅已百余年，一旦弃之，有损颜面，其意难于割地，遂并靳于让关。臣又闻印度总督以外部允让野人山内昔马等地，意甚不平，听信武员邪说，屡思翻异。又欲借端停商全约，停商之后，彼知中国界址未定，漫无限制，仍可伺机进占。再阅数年，非特昔马等地可以不让，即界线亦可如彼意重定。观于前使臣曾纪泽商办之时，迄今事隔八年，再与议约，难易损益，相去倍蓰，其明证也。

　　臣再四思维，决机宜速不宜迟，防患宜远不宜迩。固不值以一隅而妨全局，亦未便争小利而堕诡谋。度势揆情，刚柔互用。甫在虎踞关以东划定界线，虽未能复百余年前旧地，较之滇边所守新界，似已稍有展拓。此界务已定之大略也。臣查商务办法，应以曾纪泽原议二端为纲领，一曰大金沙江行船，一曰八募立埠设关。彼族以停议既久，坚不承认。窃思大金沙江为滇边外绝大尾闾，兵商轮船，畅行无阻。夫名山大川，国家之宝，苟有机会，当以全力图之。滇西远隔边隅，宜有通海便捷之道，局势方为灵活。臣特将行船一事，设法磋磨，外部始终支宕，以虑他国援照为辞；继与商于约中另立一条，声明此系滇缅交涉之事，他国不得援例，彼始勉强答允。惟于八募设关，虑之尤切，拒之尤坚。经臣再三开导，告以立约试办，乃亦勉强答允。讵全约甫经订定，印度总督仍坚持初议，不允设关，意在乘机要挟，责报过奢。臣思设关能否大获利益，尚未可知，该督所索则万不能允。且既违其意，尤恐被其掣肘，不能获益。臣于是显责外部无自主之权，竟将八募设关一条删去，亦撤约中英人所得权利，如缅盐不准运入滇境，英关暂不征收货税，领事仅设一员，并限制其驻扎之地，商货仅由二路，并化去其开埠之名。外部颇形自恧，不甚争论。此商务已定之大略也。窃惟中国地大物博，数十年间，东西洋各国立约通商，船舰则行我江海，租界则踞我口岸，教士、流氓纷至沓来，领事、臬司擅势自恣，或夺我商民之利，或挠我官吏之权，或违我教化之经，或窥我宝藏之富，事端百出，防范难周，朝廷所以不轻允开商埠者，职此之由。惟自英人袭取缅甸以来，云南三面与彼毗连。我所宜急，彼所欲缓者，莫如分界；彼所素急，我所稍缓者，莫如通商。曾纪泽前与议定，俟分界后方能通商，盖寓相维相制之意。迩年英兵骚扰滇边，不得不催英廷分界。凭仗圣主威福，并承总理衙门指示，俾臣相机妥筹，悉心商办。西面则稍拓野人山内昔马等地，暨收回铁壁、天马等关，南面则稍拓宛顶边外之地，潞江以东科干之地，暨收回车里、孟连两土司全权。边圉既安，觊觎渐戢。但英人按照缅约第三款，催议商务，刻不容缓。今者八募设关一事，虽未就范，然因彼既允复翻，我得收回项项权利，似于防弊去损之道，不无关系。加以大金沙江行船，乘便利于境外，播声势于寰中，似稍足变旧规而张国体。兹合界务、商务约款共二十条，臣拟与英外部大臣劳偲伯力，克日先将草约画诺，以杜狡变；一面赍送总理衙门，俟奏明批准后，即可换约开办。所有议定滇缅界务、商务缘由，理合恭折具陈，伏乞皇上圣鉴训示。谨奏。

（选自《庸庵海外文编》卷二）

附陈密保洋员片
（1893年）

再，自昔多事之秋，往往借材异国。秦用由余，晋用巫臣，吴用伍员，汉用金日磾，无不推诚倚任，得其死力。宏此远谟，诚以邻邦环伺，交涉多端，不收其俊，无以得敌国之情；不广其助，无以应事机之变也。查有英文二等参赞官、二品顶戴、总领事衔英人马格里，在驻英使馆当差近二十年，前使臣曾纪泽与俄外部议结收回伊犁一案，与英外部议定洋药加厘一案，马格里皆在事出力。臣到任后，如新嘉坡改设总领事官，芜湖、武穴等处教案和平了结，议定会立坎巨提头目以存两属体统，马格里赞襄机要，均有成绩。此次商办滇缅分界通商、订立条约，马格里始终其事，惟以裨益中国为心。迩者俄争帕米尔全地，马格里探知英、俄分界，以小帕米尔划与英国，建议转商英廷，俾让还中国。如是则中国不至失势，而帕事较易就范。臣查马格里忠于所事，劳勚不辞，研求利病，动合窾会。倘遇交涉要务需人之际，马格里堪备任使。用其所长，必有明效可睹。理合附片密陈，伏乞圣鉴。谨奏。

（选自《庸庵海外文编》卷二）

考察近事谨陈管见疏
（1893 年）

　　奏为微臣考察近事，谨陈管见，以重民命而慎危机，恭折仰祈圣鉴事。窃维数十年来，中外竞修武备，莫不讲求火器。火器藉火药以致其用，于是火药随火器而日精。其类有饼药、炸药、棉药之名，未几而争用栗色药，又未几而渐尚无烟药。性愈变而愈猛，术愈研而愈酷。中国风气初开，往往储藏不慎，未收其用，先受其害。谨就臣闻见所及者，为我皇上敬陈之。溯查咸丰九年二月，长沙城中火药局失慎，二三里内居民无得免者，溪河数处变为平陆。有一巨窖，幸未引动，否则其患更不可思议。是年秋，山东火药局失慎，周围震陷十余里，抚臣奏称死伤姓名可查者四千余人，曾奉谕旨赈恤。同治六年十月，武昌城内有二局，中隔一湖，同时被焚。盖因火药局晒药不检，延及制药局，轰动药库，焚去火药及硝磺数十百万斤，居民死者数千，平地百余丈陷为巨浸。光绪十年十一月，广东佛山镇火药局焚去火药数十万斤，烧失工匠一百九十余名，轰声震动省城，居民死伤甚众。十六年九月，安徽太平府城内火药局，訇然一震，驻局之营兵工匠皆不知所往，县署学宫，摧毁无遗，知府吴潮被压而殒，罹害者数百家，各处残肢断体，令人目不忍睹。今年五月，广东会城外三元里之火药局，不戒于火，附近乡村，均被其患，至今择地营建，尚未勘定。凡此诸事，久为习见之端，实非承平之福。然臣不过约举梗概，此外府县城镇之局厂林立，变生意外者，亦尚不可胜数。群黎何辜，遭此荼毒？臣尝疑此虽系天时，亦由人事。奉使以来，留心考察，始知西洋各国火药局，必避城市稠密之地，多在空旷寥廓之区。其议以为如此危险之物，难尽免危险之事，所以偶逢危险而不致多伤民命者，非审于度地不为功。中国各省会城府城，皆官吏军民所骈集，仓库市廛所荟萃，万无可置火药之理。其始盖因标营弁兵，操练旧式火器，稍领火药，择地存储。当时火药质粗而力轻，数微而势薄，尚不至为大患。厥后踵事增华，研制日精，需用日繁，当事者习焉不察，方谓循旧章，藏旧地，并非无端创建，而不知药力已十倍于前，药数已百倍于前，戒备稍疏，辄酿巨厄。前岁松江绅民禀请文武各官，将火药局移建城外旷地，卒以经费无出而罢。夫狃取携之便者，未遑顾及生灵；昧久远之图者，鲜不安于玩愒。臣尝思其事而怵然虑之。大抵斯民饥溺，非无急救之具，惟猝然震发，其患有不及防；勇士战争，初无避险之心，惟无故罹凶，其事为尤可悯。或谓时逢劫运，非人力所能挽回。臣则以为消弭劫运者，惟在宸衷之恻怛。或谓事关大局，非仁术所能参用。臣则以为保全大局者，尚待朝廷之转移。伏惟皇上仁慈帱物，普护苍生，可否明降谕旨，通饬各省督抚臣，自今以后，文武各员不得在城市添建火药局，择地筑库，务求僻远，或在洲汜之上，或在山岭之间；傥有商民愿捐巨费，吁移旧局者，均听酌办以顺舆情；如一时未能骤移，不妨相机变通，将尤为猛烈之物，分储远地，徐俟妥为经理。其如何惩儆违玩之处，可否敕下吏兵二部，严定处分章程，以昭画一而垂永久。如是，则圣主尚好生之德，官吏存警惕之怀，蒸民免无妄之灾，军实鲜慢藏之咎，一举而数善备焉。窃查各省设局，无不浚濠筑墙，拨兵守护。然地居繁庶，则踪迹杂而窃盗时闻；地处寂寥，则心志一而防卫不懈。至于盖藏宜密，晾晒宜慎，库窖宜分，禁令宜严，凡承办此事者，罔不以是为兢兢，自可无虞失事矣。臣为重民命慎危机起见，所有考察近事缘由，理合恭折驰陈。伏乞皇上圣鉴训示。谨奏。

（选自《庸庵海外文编》卷二）

论不勤远略之误
（1893 年）

　　昔宰孔讥齐桓公不务德而勤远略，后世庸愦避事者流，藉为畏难自恕之辞，而天下益以多事。不知桓公之病，在暮年多欲，内政不修，管仲死而贤才衰，内宠多而群小进。葵邱之会，虽称极盛，乱机已兆。则不务德一语，足以概之。盖非远略之不当勤，正因不知修德，无以立远略之基也。且桓公居方伯之任，尊周攘夷，乃其职耳。独惜其德量不宏，见小欲速，昧于远者、大者，则君子不能无病焉。窃尝以谓古今事变不同，即所以御之者亦异。齐桓公之时，当北伐山戎，南伐楚，势也，不得谓之远也。汉武帝之时，当攘匈奴，开滇粤，运也，不得谓之远也。唐太宗之时，当翦突厥，抚回鹘，权也，不得谓之远也。迨元太祖，囊括俄罗斯，席卷五印度，余威震于欧罗巴，远则远矣，何尝非审乎机以奋厥武哉？今者环瀛五洲，近若户庭，通商万国，迩于几席，任事者尤当高视遐瞩，恢张宏猷，然后有以导其窾，持其变。数十年来，中国不勤远略之名，闻于外洋各国，莫不欲夺我所不争，乘我所不备，睊瑕伺隙，事端遂百出而不穷。夫惟不勤远略，是故琉球灭而越南随之，越南削而缅甸又随之。其北则黑龙江以南、乌苏里河以东，勘界一误，蹙地五千里。其西则布哈尔、布鲁特、哈萨克、浩罕诸回部，尽为俄罗斯所吞并，而哲孟雄、什克南、廓尔喀诸部，皆服属于英吉利。即朝鲜之近居肘腋，台湾之列在屏藩者，亦恒启他国眈眈之视。夫惟不勤远略，是故香港、西贡、小吕宋、噶罗巴等处，各有数十万华民，而不能设一领事；美属之三藩谢司戈，英属之澳大利亚，华民皆自辟利源，而无端失之，反受他人驱逐。夫惟不勤远略，是故商务无一船越新嘉坡而西，小吕宋而南者；而兵船游历，亦不逾此。出使大臣，或瞢然于条约之利病，而不知久远之计；封疆大吏，或惘然于边防之得失，而惟偷旦夕之安。以此应敌，以此立国，其不至召寇纳侮者几希。邑有富人，擅陂田之利，天雨，湖水溢，堤将坏，或告之曰："堤坏，田必没，盍筑诸？"富人曰："堤去吾田远，何筑为？"无何，堤果坏，田尽没，年谷不登，家以骤贫。彼富人固知田之当护，而不知不护堤之不能护田也。呜呼！时局之艰危甚矣，强邻之窥伺深矣。当事者漫不加察，苟图自便，玩愒岁时，犹偃然曰："不勤远略也。"此之谓无略，此之谓舍远而不知谋近，此之谓任天下事而不事事！

（选自《庸庵海外文编》卷三）

论公司不举之病
（1893 年）

　　盖尝阅制器之厂矣，铸千钧之铁为大锤，运机一击，无刚不柔；假令其锤减轻四五，则虽日役千人，阅岁逾时，而器有不能成者矣。又尝乘渡海之舰矣，采十拱之木为大桅，张帆驾风，日驶千里；假令其桅减小四五，则虽广集篙师，船坚风顺，而程有不能进者矣。夫人之生于天地间也，固无不可为，无不可成，所以能与天地参。然制事御物之机势，充其量则以一胜百，减其力则虽有若无。《淮南子》曰："千人之群无绝梁，万人之聚无废功。"迄于今日，西洋诸国，开物成务，往往有萃千万人之力，而尚虞其薄且弱者，则合通国之力以为之。于是有鸠集公司之一法，官绅商民，各随贫富为买股多寡。利害相共，故人无异心；上下相维，故举无败事。由是纠众智以为智，众能以为能，众财以为财。其端始于工商，其究可赞造化。尽其能事，移山可也，填海可也，驱驾风电、制御水火，亦可也。有拓万里膏腴之壤，不藉国帑，藉公司者，英人初辟五印度是也；有通终古隔阂之途，不倚官力，倚公司者，法人创开苏彝士河是也。西洋诸国，所以横绝四海，莫之能御者，其不以此也哉。中国地博物阜，迥异诸国，前此善通有无者，有徽商，有晋商，有秦商，皆以忠实为体，勤俭为用，亦颇能创树规模，相嬗不变者数世；而于积寡为多，化小为大之术尚阙焉。迩者中外通商，颇仿西洋纠股之法，其经理获效者，则有轮船招商局，有水陆电报局，有开平煤矿局，有漠河金矿局。然较外洋公司之大者，不过什百之一耳。气不厚，势不雄，力不坚，末由转移全局。曩者沪上群商，亦尝汲汲以公司为徽志矣，贸然相招，孤注一掷，应手立败，甚且乾没人财，为饮博声技之资，置本计于不顾，使天下之有余财者，相率以公司为畏途。非但西洋绝大公司，终无可冀幸之一日，即向所谓招商、电报、开矿三四局者，亦遂画于前基，难再薪恢张之策。如此而望不受制于人，其可得乎？夫外洋公司所以无不举者，众志齐，章程密，禁约严，筹画精也。中国公司所以无一举者，众志漓，章程舛，禁约弛，筹画疏也。四者俱不如人，由于风气之不开；风气不开，由于朝廷上之精神不注。西洋旧俗，各视此为立国命脉，有鼓舞之权，有推行之本，有整顿之方，明效应之，捷于影响。中国骤行此法，无力者既瞀然试之，当轴者辄惶然置之，风气岂有自开之理？是故风气不变，则公司不举；公司不举，则工商之业，无一能振；工商之业不振，则中国终不可以富，不可以强。

（选自《庸庵海外文编》卷三）

振百工说
（1893 年）

　　古者圣人操制作之权以御天下，包牺、神农、黄帝、尧、舜、禹、周公，皆神明于工政者也。故曰备物致用，立成器以为天下利，莫大乎圣人。圣人之制，四民并重，而工居士农商之中，未尝有轩轾之意存乎其间。虞廷飏、拜垂、殳斨、伯与，与皋、夔、稷、契同为名臣。《周礼·冬官》虽阙，而《考工》一记，精密周详，足见三代盛时工艺之不苟。周公制指南针，迄今海内外咸师其法。东汉张衡，文学冠绝一时，所制仪器，非后人思力所能及。诸葛亮在伊吕伯仲之间，所制有木牛流马，有诸葛灯，有诸葛铜鼓，无不精巧绝伦。宋、明以来，专尚时文帖括之学，舍此无进身之途。于是轻农工商而专重士；又惟以攻时文帖括者，为已尽士之能事，而其他学业，瞢然罔省；下至工匠，皆斥为粗贱之流。浸假风俗渐成，竟若非性粗品贱，不为工匠者。于是中古以前智创巧述之事，阒然无闻矣。泰西风俗，以工商立国大较恃工为体，恃商为用，则工实尚居商之先；士研其理，工致其功，则工又必兼士之事。吾尝审泰西诸国勃兴之故，数十年来，何其良工之多也。铁路、火车之工，则创其说者曰罗哲尔，曰诺尔德，而后之研求致远者，不名一家。火轮舟之工，则引其端者曰迷路耳，曰代路尔，曰塞明敦，而后之变通尽利者，不专一式。电报之工，最阐精微者，则有若嘎剌法尼，若佛尔塔，若倭斯得，若阿拉格，若安贝尔。炼钢之工，最擅声誉者，则有若西门子，若马丁，若别色麻，若陪尔那，若回特活德。制枪之工，则有若林明敦，若呒者士得，若毛瑟，若亨利马梯尼。制炮之工，则有若克鲁伯，若阿模士庄，若荷乞开司，若那登飞。其他造船、造钢甲之工，则有德之伏尔铿，英之雅罗，法之科鲁苏。造鱼雷、造火药之工，则有奥之怀台脱，德之刷次考甫，德之杜屯考甫。泰西以人姓为人名，自炼钢以下，大抵以人名为厂名，即以厂名为物名者居多。当其创一法，兴一厂，无不学参造化，思通鬼神。往往有读书数万卷，试练数十年，然后能为亘古开一绝艺者；往往有祖孙父子积数世之财力精力，然后能为斯民创一美利者。由是国家给予凭单，俾独享其利，则千万之巨富可立致焉。又或奖其勋劳，锡以封爵，即位至将相者，莫不与分庭抗礼，有歉然自视弗如之意，则宇宙之大名可兼得焉。夫泰西百工之开物成务，所以可富可强，可大可久者，以朝野上下敬之慕之，扶之翼之，有以激厉之之故也。若是者，人见谓与今之中国相反，吾谓与古之中国适相符也。中国果欲发愤自强，则振百工以前民用，其要端矣。欲劝百工，必先破去千年以来科举之学之畦畛，朝野上下，皆渐化其贱工贵士之心；是在默窥三代上圣人之用意，复稍参西法而酌用之；庶几风气自变，人才日出乎。

（选自《庸庵海外文编》卷三）

海关征税叙略
（1893 年）

　　总税务司赫德属驻英税务司金登干，送来光绪十八年海关贸易总册，余受而阅之，条分件系，经纬分明。是年征税之数：凡进口正税银四百五十九万余两，出口正税银八百二十五万余两，复进口半税银八十二万余两，洋药税银二百二十八万余两，船钞银三十八万余两，内地半税银四十七万余两，洋药厘金银五百六十六万余两。以上七项，都二千二百六十八万余两；比较十七年，绌十六万九千余两；比较十六年，赢六十九万三千余两。若就各关所征七项银分计之：江海关征银六百三十七万余两，粤海关征银二百三十四万余两，江汉关征银一百八十九万余两，闽海关征银一百六十八万余两，潮海关征银一百四十八万余两，浙海关征银一百二十五万余两，九江关征银一百零四万余两，厦门关征银九十七万余两，芜湖关征银七十万余两，津海关征银六十九万余两，淡水关征银六十三万三千五百余两，镇江关征银六十三万一千余两，山海关征银五十四万余两，九龙关征银四十七万余两，台南关征银四十四万余两，拱北关征银三十八万余两，东海关征银三十三万余两，北海关征银二十五万余两，重庆关征银二十万余两，宜昌关征银十一万余两，琼海关征银九万八千余两，蒙自关征银七万三千余两，瓯海关征银三万六千余两，龙州关征银一千七百余两。以上二十四关征收之总数，即前七顶征收之总数。近年沪、粤等关收数所以益旺者，以洋药、厘金归并之故；闽、汉等关收数所以渐减者，以茶叶销路日衰之故。综计是年进口洋货价银一万三千五百十万余两，进口正税并洋药税得银六百八十八万余两，核诸值百抽五之数，无大悬殊。然洋药、厘金，固尚不在内也。出口土货价银一万零二百五十八万余两，出口正税得银八百二十五万余两，已逾值百抽八之数，与所谓值百抽五者不符。则以土货之价，已大减于初定税则之时之价，盖丝、茶二者为之也。余尝考财用盈虚之故矣。大凡土脉膏沃，物产充羡，壤博民殷，商货所趋如水归壑，则税可赢；又或众力勤劬，工艺精良，流贮日广，为遐方日用所必需，则税可赢；又或地虽硗瘠，专产一物，如丝如茶，居民恃为恒业，远人闻而欣羡，则税可赢；又或绾毂通衢，因利乘便，官山府海，发天地自然之藏，都泉布输写之会，则税可赢。此数者，贵审其地形，开其风气，尤视大水之经纬脉络，以定群商之辐凑与否。夫上海扼长江之要，故税最多；广州扼粤江之要，故次之；汉口扼汉江之要，福州扼闽江之要，故又次之；北方之水，溜急沙淤，不便行舟，故虽以黄河之大且长，独无榷税极盛之关。夫殖财之源，虽因地势，亦随人事、天时而变焉者也。核其所征之税，而地之冲僻，民之贫富，物之旺衰，岁之丰歉，俱可借以考镜焉。余故摘纪其大略如此。

（选自《庸庵海外文编》卷三）

海关出入货类叙略
（1893 年）

　　光绪十八年，进口洋药价银二千七百四十一万余两，洋布、羽绫、棉纱、棉线价银五千二百七十万余两，呢羽、哔叽、毡绒价银四百七十九万余两，钢铁、铜、铅、锡价银七百十三万余两，米价银五百八十二万余两，煤油价银五百零四万余两，海货价银五百二十万余两，煤价银二百万余两，自来火价银一百四十二万余两，其余杂货价银各数十百万两不等。都洋货价银一万三千五百十万余两，而纱布呢羽等，几居进口货价之半，洋药亦几居四分之一。为中国计，宜设方略，渐杜洋药来源，而劝导商民仿洋法织布纺纱，尤为第一要义。其次开矿，其次炼铁，其次仿织呢羽、毡绒，其次仿造自来火及制炼煤油。风气既开，而致富之能事尽此矣。出口丝茧价银三千零三十四万余两，绸缎价银七百九十六万余两，茶价银二千五百九十八万余两，棉花价银五百零八万余两，草帽缏价银二百零五万余两，糖价银二百零七万余两，纸价银一百五十七万余两，席价银一百二十九万余两，豆价、爆竹价银各一百十八万余两，瓷器、窑器价银一百零八万余两，其余杂货价银各数十百万两不等。都土货价银一万零二百五十八万余两，丝、茶两项为大宗，凡占土货价十分之六。如欲整顿土货，仍须注力丝茶，庶能握其纲领。其余如棉、糖、纸、席、草帽缏等物，苟能随事讲求，随时整理，亦有大益。此外土货，俟铁路开通，必有于无意中畅销如草帽缏之类者矣。窃查光绪元、二年间，出入口货约略足以相抵。今以出货与入货相比较，中国亏银至三千二百五十余万两之多。何哉？近两年中，洋布、洋纱进口之价，逾于元、二年间之价，约三千数百万两。则中国亏银，皆纱布畅销为之也。从此中国织妇机女，束手饥寒者，当不下数千万人。岂细故哉？而谓导民织布、纺纱，尚可缓乎哉。抑余又闻纺纱之效，逾于织布。日本通国经营，已获厚利。即华民自织之布，亦乐购用洋纱，以其价廉质良而易售也。故华商偶设一二纺纱之厂，亦无不获利者。然则有提倡之责者，盍劝商民购机设厂，先仿洋法纺纱以蕲渐及织布乎？

（选自《庸庵海外文编》卷三）

海关出入货价叙略
（1893 年）

    是年，货由英国运到者，值银二千八百八十七万余两；香港运到者，值银六千九百八十一万余两；印度运到者，值银一千三百八十六万余两；新嘉坡运到者，值银一百九十一万余两；澳大利亚、大浪山、加那大运到者，值银一百零一万余两。以上英国及英属地来货，都值银一万一千五百四十八万余两。由中国运之英国，之香港，之印度，之新嘉坡，之澳大利亚、大浪山、加那大者，都值银五千五百七十八万余两。出入相较，中国亏银五千九百七十万两。货由美国运到者，值银六百零六万余两；由中国运之美国者，值银一千零七十八万余两。出入相较，中国赢银四百七十二万余两。货由欧洲诸国运到者，值银五百十二万余两；由中国运之欧洲诸国者，值银一千七百十六万余两。出入相较，中国赢银一千二百零四万余两。货由俄国运到者，值银五十五万余两；由中国运之俄者，值银七百零四万余两。出入相较，中国赢银六百四十九万余两。货由日本运到者，值银六百七十万余两；由中国运之日本者，值银八百五万余两。出入相较，中国赢银一百三十五万余两。货由澳门运到者，值银三百十七万余两；由中国运之澳门者，值银一百六十八万余两。出入相较，中国亏银一百五十万余两。货由小吕宋、越南、暹罗、爪哇、埃及五国运到者，值银三十一万余两；由中国运之五国者，值银一百八十六万余两。出入相较，中国赢银一百五十五万余两。综而观之，中国之银，耗于英国及英属地者甚巨，而稍取盈于通商诸国。然绌者多而赢者寡，势尚不足相补，故一岁中亏银至三千二百五十余万两之多。华茶销于英者，年少一年；销于俄者，年多一年。俄之用茶，虽未能逮昔日之英，然华茶不至壅滞者，以俄人为之运用也。中国之货，稍稍畅销于日本，则以日本纺纱骤盛，不能不用中国之棉花。盖中国与日本互分其利云。今之论时务者，或谓英人耗蠹中国，颇欲联俄以摈英。此与儿童之见无异。夫民所以乐购此货者，皆为衣食日用所必需，而又质良价廉之故。当其不用，虽君父不得而劝之，于远人乎何爱？当其必用，虽君父不得而禁之，于远人乎何尤？即如日本二十年来，专精奋力，研求工商之术，遂能仿造洋货及华货，质良价廉，几掩其上；英人非但不惎挠之，且极口称道之，国中乐用其货者，比比是矣。中国地博物阜，人工甚廉，数倍日本。诚知病英人之耗蠹乎？则有日本之成法在，又何必出万不能行之下策哉。或谓中国虽亏银三千二百五十万两，然各关所收税厘，既得二千二百六十余万两，加以洋商自募牙侩，凡进口七厘，出口八厘用费，共有一千数百万两。皆入华人之手，以彼絜此，中国尚赢数十万两，是中国之银，未尝锱铢漏入外洋也。斯又不然。考光绪元年出入货相准，华货尚赢百余万两。若以关税用费合计之，是中国且多赢二千余万金矣。当时，岁赢二千万金，中国且日见贫耗，况如今日之势乎？是不能不亟为之计者，牧民之政也，保邦之本也，为上之责也。

（选自《庸庵海外文编》卷三）

答友人书
（1893 年）

　　七月二十六日。福成白：辱惠书，见规以古谊，甚盛甚盛。仆与英廷磋磨滇缅界务，颖秃唇焦，筋疲力尽，仅能葳事。此与名利二字渺不相涉，亦以既受此任，不能不为边境筹数十年之安；外以折强敌，上以对朝廷，庶不负此高官厚禄，与数万里之远行耳。承示益励忠贞之志，疆场之事度德量力，勿徒饰观听之美，而期获旦夕之名，教我不为不挚。然高明所以测我者，实与鄙怀大相刺谬。自古竭诚谋国，奋身筹边，如唐之裴、李，宋之韩、富，当时忌者皆有违言，或以好名斥之，或以贪功疑之。执此二说以挠君子，天下乃无一事可为，只有引身退耳。仆于古人，不敢希望万一，权位亦更非其伦。若果处优自便，以不忠为忠，见疆事之败坏，袖手推诿，处樽俎折冲之任，缄默不言，敷衍塞责，如世之庸庸者之所为，转可免悔吝而消谗忌，安行并进，未尝不弋高官而养后福。然如此以得后福，不如无厚福之愈也。足下若责仆以讨谟未周，争论不力，安边御侮之效，未符初志，则仆知惧矣；若劝仆以软美巧滑，玩敌误国，则非不才之所敢闻。方今时势，正如贾子所云："厝火积薪之下而寝其上，尚憪然自以为安。"仆驰驱海外，熟睹情势，辄思殚棉力以补救一二。平日明义理而又深知我如足下，乃亦不能相谅若此，岂惑于嗛我者之言邪，抑泪于时俗之见也？万寿庆典，百方罗掘，得款不过数百万金，并无四千万之多。鄙意亦谓连年水灾，可稍节省以备赈济，如有引其端者，必蒙两宫嘉纳。惟进言之责，当在执政与谏垣，或部臣而已。此外为疆臣，为将臣，为使臣者，皆非所宜言。仆今虽列班台职，实受出使之任，未宜冒昧进言。此中精义，揆之不可不审也。匆匆率复，惟为道珍重不宣。

（选自《庸庵海外文编》卷三）

强邻环伺谨陈愚计疏
（1893 年）

奏为强邻环伺，世变方殷，谨陈愚计，略备采择，恭折仰祈圣鉴事。窃臣博考舆图，遐稽史籍，知我国家幅员之广，轶汉迈唐，而超越于宋、明数倍，惟元代极盛之时差足比隆。然元之塞外诸部，不时自为分裂，未若我圣朝之一统无外，控制得宜。盖形势之雄，治平之久，人民之众，洵莫与京矣。自泰西诸国航海东来，始不过藉互市之名，逐什一之利。相狎既久，寖有违言，衅端之起，仅在五十余年以前。谋臣议论不一，忽和忽战，累次失利，纷纭者逾二十年，而元气已大损矣。厥后更定约章，稍持和局，外警之迭起环生者，几于无岁无之。中外筹议，不能不以防海为兢兢。地之险者扼之，土之荒者辟之，军之阙者设之，才之乏者练之，械之精者购之，艺之良者习之。盖既经荩臣硕辅，内外合谋，苦心经营者，亦逾二十年，中国声威，稍稍异于畴昔。然濒海之区，回环万数千里，布置既已难周，犹且艰于物力，缺于人材，限于时势，格于议论，措施不过十之二三，而狡寇窥逼之大势，又不仅在海而在陆矣。

臣窃按英、俄、法三国，欧罗巴著名强国也。其国都皆距中国三四万里，彼知西洋大小诸邦，竞能自立，难逞雄图，未肆西封，遂勤东略。英人初藉公司之力，蚕食五印度，未几而沃壤数万里尽为所并，遂与我之西藏为比邻。近且胁服阿富汗、克什弥尔、巴达克山、什克南诸部，为英属国。其大势骎骎北向，既越葱岭而与我之回疆相接，南并缅甸，而云南之迤南迤西，悉与毗连矣。俄国自兴安岭以外，东傅于海，包我黑龙江全境，暨外盟蒙古、乌梁海诸部，西轶新疆诸城，地势尤为广远。自咸丰年间，来索旧地，而黑龙江以南、乌苏里河以东，勘界一误，蹙地数千里。至今西人动辄藉口，谓为中国不重边地之明证，侵夺之谋，无时或息。俄人又于同治年间，乘我内寇不靖，稍以兵力吞灭浩罕、布鲁特、哈萨克、布哈尔诸回部。自是俄境亦接回疆，其地匝我三陲，回环殆不下二万余里。法人自争得越南，旋胁取真腊一国归其保护，近又侵割暹罗湄江东岸之地，疆圉愈固，气势自雄，而两广、云南边外，益以多事。由斯以观，中国东南两面，大海绕之；其自东北以迄西南，则三强国之境绕之。防于海者，动虞诸国窥伺；防于边者，日与三国周旋。至于南洋诸岛，星罗棋布，昔人所谓海外杂国，东南际天地以万数，时候风潮朝贡者，今已为英与荷兰、西班牙三国之外府，竟无一岛能自存者。此殆宇宙之奇变，古今之创局也！

然犹有可冀者曰，彼虽盛于一时，终将衰于异日。顾臣观西洋大国图治之原，颇有条理。英、俄、法皆创国数百年，或近千年，炎炎之势，不始今日。今其制胜之术，屡变益精。舟车则变而火轮矣，音信则变而电传矣，枪炮则变而后膛矣，战舰则变而铁甲矣，水雷则变而鱼雷矣，火药则变而无烟矣，窥敌则变而用气球矣，照夜则变而用电灯矣。专家之学，互殚智力，往往能制驭水火，呼吸风霆，新艺迭出，殆无穷期。其恃强逞威之具既如此，然犹有可慰者曰：彼既与我和好，未必遽蓄狡谋。顾国必自强而后和可恃。夫制敌而不制于敌者，莫如铁路。英之铁路，一已抵西藏近边之大吉岭，一已达云南近边之新街。俄之铁路，将由塔什干而趋浩罕，近复经营西伯利亚铁路，东联珲春、海参崴。法开铁路以通商货，已由河内直接谅山。而我无一足以应之。俄人移我界碑，胁我属部之事，时有所闻。迩来帕米尔一役，终不脱占地故智。英人力争野人山地，印度各官，志在分据险要，侵逼滇疆。臣因滇缅分界，知其隐衷。法人注意滇南诸土司，已见端倪。彼既撤我藩篱，稍久必窥堂奥，其贪得无厌之情又如此。盖事变如此之棘，时局如此之艰，皆肇端于此数十年内。

夫自开辟以来，神圣之所缔造，文物之所弥纶，莫如中国。一旦欧洲强国四面环逼，此巢、燧、羲、轩之所不及料，尧、舜、周、孔之所不及防者也。今欲以柔道应之，则启侮而意有难餍；以刚道应之，则召衅而力有难支；以旧法应之，则违时而势有所穷；以新法应之，则异地而俗有所隔。交涉之事，日繁一日，应付之机，日难一日，诚不知何所底止矣。惟是通变方能持久，因时所以制宜。伊古盛时，或多难以保邦，或殷忧而启圣。臣愚以为皇上值亘古未有之奇局，亦宜恢亘古未有之宏谟。夫英国地多而势散，俄国土旷而人稀，法国政烦而民困。彼有所长，亦有所短；我有所短，亦有所长。诚能弃所短而集所长，自可用所长而乘所短。未得其术，则难者益难；苟握其要，则难者亦易。臣谨择其约而易行者，请为圣主陈其大略：

一曰励人才。所谓才者何常？时方无事，则以黼黻隆平为贵；时方多事，则以宏济艰难为先。夫道德之蕴，忠孝之怀，诗书之味，此其体也。而论致用于今日，则必求洞达时势之英才，研精器数之通才，练习水陆之将才，联络中外之译才。体用兼该，上也；体少用多，次也。当风气初开之际，必有妙术以鼓舞之，则人自濯磨矣；迨豪彦竞进之时，必择异能而倚任之，则事无丛脞矣。群才之振奋，默运于九重之精神，劝之有具，斯培之有本；培之有本，斯用之不穷。至于多设学堂，随地教人，多选学生，出洋肄业，亦皆储才之要端也。

一曰整武备。欧洲诸邦，以战立国者一二千年，凡事皆有专门名家。故中国练军，不能不参仿西法。海军取法于英，陆军取法于德，已稍著成效矣。顾北洋而外，推行未广，尚不足以建威销萌。且论今日海军，不在骤拓规模，而在简核名实；不在遽添船炮，而在增练材艺。俟其成效足与西军相颉颃，再援昔日化一为三之议，扩充分布，则海疆自可无虞。至各省绿营，疲癃特甚，前督抚臣曾国藩、胡林翼已早言之。似宜先就临边之地，与英、俄、法相近者，稍稍变绿营为练军，因其旧饷，给以新式火器，而以西法部勒之，渐除废弛拘挛之习，免为西人所笑侮。又查有可屯垦之地，不妨酌置练军，或仿漠河金矿之例，许公司集股开矿，练营自护，随时操练以备调用，似亦两得之道也。

一曰浚利源。泰西诸国，竞筹藏富于民之法，然后自治自强，措之裕如。即臣所谓养才练兵，亦非帑项充盈不可。盖生财大端，在振兴商务，商务以畅销土货为要诀，欲运土货，以创筑铁路为始基。今者国家既筹的款，营造山海关铁路，以期渐达于东三省，此固护边至计也。然地势稍偏，土货不旺，尚需岁贴养路巨费，恐非持久之局。今欲使此路广引商货，化贫为富，似非通内地铁路不为功。内地铁路，仍宜查照湖广督臣张之洞原议，分年筹费，由汉口开路，以抵芦沟桥而达山海关。则秦、陇、楚、蜀、晋、豫之土货，日出日多，转输益远，商利自饶，必有自集公司，依干路以筑枝路者，不必官为筹款。寖假六通四辟，富庶之机，蒸蒸日上，不仅有事时征兵运饷为便矣。臣又尝阅光绪初年各关贸易总册，洋货入口，与土货出口，厥价略足相抵。近年洋货骤赢，土货骤绌，中国每岁耗银至三四千万两，则以洋布、洋纱畅销故也。盖其为物，出自机器，洁白匀细，工省价廉，华民皆乐购用。而中国之织妇机女，束手坐困者，奚啻千百万人？今上海、武昌，皆已购机设厂，织布纺纱，天津亦有纺纱之议。诚宜推之各省，及各郡县，官为设法提倡，广招殷商，设立公司，优免税厘，俾资鼓励，收回利权，莫切于此。其他养蚕缫丝之法，植茶焙叶之方，炼铁开煤之学，一一讲求整顿，岂非利用厚生之政，探本握要之图乎？

一曰重使职。昔汉武帝诏举茂才异等，可为将相，及使绝国者。西洋诸国，或以宰相及外部大臣出为全权公使，或以资深望重之总督出为全权公使，其视使职与将相并重。大抵相臣襄内政，使臣襄外务，外与内相表里也；将臣尚武力，使臣尚文辩，辩与力相补救也。有百年安边之计，定于三寸舌者，富弼之使契丹是也；有一介行李之驰，贤于十万兵者，陆贾之使南粤是也。方今英、俄、德、法、美数大国，各挟胜势以相陵相伺，其事体又与古迥异。彼与我立约通商定界，动辄有大利大害，倚伏乎其中。臣尝谓国势之振兴，不尽恃战胜攻取，但能于交涉数大端，措注合乎机宜，恢张自有明效。夫总理衙门所恃为耳目、为手足、为心膂者，莫如使臣。中国古多卓荦之士，然今尚稍艰其选者，不讲之于豫也。西洋久著强盛之绩，然今尚不竭于用者，能练之以渐也。伏愿树之准绳，明示激劝，则风声一播，足以奔走天下，俾人人以经济为先资，以远谟为急务。上之所重，下亦重之；下之所重，效自随之。亦在圣意之专注而已。

以上四端，类皆劳臣之所经画，圣主之所施行。臣不过稍请变而通之，扩而大之。用力既专，收效自倍，庶冀纾外患而固邦本。大抵英人坚韧，俄人倔强，法人蛮横，而探其狡黠之谋，则各造乎其极，殊令我有应接不暇之苦。然论我固有之权力，苟善用之，未尝不为彼所深惮。诚使经理日宏，贤能日奋，必善审三国之变而备之可也，即徐待三国之衰而制之亦可也。傥因循而不早为计，则敌已迫矣，患已深矣，儢焉不可终日矣。《诗》曰："心之忧矣，疢如疾首。"微臣奉使四国，稍睹外洋情势，辄敢贡其拳拳之愚，不胜战慄徬徨之至。所有强邻环伺，世变方殷，谨抒愚计缘由，理合恭折密陈。伏乞皇上圣鉴训示。谨奏。

（选自《庸庵海外文编》卷二）

《拙尊园丛稿》序
(1893 年)

　　光绪十九年秋，余友黎君莼斋，衷所为古文辞百余首，邮致上海，付之石印；贻书海外，征序于余。余与莼斋相知久，其敢以不文辞。当同治纪元，莼斋以廪贡生应毅皇帝求言之诏，上书论时事万余言。是时，河内李文清公棠阶，以名儒入政府，建议宜擢用，风示天下。会曾文正公驻军安庆，进剿粤寇于江南，天子命以知县发往安庆大营差遣。中兴新政，颇有采用莼斋议者。天下因以诵莼斋之文，而想见其人。越二年，余入曾文正公幕府。文正告余，幕中遵义黎君暨溆浦向师棣伯常，可交也。余始与二君以学业相砥镞。伯常志豪才健，不幸遘疾以没。莼斋恂恂如不胜衣，而意气迈往，若视奇绩伟勋，可挟契致。文正意不谓然，顾时时以文事奖勉僚属，一见许余有论事才，谓莼斋生长边隅，行文颇得坚强之气，锲而不舍，均可成一家言。居常诲人以为将相者，天下公器，时来则为之，虽旋乾转坤之功，邂逅建树，无异浮云变幻于太虚，怒涛起灭于沧海，不宜婴以成心。文者，道德之钥，经济之舆也。自古文、周、孔、孟之圣，周、程、张、朱之贤，葛、陆、范、马之才，鲜不藉文以传。苟能探厥奥妙，足以自淑淑世，舍此则又何求？当是时，幕府豪彦云集，并包兼罗。其治古文辞者，如武昌张裕钊廉卿之思力精深，桐城吴汝纶挚甫之天资高隽，余与莼斋咸自愧弗逮远甚。文正没后，同人散之四方，罕通音问。莼斋踪迹虽隔，而情意益亲，数万里外，往往互达手书，有无未尝不相通也，升沉未尝不相关也，文艺未尝不相质也。莼斋自出幕府，浮沉州县者近十年，充出使英、法、西班牙三国参赞者又五六年。颇以未尽所用，郁郁不乐。既而天子骤用为出使日本大臣，任将满，遭丁内艰。服阕，复用之。前后凡奉使六年。适值朝鲜内变，强邻隐集战舰，将驶往袭取其国都。莼斋侦知，密电驰报。余时在署北洋大臣张靖达公幕府，力劝速发兵轮，统以大将，风驰电迈，遂执戎首以归。敌军迟到半日耳，至则内乱已定，受盟而退，朝鲜无事。今傅相合肥李公追论莼斋前劳，天子简授川东兵备道，监督重庆新关。莼斋莅官两年，诸所规画，卓然可观。来书自以生平志事，垂老无成，若有未慊于怀者。莼斋，莼斋，胡不追味文正之言，而不自得若此乎？余昔盘桓幕府，静观世变，垂二十年，出而任事者逮十年，始知文正之论，实不我欺。大凡经世百务，机之已至，我一措注，推挽者四出而助之，非必恃权位之重也；机之未至，我极经营，觭龁者四出而挠之，不尽由权位之轻也。莼斋惟置其难自主者，静以俟时，珍其所固有者，聊自怡悦足矣。莼斋为文，恪守桐城义法，其研事理，辨神味，则以求阙斋为师。文凡六卷，颜曰《拙尊园丛稿》，仓卒未及钞示。然莼斋之文，大半皆余所及见，其翘然杰出者，犹往来余胸中也，可传也。

（选自《庸庵海外文编》卷四）

《出使四国奏疏》序
（1893 年）

奏议，古文之一体也。昔曾文正公选钞奏议，宗贾长沙、陆宣公、苏文忠三家。鸣原堂论文，专论奏疏，亦既涵其涯而抉其奥矣。盖古今奏议，推西汉为极轨。而气势之盛，事理之显，尤莫善于贾生《陈政事疏》。刘子政《封事》，忠爱恳款，发于至性；诸葛武侯《出师表》，规模宏远，谟诰之遗，皆与贾氏文相辅翼，惜乎其不多觏也。汉氏以降，文章道衰，风骨少陨。唐代韩、柳有作奏事之文，为之不多，限于位与时也。陆公以骈偶之体，运单行之气，文正谓其理精则比隆濂、洛，气盛亦方驾韩、苏，洵非虚语。苏文忠奏议，终身效法陆公，盖以敷奏君上之体，宜乎条畅轩豁，能如是亦足矣。夫长沙究利害，宣公研义理，文忠审人情，三家各有深诣，文正宗之，允矣。窃又以谓文正奏疏，参用近时奏牍之式，运以古文峻洁之气，实为六七百年来奏疏绝调。每欲汰幕客代拟之作，专存文正手笔，汇钞数卷，私资揣摩，卒卒未果。然奏疏一体，前作三家，后则文正，皆福成所服膺弗失者也。曩在幕府，尝裁奏牍，均系代作；奉使四国以来，忝列京卿，有奏事之责，非使职所及者不敢妄陈。癸巳之秋，期满将归，敕行箧得疏稿数十首，稍删循例诸作，厘为二卷，俟质当世，亦以自镜云。嗟夫，经济无穷，事变日新。方今西洋诸国情状，贾、陆、苏三公与文正所不及睹者也。福成既睹四贤未睹之事矣，则凡所当言者，皆四贤所未及言者也。惟其为四贤所未及言，居今之世，乃益不能已于言；安得起四贤于今日，抒厥壮犹，一启后人之不逮邪？夫古人虽往，事理则同，论事者不得因其事为古人所未谂，遂谓奋笔纂辞，可不师古人也。此福成所以益罦然高望于四贤也。光绪十九年冬十月，无锡锡薛福成自序于英伦使馆。

（选自《庸庵海外文编》卷四）

《出使四国公牍》序
（1893 年）

公牍之体，曰奏疏，下告上之辞也。曰咨文，平等相告者也；其虽平等而稍示不敢与抗者，则曰咨呈。曰札文、曰批答，上行下之辞也。其施之官稍下而非所属者，则曰照会。曰书函，上下平等皆可通行者也。曰详文、曰禀牍，皆以下官告其上官者也，官在两司上者可勿用。大臣出使，有洋文照会者，盖以此国使臣，告彼国外部大臣之辞，亦即两国相告之辞也。执笔者宜审机势，晰情伪，研条约，谙公法；得其窾则人为我诎，失其窾则我诎于人。是非于此明，利害于此形，强弱于此分，实握使事最要之纲领。使事既有端绪，然后述其梗概而奏之，而咨之、札之，意有未达，则再为书以引伸之。胥是物也，故凡治出使公牍者，必以洋文照会为兢兢，而诸体之公牍，皆由此生焉。电报虽为昔日所无，迩来筹襄公务之机要，大半浑括于此，故亦当附公牍之列。余奉使海外，四阅寒暑，即甄录疏稿，都为一集；复裒咨函札批之稍关国计民生者，暨洋文照会与电报，厘存八卷，时自览观，以备考镜焉。自我中国通使东西洋诸大邦，所以谙政俗，联邦交，保权利者，颇获无形之益。然使职难称之故，盖由中国风气初开，昔日达官，不晓外务，动为西人所欺。西人狃于积习，辄以不敢施之西洋诸国者，施之中国。为使臣者，遂不能不与之争。争之稍缓，彼必漠视而不理，其病中于畏事；争之过亢，彼必借端以相尤，其迹疑于生事。迩来当事，愿生事者较少，而习畏事者较多；故失之刚者常少，而失之柔者常多。余生性戆拙，凡遇交涉大事，辄喜断断争辩；争之之具，必以洋文照会为嚆矢。有时用力过锐，彼或怒而停议，然未尝不徐自转圜，未尝不稍就我范围。盖我虽执彼所不愿闻之言，而其理正、其事核、其气平，出以忠信之怀，将以诚恳之意，知彼不能难我也，然后断然用之以难彼而勿疑。

其端倪可见于文牍者，亦仅十之四五而已。久之彼且积感而释疑，转嫌而为敬，欺者不敢复欺，争者可渐息争矣。顾欲与争辩，则平日之联络布置，尤不可不慎。譬之弯弓者，必和其干，调其丝，引矢一发，彀力虽劲，不至弧折弦绝者，审固于先事也。洋文照会，皆余授意译者所拟，然后再译为华文。中西文法，截然不同，颇有诘屈聱牙之嫌。余恐汩其真也，未敢骤加删润，后之览者，亦会其意焉可耳。光绪十九年冬十月，无锡薛福成自序于英伦使馆。

（选自《庸庵海外文编》卷四）

保荐使才疏
（1894 年）

　　奏为保荐使才，以资造就而备任用，恭折仰祈圣鉴事：窃惟数十年来，瀛环诸国，舟车相达，琛赆相输，始而通商，继而传教，又继而遣使。于是境壤则与彼毗连，条约则许彼通行，军制则参彼规模，船械则仿彼制造。交涉之端日益广，需才之事日益多。而握其大纲，泛应咸宜者，尤以豫储使才为急务。当夫安危得失，事机呼吸之秋，无使才则口舌化为风波，有使才则干戈化为玉帛，平时遇事措注，利弊所倚，亦复动关全局。臣愚以为使才之选，宜识形势、揣事情、谙公法、究约章，其端甚多，其用甚殷。西洋诸国经理外务，莫不用专门名家。内则自外部司员洊升大臣，外则自随员领事洊擢公使，往往数十年不改其途。惟其练之也久，故其审之也详。伏念皇上御极之初，始议遣使东西洋诸国，敕令内外大臣各举所知，圣谟广运，备极周详。只以风气初开，研求未至，中外所荐既属寥寥。其官阶较显，声望较著者，或颇惮于远役，不欲自羁；或稍谢于专长，未敢自信，每值更换之际，时虞选择之艰。至若通事之流，非不谙究语言，难免沾染洋习；梯荣之士，非不高谈时务，或仅掇拾绪余。此辈舍短取长，只任随员翻译；提挈纲领，专倚使臣。惟是大猷不裕，不可济艰难；大本不端，不足资矜式。以中国幅员之广，聪明才杰之多，诚令导之有恒，养之以渐，庸讵不能励彼豪俊、宏此远谟。臣窃思贤才荟萃之地，莫如翰林院衙门。国家设官初意，惟翰林不任以职事，盖欲扩其器识，以待大用，冀其无事不习，无职不宜也。往者粤、捻诸寇，势焰甚张，赖曾国藩、骆秉章、胡林翼、李鸿章等，由翰林出膺巨任，而大难以平。迩来翰林人员，稍形拥挤，往往有通籍二十年，未得一差，未转一阶者。诚由圣主俯念时艰，激励俊彦，俾珍日力，共勉壮犹，则以黼黻之才，出润敦槃之色，以羽仪之选，懋成樽俎之功，乘时建树，谁曰非宜。导之豫斯储之博，储之博斯选之精。臣于翰林人员，熟识甚寡，偶知一二，谨陈梗概。查翰林院编修曾广钧，系曾国藩之孙，曾纪泽之胞侄，才华卓越，博览多识，经世筹略，尤所饫闻，方其年未弱冠，前大学士左宗棠与谈洋务，竦然惊异，推奖甚至。翰林院编修江标，研究群书，好学不倦，留心时事，志趣卓然。翰林院编修王同愈，谙晓舆图，兼涉西学，周历边塞，能耐劳苦。以上三员，年力均富，傥蒙敕下总理衙门存记，酌备出使之选，该员知有以自效，当奋宽闲之岁月，研远大之经纶。即迟之一二十年，该员等资望弥深，器识弥宏，授以重职，必有明效。斯途既辟，赓续无穷，似亦圣主因时提倡，转移气运之要端也。臣奉使欧洲，默察情势，深知使才关系颇巨，有所见闻，不敢缄默，仍当随时留心访察，仰副朝廷旁求之意。所有保荐使才缘由，理合恭折具陈，伏乞皇上圣鉴训示。谨奏。

（选自《庸庵海外文编》卷二）

豫筹仰光领事拣员充补疏
（1894 年）

　　奏为新订《滇缅条约》，中国须派领事官驻扎仰光，豫拟拣员充补，恭折仰祈圣鉴事。窃臣遵旨与英国外部议定滇缅界务、商务条约二十款，前经缕陈梗概，并派员赍送总理衙门在案。查此约第十三条，中国派领事官一员驻扎仰光，英国派领事官一员驻扎蛮允，彼此各享权利，与相待最优之国相同等语。臣尝谓酌设领事，所费无多，而收效甚速。曾经叠次统筹全局，仰蒙圣明鉴纳。英属仰光一埠，上通新街以接滇边，下联新嘉坡、槟榔屿等处，形势最关紧要，商务亦互相贯输。此处向有华民四五万人，而滇省商民之散处缅甸各口者，亦复不少。迩年以来，臣屡接滇商公禀，谓中国无员驻缅保护，商民受损非浅，吁请筹设领事，以保权利。上年三月，臣接云贵督臣王文韶电，称仰光如设领事，滇人之福，傥有机缘，可由臣主稿会衔具奏等语。王文韶身膺疆寄，默察舆情，似于添设领事一端，望之甚殷。向来欧洲各国狃于故常，摈中国于公法之外，华民散布南洋各岛者数百万，中国每欲设一领事，彼辄以全力阻挠，致利源有外溢之虞，政柄有旁挠之虑。此次商议条约，英人初冀于永昌、顺宁两府各设领事，又议在云南省城添设领事，皆为臣所坚拒；仅许在腾越所属之蛮允设一领事，而我亦设仰光领事以相抵。按照第十三条约语，中国领事可与彼仰光巡抚平行其权。盖不仅照料仰光华民，所有阿瓦、莽达拉、新街等处华民，亦可兼归保护。臣曾向英外部申论及之。窃思此约蒙皇上批准互换之后，彼必迅派蛮允领事经营商务，万一仰光领事遴选稍迟，恐致著著落后。将来我设领事，彼虽碍于约章不能阻挠，然或隐为留难，或微示贬损，皆势所难免。要不若同时并设，可以互相援照，互相抵制，彼亦自无异意。臣是以不敢不豫为筹及也。查有二品衔分省尽先补用道左秉隆，精通英语，熟谙交涉，应付各事，刚柔得中，前在新嘉坡领事任内十年，为英人所信服，如派为仰光领事，必于创办规模大有裨益。臣交卸在迩，傥蒙恩旨俞允，则酌拟经费，添派随员，商取准照，皆新任使臣龚照瑗应办之事；臣亦必将此事原委详告龚照瑗也。所有拟派仰光领事缘由，理合恭折驰陈。再：此折本应与王文韶会衔，因道途窎远，文牍知照，往返动须数月，是以未及会衔。合并陈明，伏乞皇上圣鉴训示。谨奏。

（选自《出使奏疏》卷下）

《日本国志》序*
(1894 年)

东方诸国，足以自立、足以有为者，惟中国与日本而已。日本创国周、秦之间，通使于汉，修贡于魏，而宾服于唐，最久亦最亲。当唐盛时，日本虽自帝其国，然事大之礼益虔，喁喁向风，常选子弟入学，观摩取法，用能沾濡中国前圣人之化。人才文物，盖彬彬焉，与高丽、新罗、百济诸国殊矣。唐季衰乱，日本聘使始绝。内变既作，驯至判为南北，裂为群侯，豪俊糜沸云扰；其迭起而执魁柄者，则有平氏、源氏、北条氏、足利氏、织田氏、丰臣氏、德川氏。七八百年之间，国主高拱于上，强臣擅命于下，凡所谓国政民风，邦制朝章，往往与时变迁，纷纭糅杂，莫可究诘。中国自元祖误用降将，黩武丧师；有明中叶，内政不修，奸民冒倭人旗帜，群起为寇。遂使日本益藐视中国，颙颙独居东海中，芒不知华夏广远。一二桀黠者流，辄欲冯陵我藩服，畸龁我疆圉，憪然自大，甚骜无道。中国拒之，亦务如坊制水，如垣御风，勿使稍有侵漏。由是两国虽同在一洲，情谊乖违，音问隔绝。近世作者，如松龛徐氏、默深魏氏，于西洋绝远之国，尚能志其崖略，独于日本考证阙如。或稍述之，而惝恍疏阔，竟不能稽其世系疆域，犹似古之所谓三神山者之可望不可至也。咸丰、同治以来，日本迫于外患，廓然更张，废群侯、尊一主、斥霸府、联邦交，百务并修，气象一新；慕效西法，罔遗余力。虽其改正朔，易服色，不免为天下讥笑，然富强之机，转移颇捷，循是不辍，当具可与西国争衡之势。其创制立法，亦颇炳焉可观；且与中国缔交遣使，睦谊渐敦，旧嫌尽释矣。自今以后，或因同壤而世为仇雠，有吴越相倾之势；或因同盟而互为唇齿，有吴蜀相援之

---

* 黄遵宪（1848—1905），广东嘉应州人，字公度，别号人境庐主人。光绪举人。曾任清朝驻日本公使馆参赞，近代维新思想家，著有《日本国志》、《日本杂事诗》、《人境庐诗草》等。

形。时变递嬗，迁流靡定，惟势所适，未敢悬揣。然使稽其制而阙焉弗详，觇其政而瞢然罔省，此究心时务、闳览劬学之士所深耻也。嘉应黄遵宪公度，以著作才，累佐东西洋使职；光绪初年，为出使日本参赞，始创《日本国志》一书，未卒业，适他调，旋谢事闭门，赓续成之。采书至二百余种，费日力至八九年，为类十二，为卷四十，都五十余万言。岁甲午，余莅英、法使事，将东归，公度邮致其稿巴黎，属为之序，且曰："方今研使力而又谙外国情势者，无逾先生，愿得一言以自壮。"余浏览一周，喟曰："此奇作也，数百年来鲜有为之者！"自古史才难，而作志尤难。盖贯穿始末，鉴别去取，非可率尔为也。而况中东睽隔已久，纂辑于通使方始之际乎？公度可谓闳览劬学之士矣。速竣剞劂，以饷同志，不亦盛乎？他日者家置一编，验日本之兴衰，以卜公度之言之当否可也。

（选自《庸庵海外文编》卷四）

笔记选

裕靖节公殉难*

道光年间，靖节公裕谦由知府荐擢封圻，英锐任事，亦颇讲求吏治。自禁鸦片烟之事起，英吉利陷定海踞之。于是林文忠公以两广总督被劾落职，而大学士文勤公琦善往代其任。琦相力主和议，许以香港割畀英人，以易定海。是时，裕公已署两江总督，每论时务，慷慨激发，坚持清议，疏纠琦相之咎，而推服林公甚至。庙谟亦已中变，褫琦相职，逮下刑部狱，命将分道出师，络绎赴浙、粤诸省。而裕公以钦差大臣驰抵镇海视师，提督余步云为之副。当是时，英人因与琦相议和，已让定海，而尽调兵船南驶。朝廷遣总兵葛壮节公云飞、王刚节公锡朋、郑忠节公国鸿率师驻守。裕公所携制兵四千，皆由各省分调，畸零凑集，号令不齐，且承平日久，未经训练，实不耐战。余步云尤惟怯巧滑，善结奥援，屡冒军功，加太子少保。营外掘濠如浅沟，一孺子能逾之，远近皆知其不足恃也。裕公驻镇海城内，步云驻招宝山。一日，裕公望见招宝山上有白旗，颇心疑之，乃劝步云以竭诚报国，且与之盟。步云伪称足疾，勉强莅盟。有一英人名喔哩，以舢板船搁浅，为浙民所擒，送至大营，裕公命生剥其皮，并抽其筋以为马缰，呼号三日而后死，其声惨厉异常。英人闻之，怒曰：“中国自命为守礼义之国，而酷虐不仁如此乎？”会广东亦旋和旋战，久无成议。英遂驶兵船复攻定海，陷之，三总兵同日战死。英兵进攻镇海，用舢板船蚁附登岸，而余步云守招宝山之师先溃，诸营继之。裕公自投泮池，水浅不得死。一武弁负之以趋，雇得小舟，仅与幕友陈若木、吴如渤二人退至宁波。宁波吏民皆已仓皇惊扰，莫之省者。裕公自登舟，即吞金，坚卧不语，陈、吴二

---

* 本书“笔记选”部分无法严格按照写作时间排序，因此，以《庸庵笔记》所收为序。

幕友亦惟恐裕公之急切不能遽死。次日黎明，舟过慈溪县城，幕友往舱中抚之，已冰。皆喜曰："公薨矣！"遂往告县令殡殓之。余步云始奏称退守宁波，而英人陷宁波。步云奏称退守上虞，且言裕谦大营先溃，以致各营相继奔逃。复奏言："闻裕谦率其幕友家丁，舟过慈溪，不知所往。"于是宣宗皇帝谕旨，叹恨用人之难，谓柔懦无能者既偾事，而刚果有为者复鲜效也。陈若木者，以字行，宜兴人，习刑名，痛裕公之为步云所卖也，乃代裕公夫人草诉冤之辞，遣裕公旧仆赴都察院呈递，而步云始奉旨逮问。然步云供辞狡展，又素通声气，朝贵多隐为之地者，狱久不定，将待以不死矣。刑部尚书李庄肃公振祜坚执不允，加以刑讯。步云畏李公之威，一一吐实，不敢复有所隐。谳既上，得旨步云正法，而裕公亦获优恤，建祠予谥，饰终之典隆焉。若木由是名闻江南，凡两江总督到任，必卑辞厚币，敦请入幕，为上宾者数十年。

（选自《庸庵笔记》卷一）

蒲城王文恪公尸谏

　　道光中，林文忠公则徐以钦差大臣驰赴广东查禁鸦片烟，与英吉利兵船相持海上，宣庙倚任甚至。既而中变，命大学士直隶总督琦善驰往查办，严劾林公，革职遣戍新疆，尽撤守备，与英吉利讲和。于是舆论哗然，皆骂琦善之误国及宰相穆彰阿之妨贤，而惜林公之不用也。其后，河决祥符，上命大学士蒲城王文恪公鼎临塞决口，亦命林公赴工效力。蒲城一见林公，倾诚结纳，且言还朝必力荐之。及大工合龙，朝命林公仍往新疆。蒲城还朝，力荐林公之贤，上不听。是时，蒲城与穆相同为军机大臣，每相见，辄厉声诟骂，穆相笑而避之。或两人同时召见，复于上前盛气诘责之，斥为秦桧、严嵩，穆相默然不与辩。上笑视蒲城曰："卿醉矣。"命太监扶之出。明日，复廷诤甚苦，上怒，拂衣而起，蒲城牵裾，终不获伸其说。归而欲仿史鱼尸谏之义，其夕自缢薨。是时，新城陈孚恩为军机章京，性机警，最为穆相所宠任。方早朝，军机大臣惟蒲城不到，孚恩心知其故，乃驾而出，急诣蒲城之宅。其家方抢攘无措，尸犹未解下。盖凡大臣自缢，例必奏闻验视，然后敢解也。孚恩至，命其家人急解之，检衣带中，得其遗疏，其大旨皆劾穆相而荐林公也。孚恩谓公子编修某曰："上方怒甚，不愿再闻此言。若奏之，则尊公恤典必不可得，而子亦终身废弃。子而犹欲仕于朝也，不如屏此疏勿奏，且可为尊公邀优旨，子其图之。"会张文毅公芾亦至，文毅故穆相最亲厚之门生，而亦蒲城同乡且门生也。相与共劝编修，编修从之。孚恩代为改草遗疏，以暴疾闻。上震悼，命成郡王奠茶酒，晋赠太保，入祀贤良祠，孙三人皆俟及岁时带领引见，饰终之礼隆焉。孚恩袖蒲城原疏以去，返至枢垣，呈穆相。穆相大喜，于是推毂孚恩，不十年，至兵部尚书、军机大臣，而张公亦于数年间由翰林跻卿贰。惟编修以不能成父志，为蒲城诸门生及陕甘同乡所鄙弃，亦自愧恨，遂终身不复出。蒲城薨未几，而林公召还，复为陕西巡抚。世俗皆言自蒲城薨后，宣庙常闻空中呼林公姓名，故不久赐环〔还〕。此说虽未尽然，然亦足见人心所归仰云。

（选自《庸庵笔记》卷一）

肃顺推服楚贤

　　肃顺于咸丰年间始为御前大臣，贵宠用事，后遂入值军机，屡兴大狱，窃弄威福，大小臣工被其贼害，怨毒繁兴，卒以骄横僭拟获罪伏法，其人固无足论矣。然是时，粤贼势甚张，而讨贼将帅之有功者皆在湖南，朝臣如祁文端公、彭文敬公尚瞢焉不察，惟肃顺知之已深，颇能倾心推服。平时与座客谈论，常心折曾文正公之识量，胡文忠公之才略。苏、常既陷，何桂清以弃城获咎，文宗欲用胡公总督两江，肃顺曰：“胡林翼在湖北措注尽善，未可挪动。不如用曾国藩督两江，则上下游俱得人矣。”上曰：“善。”遂如其议，卒有成功。

　　左文襄公之在湖南巡抚幕府也，已革永州镇樊燮控之都察院，而官文恭公督湖广，复严劾之。廷旨敕下文恭密查，如左宗棠果有不法情事，可即就地正法。肃顺告其幕客湖口高心夔碧湄，心夔告衡阳王闿运纫秋，闿运告翰林院编修郭嵩焘筠仙。郭公固与左公同县，又素佩其经济，倾倒备至，闻之大惊，遣闿运往求救于肃顺。肃顺曰：“必俟内外臣工有疏保荐，余方能启齿。”郭公方与京卿潘公祖荫同值南书房，乃挽潘公疏荐文襄。而胡文忠公上《敬举贤才力图补救》一疏，亦荐文襄才可大用，有“名满天下，谤亦随之”之语。上果问肃顺曰：“方今天下多事，左宗棠果长军旅，自当弃瑕录用。”肃顺奏曰：“闻左宗棠在湖南巡抚骆秉章幕中，赞画军谋，迭著成效，骆秉章之功，皆其功也。人才难得，自当爱惜。请再密寄官文，录中外保荐各疏，令其察酌情形办理。”从之。官公知朝廷意欲用文襄，遂与僚属别商具奏结案，而文襄竟未对簿。俄而，曾文正公奏荐文襄以四品京堂襄办军务，勋望遂日隆焉。此说余闻之高碧湄，未知确否？碧湄与纫秋皆尝在肃顺家教其子者也。

（选自《庸庵笔记》卷一）

咸丰季年三奸伏诛

怡亲王载垣、郑亲王端华，皆于咸丰初年袭爵，俱官宗人府宗正，领侍卫内大臣。而端华同母弟肃顺，方为户部郎中，好为狭邪游，惟酒食鹰犬是务，无所知名。五年夏，官军既克冯官屯，剿灭粤贼之北犯者。载垣、端华渐以声色惑圣聪，荐肃顺入内廷供奉，尤善迎合上旨。上稍与论天下事，三奸盘结，同干大政，而军机处之权渐移，军机大臣皆拱手听命，伴食而已。惟军机大臣大学士柏葰，资望既深，性颇鲠直，不甚迁就，三奸畏而恶之。戊午科场之狱，竟置柏相大辟，盖三奸以全力罗织之，欲以树威。于是朝臣震悚，权势益张矣。肃顺又借铁钱局一事兴大狱，户部司员皆褫职逮问。京师自搢绅以至商店，被其株累破家者甚多，皆怨肃顺次骨。肃顺恃宠而骄，陵轹同列。是时，周文勤公祖培以户部尚书协办大学士，而肃顺亦为户部尚书，同坐堂皇判牍。一日，周相已画诺矣，肃顺佯问曰："是谁之诺也？"司员答曰："周中堂之诺也。"肃顺骂曰："唉！若辈愦愦者流，但能多食长安米耳，乌知公事？"因将司员拟稿，尽加红勒帛焉。并加红勒帛于周相画诺之上，累次如此，周相默然忍受，弗敢校也。诸大臣亦往往受其侵侮，无不饮恨于心，而唯诺维谨。惟大学士翁文端公心存引疾乞退，以避之。十年七月，英吉利、法兰西兵船犯大沽，陷东西炮台，入天津，逼通州，焚圆明园。肃顺方以协办大学士兼步军统领，与载垣、端华同劝上举木兰秋狝之典，巡幸热河。热河行宫本湫隘，内外禁防不甚严，三奸益得出入自便，导上娱情声色，实为希宠揽权之计。迨和议成，英、法兵退至天津，留京王大臣疏请回跸。上将从之，为三奸所尼，屡下诏改行期。十一年秋七月，上不豫。十六日，上疾大渐，召载垣等及军机大臣至御榻前，受遗诏，立皇太子。是日辰刻，文宗显皇帝崩。三奸辄矫遗诏，与御前大臣额驸景寿、军机大臣兵部尚书穆荫、吏部左侍郎匡源、署礼部右侍郎杜翰、太仆寺少卿焦佑瀛等共八人，自署为赞襄政务王大臣。又擅遏禁留京王大臣恭亲王等不得奔丧。自是，诏旨皆出三奸之意，口授军机处行之，多未进呈御览，中外惶惶。八月十日，御史董元醇疏言："皇上冲龄，未能亲政，天步方艰，军国事重，暂请皇太后垂帘听决，并派近支亲王一二人辅政，以系人心。"三奸不悦。明日，上奉皇太后召见赞襄王大臣，命即照董元醇所奏行。三奸勃然抗论，以为不可。退，复以本朝无太后垂帘故事，令军机处调旨驳还。然恭亲王遂得于此时奔赴热河，叩谒梓宫。端华等颇不以近支视之，以为赞襄政务之权在我，彼虽近支，何足重轻。盖三奸中，肃顺尤专横狂躁，端华之所为皆肃顺使之，而载垣又为端华所使，二王实皆庸愦无能，其揽权窃柄，一以肃顺为主谋云。恭亲王先见三奸，卑逊特甚，肃顺颇蔑视之，以为彼何能为，不足畏也。两宫皇太后欲召见恭亲王，三奸力阻之。侍郎杜翰昌言于众，谓叔嫂当避嫌疑，且先帝宾天，皇太后居丧，尤不宜召见亲王。肃顺拊掌称善曰："是真不愧杜文正公之子矣！"然究迫于公论，而太后召见恭亲王之意亦甚决。太监数辈传旨出宫，恭亲王乃请端华同进见，端华目视肃顺，肃顺笑曰："老六，汝与两宫叔嫂耳，何必我辈陪哉！"王乃得一人独进见。两宫皆涕泣而道三奸之侵侮，因密商诛三奸之策。并召鸿胪寺少卿曹毓瑛密拟拿问各旨，以备到京即发，而三奸不知也。次日，王即请训回京，以释三奸之忌。兼程而行，州县备尖宿处，皆不敢轻居，惧三奸之行刺也。及抵京，密甚，无一人知者。先是载垣等自陈职事殷繁，实难兼顾，意在彰其劳勘。诏即罢其所管火器健锐营，外示优礼，实夺其兵柄也。两宫俟恭亲王行后，即下回銮京师之旨。三奸力阻之，谓："皇上一孺子耳，京师何等空虚，如必欲回銮，臣等不敢赞一辞。"两宫曰："回京后设有意外，不与汝等相干！"立命备车驾。三奸又力阻，两宫不允，乃议以九月二十三日派肃顺护送梓宫回京。上恭送登舆后，先奉两宫间道旋跸，载垣、端华皆扈从。于是，大学士贾桢、周祖培、户部尚书沈兆霖、刑部尚书赵光，合疏称："我朝圣圣相承，从无太后垂帘听政之典，前因御史董元醇条奏，特降谕旨甚晰，臣等复有何议？惟是权不可下移，移则日替；礼不可稍渝，渝则弊生。我皇上冲龄践祚，钦奉先帝遗命，派怡亲王载垣等八人赞襄政务。两月以来，用人行政，皆经该王大臣等议定谕旨，每有明发，均用'御赏'、'同道堂'图章，共见共闻，内外皆相钦奉。臣等寻绎'赞襄'二字之义，乃佐助而非主持也。若事无巨细，皆凭该王大臣之意先行议定，然后进呈皇上一览而行，是名为佐助，而实则主持。日久相因，能无后患？今日之赞襄大臣，即昔日之军机大臣。向来军机大臣事事先面奉谕旨，辨驳可否，悉经钦定，始行拟旨进呈，其有不合圣意者，朱笔改正。此太阿之柄不可假人之义也。为今之计，正宜皇太后敷宫中之德化，操出治之威权，使臣工有所禀承，不居垂帘之虚名，而收听政之实效。昔汉之和熹邓皇后、晋之康献褚皇后、辽之睿智萧皇后，皆以太后临朝，史册称美。宋朝之宣仁高太后，有女中尧舜之誉。明代穆宗皇后，神宗嫡母，上尊号曰仁圣皇太后；穆宗贵妃，神宗生母，上尊号曰慈圣皇太后。维时神宗十岁，政事皆由两宫裁决施行，亦未尝居垂帘之名也。我皇上聪明天亶，正宜涵泳诗书，不数年即可亲政。而此数年间，外而贼匪未平，内而奸人逼处，何以拯时艰？何以饬法度？固结人心，最为紧要，傥大权无所专属，以致人心惊疑，是则目前大可忧者。至皇太后召见臣工礼节，及一切办事章程，仍循向来军机大臣承旨旧制，或应量为变通，拟求敕下群臣会议具奏，请旨酌定，以示遵守，庶行政可免流弊，而中外人心益深悦服矣。"会钦差大臣、侍郎胜保亦奏请简近支亲王辅政，以防权奸之专擅。十月朔，车驾至京师。将至之日，诸大臣皆循例郊迎，两宫对大臣涕泣，缕述三奸欺貌之状。周祖培奏曰："何不重治其罪？"皇太后曰："彼为赞襄王大臣，可径予治罪乎？"祖培对曰："皇太后可降旨先令解任，再予拿问。"太后曰："善。"乃诏解赞襄王大臣八人之任，以恭亲王奕䜣为议政王，从民望也，垂帘典礼，令在廷大小臣工集议以闻。先召见议政王大臣，上南面稍东席地坐，两宫亦南面坐稍北。皇太后面谕三奸跋扈诸不法状，且泣下。上顾曰："阿婆，奴辈如此负恩，即斫头可也，请勿悲。"遂与王大臣密定计，即另派大学士桂良、户部尚书沈兆霖、户部左侍郎文祥、右侍郎宝鋆、鸿胪寺少卿曹毓瑛为军机大臣。初二日，恭亲王率周祖培、文祥等入朝待命，载垣等已先至，尚未知解任之信。盖三奸解任之旨及召见王大臣等，已在初一日之申酉间，特命办事处勿知会怡、郑二王，故二王皆不知。然已微有所闻，见恭亲王等则大言曰："外廷臣子，何得擅入？"王答以有诏。复以不应召见呵止王，王逊谢，却立宫门外。俄诏下，命恭亲王将载垣、端华、肃顺革去爵职，拿交宗人府，会同大学士、六部、九卿、翰詹、科道，严行议罪。王捧诏宣示，载垣、端华二人厉声曰："我辈未入，诏从何来？"王命擒出。复呵曰："谁敢者！"已有侍卫数人来前，褫二人冠带，拥出隆宗门。尚顾索肩舆及从人，或告已驱散矣。遂踉跄拥至宗人府，幽之。肃顺方护送梓宫，次于密云。逮者至，门已闭，乃毁外户而入，闻肃顺在卧室咆哮骂詈。又毁其寝门，见肃顺方拥二妾卧于床，遂械至京，亦系宗人府。肃顺瞋目叱端华、载垣曰："若早从吾言，何至有今日！"二人曰："事已至此，复何言。"载垣亦咎端华曰："吾之罪名，皆听汝言成之！"故论者谓三凶之罪，肃顺尤甚，端华次之，载垣又次之。盖肃顺之鸷悍过于二人，自忖护送梓宫，仅迟数日至京，不至有变。然使俟肃顺至而图之，彼耳目既广，布置渐密，则措手较难矣。惟车驾至京而即日下诏，办理神速，为中外人情所不料，尤有疾雷不及掩耳之势云。廷议既上，请均照大逆律，凌迟处死。初六日，诏曰："载垣、端华、肃顺，朋比为奸，专权跋扈，种种情形，均经明降谕旨，宣示中外。至载垣、端华、肃顺于七月十七日皇考升遐，即以赞襄王大臣自居。实则我皇考弥留之际，但面谕载垣等立朕为皇太子，并无令其赞襄政务之谕。载垣等乃造作赞襄名目，诸事并不请旨，擅自主持，两宫皇太后面谕之事，亦敢违阻不行。御史董元醇条奏皇太后垂帘事宜，载垣等非独擅改谕旨，并于召对时有伊等系赞襄朕躬，不能听命于皇太后，伊等请皇太后看折，亦属多余之语。当面咆哮，目无君上情形，不一而足。且屡言亲王等不可召见，意在离间。此载垣、端华、肃顺之罪状也。肃顺擅坐御位，于进内廷当差时，出入自由，目无法纪，擅用行宫内御用器物，于传取应用物件，抗违不遵。并自请分见两宫皇太后，于召对时，辞气之间，互相抑扬，意在构衅。此又肃顺之罪状也。一切罪状，均经母后皇太后、圣母皇太后面谕议政王、军机大臣，逐条开列，传知会议王大臣等知悉。兹据该王大臣等按律拟罪，将载垣等凌迟处死，当即召见议政王奕䜣、军机大臣户部左侍郎文祥、右侍郎宝鋆、鸿胪寺少卿曹毓瑛、惠亲王、惇亲王奕誴、醇郡王奕𫍽、钟郡王奕詥、孚郡王奕譓、睿亲王仁寿、大学士贾桢、周祖培、刑部尚书绵森，面询以载垣等罪名有无一线可原？兹据该大臣等佥称，载垣、端华、肃顺跋扈不臣，均属罪大恶极，国法无可宽宥，并无异辞。朕念载垣等均属宗支，以身罹重罪，应悉弃市，能无泪下？惟载垣等前后一切专权跋扈情形，谋危社稷，是皆列祖列宗之罪人，非独欺陵朕躬为有罪也！在载垣等未尝不自恃为顾命大臣，纵使作恶多端，定邀宽典，岂知赞襄政务，皇考实无此谕，若不重治其罪，何以仰副皇考付托之重？亦何以饬法纪而示万世？即照该王大臣等所拟，均即凌迟处死，实属情罪相当。惟国家本有议亲议贵之条，尚可量从末减。姑于万无可宽贷之中，免其肆市，载垣、端华均著加恩赐令自尽。即派肃亲王华封、刑部尚书绵森迅即前往宗人府空室传旨，令其自尽。此为国体起见，非朕之有私于载垣、端华也。至肃顺之悖逆狂谬，较载垣等尤甚，亟应凌迟处死，以伸国法而快人心。惟朕心究有所未忍，著加恩改为斩立决，即派睿亲王仁寿、刑部右侍郎载龄前往监视行刑，以为大逆不道者戒。至景寿身为国戚，缄默不言；穆荫、匡源、杜翰、焦佑瀛于载垣等窃夺政柄，不能力争，均属辜恩溺职。穆荫在军机大臣上行走已久，班次在前，情节尤重。该王大臣等拟请将景寿、穆荫、匡源、杜翰、焦佑瀛革职，发往新疆效力，均属罪有应得。惟以载垣等凶焰方张，受其钳制，实难与争衡之势，其不能振作，尚有可原。御前大臣景寿，即革职，仍留公爵并额驸品级，免其发遣。兵部尚书穆荫，即革职，改为发往军台效力赎罪。吏部左侍郎匡源、署礼部右侍郎杜翰、太仆寺少卿焦佑瀛，均著即行革职，加恩免其发遣。钦此。"是日，载垣、端华自缢。肃顺以科场、钞票两案，无辜受害者尤多，都人士闻将杀肃顺，交口称快。其怨家皆驾车载酒，驰赴西市观之。肃顺身肥面白，以大丧故，白袍布靴，反接置牛车上。过骡马市大街，儿童谨呼曰："肃顺亦有今日乎！"或拾瓦砾泥土掷之。顷之，面目遂模糊不可辨云。将行刑，肃顺肆口大骂，其悖逆之声，皆为人臣子者所不忍闻。又不肯跪，刽子手以大铁柄敲之，乃跪下，盖两胫已折矣。遂斩之。

少詹事许彭寿疏请治奸党。诏曰："前因许彭寿于拿问载垣、端华、肃顺时，请查办党援。当令指出党援诸人实迹。嗣据明白回奏：形迹最著者莫如吏部尚书陈孚恩；最密者莫如侍郎刘琨、黄宗汉等；平日保举之人如侍郎成琦、德克津太、候补京堂富绩，外间啧有烦言。陈孚恩于上年七月，大行皇帝发下朱谕，巡幸热河是否可行？陈孚恩即有'窃负而逃，遵海滨而处'之语，意在迎合载垣等，当时会议诸臣无不共见共闻。大行皇帝龙驭上宾，满汉大臣中惟令陈孚恩一人免赴行在，是该尚书为载垣等之心腹，即此可见。黄宗汉于本年春间前赴热河，皇考召见时，即以危辞力阻回銮。迨闻皇考梓宫有回京之信，该侍郎又以京城情形可虑，遍告于人，希冀阻止，其为迎合载垣等，众所共知。以上二人，均属一二品大员，声名如此狼藉，品行如此卑污，若任其滥厕卿贰，何以表率僚属？陈孚恩、黄宗汉均著革职，永不叙用，以为大僚谄媚者戒。至侍郎刘琨、成琦、太仆寺少卿德克津太、候补京堂富绩，与载垣等虽无交通实据，而或与往来较密，或由伊等保举，或拜认师生，众人耳目共见共闻，何能置之不议？刘琨、成琦、德克津太、富绩，均著即行革职。许彭寿纠劾各节，朕早有所闻，用特惩一儆百，期于力振颓靡。载垣、端华、肃顺三人事权所属诸臣等，何能与之绝无干涉？此后惟有以宽大为念，不咎既往。尔诸臣亦毋须再以查办奸党等事纷纷陈请，致启讦告诬陷之风。惟当各勤厥职，争自濯磨，守正不阿，毋蹈陈孚恩等恶习。朕实有厚望焉。”未几，查钞肃顺家，得陈孚恩手书，有不臣语，乃复逮戍伊犁。

先是，载垣等拟进年号曰“祺祥”，已颁宪矣。有言其意义重复者，遂置不用。初九日，甲子昧爽，穆宗毅皇帝御正殿即位，礼成，大赦，以明年为同治元年，上母后皇太后尊号曰慈安皇太后，圣母皇太后尊号曰慈禧皇太后，垂帘听政。先是，钦天监奏八月朔旦，日月合璧，五星联珠。登极之日，久阴忽霁，八表镜清。于是权奸既去，新政如旭日初升，群贤并进，内外协力，宏济艰难，遂启中兴之治。

（选自《庸庵笔记》卷一）

慈安皇太后圣德

慈安皇太后以咸丰初年正位中宫，当时已有圣明之颂。显皇帝万几之暇，偶以游宴自娱，闻中宫婉言规谏，未尝不从；外省军报及廷臣奏疏寝阁者，闻中宫一言，未尝不立即省览；妃嫔偶遭谴责，皆以中宫调停，旋蒙恩眷。显皇帝幸热河，逾年龙驭上宾。当是时，肃顺专大政，暴横不可制，太后与慈禧皇太后俯巨缸而语，计议甚密。于是羁縻肃顺，外示委任，而急召恭亲王至热河，与王密谋两宫及皇上奉梓宫先发，俾肃顺部署后事。既至京师，则降旨解肃顺大学士之任，旋革职拿问，遂诛之。肃顺素蓄异谋，以皇太后浑厚易制，故忍而少待，不意其先发制之，临刑时，颇自悔恨云。于是，两宫太后垂帘听政，首简恭亲王入军机处议政事。当是时，天下称东宫优于德，而大诛赏、大举错实主之；西宫优于才，而判阅奏章，裁决庶务，及召对时谘访利弊，悉中窾会。东宫见大臣，呐呐如无语者。每有奏牍，必西宫为诵而讲之，或竟月不决一事。然至军国大计所关，及用人之尤重大者，东宫偶行一事，天下莫不额手称颂。同治初元，鉴曾文正公之贤，自两江总督简授协揆，以正月朔日下诏，凡天下军谋吏治，及总督巡抚之黜陟，事无不谘，言无不用，中兴之业于是乎肇矣。何桂清失陷封疆，厥罪甚重，刑部已论斩矣，阴祈同乡同年及同官京朝者十七人上疏救之，朝廷几为所惑。东宫太后独纳太常寺卿李棠阶之奏，拿斩桂清以警逃将，天下为之震肃。寻以李棠阶硕望名儒，命为军机大臣，一岁中迁至尚书，其后颇多献替。胜保以骄蹇贪淫，逮下刑部狱，亦用棠阶言赐死，天下颇以为宜。金陵、苏浙之复也，曾、李、左三公锡封侯伯，实出东宫之意，而西宫亦以为然。及太监安得海稍稍用事，潜出过山东境，巡抚丁公宝桢劾奏之。东宫问军机大臣以祖制，大臣对言当斩，即命就地正法。天下皆服丁公之胆，而颂太后之明。西宫太后性警敏，锐于任事，太后悉以权让之，颓然若无所与者。后西宫亦感其意，凡事必谘而后行。毅皇帝孝事太后，能先意承志，太后抚之亦慈爱备至，故帝亦终身孺慕不少衰，虽西宫为帝所自出，无以逾也。毅皇后之立，实太后以其端淑选中之，盖其圣德为相近云。迩年以来，太后益谦让未遑，事无巨细，必待西宫裁决，或委枢府主持。或者以天下大定，可以垂拱而治，故益务韬晦欤！

（选自《庸庵笔记》卷二）

河工奢侈之风

余尝遇一文员，老于河工者，为余谈道光年间南河风气之繁盛。维时南河河道总督驻扎清江浦，道员及厅汛各官环峙而居，物力丰厚。每岁经费银数百万两，实用之工程者十不及一，其余以供文武员弁之挥霍、大小衙门之酬应、过客游士之余润。凡饮食、衣服、车马、玩好之类，莫不斗奇竞巧，务极奢侈。即以宴席言之，一豆腐也，而有二十余种；一猪肉也，而有五十余种。豆腐须于数月前购集物料，挑选工人，统计价值非数百金不办也。尝食豚脯，众客无不叹赏，但觉其精美而已。一客偶起如厕，忽见数十死豚枕藉于地，问其故，则向所食之豚脯一碗，即此数十豚之背肉也。其法：闭豚于室，每人手执竹竿追而抶之，豚叫号奔绕，以至于死，亟划取其背肉一片，萃数十豚，仅供一席之宴。盖豚被抶将死，其全体菁华萃于背脊，割而烹之，甘脆无比。而其余肉，则皆腥恶失味，不堪复食，尽委之沟渠矣。客骤睹之，不免太息。宰夫熟视而笑曰："何处来此穷措大，眼光如豆。我到才数月，手抶数千豕，委之如蝼蚁，岂惜此区区者乎?"又有鹅掌者，其法：笼铁于地，而炽炭于下，驱鹅践之，环奔数周而死，其菁华萃于两掌，而全鹅可弃也；每一席所需不下数十百鹅。有驼峰者，其法：选壮健骆驼，缚之于柱，以沸汤灌其背立死，其菁华萃于一峰，而全驼可弃。每一席所需不下三四驼。有猴脑者，豫选俊猴，被以绣衣，凿圆孔于方桌，以猴首入桌中，而拄之以木，使不得出，然后以刀剃其毛，复剖其皮，猴叫号声甚哀，亟以热汤灌其顶，以铁椎破其头骨，诸客各以银勺入猴首中探脑嚼之。每客所吸不过一两勺而已。有鱼羹者，取河鲤最大且活者，倒悬于梁，而以釜炽水于其下，并敲碎鱼首，使其血滴入水中。鱼尚未死，为蒸气所逼则摆首摇尾，无一息停，其血益从头中滴出。比鱼死，而血已尽在水中，红丝一缕连绵不断。然后再易一鱼，如法滴血。约十数鱼，庖人乃撩血调羹进之，而全鱼皆无用矣。此不过略举一二，其他珍怪之品，莫不称是。食品既繁，虽历三昼夜之长，而一席之宴不能毕。故河工宴客，往往酒阑人倦，各自引去，从未有终席者。此仅举宴席以为例，而其余若衣服，若车马，若玩好，豪侈之风，莫不称是。各厅署内，自元旦至除夕，无日不演剧。自黎明至夜分，虽观剧无人，而演者自若也。

每署幕友数十百人，游客或穷困无聊，乞得上官一名片，以投厅汛各署，各署无不延请。有为宾主数年，迄未识面者。幕友终岁无事，主人夏馈冰金，冬馈炭金，佳节馈节敬。每逾旬月，必馈宴席。幕友有为棋博摴蒱之戏者，得赴帐房领费，皆有常例。每到防汛紧急时，有一人得派赴工次三日、五日者，则争羡以为荣，主人必有酬劳，一二百金不等。其久驻工次与在署执事之幕友，沾润尤肥，非主人所亲厚者不能得也。新点翰林有携朝贵一纸书谒河帅者，河帅为之登高而呼，万金可立致。举人拔贡有携京员一纸书谒库道者，千金可立致。

嗟乎？国家岁糜巨帑以治河，而曩者频年河决更甚于今日，竭生民之膏血，以供贪官污吏之骄奢淫僭，天下安得不贫苦？以佛氏因果轮回之说例之，则向之踞肥缺、饱欲壑者，安知其不为豚、为猴、为驼、为鹅鱼也？余又见一京员论清江浦之盛衰，今昔顿异，尝切齿扼腕，谓漕运、河工二者不复，天下不可得而治也。夫复漕运、河工，不过京员往来南北，足以润其囊橐而已，而谓遂可治天下乎？

（选自《庸庵笔记》卷三）

戊午科场之案

咸丰八年，顺天乡试主考为大学士柏葰、尚书朱凤标、左副都御史程庭桂。甫入场，监临顺天府尹梁同新、提调顺天府丞蒋达，即因细故，意见不合，达径开龙门而出，疏劾同新。知贡举侍郎景廉，又具疏并劾二人。二人皆被吏议，降调以去。而至公堂，于某夕哗传大头鬼出见。都人士云："贡院中大头鬼不轻出见，见则是科必闹大案。"榜既发，有旗籍满洲平龄，中式在前十名中。平龄素娴曲调，曾在戏院登台演戏。盖北方风俗，凡善唱二黄曲者，虽良家子弟，每喜登台自衒所长，与终岁入班演戏者稍有不同。然京师议论哗然，谓优伶亦得中高魁矣。御史孟传金疏劾平龄朱墨不符，请特复试。奉朱谕派载垣、端华、全庆、陈孚恩查办，牵涉柏葰之妾及其门丁靳祥。于是，考官及同考官之有牵涉者，皆解任听候查办。是时，载垣、端华、肃顺方用事，与柏葰不相能，欲藉此事兴大狱以树威。前刑部尚书陈孚恩终养起复，候补年余，上意不甚向用。孚恩窘，乃自昵于肃顺，得补兵部尚书，遇事每迎合其意。孚恩素与程庭桂相善，方言路未劾之前，孚恩驰往见庭桂曰："外间喧传，此科中者，条子甚多，有之乎？"条子者，截纸为条，订明诗文某处所用之字，以为记验。凡与考官、房官熟识者，皆可呈递，或辗转相托而递之。房、考官入场，凡意所欲取者，凭条索之，百不失一。盖自条子兴，而糊名、易书之法几穷矣！庭桂闻孚恩之言，以为无意及之，乃答曰："条子之风不始今日矣，奚足为怪？今科若某某等，皆因条子获售者也。某某等，皆有条子而落第者也。吾辈衡文取士，文章之力，仍居七八，条子不过辅助一二耳。"孚恩问："然则吾子亦接条子乎？"庭桂笑曰："不下百余条。"乃出而示之。孚恩曰："盍借我一观？"袖之而去。不数日，孚恩奉旨审问此案，按条传讯，株连益多。庭桂之次子秀尝递数条，孚恩谓但到案问数语即无事。庭桂召其长子炳采谓之曰："汝弟气性不驯，若令到案，必且获罪。汝姑代汝弟一行。陈公与我至厚，必无事也。"炳采既到堂，孚恩穷诘不已，且命用刑，遂一一吐实。而孚恩之子亦有条子，托庭桂之次子递之，孚恩知不能隐，奏请回避严议，并请革伊子景彦职。诏即革景彦员外郎，孚恩交部议处，毋庸回避。孚恩乃请载垣等设法开释其子，而拟炳采以重辟；并奏言此案情节甚多，非革职逮问不能澈究。奉旨柏葰、朱凤标、程庭桂皆革职下狱，而孚恩于庭桂用刑讯焉。柏葰之门丁靳祥闻案出，即逃逸至潼关，为陕西巡抚曾望颜所拿获，解至刑部，归案审讯。案未结，先死狱中。大抵平龄之中式，靳祥实为经营，而柏葰不知也。若仅失察之罪，不过褫职而止。肃顺与载垣、端华必欲坐柏葰大辟，锻炼久之，终无纳贿实迹。上意亦以柏葰老成宿望，欲待以不死。肃顺等力言取士大典关系至重，亟宜执法，以惩积习。九年二月狱成上闻，大旨以柏葰虽无纳贿情事，而靳祥之求请柏葰撤换试卷，其弊显然；靳祥未伏厥辜而死，当即以靳祥罪名加之柏葰等语。于是上召诸王大臣，谕以不得已用刑之故。柏葰及同考官浦安，中式举人平龄、罗鸿译，及为罗鸿译行贿之主事李鹤龄、程庭桂之长子炳采，皆弃市。程庭桂发往军台效力。朱凤标从宽，革职未及一年，旋复起用。其余各员获咎褫革、降调者数十人。程炳采既出狱，将赴西市，乃大哭曰："吾为陈孚恩所绐，代弟到案以至于此。陈孚恩谄媚权奸，吾在冥间当观其结局也。"闻者皆为挥泪。

　　当咸丰之初年，条子之风盛行，大庭广众中不以为讳。敏给者常制胜，朴讷者常失利。往往有考官夙所相识，闱中不知而摈之，及出闱而咎其不递条子者。又有无耻之徒，加识三圈、五圈于条上者，倘获中式，则三圈者馈三百金，五圈者馈五百金。考官之尤无行者，或歆羡之。余不知此风始自何时，然以余所见，则世风之下，至斯极矣。识者早虑其激成大狱，而不知柏相之适当其冲也。然自戊午严办考官之后，遂无敢明目张胆显以条子相授受者。迄今三十余年，乡会两试，规模尚称肃穆，则此举诚不为无功。然肃顺等之用意，在快私憾而张权势，不过假科场为名，故议者亦不以整顿科场之功归之也。

（选自《庸庵笔记》卷三）

日记选

同治八年三月十三日（1869 年 4 月 24 日）

同治癸亥，张洛行之败也，以五千人保于尹家沟圩，僧邸率大军围之，洛行自知势不敌，以数百人突围出。僧邸召恒龄，使率数千骑追之，擒斩贼党略尽。洛行以二十人奔西洋集。圩主陈天保，故贼党也，甫于是日降官军，而洛行夕至。天保纳之，阴遣人驰告宿州知州英翰。英翰率壮丁百余人赴之，直至洛行卧所，洛行方吸洋烟，英翰呵之起，曰："汝是张洛行乎？"曰："然。"曰："从我走！"乃并其甥侄数人，皆擒以归，解送僧邸军前。僧邸时军刘家集，即将洛行凌迟处死，保奏英翰候补直隶州，后以知府用。朝廷甚以英翰为能，不一二月超授颍州府，未三年，即至安徽巡抚。

（选自《薛福成日记稿本》影印本）

同治八年三月十四日（1869 年 4 月 25 日）

僧邸之追贼也，日夜驰一二百里，衣不解带，席地而寝，晨则上马疾驰，往往与大军相后先。一日，追及贼于河南境，官军数千与贼十余万隔水而军。贼饥疲甚，步贼足皆肿，向官军乞抚。陈国瑞为之关说，已有成言矣。贼先遣二渠来谒僧邸，僧邸见二渠，不胜其怒，即命斩之。贼闻信，皆散走。僧邸复疾追，转战至山东境。维时贼与官军有俱毙之势，谓王爷少宽我，即当乞降。乙丑四月廿五日黎明，僧邸督何建鳌、陈国瑞、成保、郭宝昌等分队与贼战于曹南，为贼所败，退入空圩。贼围之数重，且将挖长濠困之。官军粮草既乏，逮夜，汹汹欲溃。诸将咸启僧王，请突围出，王不许。固请，乃许之。王部分诸将，自与成保马队俱饮酒至醉，上马，马踟蹰不肯行，乃易马以出，时已二更矣。天星昏黑，官军与贼不能相辨。桂三者，降贼也，率骑数百为前驱，既出圩，即反走，冲入官军，贼乘之。陈国瑞步队四千覆溃几尽，国瑞仅以身免。我军皆散走。天将明，过一小圩，收队入保，不知僧王所在。须臾，有一贼首戴三眼花翎、红顶，扬扬过圩去。官军望见，恸哭曰："嘻！王爷死矣！"俟贼过，迹至麦塍中，见僧王已遇害，身受数伤，犹穿战袍、黄马褂，旁一僮同死焉。乃以骑载其尸，将入城中殡敛，贼复追至，急弃尸于堤下，掩之以土。贼既去，复取而敛之。总兵何建鳌、内阁学士全顺皆死于阵。王自恒龄、舒通额之亡，常怀必死之志。前后督师数年，斥私财数十百万，以充军实。性友爱，王弟某至营，与同寝处，将别，王忽引上坐而拜之，告以无生还意，戒善事太妃，余无他语。爱惜民力，御士卒如家人。王子布彦纳谟祜到营，有司馆之，王子未之却。王闻，大怒，将杀之，僚属为请，犹罚跪良久，兼令回京取白金五十两到营，以困苦之。王每饮酒，戎卒环前乞肴肉，王切片肉与之，恒尽一蒸豚，日以为常。王薨之夜，都城人皆闻怪风自南起，鬼声数千，啁啾随之，须臾向北去。盖忠灵不泯，北归蒙古云。

（选自《薛福成日记稿本》影印本）

同治八年六月十八日（1869 年 7 月 26 日）

向忠武之围金陵也，大营屯孝陵卫、紫金山一带。至丙辰岁之夏，其兵分援皖南、皖北，镇江营中止存四千人。会吉中丞大营有九华山之溃，贼以全力扑金陵大营，众将环请忠武退守丹阳，忠武不可。贼时已破数营，营内多空者，疑有伏，不敢遣入。而张忠武国梁闻警，以亲兵驰救。时向忠武固不肯行，国梁乃与数人舁之以走，忠武且叱且行，众兵从之。贼志在入营，不追也，遂径至丹阳。贼众数万逼丹阳，总兵虎嵩林出战而败。贼进扎营，去丹阳三里。嵩林奔入城，忠武将斩之，诸将为请，不许。虎坤元者，嵩林义子也，骁健善战，军中号为小虎，请出仗退贼，以赎父罪，如不胜，然后行法未晚也。于是张国梁、张玉良等凡四健将皆请出助之，悉城中兵二千余人以出。贼于营外挖濠三重，两濠蓄水，一濠爇之以炭。官军攻贼营，伤亡数百人，将败还矣，时忠武使猛士二十四人以令箭、洋枪、长锚巡于城濠上，有还走者毙之。官军凡三却三还。众知必死，负土填濠而进，破贼头营，贼败走。乘势猛攻，连破四十余营，贼退舍七八十里。于是军势复振，而怡制军良适自常州来犒师，粮饷、军火、锅仗无不给者，慰劳健将张国梁、虎坤元等有加礼。诸将人人竞奋，连战皆捷。于是东南大局始定。

（选自《薛福成日记稿本》影印本）

同治八年七月十八日（1869 年 8 月 25 日）

李忠武之克九江也，爵相方奉讳家居。一日偶至九帅宅内，其塾师方与人扶乩，问科场之事。乩盘中写出"赋得偃武修文"，得"间"字，五言八韵。爵相因言，此是老灯虎，解作"败"字。所问科场事，其义云何？乩盘中又写出："为九江言之也，不可喜也。"爵相诧曰："九江新报大捷，杀贼无遗类，何为言败？"又自忖九江去此二千里，且我现不主兵事，忽提及此，亦大奇事。因问："所云不可喜者，为天下言之乎？抑专为曾氏言之乎？"乩盘又写："为天下大局言之，即为曾氏言之。"时戊午四月初九日也。始虽甚异之而不解所谓，至十月而果有三河之败，全军皆没，忠武及爵相之弟温甫咸殉焉。乩仙自言姓彭，河南固始人，新死于兵，将赴云南某府城隍之任，道经湖南云。

（选自《薛福成日记稿本》影印本）

同治八年十一月十七日（1869 年 12 月 19 日）

骆篱门宫保之入蜀也，调黄子春观察仁熙率楚勇三千余人后至。观察初入蜀境，闻定远围甚急，径往解围。贼不虞官军之至也，又不虞楚勇之劲也，不为备。我军摧坚直捣，大破贼军，杀三万余人，遂解定远之围。咸丰癸丑，有二公车由都回蜀，道经栾城，维时贼氛甚逼，两孝廉避入城中。县令唐某者，当官素有声，谓孝廉，此非避寇地，宜速行。诘旦孝廉行，未及三十里，回望烟尘大起，民扶老携幼，踉跄至。询之，则曰："城破矣！县令降贼矣！"乃引车走避村中。数日，贼退，复入城，询城破始末，始知县令送行回署，则有一监生邀于道者，曰："贼已至，请入敝室，饭而上城办守具。"县令入室，则以敝衣进之，使速行，曰："好官不可以死。"言未毕而贼至。监生乃衣县令衣，出骂贼。贼刃之死。县令复出，曰："我乃县令也。何伤彼为？"贼欲降之，乃与约，曰："依我一事，请止杀，勿伤一民，我即降。"贼许之。又谓贼曰："止杀，所以救民也。今闭城，无食，民即饿死，请开门令出觅食。"贼又许之。县令自出，呼于道，使藏匿者尽出，城中虚无民。县令乃衣朝服，坐堂皇，大骂不屈。贼乃杀之，数日而去。百姓今为立唐公祠。唐伯存语予云。

（选自《薛福成日记稿本》影印本）

同治九年闰十月初四日（1870 年 11 月 26 日）

潘制军铎之督云贵也，是时徐之铭抚云南。提督马如龙者故降回也，之铭奏署提督，然恃其徒众胁制上官，纵横迤东之地。惟临安土豪梁姓，纠兵据险，与如龙为仇。制军檄令如龙攻临安，潜约梁姓图之，又檄回兵二千素与马为仇者，往临安，阳为如龙援，实俟城中兵出，即内外夹击，意欲一举而灭如龙也。一日，制军以其事告之铭，且属毋漏言。之铭姬妾甚多，皆与回酋昵，收为门生。之铭以制军言归告其妾，妾告回酋。回酋马复初者，诸生也，行辈最长而桀黠多谋，如龙见犹拜之，尝令居省中调官事。闻其党言制军发兵之意，大惧，阴召另股回党千余，假制军所调回兵旗帜，入居省城五华书院，日出骚掠。居民讼之制军，制军亲至五华书院谕之，且令速出城。请期五日，不许。请期三日，亦不许，限以即日出城。是时回众矛戟森立，一酋攘袂大言曰："即不出，当奈我何！"制军知有变，即自裂其补服，骂曰："逆贼，任汝辈杀我！"贼兵之，身受数伤而死。是日也，制军约徐之铭同至，之铭阳诺之而不赴约，贼亦不攻其署。城中官吏或奔或死，惟之铭无恙。贼攻布政司署，署藩司岑毓瑛有练勇数百，闭门自守。之铭以总督印畀马复初，使署总督。复初遂入居督署，号令一切。惟岑藩司未下，阴致书马如龙，奖其忠诚，召之入援。如龙攻临安数日，得书欲返，恐梁姓追袭之，乃以情告梁姓，梁姓登城语之曰："汝若奔援省城，尽心王事，当不汝追也。"如龙乃折矢与之盟，回趋省城。五日而至，自南门入，与岑军夹攻贼。贼死伤过半，弃城去。如龙乃敛潘制军之尸于院墙下，时制军死十日矣，尸犹不坏，面如生。

（选自《薛福成日记稿本》影印本）

同治十年八月初二日（1871 年 9 月 16 日）

新闻纸云：泰西火轮车路始自明季，然其时止藉牛马之力，路用木制。路有双单之别，双路者彼车来而此车往也。嘉庆九年始有火车，但每点钟仅行十五里。迨道光十年，火车渐多，其铁路有建在地上者，有透地道者，亦有悬空架桥，建在桥上者。双铁路每一里约须银一万两，单路略减。火轮机车先驶，以铁练钩贯，可牵别车十余两［辆］。

上等机车每辆约值银八千两，每辆容三四十人。同治三年通计，英国铁路约有四万五千里，每年搭客约三万万人。火车略有险处，有时不循轨道，或两车相撞，必覆而死，然英国每年失事者不过十余次。

（选自《薛福成日记稿本》影印本）

同治十年八月廿一日（1871 年 10 月 5 日）

何廉昉演剧瓠园，招陪爵相饮。闻人谈许次苏观察之事：许次苏者，名如骏，江苏候补道员，居扬州，以盐策富。其长子曰俊生者，娶王太守之女，憎其貌寝，纳妓杨氏为妾。妾恃宠陵嫡，而其夫常右妾。久之，王氏有孕，其母家恐妾之甚之也，迎之以归。俊生听妾之愬，即令其弟作书告绝于王氏，而没入其赍财，及王太守之书四十箧。居数月，王氏生女，其家报于许氏。俊生复令其弟作书拒之，曰："非我所生也。"王氏闻之，先拉杀其女，取剪自断其喉，大呼一声，由床上自投于地以死。数日而俊生之弟痛，鬼附言曰："汝助兄为虐，作书绝我，我将捉汝以去。"弟之妻出，谓鬼曰："汝自见绝于夫，不能报怨，乃反欲令我作寡耶？"鬼应之曰："夫之恶，我岂舍之哉？我夫不能书，而叔代为书，叔罪实大。且渠阳禄已尽，吾故先捉之。"言毕寂然，而俊生之弟已气绝矣。此同治七年事也。本年四月，许次苏病死而复苏，召俊生使速办后事，曰："吾与汝恐终不免。吾适至阴府，与新妇对质而不胜。以我不能训汝，六十日必来捉我，次当及汝矣。"六月中，次苏果卒，盖六十一日矣。后数日，俊生亦卒。其妾杨氏见鬼谓之曰："吾将使汝守寡一二年，再来捉汝。"盖杨氏尚未死也。

（选自《薛福成日记稿本》影印本）

同治十年八月廿三日（1871 年 10 月 7 日）

阎丹初中丞尝言，用兵南方如做单句题文。盖南方溪港纷歧，数里之内，必有桥可扼，有隘可守，故步兵可以制胜，数百、数千人可以制胜。用兵北方如做章节题文，须大开大阖，非可枝枝节节而为之。盖北方平原旷野，用众可以胜寡，用骑可以胜步，无他，气势足以夺之也。以郭、李之智勇，而求助于回纥；以李自成之雄盛，而见灭于大清。僧邸初在中原，狝薙捻贼数十万，其得力不过马队五六千匹，而其中最得力之马队不过数百匹而已。嗣后，舒、恒诸将阵亡，精骑消耗，而僧邸威名亦不振矣。向闻索伦、黑龙江多出精骑，今其壮者累奉调拨。耗于中原，幼者未能接武，而骑射遂至失传。盖自多礼堂将军后，人才衰竭久矣。近闻东三省马贼横行，莫之能制。朝廷若派得力重臣如都直夫将军辈，岁拨巨款数十万，使之简练马队，可以化暴桀之子弟，可以固北面之藩篱，可以备后来之调用，斯要着也。

（选自《薛福成日记稿本》影印本）

同治十年十二月廿六日（1872 年 2 月 4 日）

闻骆文忠之督四川也，初平蓝大顺数十万之寇，继歼石达开积年之猾贼，蜀人感之，皆曰骆公活我，比之诸葛武侯、韦南康云。其薨也，成都为之罢市发丧，居民皆野哭巷祭。是时，崇实以将军署总督，心忌之，遣使禁民之所为，以为不祥。民答之曰，将军脱有不讳，我辈决不敢若此。闻者为之粲然。此事萧廉甫、唐伯存为予述之，皆蜀人也。

（选自《薛福成日记稿本》影印本）

同治十一年二月初四日（1872 年 3 月 12 日）

爵相于正月廿六日傍晚出城，至水西门码头迎苏赓堂河帅，忽发眩晕旧症。当即回署延医调治，连日服药数剂，略有微效。医者以为肝风，药方中用生地数钱。至二月初二日晚，小晕一次。初三日晚，展阅总理衙门来信，沉思办法，忽复发晕，不能出言，以手指口，良久乃能发言，仍取原牍阅毕而罢。初四日午刻，邀余围棋，连赢二局，意兴甚适，谈笑送予至窗外。办公事至酉初以后，始出散步。偶游花园，及将出园门，忽尔中风，连声言脚麻。维时劼刚世子随行在后，急唤差官舁回西花厅。手战口动，不复言语，竟于戌初溘然长逝。予于爵相有知己之感，有受海之益，有七载追随之谊。方午间对弈之时，岂料即永诀之时哉！追念哲人，默忧时局，不自知涕之流落也。

（选自《薛福成日记稿本》影印本）

同治十一年二月初五日 (1872 年 3 月 13 日)

昨日戌刻爵相长逝之时，署内外望见西南隅红光满天，交口相传以为失火。蒋萃峰、胡式家两大令遣人出外侦问，皆回报云，远近数十里内并无失火之事；而众目望之，皆以为火在数里内也。后接庞观察省三来信言，清江人于初四日戌刻见东南陨一大星云。

（选自《薛福成日记稿本》影印本）

同治十一年三月廿四日 (1872 年 5 月 1 日)

余观三代以后论事功者，以赵宋一代为最不竞。论者或归咎于讲学诸公，以为议论多而成功少。夫宋人之好议论而鲜成功固已；然余谓宋之不竞而久延者，实清议足以维持之。宋之所以不竞者，则其病根在开国之始，非尽清议之过也。何言之？宋自太祖以篡弑得国，考周世宗幼子数人，皆于太祖即位之日，付有司杀之，而《五代史》讳而不载。然则周恭帝之早卒，未必非太祖弑之也。又鉴五代方镇之强，务削外臣之权，所以防闲钤制之者甚密，纵不能为变，亦不能立功。即如狄武襄之绩，在今亦甚平平相等耳，而当时议者籍籍，谓有异图，必欲攻罢之而后已。至王德用并无战功，其位望犹今之总兵、副都统之类耳，乃亦防其篡国。读史至此，不值一哂。故有宋一代之风气，凡稍欲有所建树者，政府必从而龃龉之，言路必从而弹劾之。或朝建议而夕去官矣，或偶立效而上生疑矣。韩、范之无功于关中，不能尽为韩、范咎也，时势为之也。且韩、范之在陕西，虽名为经略，然考其所管之兵与地，则不过今之一道、府，何足与西夏抗衡哉？而又议论不一，任用不专，居位不久。宋之自弱，类皆由此。至其建都在汴梁四战之地，平居无事，须养二十万宿卫之兵，此又其自贫之一端。辽、金偶发一兴师之檄，则京阙震惊，举国骚动，其亡也，亦卒由此。宋之不竞，岂非开国贻谋之不善乎？

（选自《薛福成日记稿本》影印本）

同治十一年三月廿九日 (1872 年 5 月 6 日)

余观明季事势，若专用孙承宗镇辽左，而以袁崇焕副之，任洪承畴、卢象昇、孙传庭、曹文诏分办流寇，毋掣其权，毋易其任，流寇未尝不可灭，辽事未尝不可支也。乃此数人者，任之既不能专且久，或得谗谤以死。流寇将灭而辽事掣于后，辽事稍纾而流寇炽于中，二者互为倚伏牵制。加以饥馑洊臻，朝端水火，而事愈不可为矣。夫流寇之兴，饥馑致之也；天灾之至，人事召之也。盖其时君臣否隔，上下乖戾，终日惟闻攻讦之风，内外专尚叫嚣之气，虽欲不召天变，得乎？

（选自《薛福成日记稿本》影印本）

同治十一年十月廿八日（1872 年 11 月 28 日）

庚午春夏之交，自宁波、上海以至金陵、镇江等处，拐匪最盛，童男女间出街衢，往往不见踪迹。民间谨言，洋人以药迷人，皆挖眼剖心，以备铸药之用。既而北至天津，渐及京师、保定，亦皆有拐匪。是时，民心惶扰，讹言朋兴。保定有一老翁年六十余矣，向为某村屠者，忽一日痴坐城门外，自旦至暮。人怪而问之，瞪目似无知识者，以水沃其面，方醒，乃曰："余向在某村，有一人买肉二斤，忽以手拍余背曰'随我取钱'，余不觉随之至此，惘然如在梦中也。"盖拐匪买肉，恐老翁索钱，用药迷之，特小试其技耳。天津乡人失一童子，或见之法国教堂门内。既而，纠人往索，则无有也。于是众口藉藉，皆指目教堂，积疑生愤矣。天津府知府张光藻性刚果有为，曾文正公曾荐其贤能者也。是时治拐匪甚严，复悬赏格云：擒一洋人为匪者，赏钱若干。获拐匪武兰珍，鞫之。兰珍供言，有教堂中人王三，授以迷药，使拐人以献教堂，而安三亦与知焉。王三、安三者，皆直隶人佣于法国教堂者也。光藻乃以闻于通商大臣崇厚及天津道周家勋，搂与［舆］俱诣教堂，索此二人。二人辞以不识兰珍，而兰珍亦未能坚辞指认，所勘门户曲折，亦颇与兰珍言不符。或疑教堂先得音信，遂于夜间改易门户；或疑武兰珍谬引教堂，冀为自脱之地，终莫能得其端也。于是崇厚等在教堂内晤法国领事官丰大业。大业谓，我堂内人素守礼义，今无端以恶名相溷，颇有不平之气。崇厚等乃爽然而返。方崇厚等之至教堂也，天津人皆谓拐匪通藏教堂之内，今日必且被执，聚而观者万余人。及崇厚与各官皆散，而众犹不退，或口出恶言，或以瓦砾掷诸门内，洋人使其佣役出驱之。天津人皆骂曰："咄！鬼奴，汝辈素无廉耻，甘为鬼子执役，复拐诱良家子弟以献洋人，今不早殪汝，今日尚敢倚鬼子声势吓我邪！"鬼奴亦反诉之,哗声甚厉。丰大业闻之,怒曰:"今日崇大臣等无端引百姓来扰教堂,吾当往与论理。"手携洋枪,驰马赴通商大臣署,百姓皆蜂拥随之。崇厚觉其有凶意,匿不敢出见,并命家人于后园内鸣金号救。百姓闻声奔集,丰大业乃入署,坏其器物,复放洋枪以威众,复悻然而出,正遇百姓如潮而至。是时,张光藻及天津知县刘杰闻变,驰往弹压。大业先遇刘杰,以洋枪击之,杰坐于地以免,伤其仆一人。记名提督陈国瑞者,素为北方百姓所服,适在天津,闻变亦驰至,乃大呼曰:"天津男子素称好汉,今日鬼子敢击我官员,汝辈尚欲袖手耶?"众皆曰:"陈大帅之言是也。"乃争起击丰大业,或殴以拳,或蹴以足,或刺以刀械,顷刻而殪,投其尸于河。众遂乘势鼓噪而前,往搜法国教堂,遇洋人即杀之。王三、安三皆已逸去,遂纵火焚教堂。众复曰,不尽灭鬼子,则祸根不止。于是凡英国、俄国、美国之所谓教书堂者,皆驰往攻毁。有一洋妇方怀孕,稽首而请于众,曰:"诸君所指为拐人者乃法国之人,与我国无干,幸诸君怜而赦我。"众不听,杀之。一洋人逾垣而坠,又杀之。盖百姓于各国洋人通目为鬼子,而未知以传教之说蛊人者,惟法人为最,诸国初不然也。于是天津洋房、洋楼悉皆被毁,众始星散。明日,天津知县诣各所验尸,自丰大业而外,得洋人之尸十有九,其中国人之为夷奴者不与焉。法国教士谢福音亦死,英、俄、美诸国之人多有死者。洋人幸得脱者,皆避之紫竹林,或跳[逃]走京师,愬于法国公使罗淑亚。而崇厚亦已飞章入告,并自请议罪。朝廷骤闻此变,恐遂启洋人之衅,乃命曾文正公速赴天津查办此事,又命总理衙门招罗淑亚与计事。罗淑亚大言恐喝,要挟多端。总署请英国公使威妥玛从中排解,威妥玛阳诺之,而实与罗酋比而谋中国,未能得其要领。朝廷乃连发密谕,趣曾公赴天津,并令善为调停以弭衅端。

(选自《薛福成日记稿本》影印本)

光绪四年十二月初五日 (1878 年 12 月 28 日)

咸丰三年,贼陷金陵,分党略六合。知县温绍源徇于民曰:"吾闻粤贼所至杀掠,与其束手受屠,不如杀贼而死。今与诸君约,能杀贼者,夺得贼所掠物,任自分之。"六合民素悍,一呼而集者数万人。贼以六合下邑不设备,大败而去。绍源以所获辎重颁之于民。民既获利,又知贼伎俩,益奋。贼每至,民团辄败之。一日,贼偃旗息鼓,乘黑夜薄城，而民团未之知。贼竖云梯将登城矣，忽见城上灯火齐明，灯有九江王字样。骤闻城内天崩地塌之声，贼疑为中伏也，惊遁。盖城内向有九江王英布庙，而火药局在其中。是夕失火，而居民亦见九江王灯在城上，登城视之，始知有贼出。追之，复大得贼所弃财物、军仗。贼前后六犯六合，皆不克。绍源擢至道员，加布政使衔，仍权六合县事；而江北大帅亦奏请加九江王封号。既而大帅托明阿劾绍源纵团肆掠，与贼无异，坐革职发往军台。何桂清总督两江，疏言绍源实有功，请免发遣，仍令守六合，既而请开复原官。八年，悍贼四眼狗围六合，总统张国梁率师援之，至陈板桥，去城三里，大雾，不得进，停军一时许，以俟天明。天明，雾开，疾趋六合，则城已先一时陷矣。绍源遇害甚惨，贼刳其腹，残其尸。闻大军至，即弃城而去。事闻，赠绍源布政使，谥壮勇。

托明阿之劾绍源也，先是绍源尝赴扬州，诣大帅议军事，或问绍源："何以能久守孤城？"绍源答言："无他长，不过城存与存，城亡与亡而已。"时已革盐运使刘良驹亦在坐，疑绍源之讥己也，怒。良驹本在托明阿幕府总办文案，乃言其短而劾之。

（选自《薛福成日记稿本》影印本）

光绪五年八月廿二日（1879 年 10 月 7 日）

中国定制，官库出纳，向用足色宝纹，通商后，始有大吕宋佛头银洋。初用于闽，虑有假洋，洋面各加铁戳为记；加戳既多，光洋成为烂板。市间交易，净光佛洋约重七钱三分者，俗呼本洋。江、浙、皖、鄂因真伪易辨，逐渐信用。市面各于洋面盖用墨印，行使日久，洋□光洁。咸丰初年，又有墨西哥鹰洋来华，银色、轻重、光洁与本洋相等，惟花样不同，近已通行。本洋、鹰洋入炉镕化、提净，纹银不及九成，余系搀和红铜，以期声音响亮。市廛用洋，如有夹铜、粗边、三星倒头、炉底轻头、黄板、老板各种次洋，则剔出不用。商民以光洋完纳关税，由银号照市价代换足色宝银上库。同治五年、十一年，香港银局新造银洋；十二年八月，香港到有美国新洋；十月到日本新洋，轻重、成色、圆净与本洋、鹰洋相等，而洋面花样则异，沪市及江、浙、皖、鄂尚未广行。

（选自《薛福成日记稿本》影印本）

光绪十六年正月廿六日（1890 年 2 月 15 日）

余观火轮舟车之迅捷，因念人心由拙而巧，风气由朴而华，固系宇宙间自然之理。自开辟以后不知几何年，古圣人始创为舟车、为弧矢，乃阅四千数百年以迄于今，弓矢变而为枪炮、舟车改驶以火轮。从前中国小说家言，有所谓腾云者，有所谓千里眼、顺风耳者，谓不过荒唐悠谬之言，断难征之实事。今则乘气球者，非所谓腾云乎？电线、德律风，传数万里之报于顷刻，不更捷于千里眼、顺风耳乎？即轮船日行千余里，轮车日行二千余里，虽腾云之速，当亦不过如是。盖世事递变而益奇，昔之幻者今皆实矣。夫古圣人制作以来，不过四千数百年，而世变已若是；若再设想四五千年或万年以后，吾不知战具之用枪炮，变而益猛者为何物？行具之用火轮舟车，变而益速者为何物？但就轻气球而论，果能体制日精，升降顺逆，使球如使舟车，吾知行师者水战、陆战之外有添云战者矣，行路者水程、陆程之外有改云程者矣。此外，御风、御云、御电、御火、御水之法，更当百出而不穷，殆未可以意计测也。

（选自《出使日记》卷一）

光绪十六年正月廿八日（1890 年 2 月 17 日）

自过香港以后，历观西贡、新嘉坡、锡兰岛诸埠，虽经洋人垦辟经营，阛阓云连，瑰货山积，而其土民皆形状丑陋，与鹿豕无异，仍有榛狉气象。即所见越南、缅甸之人，及印度、巫来由、阿剌伯各种之人，无不面目黝黑，短小粗蠢，以视中国人民之文秀，与欧洲各国人之白晰魁健者，相去奚啻霄壤？

余因思南洋诸岛国，自古未闻有杰出之人才，无不受制于人，今乃为欧洲诸国所蚕食。盖地在赤道以下，有暑无寒，精气发泄，终岁无收敛之时，所以人之筋力不能勤，神智不能生，颓散昏懦，无由自振。即如五印度地方万里，物产丰饶，在昔未闻有强盛之国。元明以后，蒙古翦之；近者，英人并之。至瞿昙氏之所生长，窃意当在中北两印度离赤道稍远之地。虽锡兰亦有佛迹，恐系游踪偶到，或曾在此住持而已。

大抵地球温带为人物精华所萃；寒带之极北，则人物不能生；热带之下，人物虽繁而不能精。而温带近寒带之地，往往有钟毓神灵、首出庶物者，则以精气凝敛之故也。

（选自《出使日记》卷一）

光绪十六年二月初八日（1890年2月26日）

偶与黄公度谈及美国限制华民之事。公度言：前为旧金山领事时，查银行汇票总簿，华民每年汇洋银至广东者，多则一千五六百万员，少则一千余万员，四年扯算，每年洋银入中国者可一千二百万员。然此仅就旧金山言之耳。他如古巴、秘鲁、西贡、新嘉坡及南洋诸巨岛，华民不下数十百万，其商佣所得之银输回中华者，奚啻数倍于是？盖近年通商，以出入货相准，华银每岁流出外洋者约二千余万两，惟出洋华民商佣所得，以之相抵，尚觉有赢无绌。近闻新金山有华民四五万，英人援美国之例，亦有限制苛待之意。此事终恐棘手，必不得已，只可另筹抵制之法。

（选自《出使日记》卷一）

光绪十六年闰二月廿四日（1890年4月13日）

赴蜡人馆观蜡人。其法，以蜡仿制生人之形，自王公卿相以至工艺杂流，无不可留像于馆。或立或坐，或卧或俯，或笑或哭，或饮或博，无不毕具。凡人之发肤、颜色、态度、长短、丰瘠，无不毕肖，殆所谓神妙欲到秋毫巅者。闻其法系一老媪创之，今盛行于欧洲各国，未百年也。

又赴油画院观普法交战画图。其法为一大圜室，以巨幅悬之四壁，由屋顶放进光明。人入其中，极目四望，则见城堡、冈峦、溪涧、树林，森然布列。两军人马杂遝，放枪者、点炮者、搴大旗者、挽炮车者，络绎相属。各处有巨弹坠地，则火光迸裂，烟焰迷漫。其被轰击者，则断壁危楼，或黔其庐，或赭其垣。而军士之折臂断足、血流殷地、偃仰僵仆者，令人目不忍睹。仰视天，则明月斜挂，云霞掩映；俯视地，则绿草如茵，川原无际。情景靡不逼真，几自疑身外即战场，而忘其在一室中者。迨以手扪之，始知其为壁也、画也，皆幻也。夫以西洋油画之奇妙，则幻者可视为真；然普法之战逾二十年，已为陈迹，则真者亦无殊于幻矣！

（选自《出使日记》卷一）

光绪十六年三月初七日（1890 年 4 月 25 日）

　　火轮车之制，缔造稍在轮船之后。先是康熙年间，英人罗哲尔诺尔德著书谓英北境之煤窑，用马车运煤以抵河干，所经之路，可随辙安木，俾与土齐，作木轨以约车轮，轮之四周，镶以铁瓦，俾与木轨相合，以利其行。后有用其法者，而运煤果便。后又于近窑之地，兼用铁木以修路。后又多铸铁条，接续镶于轨道，是为以铁代木之始。道光五年，英国北方有煤窑、铅矿之处，初开铁路，贸易益盛，然皆用马车也。是年始设公司，议行用火轮车，专造铁路以运之。十年，铁路告成，车行愈驶，旅客愈多，人始知铁路火轮车之大利于用也。当其行驶之时，汽机内蒸气出入，计一秒中往来二十次；蒸气筒外，时闻有极速呼吸之声，即蒸气鼓动之力也。轮宽八尺，一秒中旋转五次，每次车行十丈有余，神速无比矣。自火轮车兴，而四马所驾之大车，三十减去二十有九。然歧径僻路，火车所不能至者，仍须用马车。旅客由火车卸装分往各处，亦须用马车。火车既盛，马车亦益繁。小民之生计转益便焉。今则每至一富庶之区，铁路六通四辟，殆如蛛网。数十年来，智能之士研精经理，日臻美备，殆亦集思广益而成，非一人所能专其功也。夫西人之所以横绝宇宙而莫之能御者，火轮舟车之力为最多，而皆发轫于英；且其缔造，不过在百年数十年之内，宜其独擅富强之效欤？

（选自《出使日记》卷二）

光绪十六年三月十三日（1890 年 5 月 1 日）

　　昔郭筠仙侍郎每叹羡西洋国政民风之美，至为清议之士所抵排。余亦稍讶其言之过当，以询之陈荔秋中丞、黎莼斋观察，皆谓其说不诬。此次来游欧洲，由巴黎至伦敦，始信侍郎之说，当于议院、学堂、监狱、医院、街道征之。同人有谈美国风俗之纯厚者，余谓泰西诸国在今日正为极盛之时，固由气数使然。然开辟之初，户口未繁，元气未泄，则人心风俗自然纯厚。盖美洲之开辟后于欧洲，欧洲之开辟后于中国，而欧洲各国之中，开辟又有先后，故风俗亦有厚薄。美利坚犹中国之虞夏时也，俄罗斯犹中国之商周时也，英吉利、德意志犹中国之两汉时也，法兰西、意大利、西班牙、荷兰，其犹中国之唐宋时乎？若法人之意气嚣张，朋党争胜，则几似前明之世矣。或曰：美国之埃利士人，肆其忮忿，迫逐华民，古道何在？答之曰：三代之世，夷羿、寒浞、桀、纣、幽、厉，亦有乱时，岂必尽轨乎道？

（选自《出使日记》卷二）

光绪十六年三月十五日（1890 年 5 月 3 日）

西人之恪守耶苏教者，其居心立品，克己爱人，颇与儒教无甚歧异。然观教会中所刊新旧约等书，其假托附会，故神其说，虽中国之小说，若《封神演义》、《西游记》等书，尚不至如此浅俚也。其言之不确，虽三尺童子皆知之。余偶遇西国积学之士，与谈耶苏教旨，似皆已觉之而不肯明言；亦竟有言一二百年后，西国格致之学日精，必多鄙弃教会诸书者。及论孔子之教，则皆同声推服，并无异言。虽西人亦雅善酬应，然余察其辞色，似出于中心之诚然。盖圣人之道，不偏不易，深入人心。以耶稣之说比儒教，不仅如水晶之比玉，虽洋人未尝不知。从前中国之杨墨、佛老，非不鼓动一时，积久已自衰息；孔子之教则如日月经天，阅万古而益明。欧亚诸洲，不与中国相通则已；通，则其教未有不互行者。余是以知耶稣之教之将衰，儒教之将西也。

（选自《出使日记》卷二）

光绪十六年四月初八日（1890 年 5 月 26 日）

西洋各国，陆军以德国为最胜，水师以英国为最精，固已然。不必英与德也，余观各国营伍，无不步伐整齐，操练精熟，多有一定步骤，非可尺寸逾越。其所以骤胜中国之故，厥有两端。

一则中国三代以前，文武原未尝分途，汉、唐犹存此意，宋、明以来，右文轻武，自是文人不屑习武，而习武者皆系粗材。积弱不振，外侮迭侵，职此之由。泰西各国，选将练兵，皆出学校、武备一院，选聪颖子弟读书十数年，再令入伍习练。虽王子之贵，皆视为急务。历练既深，又多学问，故无不精娴韬略。夫西人选择精，读书久，阅历深，而始能当一兵。其所以制胜者在此。一隶营籍，则平日见重于闾里，如中国诸生之列胶庠。即年满告退，亦有半饷以赡其老。所以能使乐于从事，不惮致其毕生之力，而将才亦因以辈出也。

一则兵事不尚空谈，贵乎实练。中国兵法之有专家，始于战国之时。厥后汉之韩信、唐之李靖，皆有兵法传于世。盖此中窾要，非可卤莽，宜有心得也。宋、明以后，渐失其传，非乌合之众侥幸于一胜，即疲弱之卒糜饷于平时耳，岳武穆不尽依古兵法，斯其天资卓绝，非可强几。后惟戚南塘氏束伍练兵，著为专书。曾文正公颇用其法，核定营制，而楚军、淮军相继并起，懋著功绩，然亦因与粤、捻诸寇相持稍久，故能练之益精也。欧洲各邦以战立国一二千年矣，上下一心，竞智争雄，目见耳闻，濡染已久，又复互相师法，舍短集长，凡阵法之变化、号令之疾徐、船械之良楛、枪炮之利钝，无不罄其秘要，确有程度。非若中国之承平稍久，或并古所习之兵法而失其传也。

以上二者，彼之所以获此成效，本非易易。中国虽不必尽改旧章，专行西法，但能明其意而变通之，酌其宜而整顿之，未始非事半功倍之术也。

（选自《出使日记》卷二）

光绪十六年四月廿八日（1890年6月15日）

国王设讌会，先一日发帖邀余与陈敬如、王省三于六点钟赴宴。届时乘马车至宫门入宫。须臾王出，免冠握手为礼。王及王弟、宰相、尚书、朝官暨外部各官，会者二十一人，合宾主共得二十四人。设一长案，以次列坐，洋餐味皆适口。王酬应周到，礼意殷拳，且谓余曰："前月在英国同席，见贵大臣不甚下箸，恐中西口味不同。若意所不欲吃者，不必勉强，乃于养生之道为相宜。"宴毕，王与其弟携手同行，导宾入别室，饮加非、皮酒之属，皆立而饮之，宾主任意。所欲与谈者，或二人或三人，皆立谈良久，郎贝尔芒与余谈天下大局，谓旧金山、新金山土人日强一日，数十年后，必各自立一国，不复服属于美、英，美、英之势当稍衰。而中国又多两强国之交涉，应付当稍费手。又曰："方今地球各国名相，以毕士马克为第一。而中国之李中堂，亦当在二三之间，闻其所注意经营，亦伟人也。曾侯办理外务，亦颇有名，惟在此不久而归，归亦未闻别有建树，今已逝矣，真为可惜。中国教化最好，民物最殷，但能参用西法，便可立致富强。方今外交之道，既不能免。非谓谋国当自忘其本，即如日本之自改服式，我西人亦非笑之。中西政俗，要在集所长而去所短耳，愿贵大臣留意焉。"将别，国王复与余握手而祝曰："愿贵大臣在欧洲身体安和爽健，愿贵大臣谙究我欧洲政俗，愿贵大臣声望勋业隆然日起。"余肃谢而退。

（选自《出使日记》卷二）

光绪十六年五月廿四日（1890 年 7 月 10 日）

中西医理不同，大抵互有得失。西医所长在实事求是，凡人之脏腑、筋络、骨节，皆考验极微，互相授受。又有显微镜以窥人所难见之物。或竟饮人以闷药，用刀剜人之腹，视其脏腑之秽浊，为之洗刷，然后依旧安置，再用线缝其腹，敷以药水，弥月即平复如常。如人腿脚得不可治之症或倾跌损折，则为截去一脚而以木脚补之，骤视与常人无异。若两眼有疾，则以筒取出眼珠，洗去其翳，但勿损其牵连之丝，徐徐装入，眼疾自愈。此其技通造化，虽古之扁鹊、华佗，无以胜之。然亦间有不效者，如曾惠敏公之丧其一子，黎莼斋之损其一目，人颇咎其笃信西医之过。

余谓西医之精者，其治外症固十得七八，但于治内症之法，则得于实处者多，得于虚处者少。其用药，但有温性而无寒凉敛散升降补泻之用。以视古医书之精者，如张仲景、孙思邈、王叔和之方，金元四大家之论，近代喻嘉言、陈修园之说，其深妙之处，似犹未之得也。惟中国名医，数世之后往往失其真传。外洋医家得一良法，报明国家，考验确实，给以凭照，即可传授广远，一朝致富，断无湮废之虞，所以其医学能渐推渐精，蒸蒸日上也。其他诸学之能造深际，率恃此道，又不仅医学也。

（选自《出使日记》卷三）

光绪十六年七月廿二日（1890 年 9 月 6 日）

西洋各邦立国规模，以议院为最良。然如美国则民权过重，法国则叫嚣之气过重，其斟酌适中者，惟英、德两国之制颇称尽善。德国议院章程，尚待详考。英则于八百年前，其世爵或以大臣分封，或以战功积封，聚而议政，谓之"巴力门"，即议院也。其后分而为二：凡世爵大者、富者，辅君治事，谓之"劳尔德士"，一名"比尔士"，即上议院员绅也；其小者、贫者，谓之"高门士"，即下议院员绅也。宋度宗元年，英廷始令都邑公举贤能，入下议院议事，而上议院之权渐替。

上议院人无常额，多寡之数因时损益。曰王，曰大教师，曰公、侯、伯、子、男，曰苏格兰世爵，每七年由其院之爵首以时更易；至阿尔兰世爵，则任之终其身。世爵古有专职，今止存其名。上议院之谳狱，皆以律师之贤者封爵以充之，不得世袭。政府必有世爵数人，故上议院中皆有政府之人，宰相得举百官之有才能者入上议院。

而下议院之人，皆由民举。举之之数，视地之大小、民之众寡。其地昔寡而今众，商务日兴，则举人之数可增；反是，则或减或废。举而不公，亦废其例，使不得举。英伦与威尔司，分五十二部，举一百八十七人；大邑百九十七，举二百九十五人；有国学之邑三，举五人。苏格兰分三十一部，举三十二人；大邑二十二，举二十六人；有国学之邑四，举二人。阿尔兰分三十二部，举六十四人；大邑三十三，举三十九人；有国学之邑一，举二人。

上议院世爵多世及，无贤愚皆得入，故其人多守旧，无故不建议。下议院所议，上诸上议院，允者七八，否者二三，其事简。下议院为政令之所出，其事繁。西例每七日一礼拜，则休沐；礼拜一二四五日，议事时长；礼拜三日，议时较短；礼拜六日，议否不定。每岁大暑前后则散，议院议绅皆避暑居乡，订于立冬前后再议。然使国无大事，则常俟立春前后始再开议院云。议院人无早暮，皆得见君主。上议院人独见，下议院人旅见。凡议院坐次，宰相、大臣及与宰相同心之官皆居院长之右，其不同心者居左，其有不党者则居前横坐。世爵不在议院及各国公使入听议者，皆坐楼上。余于前月尝往听一次焉。

（选自《出使日记》卷三）

光绪十六年八月十二日（1890 年 9 月 25 日）

余查中国从前与各国订立和约，但有彼在中国设领事之语，而无我在外洋设领事之文，盖因未悉洋情，受彼欺朦。郭前大臣初设新嘉坡领事时，与英国外部文牍往来，互相辩诘，殊费周折。曾惠敏公拟设香港领事，行文数次，英国外部以咨商藩部为辞，藩部以官民不便为说，管秃唇焦，终无成议。余与参赞等筹商，以新嘉坡旁近各岛华民固须保护，而香港一区尤为中外往来咽喉。凡华洋各商货物，均先至香港然后运转各省。而交涉事务之紧要者，一曰逃犯，一曰走私，一曰海界。粤省每出巨案，派员至港，只以未设领事，声气隔绝，动多扞格。所以粤东全省政务，往往为香港一隅所牵掣。此处添设领事，万不可缓。其次则新金山及缅甸之仰江，亦须相机推广，逐渐设员。惟是设立一处，商议一处，枝枝节节，徒费唇舌，尚难确有把握。英文参赞马格理，请先办文照会外部，援照公法及各国常例，声明中国可派领事分驻英国属境，暂不必指明何地。且日本、暹罗等国，皆已有领事在香港，而彼独坚拒中国，本不公允。今但与之泛论通例，彼必无辞以难我。一经答允，则无论何处领事，惟我所派矣。余以为然，因属马参赞代拟英文照会稿，照会英国丞相兼外部尚书侯爵沙力斯伯里。

（选自《出使日记》卷四）

光绪十六年十月初一日（1890 年 11 月 12 日）

洪文卿星使来信云：辽、金、元三史人名地名，乾隆年间全经更改。欲考原文，须阅语解。更有语解亦未载原作何字者，则须阅监本《元史》，如行冥途。诸巨儒有志搜辑，而津筏罕得，撰述为难。不料西人所考，有足证明元史者，有足补所未及者，非西人胜华人也。元成宗时，宗王合赞令波斯人修辑国史。自元帝先世谱牒，成吉斯汗创业开基，以及西征之师、三藩之事，悉入纪载。其书根依蒙古国史，最称详核。惟系波斯文字，华人所不能译。此外私家著录，多系回文。近六十年中，西人译述其书。今乃得假途西文，裨我掌故，始知《朔方备乘》等书，都非可信。前月觅得俄人所译之书，皆元太祖始起时事。今计术赤诸王、察合台诸王、旭烈兀诸王，皆为之补传，此三藩也。太祖本纪则为之补证；蒙古氏族则为之补考；西域之师，七年之久，则为补西域上下传。此外，地名有考中土之通泰西，实始于元，亦有考。又纪元事者，中土有《亲征录》、《元秘史》、宋孟琪《蒙达备录》、邱长春《西游记》、耶律楚材《西游录》，皆须一一为之注释。有志于此，欲罢不能，须回华后再竭年余之力，甫能脱稿。中土于舆地一门，长于考古而短于知今，详于中原而略于边外，绘图测地狃于开方计里之说，斫圆为方，万里之遥便不能合。前见俄有中俄界图，精细之至，爰于俄馆展拓摹译，阅两年余而始告成。上海所译《四裔编年表》等书，音既不合，事亦不明。盖舆地族类，名称各殊，考义释名，大费稽核也。

（选自《出使日记》卷四）

光绪十六年十一月廿一日（1891年1月1日）

今泰西之代数学，即所谓借根方法也，阿喇伯语谓之阿尔热巴喇。盖其学亦阅千百年，愈研愈精，始臻此诣，非一时一人之智力所能为也。康熙年间，其法始入中国，梅文穆公一见即悟为古立天元一之法。立天元一者，《九章算术》中加《少广》章借一算以为隅，《方程》章别正负以为用，实已为之嚆矢。至宋秦九韶著《算学九章》，始列立天元一之法于大衍术中。厥后元郭守敬、朱世杰皆屡述之。栾城李氏著《测圆海镜》，始合《少广》、《方程》为一，举立法意而畅言之。其加减乘除之例，与正负相消之理，足以尽奇偶和较之变，凡诸法所不能御者皆能御之。是中国立天元一之法，秦氏肇其端，实阐幽微；而李氏畅其旨，尤为精妙。西人借根方法，适与相合。梅氏于所著《赤水遗珍》中详解之，并谓阿尔热巴喇者，译言东来法也。中国之考古者，遂谓中法流入西域，一变而为谟罕默德之回回术，再变而为欧罗巴之新法。而西人之明算学者则力辩之，谓译阿尔热巴喇为东来法者，实系译者之讹。且云千余年前，希腊、印度等国已传其法，但不能如今日之精耳。余谓研精究微之学，乃宇宙间公共之理，不必辨其孰为传习。然中国之有此法，亦既千年矣。夫谁谓中国之才人学士，不逮西人之智力哉！

（选自《出使日记》卷五）

光绪十六年十一月廿五日（1891年1月5日）

谈地球各国之幅员者，向以俄国第一，英国第二，中国第三，美国第四，巴西第五。今则俄国、英国之地，各皆八百余万方里；中国与美国之地，各皆四百五十余万方里；巴西之地，三百二十五万方里。盖近十年中，英人在阿非利加洲多辟新土，甚为广远，故其地骤能与俄国相衡；美国亦在亚美利加一洲辟地渐广，故能与中国之地相埒。然俄国虽地跨两洲，二三万里联为一片，而其中多荒旷不毛之土，但其居高临下之形势为可虑耳。英以其本国之英伦三岛及五印度，最为菁华所萃；其次则澳大利亚一洲，垦辟招徕，必可渐臻繁盛；又其次则美洲之北冰疆及阿洲新辟之土。虽地遍五洲，然势极散涣，不能不藉轮船、电线、铁路以通声气，若其海道四通，商务殷繁，水师强盛，则固远出俄国上矣。中国神皋沃壤，纵横各万余里，物产最丰，声教亦最先，而户口之众，尤甲于地球诸国。若合内外上下之力，精心整顿，各国未尝不心畏之。美国虽新造之邦，天时地势与中国略相仿佛，其经营富强之业，则固不后于英、俄。巴西则僻处南亚美利加洲，与秘鲁接壤，狉榛初辟，草昧经营，当观其效于数百年后，今固未能齿于上国也。

（选自《出使日记》卷五）

光绪十六年十二月初十日（1891 年 1 月 19 日）

西洋各国经理学堂、医院、监狱、街道，无不法良意美，绰有三代以前遗风。至其所奉耶稣之教，亦颇能以畏天克己、济人利物为心，不甚背乎圣人之道。所设上下议院，亦合古之刑赏与众共之之意。惟流弊所滋，间有一二权臣武将，觊窃魁柄，要结众心，潜设异谋，迫令其君退位，如近日巴西、智利之事，而数十年前则此等事尤多。颇如孔子未作《春秋》以前列邦情势。此其君臣一伦，稍违圣人之道者也。

子女年满二十一岁，即谓有自主之权，婚嫁不请命于父母。子既娶妇，与父母别居异财，甚者不相闻问。虽较之中国父子贼恩、妇姑勃豀者，转觉稍愈。然以骨肉至亲，不啻推远之若途人。国家定律，庶民不得相殴，子殴父者，坐狱三月，父殴子者，亦坐狱三月。盖本乎墨氏爱无差等之义，所以舛戾若此。此其父子一伦，稍违圣人之道者也。

西俗贵女贱男。男子在道，遇见妇女则让之先行。宴会诸礼，皆女先于男。妇人有外遇，虽公侯之夫人，往往弃其故夫而再醮，不以为异；夫有外遇，其妻可鸣官究治，正与古者扶阳抑阴之义相反。女子未嫁，每多男友，甚或生子不以为嫌。所以女子颇多终身不嫁者，恶其受夫之拘束也。此其夫妇一伦，稍违圣人之道者也。

夫各国当勃兴之际，一切政教均有可观，独三纲之训，究逊于中国。即洋人亦或推中国为教化最先之邦，似未尝不省悟及此，然一时未能遽改者，盖因习俗相沿之故。余谓耶稣当西土鸿荒初辟之时，启其教化，魄力甚雄，然究竟生于绝域，其道不免偏驳。失之毫厘，差以千里，不信然欤？

（选自《出使日记》卷五）

光绪十六年十二月十七日 （1891 年 1 月 26 日）

今环中国四面皆有铁路。英由印度北行，且逾廓尔喀而抵克什弥尔，一路抵西藏外之大吉岭，一路由缅甸之仰江以达阿瓦，由阿瓦以达新街，已距滇边不远矣。俄越乌拉岭，岁造数百里，将至塔什干而抵浩罕；现复议兴大工，经西伯利亚循黑龙江滨，东越乌苏里以通珲春、海参崴矣。法取越南，已探富良江之源，经营滇边通商之路，其大道则将由顺化、河内直接于谅山矣。环中国之四境，凡有陆路毗连之处，将无不汽车电掣，铁轨云连。一旦有事，则彼从容而我仓卒，彼迅捷而我稽迟，彼呼应灵通而我进退隔阂。吁，其可不早为之计哉！

（选自《出使日记》卷五）

光绪十六年十二月廿九日 （1891 年 2 月 7 日）

地球万国内治之法，不外三端：有君主之国，有民主之国，有君民共主之国。凡称皇帝者，皆有君主之全权于其国者也，中国而外，有俄、德、奥、土、日本五国。巴西前亦称皇帝，而今改为民主矣。美洲各国及欧洲之瑞士与法国，皆民主之国也，其政权全在议院，而伯理玺天德译作总统无权焉。欧洲之英、荷、义、比、西、葡、丹、瑞典诸国，君民共主之国也，其政权亦在议院，大约民权十之七八，君权十之二三。君主之胜于伯理玺天德者无几，不过世袭君位而已。英主在英伦三岛称君主，而又称五印度后帝，则其君权在印度较重。其本国所以仍称君主者，以数百年来为其民所限制，骤难更张也。法国前称皇帝，而今改为民主，始稍安谧。夫法国人心好动恶静，固多事之国也，既为民主，其权乃散而不一，佳兵黩武之风，其稍戢乎？

（选自《出使日记》卷五）

光绪十七年正月初一日 （1891 年 2 月 9 日）

欧美诸洲，从古与中国隔绝不通。欧洲近数百年来，稍稍能通中国，其往来通行无阻，不过在数十年之内。然观各国设官之意，颇有与中国暗合者。如英、法、义、比等国办事，亦各分厥部，每部设一尚书。有内部、户部、学部、兵部、刑部、工部、藩部等尚书。内部即吏部，学部即礼部，藩部即理藩院也。又有外部、海部，中国近亦仿照其意，已设总理各国事务衙门、总理海军事务衙门矣。又户部之外有农部，颇见重农之意。外部之外有商部，殆犹中国之通商大臣，惟在内在外之不同耳。印度部尚书、军机处尚书，惟英国有之。又英、法、义等国有邮部尚书，比国有所谓铁路驿递电报部者，核其义实即邮部。近年各国以此为要务，故特设专官也。

世袭之爵亦有五等，译者即以公、侯、伯、子、男称之；惟俄、德等国有君主之全权者，五等之上又有王爵。王有二等，无异亲王、郡王之分。丞相只有一人，往往有以首相而兼一部尚书者，或内部，或外部，或户部，或兵部，各视其时所重而兼之，亦与中国相仿佛。惟出使一途，系属专门。随员可升参赞或总领事，参赞、总领事可升公使。亦有由外部侍郎及总办出为头二等公使者，有由宰相、外部尚书出为头等公使者，有由侯伯等爵简授头二等公使者，必视其娴习外务者而用之。亦间有以王爵、公爵而充参赞、随员者，则以其自愿借途以资历练也。盖西人平时多好讲求公法，揣摩各国形势，故凡出任使事，多不至辱命焉。

（选自《出使日记》卷六）

光绪十七年正月初三日（1891 年 2 月 11 日）

西洋各国教民之法，莫盛于今日，凡男女八岁以上不入学堂者，罪其父母。男固无人不学，女亦无人不学，即残疾、聋瞽、瘖哑之人亦无不有学。其贫穷无力及幼孤无父母者，皆有义塾以收教之。在乡则有乡塾，至于一郡一省，以及国都之内，学堂林立，有大有中有小，自初学以至成材，及能研究精微者，无不有一定程限。文则有仕学院，武则有武学院，农则有农政院，工则有工艺院，商则有通商院。非仅为士者有学，即为兵为工为农为商，亦莫不有学。其书多，曲折该备，有读之十年不能罄其奥者。平时所见所闻，莫非专门名家之言，是以习之而无不成，为之而无不精。近数十年来，学校之盛，以德国为尤著，而诸大国亦无不竞爽。德国之兵多出于学校，所以战无不胜。推之于士农工贾，何独不然？推之于英、法、俄、美等国，何独不然？夫观大局之兴废盛衰，必究其所以致此之本原。学校之盛有如今日，此西洋诸国所以勃兴之本原欤？

（选自《出使日记》卷六）

光绪十七年正月初六日（1891 年 2 月 14 日）

近来西人测天，谓地球亦行星之一。其绕日而行者，如金、木、水、火、土五星及地球及天王、海王星，皆行星也。其有定位而不移动，如二十八宿者，谓之恒星。人但见恒星之旋转，不知乃地球之旋转也。惟是恒星之旁亦有行星，以其离地过远，人之目力有见有不见耳。行星之旁，亦更有绕行星而行者，如西人近测填星内有八月，木星内有四月是也。惟火、金、水三星离日较近，尚无所见，或本无之，或为日光所夺隐而不显，均未可知。西人之言天文者如此，爰追忆而书之。

（选自《出使日记》卷六）

光绪十七年正月初七日（1891 年 2 月 15 日）

地球及诸行星，皆为日之吸力所吸引而行；月又为地球之吸力所吸引而行，实则皆日之吸力所统摄者也。西人近窥月中，谓万余年以前，或尚有人物，今则有山川而无人物，以其已无生气也。盖既不受天空之生气，则不能生火，亦不能生水，其中成凹形者，皆旱海也。无水无火，人物不生，自然之理。

（选自《出使日记》卷六）

光绪十七年正月初八日（1891 年 2 月 16 日）

地球即一行星，行星亦一地球。自他星上望吾地球，固炳然一星也。光从何发？借日之光以为光也。西人测望五星，谓皆有空中生气，即皆当有人物。惟水星离日最近，受日之热较地球多七倍，以常理测之，星中之水当尽变为气，其热必更甚焉。木星离日较远，受日之光与热，较地球少二十五倍；土星离日更远，受日之光与热，较地球少九十倍。夫以吾地寒暑适均，所以人物蕃昌。假使于酷暑之时，加热两三倍，则人物不能存矣；严寒之时，加冷两三倍，则人物不能生矣。若如水星之热，土、木星之寒，人物万无生存之理。或者造物位置此等地球，别有妙用，则诚非吾地球之人所能揣测矣。

（选自《出使日记》卷六）

光绪十七年二月初七日（1891 年 3 月 16 日）

游伐底冈教王宫。宫在散比爱大教堂之后，周围二百八十迈当，名"伐底冈"，译言众宫丛聚，参错不齐也。有厅堂、走廊、书库及博物等院，天井二十六，大梯二，小梯二百。博物院范铜为门，右为埃及国博物院，正中为希腊十字架厅。殿宇广邃，推为泰西第一。惟无大门，藉散比爱大教堂之长廊，以壮观瞻。总门之内，有整块紫肝石所凿巨棺二，外镂人物形，希腊人所造石柱六。再进为石器室，琢成狮子、鳄鱼、骆驼、孔雀之形，罗列百数，又有铜制龙虾等物。室之对面为石像排立之所，其下皆教王墓云。石柱之质，有纹如红木、花梨者，不加雕镂，自成文采，又有玛瑙、绿玉者。进内一室，为物囡斯之像，西国称为天神者也，中铺细石，为五采人物。游廊外俯瞰一池，有铜制三桅船一只，仿古式也。又一室，置五千年以前木棺十余具，皆由埃及运来者。古尸二，骸骨尚未化，想有药水之故，包裹如旧，金勒贴于胸前。其余殉葬石人、石兽、器皿之属，罗列数千百件。又一室，悬古字横条二十七幅，皆埃及文也，亦自右至左，但横书耳。细审埃及文字，形模已与中国篆书相近，大抵会意象形者为多。书库在宫之左，每日启门三四点钟，任人游览，有常住肄业者。自历代教王搜罗遗籍，岁积月增，明万历十六年始造书库，聚书至二万五千六百种，凡印板之书二十二万卷，钞本尚不在内。其书厅长六十九迈当，宽十五迈当；书厨傍壁而立，计三万厨，高低尺寸皆一式。每厨设门二扇，内又设铁丝门二扇，可通风，以免霉烂，各有锁钥以便启闭。其东方各书之内，有阿剌伯书九百种，波斯书六十五种，土耳其书六十四种，西里爱书四百五十九种，爱伯来克书六百零九种，爱底亚比爱书七十一种，赛买里丹书一种、钞本七十九种，埃而美尼爱书十三种，伊培里爱书二种，印度书二十四种，中国书十种，俄罗斯书十八种。书厨之旁，颇列各国所赠教王宝器，不少希世之珍，因未暇细观，兹不具载。

此宫甚大，今日所览仅得十之一二也。盖自耶稣没后即有教王，今在位者曰雷容第十三，已为二百五十八世。即从前各国战争之时，皆以其在方外而不之忌，故不甚被兵燹。是殆积千八百余年之物力，集欧美诸洲各大国之赠献，缔造经营，非一时一人之力，宜其规模之闳壮若斯也。

（选自《出使日记》卷六）

光绪十七年二月十一日（1891年3月20日）

游摆而安时油画院，院为义之巨族摆而安时所建。前所游摆而安时之宅，石像各极其妙。此则集古今最精之画，其价无在英金五千镑以下者，凡珍贵难得之品，则值至五六万镑。盖罗马为教王所居，旧时每造一教堂，不惜巨赀以购名画，故画手之高者咸集焉，为泰西精华所萃。昔法王拿破仑第一以兵入罗马，尽取古画运至巴黎；英人既败法兵，勒令送还，谓此系天下公共之物，非一国所得而私。法人颇摹得其副本，而罗马各院之画，幸未毁失。今英、法习画已成家者，必至罗马一两年，始臻超诣，以其有古本可临也。惟彼所最推重者，必画耶稣与耶稣之母及教门诸人，余不甚知其妙。虽摹绘各状，务竭精能，然究嫌数见不鲜。若其寻常所画山水人物花卉，转为有目所共赏焉。

中国之有画，亦数千年矣，然重意不重形，后世所推神品者，专以超脱高澹为宗。如倪云林、唐伯虎之用水墨作画，惟其写意，斯称大雅。又如王石谷之山水，恽南田之花卉，虽著颜色，而务取远神，显真趣，亦得于虚处者为多。西人之油画，专于实处见长。旧法尚无出色之处，四百余年前，义国人辣飞尔一译作赖飞野祁创寻丈尺寸之法，务分浅深远近，阴阳凹凸，不失分秒，始觉层层凌空。数十步外望之，但见为真山川、真人物、真楼台、真树林，正侧向背，次第不爽，气象万千。并能绘天日之光，云霞之彩，水火之形。及即而谛视之，始知油画一大幅耳。此诣为中国画家所未到，实开未辟之门径。

院中油画纵横大小数十百幅，尤以辣飞尔真迹为贵。男妇数辈到此临习，日日有之。前岁英人有以英金七万镑购得辣君手迹者，颇秘为希世之宝云。又有以细石合成山水城郭形者，有织人物于绅绢者，亦甚工致。

（选自《出使日记》卷六）

光绪十七年二月十五日（1891 年 3 月 24 日）

今泰西诸国文字，往往以罗马腊丁文字为宗。一切格致之学，未尝不溯源罗马。盖罗马为欧洲大一统之国，昔时英、法、德、奥皆其属地，制度文物滥觞有素，势所必然。然罗马文明之启肇于希腊，以其初英辟名臣大半自希腊来也。当希腊开国之始，政教之源取法埃及，则埃及文字又为其鼻祖焉。尝考埃及创国于上古，而制作在唐、虞之世；希腊创国于唐、虞，而制作在夏、商之世；罗马创国于成周，而制作在两汉之世。彼皆数千年旧国，其间贤智挺生，创垂久远，良非偶然。

夫以埃及之学与希腊校，则埃及为朴略矣；以希腊之学与罗马校，则希腊亦朴略矣；以罗马之学与今英、法、德、美诸国校，则诸国于近百年内，迭启神奇，窥造化之灵机，扩宇宙之妙用，其胜于罗马之学者，又奚啻十倍？譬之造七级浮图，后来者因前人基址，愈积愈高，亦自然之理势。然由英、法、德、美诸国而溯罗马，溯希腊，溯埃及，其根源有不可没者。犹之观水者见黄河下流之浩淼，不能谓其非导源星宿海也。埃及在阿非利加洲之北境，希腊在欧罗巴洲东境，当时疆域兼涉亚细亚洲之西境，罗马兼跨亚、欧、阿三洲之境，则诸国学术之由东而西，益显然可证焉。

（选自《出使日记》卷六）

光绪十七年二月十六日（1891 年 3 月 25 日）

游邦非利宫，前教王之别业也。周围游廊中有九厅，厅内各分数室，陈列石像、石棺、油画之属，璀璨满目。又游朵罗尼亚别墅，亦近城佳胜之处。正厅七间，巡檐白石，镂刻极工。楼上流丹错采，陈设富丽。南临大园，畦径交互，绿草缤纷，方广约百余丈。中设机器，激水四射，喷沫为雨。厅外东西皆长廊，由东廊而左，丛石像为一室。稍南，四壁琉璃，小轩启焉，角抵之所也。异卉名葩，纷布槛外，茶花大如杯碗。又南出，涉草畦数十武而至南厅。屋瓵之脊，悬报时钟，响闻数里。由此而西，为墅之西园，编树为墙，小石如棋，铺径皆满。高柏八株矗立，亭亭如华盖。其北为茂林，植巨木数百本，翁郁阴翳，蒙络联缀，漫天皆绿。纵览无际，极幽邃之胜。林尽处，即厅之西廊也。园周围可逾百亩。百余年来,已五六易主矣。

罗马山水清秀,天气温和,向称福地。今值春分节候,而已如谷雨之末,立夏之初。余到此才两日,咳嗽即已全愈。盖伦敦、巴黎皆距海稍远,而罗马滨临地中海,人受海气,大有裨于养生。惟自五月至七月,颇有瘴气。大抵阿洲沙漠炎热之风,由红海以入地中海,不免蒸为疾疬。富贵之家,多出避之。若自九月至四月,则天气较伦敦为清朗,较巴黎为和煦,于养病者尤相宜也。

(选自《出使日记》卷六)

光绪十七年二月廿七日(1891 年 4 月 5 日)

德国都城名百尔灵,译音省一字曰"百灵",近时公牍每作"柏林"。外洋地名,不过译音,本无字义。然余自入境以后,直抵德都,见其树林最广,柏树尤多;则核以中国字义,谓之"柏林",谁曰非宜?柏林气候,向视巴黎为稍寒,而天气晴朗则过之。城中街衢宽阔,道路整洁,望而知为振兴之象。惟瑰货之阗溢,阛阓之富丽,不如英、法两国。盖普鲁斯虽称旧邦,而其统属日耳曼诸国仅二十年,取未精而用未宏,即其巨室广厦,亦多新造者。贫民见中国衣冠,非但不敢玩侮,或往往免冠为礼,犹可睹朴实之风气焉。至其学堂林立,武备整肃,当推欧洲第一。余未及周览,仅驱车九达之衢,并至皇宫前一瞻眺而已。

因偕洪星使同游蜡人馆。捻蜡为人,或立或坐,骤视与生人无异,殆西国之绝技也。星使邀余适大馆同饱洋餐,味甚适口,畅谈良久而别。遂访许竹筼星使,会商要务。是晚,许星使为洪星使饯行,邀余与新旧两馆之参赞、随员,同赴洋馆,设为广筵,酬酢尽欢,夜分始散。游数万里重洋之外,而华员雅集至三十余人之多,亦盛事也。

(选自《出使日记》卷六)

光绪十七年三月廿一日(1891 年 4 月 29 日)

俄国创筑西伯里亚铁路,盖有三意:一、因中国与日本皆有海口,可以互市通商,该国若不筑路使与海口相通,恐于商务大有滞碍。一、因太平洋大水迢迢,必须筑路,而后东西货物可以随便来往,且可保护边界。一、见欧洲各国皆以铁路致富强,民皆称便,故竭力仿效,不畏

其难。共计长一千九百六十七英里，分为三段：西至耳库池，即西伯里
亚省城，滨临白哈海口，在甘肃兰州府正北。中至司颏屯，在中国北京正北，相
距一千英里。东至珲春，约需英金一千八百余万镑。

（选自《出使日记续刻》卷一）

光绪十七年三月廿二日（1891 年 4 月 30 日）

香港报云：俄国所属西伯里亚之铁路，自前年筹款兴建，工程极形
忙碌，从事其中者，有日不暇给之势，近接珲春等处递来信息，得悉此
路已竣，本年春间当可载客来往。此路由西伯里亚接至欧洲，将来由中
国、日本暨亚洲各国前往泰西，较曩时倍形便捷。俄人之为此举，固属
不惜浩费，尤为殚竭精神。其路程计长四千八百一十四里，需费三千二
百万镑。途中隔越三大河，倘由此建桥以渡，则用款更巨。计自鸠工以
来，斩棘披荆，凿山通海，不知几烦擘画。所经之处，不少菁华荟萃。
异日驾轻就熟，则西伯里亚东方之金、银、铜、铁等矿，均易于开办。
盖前因开矿机器艰于载道，故虽有美矿而未能开采；今则负重致远，不
啻指顾间事。其附近黑龙江暨乳苏利辖内，向多空旷之地，因与居民相
去遥远，寒烟蔓草，一片荒凉，几为人迹所不到；既开此路，则辘轳衔
接，不难焕然改观。且该处水土极为得宜，与法国佳山水之区无甚轩
轾。十年以后，中日两国之陆路商务，必尽为俄人所夺；而俄属珲春一
带，得此为唇齿之依，必成重镇，且扼其险要，进可以战，退可以守，
中俄倘有边衅，俄人调兵运饷，呼应尤灵，不出两旬，可将十万援兵调
赴中国边界；由欧洲往中国，仅半阅月即可戾止，非若目前多费转
折也。

（选自《出使日记续刻》卷一）

光绪十七年三月廿五日（1891 年 5 月 3 日）

余与庆霭堂等至安佛里特旧院，访法前王拿破仑第一陵寝。王以佳
兵，当嘉庆二十年，为欧洲诸大国所废。始放于厄尔袜岛在地中海，再
流于圣海凌那岛在阿非利加西南大西洋中。道光元年，王卒，年五十二。
越二十年，国人奉柩以归，以皇帝礼葬于此，四方官民来会者一千万
人。陵系北向，其基略低，须历级而下。合五采石砌地若轮，圆径约五

丈；周围凿字，记王战胜之国也。轮心置长方青金巨石一，高可寻丈，纵二衡一，上置紫肝石，式同前，惟凿小其腰。又其上即紫肝石棹，上侈下弇，两旁凿大环四。王卒时，俄王以此石为赗，石工琢十二年乃就，于其中纳王棺焉。棹下尚有巨石承之，距地可三丈，并不入土。轮圆地外，圈以游廊，白石柱十二。枕南一室，立王登极时石像，生前所御冠剑铜炉咸在。廊之四壁，凿生平事迹，又设王临阵手搴敌旗若干面。北历级而上，范铜为门，即陵门也，肖将军二人守之。两旁叠乌石为墙，光可以鉴。傍门而上，为陵之上层，飞金贴柱，云母嵌窗，日光映射，彪采焕发。侧室置王兄弟之曾为义大利、西班牙王者石棹二具。中为大圈栏，凭栏下视，王之棹在焉。栏距五采轮圆地计八万〔迈〕当。其上屋顶覆作穹形，饰以金顶。此陵内上下大较也。

陵门外为教堂，二百六十年前法前王路易十四所造者；迨拿破仑王葬此，乃合为一。故将士多瘗其下，东西茔遍插将士所搴敌旗，有"赵"字赤帜，未知所由来也。堂门之外为大游廊，方广百二十楹。北为大门，门楼有王画像，与当时建功大将及路易十四像皆在焉。又一室，以玻厨储花草树木栏干等物各少许，王流圣海凌那岛园内物也。

历代兵器博物院，在大游廊之两旁。养病兵院，亦在大游廊之旁，始有千人，近仅三百余人。拿破仑朝之兵尚有养至百余人者，亦可见经理之善矣。

（选自《出使日记续刻》卷一）

光绪十七年四月廿三日（1891 年 5 月 30 日）

海风最有益于人之身体。西人凡值盛暑严寒，及有疾病者，皆居海口颐养。惟欧洲各国皆忌东南风，以其由阿非利加洲沙漠吹来，受之每易烦躁，或易得病，或挟瘴气以俱至也；喜西北风，以海在西北，得其温煦涤荡之气也。中国则适与相反，喜东南风之和霭，以海在东南也；畏西北风之严厉，以其由西北塞外而来，塞外多沙漠也。今年二月，余居罗马，为义国气候最好之时，盖罗马滨地中海，得其和润之气，所以称为福地。一入夏秋，颇畏瘴毒，以南风来自阿洲沙漠故耳。

（选自《薛福成日记稿本》影印本）

光绪十七年五月十七日（1891 年 6 月 23 日）

向来英馆每隔一二年或三四年，必请茶会一次。自丁亥年刘前大臣任内曾有茶会，至今已越四年矣。余到此一年有半，酬应主客官绅，赴招茶会已不下数十次，自不能不答厚谊而联众欢。先期一两月，即分帖延订。是晚十点钟至一点钟，各国公使、参赞、随员及伦敦著名官绅，会者五六百人。此事由马清臣悉力经营，陈设华焕，花草鲜美，肴果丰洁，佥谓此等排场，为各使馆所仅见云。

（选自《出使日记续刻》卷一）

光绪十七年五月廿二日（1891 年 6 月 28 日）

通商以来，论者虑银钱流出外洋，固矣。然外洋之耗中国，乃黄金，非白银也。西洋制币，皆以金钱计数，零星交易始用银钱。英、美诸国皆然。法国银币较重，仍不敌金。德国二十年前尚重银币，近始改铸金币。美国近来金矿渐虚，银矿尚盛。闻昔内地金仅银数两，二十年尚在十两内外，金〔今〕至二十两以外，与西国金价相若。非西人运往而何往哉？曩者云南出金，经兵乱而止；吉林出金，驱逐金匪而亦止。今惟恰克图边外，俄人所采金砂，经华人窃购，流入中国，转藉邻邦漏出之银以供挹注。设彼禁绝私销内地，金源将竭。经营北边金矿，似为时务所宜。据俄矿师云，自恰克图至库伦，中途乌罗河、乌峒山一带，皆有金苗金砂。至于唐努山北，叶尼赛河上游之水，富有金砂，俄人越界淘金，前年驱逐有案。

（选自《出使日记续刻》卷一）

光绪十七年六月二十日（1891 年 7 月 25 日）

申刻，赴沙侯所招哈得飞尔花园茶会。乘马车至金司克罗司车栈，坐汽车，约行一点钟到园。园乃三百年前英女主以利撒毕所居旧宫也，厥后以赐其宰相，实沙侯之远祖，故沙侯先世居此已三百年。园地极为闳敞，其室皆如宫殿之制，犹多三百年前旧式。余复观其男女图像，服饰亦异于今日，大抵昔时之宫室衣服，其形式转多与中国相似者，非若今日之迥然不同也。沙侯因意大里太子兼拿波利王—译作南柏尔斯王，迩来意国太子皆兼此王号云到此，特设茶会以款之。是日天气晴朗，官绅及各国公使、参赞会者颇众。

（选自《出使日记续刻》卷一）

光绪十七年六月廿八日（1891 年 8 月 2 日）

有议东三省铁路起讫地段者，其言曰：他省之铁路为自强计，兼为富民计，东三省则但可计自强而已。今议东路起自营口，轮船运货，由此舍船就车，且去沈阳仅四百里，较诸山海关至沈阳近九百里，创造之费较省。惟营口冻河，自立冬至春分，轮船不通者五阅月；天津冻河，由大雪至惊蛰，仅三阅月。且北洋水陆防军之精锐，皆在津沽，则东三省之铁路，不如由津沽起手。查天津铁路已造至滦州之林西，若东展三百余里，可至山海关，出关三百六十里至锦州府，再二百六十里至牛庄，再二百七十里至沈阳，如此，则东三省与津沽一气贯注。由津沽至牛庄，皆为沿海要区，有事时应援更为便速。况目下官商、员董人役，及火车、客车、货车，可暂与津沽公司通融取用，随后从容购造。且牛庄距营口甚近，牛庄建有铁路，其赴营、赴津之两路，货物生意必旺，通年常有车脚进款，无须另筹养路之费。此起处之宜审者也。

又有沈阳经长春府而达吉林，由吉林或经敦化县或经宁古塔至凉水泉，过大盘岭而达珲春，如此设防，似为周密。然先后缓急之间，有宜详慎者。吉林迤东，恒数十里，不见人烟，而俄人常欲赴宁古塔购运米粮牲畜；若路接珲春，我无利而俄有益。且无事时游历觇觎，争搭客车，较量运脚，争端难免。且珲春仅一土圩，防军甚形单弱，而距俄卡仅三十五里，虽筑铁路，无可恃以保护，万一失和，彼族占夺，为害更大。至商民稀少，养路无资，犹患之小焉者也。由吉至珲，中间之老鸦岭、张广才岭、海庆岭、大盘岭，皆壁立千仞，天然屏蔽；且遍地哈塘，人过即陷，若因铁路而铲平填实，亦属非计。因思铁路经长春府至吉林，陆路距伯都讷仅三百余里，水路达三姓呼兰皆顺流东下，足揽奉、吉、黑三省之全局。总之，筑路至吉林后，似宜择地势之相宜，工费之较省者，再行相机筹画，目前暂至吉林为止。此讫处之宜审者也。

（选自《出使日记续刻》卷一）

光绪十七年八月十三日（1891 年 9 月 15 日）

徐仲虎来信云：法人来华，准其传授天主教，地方官应为保护，原载条约；而在教之人，应由地方官管束，荷兰约第四款亦有明文，并有历办成案可援。即洋人教士住居中国者，地方官必有管束之权，方任保护之责，本是各国通例。其教堂之内增设育婴、妇女等堂，和约中并无此款。中国定章，凡此等善举，如系民捐民办者，应先禀地方官批准给示，方能举行；平时所办各事，亦须造册汇报，俾便稽核而杜弊窦；如有匪人生事，官府方为弹压。若不先行禀候批准而私设善举，虽不生事，如为官府访问，或被他人告发，例应封闭，尚何保护之有？今以外人来此设教，于约章之外私立善举，又不照华民之例，禀请地方官批准，本在封禁之列，自然易生猜疑。则与民不和，滋生事端，亦是自贻伊戚，不能责地方官以保护不力，为索赔之地也。

（选自《出使日记续刻》卷二）

光绪十七年十月初六日（1891 年 11 月 7 日）

泰西诸国，近十五年间所得新法，以利用者尤多。若电学内之代拿模又名互生电机，若电气灯，若德律风即通言器，若记声器等；又如天文学内之极大折光远镜，火轮车之新式机器，刊印新报机器，照相印书器，开矿制金器；医家所用之哥哥爱嗯，即闷药；更有印写机器、照相新法，此类不胜枚举。

代拿模，即互生电机一器，二十年前止能用常力磁铁，力不甚大而费资反多。同治七年，有德国人名西门斯者，英国人名辉子敦者，查出新理，凡平常镈铁内，亦略有余磁；如造互生电机，可不必用常力磁铁矣。遂设新法，将平常镈铁造成此代拿模，可用人力或汽机以运动之，则自生电气，转动愈速，则电力愈大。费省、力巨，故其用处愈推愈广。有作电车者，电灯者，又可传力于数十里外者。

（选自《出使日记续刻》卷二）

光绪十七年十月十六日（1891年11月17日）

西洋之造自来火，始于道光十六年，从前俱用布、纸等炭质，击火石引火，此旧式也。以旧式取火，多费时刻，少成货物，即少得银，是费时刻无异费银也。近有人核计，英国全境因易用自来火，一岁节省英金二千六百万镑。而造办旧式火具者，未免衔恨；然得利者广，失利者寡，只能听之，久则失利者改就他业矣。石油一物，向来蜀人以代兰膏焚爇继晷。道光二十六年，英人伯来佛在英国见石油泉，始炼为烛。又设一法，将层石所含之油，蒸出制烛，其价更廉。今美国亦以所产石油制烛矣。亚洲之里海，石油最多，有运往欧洲供燃灯者；以致鲸鱼油、菜油所制之烛，多乏销路，人皆改业。

（选自《出使日记续刻》卷二）

光绪十七年十月廿七日（1891年11月28日）

丝茶为中国出产之大宗，近则外洋各国效中国之长，夺中国之利。茶则印度、锡兰、日本种植日多，烘焙亦日讲究，色香味俱佳。洋茶销路日见畅旺，华茶销路日见耗竭。丝则法、义、日本等国养蚕得法，出丝日旺，剔选极精，缫制极良。同治初年，华丝每岁出口者六七万包，今不过二三万包，已减去三分之二。夫茶市所以日坏者，由于采摘失市，烘焙未善，而又加以搀杂，遂让洋茶以日盛。丝市所以日疲者，由于饲蚕未合其宜，拣种未察其病，缫丝未得其法，与洋丝比较，未免相形见绌。今欲筹补救之法，惟有劝华商精益求精，勿以伪物欺人，并减轻税额而已。

（选自《出使日记续刻》卷二）

光绪十七年十一月十八日（1891年12月18日）

李傅相来书云：执事移总署书，谓帕米尔部落，检文卿新译《中俄交界图》，在中国界线之外，亦非俄属。疆抚魏午庄电，帕米尔地名甚多，现英使所指俄兵所到之地，则在喀什噶尔西南隅，为各外部入华孔道，该处布回皆系中属，不仅羁縻。饶子惟来函，帕米尔长千余里，在乌斯别里以北者属俄；以南曰大小帕米尔，为中国与什克南交界，英人、什人皆知之，不惟非俄属，并不交俄界。文卿新译图，正在舒克南与中国交界处，其考订颇足证明也。

（选自《出使日记续刻》卷三）

光绪十七年十一月廿一日（1891 年 12 月 21 日）

光绪丙子，自沪上之天后宫起，至吴淞四十里间，有洋商价买基地，造铁路，行火车，但搭客而不载货。每日开车，往返七次。上等车价来回一员。旋由中国给价银二十六万两，买回拆毁，然其旧址尚在也。今日风气大开，廷议已准造铁路，似莫如用新式之高脚铁路，较为费省工速。此路创于英国拉尔提格厂，其在沪总办者，则总兵衔、权授中国副将麦士尼为能也。路如人字形，以钢条安置地上，占地无多，车脚等系纯钢制成。尤妙在单条行驶，较之双条稳而且速；即有房屋、坟墓、河水、桥梁，以有高脚之故，易于避让。路之高低不等，或离地三五尺至二丈有余为止。其行驶，用煤火力、电气力皆可。其价，每一英里离地四尺者，需英金八百五十镑。其铁路之斤两，每一里重英权七十五吨。脚愈高，则价银、斤两亦大而重。总之，较双条者约省费一半。若淞沪再造此路，只十余万金足矣。近闻英、俄、德、法等国，以其价廉物美，相继而造者已数千里矣。

（选自《出使日记续刻》卷三）

光绪十七年十一月廿七日（1891 年 12 月 27 日）

法京巴黎隶于实纳府，有狱十所，其八在域中，其二在城外。域之东南蒲尔瓦提特罗大街，有狱曰"伯列藏麻寨"在焉。"伯列藏"译言狱，"麻寨"其名也。余与庆霭堂、张让三、王省三往观，先期函告总办。车行三十分钟，入门，总办导观各处。屋巨墙坚，内外两重，中隔复道，外施铁门，有兵守之。其中为巷六条，每巷楼三层，每层有房七十间，其房约宽六七尺，长一丈二三尺。有教士讲经之台，适居全狱中间；而六巷之首，环列台外，每七日教士唪经，则开巷门，使狱囚得听焉。先观监禁之所，为犯者初捕尚未定罪之狱。捕入时，必令浴身更衣，不许携带铁器各物；乃审其身貌，书之册，并照相留之。又重犯之狱为一巷，拐骗、劫盗、奸杀皆有之，各居一室而不作工。有三犯居一室者，盖通同为恶，又恐其自尽也；有疯癫者，恐其害人也。又轻罪之狱为一巷。作工皆有常程，不令得暇，粗工、细工、粗细兼半之工，各视其所长而派之；工作之赀，悉归本犯，不充公款，俾自购食物，甚有积赀者。各巷尽处皆有黑狱，凡重犯违禁而多事者，轻犯怠于工作者，入之；惟日给膳，夜不给烛，或数时，或数日，鲜满七日者。各犯日凡三餐，有面包；每七日与肉食两次，每次牛肉约一斤有半。房中有窗户、床衾、厕所及一小桌，门外有锁，有洞以递饮食而便监视。每日必令出步片时以得天气。地下窟室炽炭，以送暖而御寒，虽届冬令而巷中甚温，此狱每冬炭费三万佛郎。有药室、有病房，以待病者，有书库，以待各犯之愿观书者；凡各学诸艺，以及游历、教门之书，无不有之；亦使之散闷，且警觉改悔也。有犯者亲友相见之所，隔以铁栏铁网；犯者内坐，亲友外坐，可以对谈，仍有官以监之。厨房在大门之内，狱房之外，即以罪犯执其役；所具饮馔甚精，盖罪犯除官给日食之外，如做工有余赀，或素丰于财，皆可在此买饭也。法国律例，亦有斩决，一岁中犯诛死刑者无几人；次则流荒岛，作苦工；次则监禁，自数日、数月、数年以至终身不等。凡罪犯由此移彼，始以铁索系手牵之；其在狱中则行坐自若，并无拘挛也。

（选自《出使日记续刻》卷三）

光绪十七年十一月廿九日（1891 年 12 月 29 日）

俄属西伯里亚，即"鲜卑"之转音。鲜卑在东汉时已强盛，其国势不过稍亚于匈奴，其种族亦甚繁炽。流入中国者，迄于南北朝时，数百年不绝；自唐以后，日就衰微，渐徙而北，去塞绝远，中国遂不复知有鲜卑矣。后为蒙古所逼，益徙而北，立国于今之西伯里亚境内，以其地荒寒，得以久存。迨俄罗斯既灭其境内之蒙古，遂逾拉乌岭辟地而东，至明中叶始灭鲜卑。今尚有鲜卑故城，俄音谓之西伯里亚，遂建西伯里亚省于此。

（选自《出使日记续刻》卷三）

光绪十七年十二月初八日（1892 年 1 月 7 日）

今地球大势，颇似春秋之后、战国之初。俄罗斯以一面制三面，诸国畏之忌之，如六国之摈秦；而俄之日趋强盛，颇如秦献公、孝公之时。英之国势，与俄相匹，而富强过之，殆犹楚宣王、威王之时，初并吴、越，地广人众，而衰微尚未见也。法兰西本霸国之余，拿破仑第三其犹齐闵王乎？德意志用贤才以勃兴，地不甚大，而国势可抗英、俄，殆犹赵之几与秦、楚相匹乎？美国僻处一洲，自辟疆土，亦犹燕之僻在一隅，而战争之祸较寡焉。奥斯马加、意大利四战之国，犹韩、魏也。中国尚文德而不兢武力，颇有宗周气象；然犹似在春秋之前，非若战国二周之弱小也。土耳其处两大洲之中，为英、俄、法所窥伺，孰先得之，皆足以广地而张国势，恐不免如战国之宋，为齐、楚、魏所分裂也。日本国虽小，常有与诸国颉颃之意，其犹中山乎？其余诸国，殆如泗上十二诸侯焉耳。呜呼，天下事有始必有终。今之形势，吾不能测其所终极。倘有如佛经所谓金轮圣王者出乎，当在一千年以内，未可知也。

（选自《出使日记续刻》卷三）

光绪十七年十二月二十日（1892 年 1 月 19 日）

中国刻书，由来已久。《五代会要》：后唐长兴三年，即西历九百三十三年，命太子宾客马缟等，充详勘九经官，于诸选人中，召能书者写付匠雕刻，每日五纸。汉隐帝乾祐中，《周礼》、《仪礼》、《公羊》、《穀梁》四经皆已镂版。后周广顺三年，尚书左丞田敏，进印版九经。据是，则中国刻板印书，在西人前五百余年矣。西人印书，喜用活板。创其制者，德人瞿登倍也。其法，铸铅为短条，约半寸许，薄且窄，一端刻一字；依文稿字序，并合成板，四周围铜片紧束之；置诸机上，涂以墨，以纸覆之，重压其上，揭其纸，已印文字，朗若列眉。其始行于灵纳城，继行于期德辣步城，日耳曼各方争相仿效。罗马初用其法，在一千四百六十七年；又三年，巴黎行之；又三年，伦敦行之；俄人仿行在一千五百五十三年。自是愈传愈广，至今不过四百余年。前此恒用写本。则西人实师华法也。华书刻板，在西人前五百余年。惟西人初创，遽用活板；而中国则始用镂板，后用活板。活板起于宋，大约在西历千一百年。活板之字，宋人用泥，明人用木，国初又用铜、铅，逼肖西法。只印机为西人独倡，迩来中国亦多用之。大抵木板与活板，各有利弊，不相掩也。

（选自《出使日记续刻》卷三）

光绪十七年十二月廿七日（1892 年 1 月 26 日）

西人精研汽学、化学、电学，以得御水、御火、御风、御电之法；而一切制造，遂能极人巧而夺天工。余尝问西士，将来尚能得御云之法乎？西士云，云于天地间最无力，不过乘风气以飞扬，恐不能得其用也。大抵水、火、风、电，其力皆甚大。西人窥其奥妙，驱而用之，无不如志，遂致富强。若气云之出自山川，虽能顷刻布濩〔护〕，弥满天地，不过藉风以行耳。盖云本自无力，则其不能致用也亦宜。

（选自《出使日记续刻》卷三）

光绪十七年十二月廿九日（1892 年 1 月 28 日）

中国自蔡伦作纸之后，继起者争奇竞胜。美其名曰蚕茧，曰乌丝。或以松花为之，或以栲皮捣就。然皆以竹素为盛，类能欺霜浣玉，滑泽晶莹，格物可谓精矣。近日欧洲新法，更能用破布败絮及鸟毛、鱼皮、兽皮等制纸，质坚价贱，即起蔡伦于此时，亦觉后来居上。今又有美国人以麦心之皮制纸，光滑耐久，其化学之功更妙矣。格致之学苟精，殆可使天下无弃物矣。

（选自《出使日记续刻》卷三）

光绪十八年正月十六日（1892 年 2 月 14 日）

有论中国物产甚富，宜设制造学堂，以教学生而谋富强，收回洋商所夺之利者。此固探源之论，不如此，不足敌其朘削也。英国商务最精最广，所属如印度、澳大利亚、加那大皆土沃产丰而少工作；英乃兴其艺，自机器行而成物愈多愈精。如洋布、呢羽、钟表、五金器皿，及玻璃、油皂、针钮一切日用之物，贩运出口；所制洋布，其棉花皆购自美国，所织之布，皆能仿效华制，而花样牌号时时翻新；洋伞以绸制钢骨牙柄者为上，每柄需洋银五六员或十余员，中国到处通行，或用为送礼之物；洋灯以瓷罩保险灯为上，价视寻常洋灯数倍。今中国务本之道约有数端：一、广种植以兴农利。肥田之料，须本西人格致之学，不特振兴桑茶已也。一、精制造以兴工利。如有能制新奇便用之物，给予凭单，优予赏赐，准独享利息若干年，不许他人仿制，而又酌其资本，代定价值。
一、广开采以裕民用。硝可肥田，金可范器，硫可制药，煤可养火，均相
地开采，加以镕炼，更设铁路，散运各处，岂非收回利权之要道邪？

（选自《出使日记续刻》卷三）

光绪十八年正月十七日（1892 年 2 月 15 日）

凡人之心，虚灵不昧，非若肝、脾、肺、肾之仅各司一职，故能用
心者可至于圣，不能用心者可至于狂。诚以人之灵明，多在一心，其所
以能思虑能记忆者，皆心也。此中国数千年来相传之训也。近古以来，
亦有验得悟性在心、记性在脑者。乾隆年间，齐次风侍郎博学多识，十
三经、廿四史几于背诵如流，惜后因翻车倾跌，脑浆迸流，高宗使名医
治之，补以牛脑，虽完复如旧，从此健忘过于常人，经史及一切典故无
复记忆。于是记性在脑之说乃益审矣。

泰西医书及格致诸书，咸谓人之记性、悟性皆在脑。余每晤西士，
诘以人之记性、悟性在脑，有何证据。西士云：人死之后，每称其脑，
凡其人生平愈睿智者则脑愈重焉，愈蠢愚者则脑愈轻焉，试之百而无一
或失。又征之于物，牛虽大于猴，然猴灵而牛蠢者，以牛脑实轻于猴
也；兔虽大于鼠，然鼠黠而兔惷者，以鼠脑稍重于兔也，亦试之百而无
一或失。至心之为用，不过能由大小血管送血以通于脑，以充于周身，
而身之百骸活焉，而脑之精气足焉，精气既足，而脑之思虑自益锐，记
忆自益牢。或有用思过度，以致血管迸裂者，则心血不能送入于脑。大
抵血管尽裂，则其人立死；或裂其半，往往有中风不语、偏痹不仁诸
症，稍久亦终致不治；其有调养得宜，使血管绝而复续者，不过十之一
二耳。西士之说，大旨如此。果若所言，是心不过顽然一物，虽与脑有
相为维系之用，而其不获自擅思虑记忆之能，可知似与中国千古圣贤之
说相背。然人虽终日思虑记忆，其妙用究竟在脑与否，在心与否，人亦
不能自知也。余既不能实指脑之能思虑记忆以证西说之确，亦不能实指
心之能思虑记忆以辩西说之诬，只有暂置不论而已。西士又言：人之神
明在脑。人死则脑腐，脑腐则冥漠而无知、澌灭而无存矣。是中国之所
谓鬼神，外洋之所谓灵魂，实皆无有也。余诘以鬼神灵魂既皆无有，何
以耶稣有天堂地狱之说，西士默然不能对。

（选自《出使日记续刻》卷三）

光绪十八年正月廿一日（1892年2月19日）

西人谓一星即一地球。殆经千百年才智之士测量推算，而始有此论，与我中国旧说迥殊。余无以断其说之或确或否。兹姑述西士所言，而参以余之臆见，更为推而演之，扩而大之。

夫星之布于太空者，无穷也，而日之阳力足以引之。日之悬于太空者，亦无穷也，而太空之无外无不容之。吾人目力之所能见，只此一日，而不知目力之所不及者，尚不可以数计也。一日之力，能统摄群星。星之质有大于吾地球十倍、百倍、千倍者，亦有小于吾地球十分、百分、千分者。惟日之大小亦然。日愈大，则所摄之星愈多，此固必然之理。日之为体，似系纯火，亘古不熄，人不能测其所以然。而太空中之彗星、行星，常有被吸入日者，彗星亦纯火也，行星即地球也。议者以为日之得此，犹火之添薪焉。

昔释迦牟尼与诸弟子说法，因云："我与汝一说法之顷，不知多少世界成，多少世界毁。"夫佛氏所谓一世界，即一地球也。地球之成，余前已言之。地球之毁，厥有数端。其最甚者，莫如被日吸入或为慧星之芒所触，则立成灰烬，无复留遗。又或行失躔次，两球相碰，其摩戛之力，足令全地生火，则人物销灭，而球亦陨坠于无何有之乡。然虽历千万年之流移陨坠，而太空之中，莫不有日有星，虽不为此日所吸引，而他日之力又足引之。浸假而生水土，浸假而生人物，而地球又成。又或因地中之火迸裂以至飞陨，再阅千万年而地球又成。又或因地中之火渐寒，不生人物，虽流转于太空之中，必阅千万年后，别遇生火之道，始能复生人物。又或行失轨道，为日所不照，而人物自息；必待千万年后，再受日照，而人物复生。是故有以一地球而屡毁屡成者，有以一地球裂为数地球者，有以小地球合于大地球者，有地球屡到将毁未毁之时，积久乃复成者。夫天汉大矣，实系众星丛积而成。因其离吾地过远，故其光在明昧之间，可见吾人目力所能见者，地球殆如恒河沙数。余尝盛夏露坐纳凉，虽不过数刻，而天上常见流星，亦有空中有声，光熊熊如巨灯，良久乃没者，斯殆地球相碰，或迸裂所流之火。佛氏说法之言，于兹益信。然并非毁球之易，乃益见地球之多。且吾所见空中之光，未必全球俱毁。亦有地球一处炸裂，飞腾太虚，而全球实未坏者，其火或飞到吾地，则凝而为石，人乃谓之陨星。然其流转空中，如弹丸，如车轮，终古不消者，斯亦一最小之地球。但气力太薄，则人物不生，偶行近吾地，则翕附于吾地，人见以为陨坠，实则为吾地之力所吸耳。

或曰地球可毁之道如此其多，然则吾辈所履之地，岂不危哉？余应之曰：吾地之在太空，殆不仅如沧海之一粟，则所谓或碰或裂，或日吸或慧触者，并无数万万分之一。盖行星被吸入日，西士亦不过设为此说，尚非实有所见。且空中诸地球，吾不遑论，但言吾地，吾地所行之躔度，推步者能知大略，断无日吸慧触之虞。大抵地球所虑，以地中火熄或日光不照为较多。然就吾地而论，亦总在数万年、数十万年之后矣。况此系大数，虽造物者亦无如何也，又奚待乎子之抱杞人之忧？

（选自《出使日记续刻》卷三）

光绪十八年正月廿六日（1892 年 2 月 24 日）

余昨扩天有九重之旧说，以为天实不止万万重，其说似奇而创，然《中庸》已先我言之矣。《中庸》言地曰"及其广厚"，言山曰"及其广大"，言水曰"及其不测"，独言天则曰"斯昭昭之多，及其无穷也，日月星辰系焉，万物覆焉"。夫曰"无穷"，则虽扩之万万重而莫能穷其究竟也。余之前说，不过"无穷"两字之注脚也。余又曾论日月星相绕相吸之理，则一"系"字之注脚也。至余所论诸星位置于虚空之中，升降上下无所阻碍，所以能终古不碰不陨，则又为"道并行而不相悖"一句之注脚焉。夫然后知圣人虽有所不论，而一字一句，义蕴宏深，实已无所不该。余又读"声名洋溢中国"一节，"舟车所至，人力所通，天之所覆，地之所载，日月所照，霜露所坠，凡有血气者，莫不尊亲，故曰配天"，始确然知后之圣人，必有统一五大洲之一日，而孔子之道，亦必遍行于五大洲，为所尊亲无疑也。抑余又在外洋阅历二年，深有味于《论语·子张问行》一章，忠信笃敬，蛮貊可行，实为颠扑不破之道。呜呼，圣人之言，何其神也！

（选自《出使日记续刻》卷三）

光绪十八年正月廿七日（1892 年 2 月 25 日）

或戏问于余曰：洋人创造火轮舟车及电线，巧夺天工，遂能将五大洲联而为一。自明以前，华人岂知欧美诸洲，尚有绝大世界乎？今人于地球已能遍历矣，然智巧日生，器用日精，即如轻气球之属，尚可开拓其用，渐臻美备；意者数千年后，必有穷极造化之妙，为人思虑所不到者乎？如谓行星即一地球，究竟与吾地相离过远，人力所不能达；惟月轮距地最近，意者吾地之人，必有到月轮中通商之一日乎？余曰：西人所恃以夺天工者，多藉水火风电之力。若太空之中，则水火风电俱无矣，惟日星之光或尚可借而用之。然吾恐光之为力，不如水火风电之力之大也。且西人尝乘轻气球矣，四十里以上，则鼻中出血，渐至晕绝，盖人不能一刻离气以生，去地稍远，则地上所浮清气，渐轻渐淡以至于无也。月轮离地虽近，尚有六十九万四千余里之遥，人安能飞度此六十九万余里无气之界乎？是故谓地球之上，将来尚可寻得巨岛，实在人意料之中；谓月轮中可以通商，则吾不敢知。

（选自《出使日记续刻》卷三）

光绪十八年正月廿九日（1892 年 2 月 27 日）

余观西洋人议论及其律例，大抵最重奸盗拐骗之罪。凡犯此者，虽平日密友，皆绝不与往来，恐被浼也。而惩治之法，虽不抵死，亦必与以终身监禁、苦工之罚。盖犹中国所谓私罪也。至于隐图弑逆篡夺，或谋为君主，或要结众心谋为大伯理玺天德，虽未成，发觉，亦只驱之禁之而已，不甚予以重辟；而舆论非惟不贬绝之，转有钦佩其为英雄者。盖犹中国所谓公罪也。夫大逆不道，不能不重其辟者，所以定一尊而禁邪谋也。故胜则为王，败则为寇，古今通义。今西人则于其败者，并不指为寇焉，人孰不思侥幸以希神器哉？即如法前兵部尚书布朗热，谋为法国君主，事败出奔，而法人之讴思者至今未衰，并不斥其觊觎之罪。欧美诸国若此类者，不胜枚举，此不知《春秋》大义之故也。

（选自《出使日记续刻》卷三）

光绪十八年二月初二日（1892 年 2 月 29 日）

欧洲学堂之教士及国家之行政以地理为始基，以商务为归宿，故其风气皆善寻荒地而垦辟之。南北美洲皆英吉利、西班牙、葡萄牙人所辟也。今美国人固皆英人之种，其余各国人亦欧人种也，其土番则日渐微灭，间有与欧人联为婚姻者，浸化为欧人种矣。至于澳大利亚一洲则全属于英；阿非利加一洲，则英人、法人、德人、比人分往占踞经营垦辟，渐有成效，数百年后必多富庶之区。是欧洲而外，凡美洲、阿洲、澳洲皆欧人地也。亚细亚一洲地最大，自土耳其原有之中东两土外，今五印度则属于英矣；中亚细亚游牧城郭诸国，则十之八九属于俄矣；亚洲极北之境，西伯利亚以东，南濒黑龙江，东附于海，则尽属于俄矣；南洋诸大岛则分属于英、于荷兰、于西班牙矣；即缅甸、越南、柬埔寨，亦分属于英、法矣。是亚洲全境入于欧人者殆已逾十之七。惟中国、日本、暹罗、波斯、阿喇伯四五国尚称自主。而阿喇伯前曾服属于土耳其，势亦甚微。中国地广民众，其可以自强之势，庸讵不如英、俄？或且能驾而上之。况以区区之日本尚知力图振兴，岂中国反不如日本乎？然中国宜为自强之谋，迫矣，急矣。不自强则僬焉不可终日矣。而今之执政者若不甚措意焉，何也？盖狃于承平时旧习之过也。

（选自《薛福成日记稿本》影印本）

光绪十八年二月初五日（1892 年 3 月 3 日）

中国上古之圣人，不可考矣。其可考者，伏羲、神农、黄帝、少皞、颛顼、帝喾、尧、舜、禹、汤、文、武、周公、孔子，皆圣人也；而皋陶、稷、契、伯益、伊尹、傅说、召公、太公、曾、颜、思、孟，亦圣人之亚也；宋之周、二程、张、朱五子，亦未必非圣人之亚也。是中国五六千年以来，可称大圣人者十四，稍亚于圣人者十七，其大较也；而伯夷、柳下惠之圣，尚不计焉。欧洲各国自耶稣未生已前，则奉摩西为圣人；耶稣之后，则但知有耶稣而已。其说以为后之圣人，较前之圣人尤精尤备，则前之圣人可勿道也。至如耶稣之弟子，曰彼德，曰保罗者，西人亦以圣呼之，然不过因称诵耶稣而兼及之。西人之敬耶稣如天，殆有统于一尊之意。今耶稣之教，盛于欧、美两洲，而亚洲、阿洲亦颇行之。生耶稣之前者，则有释迦牟尼之教，近尚盛于亚洲；生耶稣之后者，则有谟罕默德之教，今行于欧、亚、阿三洲。此三人者，皆中国以外之圣人也。若论其所行之地之广远，则耶稣之教为最，回教次之，佛教又次之。余于此三教未暇考其深浅。然如谟罕默德者，不过以市侩而兼奸雄耳，称说天神以愚弄其徒，不服其教者，则兴兵以击之。其所以得尊为圣人者，大都恃智力以取之，非真圣也。余姑就彼教之所谓圣者则圣之而已矣。虽然释迦牟尼生于印度，耶稣生于犹太，谟罕默德生于阿喇伯，皆在亚细亚洲境内，而欧美诸洲从古无一圣人焉。意者，其人之生性，长于形而下之器，究不长于形而上之道欤？抑天地清淑灵秀之气，钟于亚洲，故笃生中国诸圣人之外，复以其余力启彼所谓三圣人者欤？而耶稣之庇荫泰西尤宏矣。

（选自《出使日记续刻》卷三）

光绪十八年二月十七日（1892 年 3 月 15 日）

西人之以姓氏行，犹华人之以姓名并行，余既志之矣。乃中西之俗，又有不同者：中俗以直斥其名为贱简之意，西俗非尊而敬之则不呼其名。凡寻常之人，只有姓氏，即或有名，而人亦未必知。惟曾封五等之爵及赐宝星者，始以其名冠于姓上。一国之人有尊之之意，始兼呼其名姓；尤尊之者，乃置其姓而独称其名。至于用其名以名其子孙，名其鸟战〔兽〕，名其器具，而敬爱之意乃愈挚矣。故西人有以父母之名名其子孙者，人即谓之孝于父母，以其不忘父母也。即如英国今之君主，名维多利亚，虽未必即系其幼时之名，大约介于名与号之间。英人或以名其舟车，名其狗马，名其厂栈，名其山泽，而其国家功令，非但不以为禁，且转表其有尊君亲上之志焉。此殆与周人讳名之训相反。虽有殷人尚质之意，然而近于野矣。

（选自《出使日记续刻》卷三）

光绪十八年二月十八日（1892 年 3 月 16 日）

泰西诸大国，自俄罗斯而外，无不有议院，实沿罗马之遗制也。其所由来，数千年矣。议院者，所以通君民之情也。凡议政事，以协民心为本。大约下议院之权，与上议院相维制；上下议院之权，与君权相权相维制。英国有公、保两党，公党退，则保党之魁起为宰相；保党退，则公党之魁起为宰相。两党互为进退，而国政张弛之道以成。然其人性情稍静，其议论亦较持平，所以两党攻讦倾轧之风尚不甚炽，而任事者亦稍能久于其位。法国有左、右、中三党，而三党之中，所分小党甚多，又有君党、民党之别。其人皆负气好争，往往嚣然不靖。凡宰相所行之政，议院中是之者少，非之者多，则宰相必自告退。宰相退，而其所举之各部大臣莫不告退。由伯理玺天德另举一人为宰相。其被举者，必先自审其党友之中，可为各部尚书者若干人；若尚阙而不备，则必力辞不敢居位。而伯理玺天德又别举焉。法自庚午年改易民政，二十二年之中，已易相二十七次。其人虽多喜事，而强横之势稍逊于前者，亦实由此。夫宰相不能行其意则告退，颇有不得其职则去之意。一相退，则众大臣牵连而退，一相进，则众大臣汇茹而进，亦稍有中国古风。然一国中之有才德声望，众所愿推为宰相者，不过数人，可屈指而计。既进不难骤退，既退亦常复进。即如法之现任兵部大臣莗来西尼，已三为宰相、五掌兵部矣。

（选自《出使日记续刻》卷三）

光绪十八年二月十九日（1892 年 3 月 17 日）

中国有惜字会，大抵始于学士文人。其说以为文字者，圣贤之精神，造化之机缄，而一切立德、立功、立言之秘要，赖之以传者也。敬之，惜之！罔敢亵也，罔敢弃也！此风不知始于何时，大约一二千年以来，相承久矣。无论智愚贤否贵贱，皆知存此心。偶有不知此义而秽亵字纸者，则鬼神罚之，雷霆殛之；虽半由因果家附会之谈，然亦有威灵显著，为众人之耳目所共闻见者也。泰西之俗则不然。尝见有身坐车中，阅新闻纸，随阅随弃，任其抛掷于沟渠污秽之中，不问也。或揩洗器物，皆用字纸。男女如厕，无不携新闻纸为拭粪之具。虽西人皆知敬畏上帝，从无以秽亵字纸而受罚于上帝之说。岂蟹行之体，不如虫书鸟篆之根源；字母所拼，不如会意象形之体制乎？然其为道术所寓，学问所寄，政教号令所系，事物记载所关，则一也。余谓惜与不惜，存乎人心。中国风气，人人皆知惜之，则天地鬼神亦从而惜之；偶有一二不知惜者，造物亦得致罚于一二人以儆其余。若外洋则本无此风，人人皆不知惜，而天地鬼神之威亦有所穷，则听之而已矣。然中西风气，必有大同之一日，则惜字一会，亦必由东而西，其在数百年之后乎？

（选自《出使日记续刻》卷三）

光绪十八年二月二十日（1892 年 3 月 18 日）

泰西风俗无男女之别，余意其自古以来相沿久矣，而正不然。闻二三百年以前，法国某王始改妇女之礼，其用意专以谋致富强为主，而欧洲诸国从而效之者也。古者欧洲妇女守礼之严，大旨亦与中国相似，男女不同席而坐，不共几而食，恪循闺训，不出户庭。法王思致富强之术，莫先于人民之繁庶；繁庶不可骤几也，则莫如化妇女之无用为有用。欲求妇女之可用，则莫如略其礼法，去其防闲，于是毅然以改俗变礼为务。其初不得不用非常之劝惩，驱迫于无形之中，厥后风气寖成，而妇女之为用，果不异于男子。用之战守，则男子荷戈，妇女馈饷矣；用之学问，则男子精锐，妇女沉静矣。于是通国之中，向之有十万人者，不啻骤得二十万人；向之有百万人者，不啻骤得二百万人。此由于地不甚广，民不甚众，而欲创霸国之雄图，不得已而出此也。迨其计既行，其效既著，欧美诸洲各国无不效之。今各国之人视为当然，渐忘其所以然，且有见中国之礼而笑之者矣。俄罗斯在西洋之中风气较晚，其改妇女之礼，始于彼得罗皇帝，亦已二百年矣。西俗谯会则男女杂坐，行步则男女携手。俄之妇女初有不愿者，至杀数人而其风始渐开；然至今俄国皇宫茶会，男女犹分列左右两行，非若他国之男女杂遝，则较之诸国，犹稍存古意焉。

（选自《出使日记续刻》卷三）

光绪十八年三月初六日（1892 年 4 月 2 日）

复偕世益三登铁塔。此塔造于四五年前，计高三百迈当一迈当合工部营造尺二尺八分。初上一层，每人买票给一佛郎；上第二层再给一佛郎；上第三层绝顶，则给两佛郎，乘升高机器而上。塔纯以铁为之，其式凌虚，可以四眺；其料结实，可以耐久。其第一层占地宽广，约可数亩，有饭馆、茶馆、照相馆，及售一切用物者，无不具。从前造铁塔者，皆用实铁铸成，所以塔不能过大，即不能过高。法国有一工师，思得此嵌空玲珑之法，集股营造，凡用四百万佛郎。是年适值赛奇大会之期，登此塔者共有五百万人，以每人四佛郎计算，已有两千万佛郎初成塔时，每人登第三层须用五佛郎，然亦间有仅登至头层二层者，故仍以每人四佛郎牵扯匀算，除稍去费用外，凡购股分票者，一年之中已获倍利。今其股票价仍腾踊，盖因再阅五六年后，又将逢赛会期也。而创造之工师，则已致富不赀矣。近闻美国亦已照式造一塔云。

（选自《出使日记续刻》卷四）

光绪十八年三月十一日（1892 年 4 月 7 日）

西人性情亦爱名花，然余终谓西洋之花不如中国者，以其皆草本而又无香气也。尝谓中国上等之花，不满十种。如蜡梅也，红、绿梅也，山茶也，海棠也，牡丹也，兰也，荷也，桂也，菊也，皆上等也。其余如玉兰，如紫薇，如芍药，如桃李，如木芙蓉，已不免稍次矣。上等之花，西洋所有者，惟茶、菊二种，差堪与中国相颉颃；兰与牡丹，则其种之佳、花之丽，究有不如中国者；荷则不能茂盛，其小如拳；海棠则所谓垂丝、贴梗、杨妃、西府各种，皆绝无之，仅有秋海棠一种；梅与桂则绝无所见。盖其地土不相宜也。且中国之花，惟秋海棠有色无香，其余皆色香俱美；外洋则花虽鲜而绝无香气，其勃然有香者，则又皆不甚美观，此其所以尤逊也。至其所谓名园，皆不过多巨干穹林，郁然深茂而已，其下绿草如茵，颇多葱蒨之致。其花皆莳以人力，虽觉斩齐精致，然究不如中国之花天然可爱云。

（选自《出使日记续刻》卷四）

光绪十八年三月廿七日（1892 年 4 月 23 日）

余于二十日在巴黎时，重游法国天文台。台在加西尼街加西尼系意国天文名家，以名命地，志不忘也，创造于康熙六年，工竣于十一年，聘请意国人加西尼抵法，整顿台务。台有四面，正对四方。房顶皆有圆洞，共两层，天文表在第二层厅内。巴黎度数，起线之法，乃加西尼所测算。天文镜之极大者，口有一万［迈］当又半，重二万斤；又有一万八千斤者，价三十七万方。仪器中之最佳者，观日月星辰围绕之器，量日光迟速之器也。台内有总天文生、正天文生共六人，候补天文生十人，司事一人。台中有议院，院有总天文生、天文首领六人，每月会议一次，每年在学部会议一次。总天文生由议院名单内挑选，余皆学部所派。正天文生每年俸禄，自八千方至六千方不等。候补天文生每年俸禄，自六千方至三千五百方不等。帮办天文生每年俸薪，自三千五百方至一千五百方不等。司事岁俸三千方。三年一考，以定黜陟。此巴黎天文台之大略也。闻地球各国天文台，推法为第一，美第二，英第三，俄第四。考泰西之有天文台始创之亚洲之巴庇伦、阿洲之埃及国，又亚勒散得造天文台，则在周赧王时。厥后明嘉靖二十年，有哥俾尼克者，始造子午线仪器。而各国之创造天文台，丹国哥卑纳给则在康熙六年，英国格林威治在康熙十四年，德国柏林在康熙五十年，俄国森彼德堡在雍正三年，美国华盛顿在道光二十二年，至旧金山等之造台，则已在光绪年间矣。

（选自《出使日记续刻》卷四）

光绪十八年三月廿八日（1892 年 4 月 24 日）

地球五大洲各国，或君主，或民主，大要不外此两端。民主之国，其用人行政，可以集思广益，曲顺舆情。为君者不能以一人肆于民上，而纵其无等之欲。即其将相诸大臣，亦皆今日为官，明日即可为民，不敢有恃势陵人之意。此合于孟子"民为贵"之说，政之所以公而溥也。然其弊在朋党角力，互相争胜，甚且各挟私见而不问国事之损益。其君若相，或存"五日京兆"之心，不肯担荷重责，则权不一而志不齐矣。君主之国，主权甚重，操纵伸缩，择利而行。其柄在上，莫有能旁挠者，苟得贤圣之主，其功德岂有涯哉。然其弊在上重下轻，或役民如牛马，俾无安乐自得之趣，如俄国之政俗是也。且况舆情不通，公论不伸，一人之精神，不能贯注于通国，则诸务有堕怀［坏］于冥冥之中者矣。是故，民主、君主，皆有利亦皆有弊。然则果孰为便？曰：得人，则无不便；不得人，则无或便。

（选自《出使日记续刻》卷四）

光绪十八年四月初一日（1892 年 4 月 27 日）

中国唐、虞以前，皆民主也。观于舜之所居，一年成聚，二年成邑，三年成都，故曰都君。是则匹夫有德者，民皆可戴之为君，则为诸侯矣。诸侯之尤有德者，则诸侯咸尊之为天子。此皆今之民主规模也。迨秦始皇以力征经营而得天下，由是君权益重。秦、汉以后，则全乎为君矣。若夫夏、商、周之世，虽君位皆世及，而孟子"民为贵，社稷次之，君为轻"之说，犹行于其间，其犹今之英、义诸国君民共主之政乎？夫君民共主，无君主、民主偏重之弊，最为斟酌得中，所以三代之隆，几及三千年之久，为旷古所未有也。

（选自《出使日记续刻》卷四）

光绪十八年四月廿八日 (1892 年 5 月 24 日)

西人既有聪明在脑之说，余复考究其书，大抵谓心主周身之血，喜、怒、哀、乐、爱、恶之情生焉。脑有气筋二条卜垂，一主知觉，一主运动。如将知觉之筋割断，则肌肤之痛痒不能自知；如将运动之筋割断，则手足不能行动。人之所以瘫痪不仁者，盖运动之气筋断也；其或中风不语、思虑不灵者，盖知觉之气筋断也。至心之血管，亦有两条，一则送血使出，以运行于周身，一则收血使入，以还聚于一心。惟血之初出者本清，而血之还入者变浊。藉气息之一呼一吸，可以吐浊而纳清，则血之浊者复变为清焉。夫人之所恃以生者，血气而已。脑主气，而非血不足以充之；心主血，而非气不足以养之。心与脑者，皆人身之主宰也。

（选自《出使日记续刻》卷四）

光绪十八年五月十三日 (1892 年 6 月 7 日)

西洋各国议院员绅，由民推选。大抵皆取器识明绅〔练〕、才辩锋生者，而尤以家道殷实为第一要义，群谓之体面人。盖西洋风气与中国不同，虽或以工商致富，或席其先世之遗业，而仍多读书谈艺，研求时务之人；亦有家业既丰，无所事事，乃求选为议员以摅其蕴蓄者，甚或散财要结民心，默干时誉以求中选。议员俸金初不甚丰，而膺此任者之意，本不在此，盖视此为扬名成业之具，而非为养身肥家计也。议员中资深望重者，可举为宰相及各部尚书，或为伯理玺天德；或有稍玷其声誉者，则终身无再选之望。故近来欧洲之官，以贪墨著者尚少。余谓中西用人之法，截然不同。中国以寒士为重，故一参以富商而其弊立见；外洋以厚赀为重，故明注在富人而其弊亦寡。数千百年来风气使然也，而顾有互相菲薄者，何哉？

（选自《出使日记续刻》卷四）

光绪十八年五月十五日 (1892 年 6 月 9 日)

天地间物，不外凝流二质。有若金、银、铜、铁、铅、锡之属，其体本可凝可流；有若瓦、瓯、瓶、罍、樽、盎之属，其体非凝，其用在凝；有若朱丹、胶漆、采色之属，其体非流，其用在流。此中西一也。

西人精研物理，专立化学一门，变化物质，大要有四：一曰性变。铁可流而为酒，煤可流而为油，米浆可凝而为器，油炭可凝而为胰。刚柔燥湿之性，可互变也。一曰色变。硫磺与水银合，流为朱色；铜与硝强水合，流为蓝色；海蓝与黑铅合，流为黄色；木炭与硫磺合，流为清水色。青黄赤白之色，可叠变也。一曰味变。硫硝二气，凝时无味，流为硝强水则味酸。木炭二质，凝时无味，流为红白糖则味甜；海水流时味薄，凝成盐则味厚；牛乳流时味膻，凝成精粉则味和。甜酸苦辣之味，亦递变也。一曰形变。五金之质本纯，一经化气则目不能睹其形；盐气之质本浮，一经水银则转足以坚其形；絮布炼之以为纸，则厚薄之形异；毛羽织之以为绸，则美恶之形异。虚实轻重之形，且屡变也。

若夫天地之忽凝忽流，则又皆空气使然也。云之流行，空气托之也。风之流动，空气助之也。雨之流注，空气因压力而不胜也。露之流润，空气得阴寒而渐缩也。天之自然而流也，有如此者。雨凝为雪，露凝为霜，微雨半空骤凝为霰，大雨半空骤凝为雹。盖以空气得热则流而上融，得寒则缩而难融也。天之自然而凝也，有如此。江湖溪涧之流，有空气推行于其间也。鱼龙水族，沉浸于中则生；畜之盆盎则不生，空气不足故也。地之自然而流也，又如此。江海无冰，溪涧易冰，地大则空气之往来亦大也。石卵出于浅滩，明珠藏于深渊，其凝结者，空气孕之也。金玉之精华，煤产之富饶，其凝实者，空气涵之也。地之自然而凝也，又如此。

（选自《出使日记续刻》卷四）

光绪十八年五月十七日（1892 年 6 月 11 日）

昔余友曹镜初比部，研精佛理，喜谈禅学。余举佛氏放生之说诘之曰：若天下人人皆放生，则鸟、兽、鱼、鳖充塞宇宙，人类不几绝灭乎？镜初曰：不然。凡物之生由乎气，气之量有穷极之时，如人之发长至数尺之长则止矣，山之木长至数十丈之高则止矣，鸟、兽、鱼、鳖亦然。一山之内，一池之中，所生之物如已充其生气之量，盖有不能复溢者。今以人日杀之也，故亦日见其生。傥不杀，则不生；不生则更不可杀，不亦善乎？余无以难之。泰西诸国善辟荒地，虽炎洲穷岛无人之境，一经开垦，往往成沃壤，立巨埠。余谓西士云：地球之上，民生之所以不蹙者，以多空地以容之也。今人类既日生日繁，而旷土亦日垦日少，倘再千百年后，地力不足以养民生，将若之何？西士对如镜初之旨。盖谓今民生之所以日著者，究因空地之尚多也，若空地之已无可再辟，则天地间之生气已一泄无余，而民生之蕃，亦当有截止之期矣。余细思其言，亦颇有理。因并前后两说，合而书之。

（选自《出使日记续刻》卷四）

光绪十八年五月十八日（1892 年 6 月 12 日）

龙之为灵，昭昭也。而西人独不信之，以谓有此名而实无此物，与凤凰、麒麟相等。盖西人性多核实，故必求其确在耳目前者，然后谓之有。若耳目之所不闻见，或其迹在若有若无之间，则虽明告之而彼终以为无也。然余观欧洲地气，蛇虫诸物不少概见，虽时当盛暑，而阶前难捕一蚁。意者，龙之不出于欧洲，亦其地气使然耶？若中国则见于传记，不可胜述。文王演《易》，乾卦，而龙之潜者、见者、跃者、飞者、亢者，均已罄其形容，毫无遗蕴。然则龙之确有是物，殆又与麟、凤稍殊矣。若中国外之地气多龙者，其惟印度乎？读佛经者自能知之。余尝以为上古人尚少则龙多，中古人渐多则龙少；自今以后，虽中国与印度，其亦将为龙日少人日多之世乎？则西人之谓无龙也，固宜。

（选自《出使日记续刻》卷四）

光绪十八年六月十四日（1892 年 7 月 7 日）

西洋各国之所以致富强者，以工商诸务之振兴也。工商诸务之无阻，以各项公司之易集也。凡事独立则难支，众擎则易举，势孤则气馁，助多则智周。西洋公司赀本之雄，动以数千百万计，断非一人一家之财力所能就。然苟有当办之事、可兴之利，则风声一播而富商立集，股票一出而巨款立致。盖其规画之精，风俗之纯，章程之善，有使人深信不疑者也。中国当办不办之事，亦孔多矣！其所以易败而鲜成者，以公司之难集也。曩者庚辰、辛巳之间，沪上风气骤开，颇仿外洋招股之例，兴办各事。苟稍有势力可藉，数十万金往往立集。无如任事者既未深知此中利病，措注不能中窍，甚者恣其挥霍，亏负累累，未一二年而入股者之赀悉化为乌有。迄今皆视为畏途，虽有集数万金之公司而无一应者，以致关系大局之紧要公务，无一可为。然则昔日风气之骤开，乃今之所以益闭也，岂不惜哉！岂不惜哉！余谓中国公司之不举，半由人事，半由气运。虽小端而实系全局。呜呼，时势之汲汲如此，安得有大力者出而一转移之也！

（选自《出使日记续刻》卷四）

光绪十八年六月十七日（1892 年 7 月 10 日）

泰西诸大国，俄之富不如德，盖俄居极边极寒之界，而荒地甚多；德则较俄为腹地，且讲求农事，无闲民无旷土也。德之富不如法，盖法地擅欧洲上腴，而制造之精、工艺之良，亦以法国风气为最先，所产葡萄酒为各国人所嗜，其获利尤厚也。法之富不如英，英之土产虽逊于法，而煤铁之利甚饶，萃通国上下之精神，经营工商诸务，超出法人之上，故能罗天下之财为一国之财也。英之富不如美，盖英恃商务，究似无源之水。美国地博物阜，与中国相颉颃，而其经画之方、教养之法，则十倍中国，不待外求，而自然之产已非他国所企及，且其已垦之地利尚未及半，故犹有蒸蒸日上之势也。若论其强，则法不如德，德不如英，英不如俄，美其在德、法之间乎。

（选自《出使日记续刻》卷四）

光绪十八年六月十八日（1892 年 7 月 11 日）

余于半月前偕王省山坐电气车，过泰晤士江底之下，至江南岸，仍坐电车而返。盖电气之可以行车，近年始得其法，风气尚未大开。伦敦之电车公司，惟此一处，且尚不能行远也。电车所行之铁路与火车相同。惟铁路之中间，另有一铜条，车上亦一铜条与之相磨，时见电光迸闪；盖引电之物惟铜最速，电气必得此以流通也。车上及其两旁，较火车尤为洁净，无烟雾之迷漫，无煤灰之充积。江底之下，开路一条，车行其中；上面皆砌以白石，江泥不能塌下，江水不能渗漏；一路照以电灯，光明如昼。此路长内外不过十里，有登车之码头五处，其码头皆自平地穿入江心之下者也。每时五分，车行一次。每客价仅二本士。每次多则二百余人，少仅一二十人。其价所以如是之廉者，盖以其行之速，可取偿于客之多也。

余闻电车公司创办不过一两年，工程尚未全竣，其用意在小试其利弊，即以此为电车畅行之嚆矢。所以必行于江底者，人情未有不好奇，奇则赴之者多也。其生电机器，别在一处，日夜炽煤火运动之，以生电气，由地道送入江底，以供运车之用云。

（选自《出使日记续刻》卷四）

光绪十八年六月二十日（1892 年 7 月 13 日）

西洋各属国驻华公使领事，无不任意挟制，遇事生风。余以为洋人性情刚躁，不讲礼义故。及至欧洲与各国外部交接，始知其应付各事，颇有一定准绳；周旋之间彬彬有礼，亦尚能顾交谊，不肯显露恃强陵人之意，亦不显露矜智尚术之意。非特英、法也，各国皆然；非特外部也，各员皆然。即如前驻京英使威妥玛，我中国人皆以为妄人也，暴人也；而威妥玛与余交，情文并挚，随时襄助；且其学问议论，即在中国亦断不能以常人视之。然苟再至中国，不能保其不为患也。

且洋人之恣挟制于中国也，其所由来非一日矣。始于道光年间之和战无定，屡战屡败，既为洋人所轻；继以咸丰季年为城下之盟，定吃亏之条约，益为洋人所轻。厥后虽设总理各国事务衙门，而堂司各官皆未洞识洋情，因应不能得诀，每遇一事，大抵御之以多疑，示之以寡断，二者适与洋俗相反；寖至格格不能相入，其刚者争非所争，柔者又让非所让，而事益不可。且偶有一二洋使，性情稍悫、不甚施挟制之术者，非特要事无一可商，且有以微事而受严拒者。彼见夫善挟制者之多得所欲也，于是相承而趋于挟制之一途，即悫者亦渐化为黠，懦者亦渐变为悍矣。此风酿之者非一日，即改之者亦非一时。呜呼，安得识洋情、有风力之大臣，久居总理衙门而一挽此习也？

（选自《出使日记续刻》卷四）

光绪十八年六月廿二日（1892 年 7 月 15 日）

中国茶务之衰，因往年贪得之辈，搀杂伪茶以图渔利，寖至饮者伤生，贩者失利。西人乃雇华人出洋，讲求种植制焙之法。先于印度西廊等处如法试植，至今十余年，西人尽得其传。而中国茶利遂为所夺。所

幸者，天时地利，中外各殊，故印茶尚不及华茶之美。而英、美等国富
商巨室，亦不甚嗜之。即英国医生亦以印茶为有损，不若华茶之有益。
近来西商到华办茶者，仍络绎不绝。使华商从此亟为整顿，尚可收桑榆
之效也。去年头造春茶，华商仍能获利；特二造以后，屯积过多，不免
又滞销耳。西报又谓英京办茶者，有新行、旧行之分，办印茶新行，办
华茶旧行，门户既分，议论遂各有所祖。又有人致书英报馆，谓中国、
日本茶树只有一种，印度西廊则有三种：一为彼处自有之野茶；一从中
国移植之新茶；一则野茶与华茶相接而生。三者又以接生之本产叶为
佳。盖野茶色浓味厚，固不若华茶之色淡味清也。印茶每一英亩，可
采叶一千二百磅；华茶每英亩，仅得二百五十磅，其贵贱已不同矣。
华茶性喜干燥，爱清凉，故必植于山岩。印茶能耐湿，不畏热，平地
亦可栽种。惟发叶太粗，但工作之辈，廉其值而嗜之，精粗又不同
矣。惟接成之本，每英亩收叶不过八百磅，此种茶获利较易，而为茶
商所乐购焉。移植之茶，其培植之工，烘制之法，原不甚逊乎华茶，
但非英人所喜，仍不若华茶之销流也。近闻福州各大茶行拟立章程，
从新整顿，凡办茶者均不得杂以茶末，加工制造，精益求精。果尔，
则尚可复振也。

（选自《出使日记续刻》卷四）

光绪十八年六月廿五日（1892 年 7 月 18 日）

中国地博物阜，甲于五大洲。欲图自治，先谋自强；欲谋自强，先
求致富。致富之术，莫如兴利除弊。兴利奈何？一曰煤铁之利。每省能
开一二佳矿，则船政枪炮制造各局，所需无须购之外洋，可省无穷之
费。一曰五金之利。云南产铜，山东、吉林产金，广东产水银，四川产
银，诚能广为开采，妥为经营，则货不弃于地矣。一曰鼓铸之利。如能
仿英美诸国之铸金银，公家之利甚薄，而钞票之法亦寓乎其中，即银行
之利亦可兴焉。一曰织组之利。织绒机器应设于直隶、天津，以取口外
之驼毛、羊毛；织布机器设于苏州、上海，以取滨海之木棉；织绸缎机
器设于苏、杭、嘉、湖，以购江浙之蚕丝。一曰铁路之利。所以与轮船
招商局相表里，而二十一行省之土货可以广销，则愈产愈丰矣。除弊若
何？曰汰冗员也，核厘金也，清查常关之税也，重征烟酒洋药之税也，
节河工之廉费也，去土木之工之中饱也。夫如是则弊无不革，即利无不

兴，而谓不渐致富强者，未之有也。

（选自《薛福成日记稿本》影印本）

光绪十八年六月廿七日（1892 年 7 月 20 日）

中国商务不能振兴之故，厥有三端。一在抢揽生意。华人创一业，稍沾微利，则必有人学步后尘，甚且贬价争售，互相诋毁，以致两败。若照西例，凡创一业，官给准照，独享其利者若干年，剿袭诈伪者罚无赦，则无此弊矣。一在挽杂诈伪。西人运来之货，初次、二次极佳，三次必渐逊，以华人之喜价廉也。中国则有丝中挽麻，或新丝中挽旧丝，或细丝中挽粗丝；茶则挽以柳叶或杂以泡过茶叶，其颜色则多用装点。西人不过受欺一次，后不再来，即真货亦致滞销，皆弄巧成拙者阶之厉也。一在电报灵速，即西人亦常受此害，然不若以上两弊之为祸烈也。

（选自《出使日记续刻》卷四）

光绪十八年六月三十日（1892 年 7 月 23 日）

中国圣贤之训，以言利为戒，此固颠扑不破之道。孔子曰："放于利而行多怨。"孟子曰："苟为后义而先利，不夺不餍。"其言尤为深切著明。然此皆指骤敛之徒，专其利于一身一家言之也。《大学》平天下一章，半言财用；《易》言乾始能以美利利天下。则可见利之溥者，圣人正不讳言利。所谓"生财有大道，生之者众，食之者寡，为之者疾，用之者舒"。此治天下之常经也。后世儒者不明此义，凡一言及利，不问其为公为私，概斥之为言利小人。于是利国利民之术，废而不讲，久矣！

数十年来，通商之局大开，地球万国不啻并为一家。而各国于振兴商务之道，无不精心研究。其纠合公司之法，意在使人人各遂其私术；人人之私利既获，而通国之公利寓焉。故论一国之贫富强弱，必以商务为衡。商务盛，则利之来如水之就下而不能止也；商务衰，则利之去如水之日泄而不自觉也。亚洲东方诸国之商务，向不如泰西诸国风气之开；然迩来日本、暹罗经营商务，亦颇蒸蒸日上。中国地博物阜，本为地球精华所萃。徒以怵言于利之戒，在上者不肯保护商务，在下者不肯研索商情，一二饶才智、知大体者，相率减［缄］口而不敢言。偶有攘臂抵掌而谈之者，则果皆忘义徇利之小人也，即使纠合巨款为孤注之一掷，无不应手立败，甚且干没人财以售其诈，致使天下之人相率以商（为）畏途。试取各关贸易总册阅之，中国之财，每岁流入外洋者白金二三千万两。即以三四十年通计之，则白金之一去不返者已有十万万两之多矣！再阅一二十年，中国将何以为国乎？吾用是叹息流涕于当轴者之不知变计；即有一二知变计者，而又未尽得其术也。

（选自《出使日记续刻》卷四）

光绪十八年闰六月初四日（1892 年 7 月 27 日）

英、法诸国外部尚书，虽不时换人，而其下办事之侍郎、总办等，则皆数十年在此署中，往往终身不换。如英之外部侍郎克蕾、副侍郎山特生，法之外部侍郎尼萨等，皆在外部办事二十余年；比国之侍郎郎贝尔芒，已专办外部事三十年矣；其他，或自使馆随员参赞升入外部，或自外部出为公使，又由公使入为侍郎、尚书者，不可以更仆数。盖职业专，则志一而不杂；经画久，则才练而益精。所以西人办理交涉，措注周详，鲜有败事，阅历使然也。

中国自文文忠公而后，总理衙门大臣萃毕生之全力以经理交涉事务者，殆鲜其人。或以官高挂名，或以浅尝自喜，或骤出骤入，听其自然。一闻《海国图志》、《瀛环志略》两书之名，尚有色然以惊者谓景秋坪尚书。或又有一二清流，如李高阳、阎朝邑两相国，皆自谢为不知洋务，以终年不一至衙门为高。至于章京，考取之券皆以小楷，固有居署十年，尚于洋务不甚通晓者。其或号为明敏出色之人，不过取能了日行公事而止。若既了公事而又稍通洋务，则其人固更出色矣，则必由章京而管股，而帮办，而总办；如是者十年而不简放关道者，则群相与目笑之。故在署十年而稍习公事，无不得关道以去矣。迨既得关道，而外升藩臬，内升京卿，又不复入总理衙门矣。如是而欲洋务人才之练习，其可得乎？如是而欲办理洋务之不至于歧误，其可得乎？吾是以谓中国欲图自强，必自精研洋务始；欲精研洋务，必自整顿总理衙门始；欲整顿总理衙门，必自堂司各官久于其任始。

（选自《出使日记续刻》卷五）

光绪十八年闰六月初六日（1892 年 7 月 29 日）

西人尝谓谋国之要有三，曰安民，曰养民，曰教民。所谓养民者，何也？盖查地球中版籍之数，大抵每年一百人中必添一口。欧洲人民约三百五十兆，每年可增三百五十万口；中国约四百兆，每年可增三四百万口。苟无新法以养之，则必有人满之患。何以养欲而给求耶？按西国养民最要之新法，条目凡二十有一：一曰造机器，以便制造；二曰筑铁路，以省运费；三曰设邮政局、日报馆，以通消息；四曰立和约、通商以广商权；五曰增领事衙门，以保商旅；六曰通各国电线，以捷音信；七曰筹国家公帑，以助商贾；八曰立商务局，以资讲求；九曰设博物院，以备考究；十曰举正副商董，以赖匡襄；十一曰设机器局，以教闾阎；十二曰定关口税，以平货价；十三曰垦荒地，以崇本业；十四曰开矿政，以富民财；十五曰行钞票，以济钱法；十六曰讲化学，以精格致；十七曰选贤能，以任庶事；十八曰变漕法，以利转输；十九曰清帐项，以免拖累；二十曰开银行，以生利息；二十一曰求新法，以致富强。

（选自《出使日记续刻》卷五）

光绪十八年闰六月初八日（1892 年 7 月 31 日）

从前西洋各国受制于教王，当教王势焰最盛之时，几操废立各国君主之权。而各国之民信从教王，殆如水就下，如蚁附膻也。自耶稣教另树一帜，以与天主教为敌，欧洲各国之民，因争教而互相攻战，互相残杀至数十百万人之多，抢攘不靖者数十年。继乃定为各行其教，有不相菲薄、不相师之意。然天主、耶稣两教，隐然势均力敌，而教王之势骤衰。迩来愚民信教之心，似不如前。而各国君相，亦能实事求是，力图自强。教王之教不足以愚之，力又不足以胜之，即素崇天主教之国，如法、义、德、奥诸大邦，无不创立新法，限制教民，教王固熟视而无如何也。教士慑于国家之威，无不谨受约束，恪守准绳。惟其前往中国者，不能人人如在其本国之驯谨。而中国与法国所立条约，既授以保护天主教之权，中国稍欲裁制教士，辄为法之外部及驻华公使所格，即使情理兼足，法人明知我当行之政，然彼既欲要结教士之心，又欲自示其权力之大，故无不一意沮挠者。自是中国竟无法以治教士。而教士之偭规错矩者亦愈多，而愚民之蓄疑积忿者遂一发而不可遏。迨巨案既起，教士赴愬于法使及领事，法使必先藉端挟制，以增其本国之权利。再以保护教务之名，为教士多索利益以餍其求。其有清查教堂之法，如中国所宜整理者，法人虽勉允一二，教士亦知法之隔在邻国，咸令不行，且知非出法人之真意，亦竟置之不理。此中国教务之所以日棘也。近时议者遂有请教王遣使之说，冀以隐分法人之权，万不得已之补救，亦只可如此。然经营稍不得诀，恐一弊去而一弊复生。余今虽筹办此事，盖兢兢焉，不敢不慎也。

（选自《出使日记续刻》卷五）

光绪十八年闰六月廿五日（1892 年 8 月 17 日）

近世人情，多震惊于西洋风气之奢豪，器物之精致，以其能顺人意趣，适人嗜好也，是固然矣。然余谓亦有洋不如华者。

中国谯席，山珍海错，无品不露，干湿酸盐，无味不调。外洋惟偏于煎熬一法，又摈海菜而不知用。是饮食一端，洋不如华矣。

中国绸缎绫罗，男女各用以章身，均极华美。至于冬裘，百兽之皮，无所不用，尤觉异常灿烂。洋人不论贫富贵贱，皆以黑呢为衣，既短且紧，大不登样。妇女制衣虽多奢费，然亦仅于茶会用之，且究不逮中国妇女服饰之百一。是衣服一端，洋不如华矣。

中国房屋起于平地，辅以亭台楼阁，乃有玲珑曲折之观。每平屋一进，皆有天井，于是假山奇石，曲槛清池，名葩异树，可以随宜布置。外洋专尚四五层之楼房，而别无他式，虽名为宫殿者，不过楼房高大而已。尤乏趣者，纵有绝坚致之楼房，而全宅中无一天井，不过四面皆临街衢，以与［街］衢为天井而已。是宫室一端，洋不如华矣。

夫饮食衣服宫室，人生日用之最大者，而外洋皆不如中国。然则智者慎毋震惊于西洋之风俗，以为事事胜于中国也。

（选自《出使日记续刻》卷五）

光绪十八年闰六月廿六日（1892 年 8 月 18 日）

西洋制造之精，以汽学、重学、化学、电学为本原，人人能讲求实学，精益求精，则其体也。国家之制，凡创一艺者，得给凭单，专享其利，则其用也。大抵前民利用之务，如轮船、轮车、电线等类，往往非一人之智力所能成，必有集思广益、累世经营而始能推行。尽利者，其用费，则虽掷数千百万之私财而不惜也；其用力，则虽积祖孙父子之创述而不倦也。然惟西洋有之，而中国独无之者，何也？西洋有核给凭单之例，其业之所行愈广，而其利之所集亦愈宏。譬如购用一器，大约以八成给造物之价，以二成给创法之价，故有以一窭人子而一旦骤膺显爵，富可敌国者。如是，则虽积数世之耗财竭智，而有所甘心矣。中国则不然，此兴一艺，而彼效之；此创一法，而彼夺之。往往有创法者大受折阅，而仿效者转获巨利者矣。此固世间至不平之事。而二千年来，亦竟无有能特创一事以扩宇宙之大用者。此无他，政权不足以鼓舞之也。西洋风俗，又有创一良法卖与他人者，则必先报其法于官，官为核定其价，卖者即一概不问，买者可专享其利。余于去年见一美国人，思得燃用洋灯之妙法，因本国售价不高，转赴伦敦报于英官，官为核价英金三万五千镑。未及两旬，卖者竟挈金如数以归。此其所以能励数十百万人之心思、才力，以窥造化之灵机，而尚无穷期也。

（选自《薛福成日记稿本》影印本）

光绪十八年闰六月廿七日（1892 年 8 月 19 日）

中国欲振兴商务，必先讲求工艺。讲求之说，不外二端，以格致为基，以机器为辅而已。格致如化学、光学、重学、声学、电学、植物学、测算学，所包者广。得其精，则象纬、舆图、律历皆能探造有得；得其粗，则亦不难以一艺名家。既须多设书院，选聪颖子弟肄业其中，而艺术学堂亦不可不设。机器能以一日之力成十日之功，一人之力代百人之功，如是则货价必廉，价廉而销售始畅矣。

而所以扩商务之用者，则尤有八焉。一曰设专官。如西洋各国，有商部尚书以综核贸易之盈亏，又有商务委员以稽查工作之良窳是也。一曰兴公司。兴之之术，不外立保护公司之法，议整顿公司之规而已。一曰励新法。有能创一艺者，给以凭单，俾得专享其利，则才智之士无不殚精竭能矣。一曰杜伪品。中国丝茶之不振，半由洋人仿造，半由奸商肆其诈伪，有搀杂假托诸弊，以致货真价实者亦受其累，今宜悬明法以禁之，又使诸商公议罚办之规条，行之数年，庶有豸乎。一曰趋时尚。

凡物能变新样，必可善价而沽，而众耳俗目之所好，尤不可不投也。一曰设赛会。仿英、法、德、美、日本办法，建设会场，罗列珍奇，所以广见闻、资则效、开风气、旺贸易，法至良也。一曰改税则。宜乘各国换约之时，渐改值百抽五之例，稍重洋货进口之税则，而有洋酒、洋烟之税更加重焉，丝茶二项宜稍轻出口税以减成本而广销流。一曰导商路。招商局轮船既已畅行江海，宜渐多置轮船，派往南洋诸埠以及外洋诸国，装货搭客，稍分西人之利，而华民之旅居外洋者，亦得声气联落[络]，裨益岂浅鲜哉？

（选自《出使日记续刻》卷五）

光绪十八年七月十八日（1892 年 9 月 8 日）

余偕王省山乘马车赴六汀腾海口游览。六汀腾距白雷敦约四英里，凡居白雷敦者皆往游焉。余车循海岸而往，循山径而回。其地本非大镇，而乡村临海，颇有疏野之趣。一路山不甚高，垦田者皆在山半，大麦甫经收获，风景绝佳。中途过一贫孩院，叩户入观之。该院总办款客殷挚，导观各处，规模宏敞。院中男女孩凡三百余人。有厨房，有书库，有浴室，有饭厅，有读书堂，有讲经堂，有做工所，有演艺场，有洗衣所，有男孩卧室，有女孩卧室，秩然不紊。养牛二十五头，日取其乳以供院中之用。凡贫孩二岁以上，即可送入院中；迨二十岁左右，皆成一艺以去，俾能自给衣食，无饥寒之虑焉。是时适值午饭之后，须赴场操演，以舒其筋骨，总办邀余观之。有孩一班，专奏兵乐，其余则演枪法阵法，无不手势娴习，步伐整齐，盖游乐也，而操练之意寓焉。又邀余听诸孩奏乐，年皆不过十岁左右，而按之乐谱，悉协宫商。又邀余听七岁以内诸孩演唱，调皆一律，虽甚幼稚而意象严肃，无有敢跛倚哗笑者。其教导皆用女师，亦颇爱诸孩如其子。聪颖之孩，常有成学业以去者；其次则出为兵丁，为乐工，为画师，为木匠，为裁衣，及一切众技，岁有若干人。诸孩所造器皿，无不精巧，即代鬻之以供本孩之用。於戏，至矣尽矣！毫发无遗憾矣！吾不意古先圣王慈幼之道，保赤之经，乃于海外遇之也。

（选自《出使日记续刻》卷五）

光绪十八年七月廿五日（1892 年 9 月 15 日）

中国与各国衡富强之术，百不如西人；然有一事足以自豪者，则国债独少于诸国也。二十年以前，中国本无所谓国债。左文襄公西陲之役，需饷紧急，始派道员胡光墉商借洋债两次，然不过数百万金耳。光绪甲申、乙酉之间，法兰西争越南，驶其兵舰，扰我海疆，各省调兵设防，糜费甚巨，于是广东、福建诸省，皆向洋商挪借巨款；而神机营、总理衙门，亦或属出使大臣贷诸西洋，为购炮造船之用，奏明由各省各关按年归还本利。计国债最多之时，约有二千余万金；迄今逐渐偿还，当已不满一千万矣。东西洋诸国，或地不逮中国十之一，而国债动以数万万计，盖有十倍百倍于中国者。赋税所入，大半以偿债息。其所以百废具举者在此，所以不能不厚敛于民者亦在此。曩岁，李傅相创议借贷洋债白金三千万两，用以兴建中国铁路。此固至急之务，亦至善之计也。然余意不甚谓然者，盖恐中国风气未开，承办之人未能事事核实，难免侵蚀亏短之虞；而铁路之获利，尚无把握，转恐加岁月津贴之费。夫养路修路既需巨款，而三千万金之偿息亦岁不能缓，则中国两受牵累，财用必日朘月削，恐致一蹶难振。傥竟欲造铁路，毋宁枝枝节节而为之，虽无速效，亦免巨累，较为稳著。余之愚计如此。既而承办洋债之陈季同，果藉借债之名，骗款累累以供私用；如是则所借之三千万金，并恐未必能全到中国矣，幸而廷议早罢之耳。余于是恍然于风气未开之时，筹办一事，难若登天。往往利未形而害已随之，非必筹画之未精也，得人之难也。

（选自《出使日记续刻》卷五）

光绪十八年七月廿九日（1892 年 9 月 19 日）

英国上下两议院，凡制度、刑法、军政、度支，悉由院中定议而后举行。上院诸员，均系世爵旧臣及教中大长等，贵显异常。但政事均由下议院议定，而详诸上议院，上议院照行者十之七八，驳改及暂停者十之二三。下议院诸员，例由民间公举，凡诸郡县各举一人。预其选者，即为该郡县建白一切事宜。其权甚重，故有宁弃封圻之任，而以举授议员为荣者。英国下议院人员之额，向惟六百五十二人；嗣因国中郡县增多，光绪十一年已增至六百七十人。英伦举议员四百九十五人，苏格兰举七十二人，阿尔兰举一百零三人，此现在定额也。

英民俗尚向称敦朴，然至今推选议员，亦觉隐弊丛生。一则植私党以广扶持，一则散货财以延虚誉也。即如六月间所举诸员，格兰斯登为公党首领，其党得举者二百七十五人；沙侯为保党首领，其党得举者二百六十九人。此外，阿尔兰党七十二人，巴尼路党九人，更有公党之人，而持论又常与其党相违者，共四十五人。其后，阿尔兰党又为格兰斯登所笼络，党势遂盛，故得居相位云。

（选自《出使日记续刻》卷五）

光绪十八年十一月初十日（1892 年 12 月 28 日）

哥老会匪之起，其源盖发于蜀，实即青连教之余孽，所谓红钱会者，其头目曰帽顶，总目曰大帽顶，最大者曰坐堂老帽。设有管事人员，入其会者给予飘布，转相煽诱，能招百人者即领百人，能招千人者即领千人，各立某山某堂字号以区别之，如曰龙虎山、忠义堂之类。蔓延各省，妄分五旗：籍隶两湖、江西者为白旗；籍两粤、闽、浙者为黑旗；籍皖、吴、河南者为蓝旗；籍云、贵、陕、甘者为红旗；籍四川者为黄旗，盖尊其教之所自出也。惟直隶、山西两省无之。山东之兖、沂、曹、济亦多传染。湖南行军日久，传衍尤多。其头目或当散勇，而营官百长之资格有转出其下者，昼则拜跪，立于营官等之前；会中有事，传集其党于山谷间，夜升高座，营官等反拜跪之，或杖或罚，无敢哗者。粤寇既平，乃更传其教于乡，谓之造台放飘，诸恶少游勇皆归之。曾文正公之议，谓但当问其匪不匪，不当问其会不会。是时江抚刘岘帅之议，请招其才而黠者，一律收标，销患无形。楚督李筱帅之议，全在大吏督饬地方官设法严拿。江督沈幼帅之议，以慎选牧令，严捕盗贼为主。而曾忠襄公威惠兼施，伏莽无敢窃发者。

（选自《出使日记续刻》卷六）

光绪十八年十一月十三日（1892 年 12 月 31 日）

南洋各岛，自汉以来世通中国。唐设结好使于广州，税其市舶，收其珍货。南宋以后，遂为国用所资。明自正德年间，外备寇盗，迁于电白，以为互市之所；嘉靖中始迁于香山之濠镜，而葡萄牙、佛郎机得以阑入。迨佛郎机并吕宋、满剌加二国，雄据海上，诸国人皆畏之。国初以海孽未平，禁南洋互市。康熙十八年，平定台湾，蓝鹿洲始倡开禁之议，谓南洋诸国不能为患，宜大开禁网，听民贸易，以海外之有余，补内地之不足。其救时之谋，可谓宏矣，惜其所虑犹未远也。盖就市于洋，而收其入口之税，不若驻兵于洋，而收其出口之税；多设舟师，以防奸宄之阑入，不若移兵镇守，以防外患之潜萌。何则？南洋诸国，其民柔弱，其俗蠢愚不知守御。当时若乘破台湾之势，传檄南洋，电扫飙驰，指挥可定。宣德威于穷荒之族，加冠带于椎跣之伦，垦其膏腴以济军食，征其税课以佐国用，扼其险要以资控制，固其时也。失此不图，而欧洲各国先后来蚕食之。至今地各有主，无可为谋矣。

（选自《出使日记续刻》卷六）

光绪十八年十二月初二日（1893 年 1 月 19 日）

近数十年来，中国民穷财尽。小民竭终岁勤动之力，往往不能仰事俯畜。生计之艰，视百年以前，不啻三四倍焉；视二百年前，又不啻七八倍焉。然西洋各国人之游中国者，皆于中国物价之廉，人工之贱，叹羡不容口。中国人民之众，虽甲于地球，而食用之俭，仍以中国为第一。盖以西洋养一人之费，若在中国，即以之养三四人、七八人而有余。推原其故，厥有数端：西人性情，自奉较奢，一切起居饮食，必求足以适意，足以养生；华人中人以下，往往不甚讲求，不惮苟简以节私费。西洋各国，取之于民者重，大都十百倍于中国，其所以百事修举者在此，而百物昂贵者亦在此；中国取之于民者轻，所以百事废弛者在此，而百物廉贱者亦在此。至于地气和平，土脉膏腴，实在欧洲之上；所以户口虽极蕃庶，而括其地之产，尚足养其地之人，宜乎西人之津津不置也。惟居今日而追溯一二百年以前，则当时中国食用之廉，又如在天上。今之所以骤艰贵者，议者或归咎于西人通商之故，此说未必无因。盖一则财源外溢，一则奢风渐入也。然此乃时势之所为，虽（圣）人亦末如之何。则自今以后，固有不能不因势利导以筹补救者矣。

（选自《出使日记续刻》卷六）

光绪十八年十二月十六日（1893 年 2 月 2 日）

英、法、德各国刑律，皆本罗马。罗马古律极严，谤人者死，私刈田禾者死，故烧人物产者投诸火，犯窃者鞭责后充奴婢，奴婢犯窃，加等投诸崖，遇窃盗格杀勿论，辱人者罚驴三十五匹，折人牙齿者罚至三百匹。尤奇者，本夫不得擅杀奸夫，惟奴仆奸主母则杀勿论。逆伦之犯，取鸡、犬、蛇各一，同置一囊而沉诸水。蛊毒杀人者罪同。嗣后旋改旋轻，除大逆不孝、师巫邪术、奴仆作奸数等之外，概从宽恕。

英吉利本罗马属地，罗马既去，更用严刑，截胫剥肤，挖目劓鼻，水溺火灼，种种凶残，民不堪命，然犯罪者益众。西历一千七百五十年，法益苛而民益顽，议院乃议尽改旧法，减省刑罚，罚锾监禁以外，至重不过缳首而已。又得延状师申辩，无威吓逼勒之虞，无搒掠银铛之苦。虽犯罪不得相屈辱，牢狱亦亢爽洁净，不致酿为疫疠，且设学堂、书库、医院、庖厨于其中。复考核通国罪人之数，若少若多，若尤多，究其获谴之故，察其为恶之由，以施惩戒。行之不过五六十年，而顽梗潜消，民多知耻，其收效之捷，有如此者。

（选自《出使日记续刻》卷六）

光绪十八年十二月三十日（1893 年 2 月 16 日）

凡地之生物，土性与物性不相合，则必渐归凋敝。即相合而历年收种，仅以本地种子为用，则精气渐薄。此全恃土宜，而不知远近互换种子之妙也。北人种木棉，必取种于南，捆载花子以往者累累也，未闻物性、土性不相合也。泰西物产，佳美肥硕，迥胜中华，非惟精求艺植之法，其种子亦独好。即以西麦论，粒较大，穗较重。美国所出之米亦然，按亩计之，所收殆不下五六石，视中国农家又几倍之。

夫中国地脉绵厚，视海外诸邦有过之无不及。诚取彼麦米之种而植之，必能佳美。又如美国棉花，柔细光洁，纺之如丝，角大如卵，干高六七尺，枝广四尺，童童如小树，所生之花，较中国多五分，其价在英国亦贵至二三倍。其花性喜斥卤，正与海滨潮汐之地相宜。且凡沿海沙岸，平衍宽广，竟可大收其利。似当在浙江、闽、粤各省，仿泰西设劝农局之例，规度隙地，广购各种而试植之。择其最为合宜得用者，多购籽种，而分卖于农家。农家既得倍利，自必争购无疑。十年之内，物产倍增矣。盖种子逾三四年，地性渐变，物性亦必变。宜仿西人养马之法，每越数年，再由西国购办以为更换，不过加运带使费而已。然而艺植之法，尤不可不仿西人之研精讲究也。

（选自《出使日记续刻》卷六）

光绪十九年正月初一日（1893 年 2 月 17 日）

中国各局翻译西书，訾之者初谓无益之费。乃十数年来，地球绕日之说，电气致用之宜，汽力运动之故，以及照影、石印、水电、铁路诸大端，几于无人不讲。如乡会试兼考算学，则凡天学、地学、化学、电学、重学、热学、光学、声学等，皆可旁及，而总以算学为归。算学书以《几何原本》为最要。凡考得者先予记名，遇有修葺城郭、兴筑炮台、测量舆地、制造器械、操练水雷等事，则用之。似于大局必有裨益。

西洋大树之中，有数种为中国所未见，而又有大用者。如澳大利亚所出之浆树，好事者以此树之子送至中国，使西人栽种，其生极捷，高可二十丈，干之大径十六尺。伐下之木，久则极硬，可供造船之料。皮可取浆，其用略同于漆。尤妙者，性与潮湿相宜，泽国皆可栽植。盖地有大树，可补风雨，绿阴如幄，怡神悦目。使取此树遍植荒墟故陇之间，亦兴利之一端也。

（选自《出使日记续刻》卷六）

光绪十九年四月十二日（1893 年 5 月 27 日）

中国以嗣续为最重，孟子谓"不孝有三，无后为大"。盖有鬼犹求食之说，又有神不歆非祀之说。若敖氏之鬼，不其馁而，令尹子文所以泣也。佛氏生于印度，其说亦颇相符。故以人之生前造孽者为饿鬼，鬼而称之为饿，则鬼真求食矣。求食必赖子孙之祭祀，讲阴隲者遂以绝嗣为最重之罚，良有由也。泰西风气则不然。往往有富拥巨万而终身不娶，将死则输之教堂，分之朋友者；往往有贵为总督，或各部大臣，年近耆艾，犹孑然一身，晚乃娶一耆艾之处子，不过聊以自娱，意本不在生育者。盖彼本视子孙为甚轻，若居可有可无之列。所以然者，彼谓人死之后，归于溟漠，无所谓求食也。此耶稣之说之与儒、佛不同者也。洋人无事不讲核实，大抵如此。然之死而致死之不仁，而不可为也。圣人岂不能为洋人之核实哉？盖深有见于鬼神之德，体物不遗，祖宗与子孙，实有相依相系之理。人人知此，则为善者有所劝，为恶者有所惩，而报本追远之意，油然而生。耶稣之教，非不核实，然而难免不仁之讥矣。

（选自《出使日记续刻》卷七）

光绪十九年四月十六日（1893 年 5 月 31 日）

中国用人，以富者为嫌；西俗用人，以富者为贤。其道有相反者。夫登龙断以左右望而罔利市者，谓之贱丈夫。中国数千年来，无愚智皆知贱之。西汉摧折富商，俾不得与齐民齿；即使其中有贤能者，亦往往摈不用；偶或误用之，未尝不致祸败。其矫枉过正者，遂有明知其贤而避嫌不用者矣。故贬之曰铜臭，斥之曰守财虏，中国之习俗然也。泰西各国最重议绅。议绅之被推选者，必在殷富之家，谓之体面人；且其平日必散财厚施以沽名誉，然后能为众所推。间有十之一二，以寒士膺选者，则因其才学已著，有富人代之用财，冀其入议院而助己也。至其选为各部大臣及宰相者，非殷实之世爵，即富厚之名人。其意以为彼皆不忧衣食，专顾体面，未有不竭诚谋国者。而其所用之人，非特犯赃罪者颇鲜，往往皆能称职。大抵人才视风俗为转移，彼知为众所弃则竟自弃矣，为众所重则亦自重矣。且西洋之寒门贫族，所以不出人才者，彼自入塾读书以后，非极富则不能为上等之学问，非极富则不能交上等之朋友。况复囿于见闻，牵于衣食，其不能开拓胸襟也审矣。若夫豪杰之士，非以财助之不兴也。盖有恒产即有恒心者，吾于泰西风俗见之。

（选自《出使日记续刻》卷七）

光绪十九年四月廿二日（1893 年 6 月 6 日）

西洋诸国武备日新，文教亦蒸蒸日上。英国伦敦有赫来士呵斯必铎者，大学馆也，建自三百五十年前，学徒七百人，有可造者升之岳斯笏大书院。伦敦又有播犁地土母席庵者，为最大书院，中国经史子集，无不收藏，男女看书者三百余人，早入暮归，且于中国圣人之道，无不悉心体会。英之文教盖如此。德国书库在新皇宫之旁，屋中列数千年前乐谱及各国古字，俱以羊皮为之。有掌书所，亦藏中国经史子集，并有梵文字汇、蒙古旧史、吐蕃纪载，每日九点钟至四点钟，凡来领书钞读者二百余人。德之文教盖如此。美国人皆入书院，分十余班，升首班者入郡学院，专教格致、史鉴、历学、算法、他国语言文字，及艺术必用之书。再上有实学院，院有上下，分十三班，考得首班者入大学院肄业。肄业既成，升之仕学院，盖欲其学优而仕也。院中藏书，与英略同。其所肄业诸学：一、经学，专论教中事也；二、法学，考论古今政事利弊及通商事宜也；三、智学，格物兼性理、文字、语言诸事也；四、医学，博考经络表里及制配药品也。美之文教盖如此。

（选自《出使日记续刻》卷七）

光绪十九年六月十四日（1893 年 7 月 26 日）

有一出使随员论西国富强之原，登之报章云：西国制治之要，约有五大端：一曰通民气。用乡举里选以设上下议院，遇事昌言无忌。凡不便于民者，必设法以更张之。实查户版生死婚嫁，靡弗详记，无一夫不得其所，则上下之情通矣。二曰保民生。凡人家田产、器用、财贿，绝无意外之虞。告退官员，赡以半俸；又老病弁兵，养之终身；老幼废疾、阵亡子息，皆设局教育之。则居官无贪墨，临阵无畏缩矣。三曰牖民衷。年甫孩提，教以认字，稍长教以文义，量其材质，分习算、绘、气、化各学，或专一事一艺，终身无一废学者，何也？有新报之传流，社会之宣讲也。四曰养民耻。西国无残忍之刑，罪止于绞及远戍苦工，其余监禁、罚锾而已。监狱清洁无比，又教以诵读，课以工艺，济以医药。无拘挛，无鞭挞，而人皆知畏刑，不敢犯法，几于道不拾遗。父母不怒责其子，家主不呵叱其仆，雍然秩然。男女杂坐，谈笑而不及淫乱，皆养耻之效也。五曰阜民财。其藏富于民者三要，一尽地力，谓讲水利、种植、气化之学；二尽人力，各擅专门，通工易事，济以机器，时省工倍；三尽财力，有公司及银号，而锱铢之积，均得入股生息，汇成大工大贾。有钞票及金银钱以便转运，则一可抵十矣。有此五端，知西国所以坐致富强者，全在养民、教民上用功。而世之侈谈西法者，仅曰精制造、利军火、广船械，抑末矣。

（选自《出使日记续刻》卷八）

光绪十九年八月初三日（1893 年 9 月 12 日）

余尝评论光绪初年以来出洋星使，究以曾惠敏公为第一。以其资性聪明，颇多材艺，而又得文正之庭训。在任八年，练习洋务，并谙言语，至今为洋人所钦慕。伊犁改约一案，弭兵修好，颇著成功。洋药厘税并征条约，成于惠敏（公）之手，岁添帑项四五百万金，颇有裨于国计。越南一役，至于决裂，则以有隐掣其肘者，非办理不善之咎也。惟其持论或稍游移，始终以多设领事为无益，未免意存推诿，此其过于聪明之失也。郭筠仙侍郎次之，侍郎虽力战清议，以至声名败坏，然其心实矢公忠，且他人必无此毅力，无此戆气，故居第二。郑玉轩、黎莼斋又次之，玉轩、莼斋，皆君子人也，居心稍愞，所值又非可以见功之地，以至无大建树，故居第三、第四。陈荔秋又次之，荔秋虽亦不失为君子，而胆量更小于郑、黎，实非干事之材，故居第五。许竹筼、洪文卿又次之，二君皆聪明有余，而稍不肯任事，然出洋三年，皆有著述可传于世，故居第六、第七。刘芝田、汪芝房又次之，芝田颇有得于黄老之学，芝房亦其流亚也，故居第八、第九。□□□[1]、张樵野又次之，□□、樵野才非不敏，而皆累于声色之好、牟利之工，故居第十、第十一。□□□又次之，□□才学亦颇可观，□□一役，身名败裂，故居第十二。□□□又次之，□□才品本在下中，颇为京都士大夫所鄙弃，故居第十三。□□□又次之，□□才力有余，西学亦精，一旦得志，器小易盈，其所为颇近于小人，晚年被谴，永不叙用，殆由自取，故居第十四。□□□又次之，□□以气节自矜，居心实甚巧诈，建议亦多纰缪，足以贻误大局，故居第十五。□□□□□又次之，□□以□等公使自夸，与□人商定约章，误国病民，为世大戮，故居第十六。□□□又（次）之，□□身居使职，而以赃败，风斯下矣，故以殿焉。

（选自《出使日记续刻》卷八）

光绪十九年十月初一日（1893 年 11 月 8 日）

周柱下史《道德》五千言，为道教之鼻祖。其大旨主清净无为，坚

---

① 原文如此，下同。

定自持，冲虚不息，又济以能忍之力，以柔制刚，以退为进，于儒理尚不甚相远也。后如庄子、列子、文子、关尹子、亢仓子，皆其支流也。申子、韩子流为刑名之学，而其教一变矣。《阴符经》可通于兵，教又一变矣。迨长生之说兴，方士专求不死之方，却老之术，为神仙家言者有服饵导引之法，而又分为内丹、外丹，援易象以入丹经，教又一变矣。内丹者，以一身之水火阴阳，发挥丹道。其学道也，专讲神仙炼养，以金丹换凡骨，始创之者为魏伯阳、张伯端、王道诸子，所著书如《参同契》、《悟真篇》、《龙虎经》，皆是也，道家推为正宗。大旨假真阴、真阳之二物，夺天地之一气以为丹饵，归丹田气海之中以御一身，则一身之气翕然归之，若众星之拱北极。其言虽似有理，然若方技家言，变浅为智，一息得道，婴儿姹女，金楼绛宫，青蛟白虎，宝鼎红炉，皆老子所未言。其为后世所增无疑矣。外丹者，即炉火之说，烧丹炼汞，点石成金，所谓黄白之术是也。其大旨谓真铅、真汞，止取天地之精，日月之华，混合造化以成神丹，辨药材之真伪，抉金石之异同。其用功之法，又必攒簇周天气候，以使金火相交，《淮南》、《鸿宝》秘书多言烧炼，大抵皆出羽流伪托，教又变而愈变矣。

（选自《出使日记续刻》卷九）

光绪十九年十月初二日（1893 年 11 月 9 日）

至于容成之术，胎孕之说，别为房中一家，尤属道家修养之外乘。欲假此以求羽化飞升，长生久视，亦殊谬矣。此外有方药、符图、守庚申、尸解诸术，愈变愈下。按《道藏》诸书，名目繁多，总厥大纲，分为三洞、四辅、十二类。所谓三洞者，一洞真部，元始天尊所流演，是为大乘上法；二洞元部，太上老君所流演，是谓中乘中法；三洞神部，亦出太上老君，是谓小乘初法。所谓四辅者，其一太元部，洞真之部[辅]也；其二太平部，洞元之辅也；其三太清部，洞神之辅也；其四正一部，三洞三辅所会归也。所谓十二类者，曰本支，曰神符，曰玉诀，曰灵图，曰谱录，曰戒律，曰威仪，曰方法，曰众术，曰记传，曰赞颂，曰表奏。欲考道家源委，其总汇不外乎是。

今世道家之祖曰张天师，至明乃改号曰真人，然实五斗米贼张鲁之后，亦黄巾之流亚耳。演其术者为北魏寇谦之等，又以斋醮章咒入之，而教复一变矣。汉志所录道家三十七部，神仙家十部，本属截然两途。

黄冠者流，以清净之不足耸听，于是以丹方、符录炫其神怪，名为道家，实皆神仙家也。神仙之说，始于秦汉之方士，盛于魏晋，托始于刘向，而广衍于葛洪。于是道家与神仙家合，而道之本旨以晦，《参同契》假借爻象以论作丹，自标其名曰《周易》，是牵异学以乱圣经也。陶宏景《真诰》一书，多言仙真授受真诀；而《甄命篇》实窃佛家四十二经为之；至如地狱托生，乃窃佛家中鄙陋浅近之说耳，皆非道家之真谛也。

（选自《出使日记续刻》卷九）

光绪二十年二月廿五日（1894 年 3 月 31 日）

古之王者，有分土，无分民。春秋之世，士之求仕者，于周不可，则去之鲁；于鲁不可，则去之齐；于齐不可，则去之宋、之郑、之秦、之楚。盖犹有四海一家之意，虽圣人何独不然。今之泰西诸国颇存此风，或以英人而辅法，或以意人而佐德。凡食禄之国，即其所效忠之国，其间奇勋伟绩，不出于土著而出于羁旅者多矣。至其民之为商、为工、为农、为佣者，不必定居本国，凡可安居乐业者即适之。一经入籍，即为土著，新籍、旧籍所获权利，并无歧异。即如美国地多旷土，凡英人、意人、德人往垦辟者，为数不下数十百万。美之官绅待之，与美人一体，并不以英人、意人、德人视之也。埃利士人者，英之阿尔兰人也，彼且自居土著而陵侮华民矣，则以英人入籍而华民不入籍也。华民所以不能入彼籍者，盖以饮食衣服，依然墨守华风，究不能与西人合而为一。华民之胜于他国人在此，而受侮于他国人亦在此，盖我既自异于彼族，即彼族亦不能不以异类视之也。

（选自《出使日记续刻》卷十）

薛福成年谱简编 *

道光十八年　戊戌（1838 年）　一岁

三月十八日出生于江苏无锡。时长兄福辰七岁，次兄福同四岁。

道光二十四年　甲辰（1844 年）　七岁

入私塾，师从外曾叔祖顾洪生读书。

道光二十五年　乙巳（1845 年）　八岁

父薛湘入京参加会试，成进士，殿试中二甲七十一名。后任镇江府学教授。

文祥、阎敬铭、李联琇皆本年同科中式，为福成父执。

道光三十年　庚戌（1850 年）　十三岁

正月十四日，道光皇帝崩，第四子奕詝继位，年号咸丰。

外祖母逝世。随母亲顾氏到镇江父亲任所居住。

十二月初十日，洪秀全发动金田起义，太平军兴起，并逐步向东进军。

咸丰元年　辛亥（1851 年）　十四岁

与兄弟在镇江府学署随父读书。

咸丰二年　壬子（1852 年）　十五岁

太平军顺江而下，危及长沙、新宁。

父薛湘改任湖南安福县知县。随母返回无锡。

十一月，曾国藩奉旨帮办湖南团练事务。

咸丰三年　癸丑（1853 年）　十六岁

二月，太平军攻破江宁，改称天京，太平天国定都于此。

---

* 本年谱简编以时间为顺序，逐条记事；内容以薛福成活动为主线，旁及与其有关的重要史实。

九月，曾国藩拟定营制、营规、饷章等，正式编练湘军。

咸丰五年　乙卯（1855 年）　十八岁

长兄福辰参加顺天乡试，中第二名举人（俗称南元）。

五月，太平军攻陷常德。安福境况危急，父薛湘以知县联络乡绅举办民团，积极防守。

咸丰八年　戊午（1858 年）　二十一岁

与四弟福保在无锡应童子试，初均落选。江苏学政李联琇后搜遗卷，擢拔二人，同补秀才。

夏，父薛湘于湖南省城长沙染疾而逝，年五十三岁。

与兄福辰赴湘治丧。时曾国藩为湘军统帅，亦派员吊丧并送赙银。

与福辰为清理父亲任内"官逋"，暂盘桓于湖南。

咸丰九年　己未（1859 年）　二十二岁

与兄扶枢返乡，辗转绕越，五月始返无锡。时太平军已攻陷常州，无锡危在旦夕，母顾氏被迫携家人避乱苏北，命福辰、福成兄弟暂时留家治葬事。

咸丰十年　庚申（1860 年）　二十三岁

四月，太平军陷无锡。薛氏家业皆毁于兵燹，亲族多人遇难。与兄福辰料理丧事毕，北上寻亲，在苏北宝应东乡与母亲等相聚，遂侨居宝应，奉母读书。

咸丰十一年　辛酉（1861 年）　二十四岁

本年，娶陈氏为妻。

七月十七日，咸丰皇帝崩，其子载淳继位，年号同治。

九月，慈禧、慈安两宫皇太后联络恭亲王奕䜣发动政变，将端华、载垣、肃顺等赞襄政务大臣捕杀，政局为之一变。

同治元年　壬戌（1862 年）　二十五岁

北上应会试，不第。长子翼运生，取字南溟。

同治三年　甲子（1864 年）　二十七岁

四月二十七日，天京陷落，洪秀全服毒自杀，太平天国失败。

同治四年　乙丑（1865 年）　二十八岁

曾国藩奉旨授钦差大臣北上"剿捻"，张榜招贤。闰五月初六日行船至宝应，与长兄福辰冒雨登舟，以门下晚生拜谒曾帅。福成呈《上曾侯书》，倡"养人才，广垦田，兴屯政，治捻寇，澄吏治，厚民生，筹海防，挽时变"八条对策，曾帅阅毕，赏嘉不已，即邀福成入幕。稍后，四弟福保经曾国藩保荐，入山东巡抚阎敬铭幕。

同治五年　丙寅（1866 年）　二十九岁

二月，随湘军移师山东济宁，并游历凤阳明陵、邹县孟子庙、曲阜孔庙孔林。随曾国藩巡视河防。

四月，登东岳泰山。

十月，李鸿章接任钦差大臣"剿捻"，曾国藩奉旨回任两江总督原任。

同治六年　丁卯（1867 年）　三十岁

三月，随曾国藩回到江宁，在督署司笔墨。

秋，以县学生参加江南乡试，榜发不售，列副贡。

同治七年　戊辰（1868 年）　三十一岁

七月，曾国藩调补直隶总督。

九月，经山东巡抚丁宝桢保荐，弟福保被授候选知州衔。

十一月，与兄福辰、弟福庚同行返锡。

同治八年　己巳（1869 年）　三十二岁

春，随曾国藩抵保定。时曾氏幕府人才济济，僚属皆高谈经世要务。福成与张裕钊、吴汝纶、黎庶昌尤有文名，被誉"曾门四弟子"。

夏秋之际，太监安德海奉旨赴广东采办物品，招摇过山东，为山东巡抚丁宝桢逮捕。经奏准正法。时四弟福保适在丁幕，福成亲往探访，核析内情。后撰写《书太监安德海伏法事》。

同治九年　庚午（1870 年）　三十三岁

五月，随曾国藩自保定赴天津办理天津教案。

八月，两江总督马新贻遇刺，曾国藩接任，重返南京，福成随之。

同治十年　辛未（1871 年）　三十四岁

再次北上应会试，不第。

得次子刚中。

同治十一年　壬申（1872 年）　三十五岁

二月，两江总督曾国藩逝世。

九月，受江苏巡抚聘至江苏书局供职，迁居苏州紫阳书院。

是年，叙功升直隶州知州，赏加知府衔。

同治十二年　癸酉（1873 年）　三十六岁

正月，同治皇帝亲政。

得三子莹中。

同治十三年　甲戌（1874 年）　三十七岁

十二月初五日，同治皇帝崩。醇亲王之子载湉入继大统，为嗣皇帝，年号光绪。

十二月十九日，两宫太后颁懿旨"博采谠言，用资治理"。

光绪元年　乙亥（1875 年）　三十八岁

春，以直隶州知州衔，按例赴部引见，途经山东，会长兄福辰，偶阅同治十三年十二月邸报载"博采谠言，用资治理"之懿旨，即书《应诏陈言疏》，概括为"治平六策"与"海防密议十条"，洋洋万余言，祈请山东巡抚丁宝桢代奏。四月代递上达，反响颇大。两宫太后面谕军机大臣将其发各衙门商议，其中"海防密议十条"由总理衙门核议，"治平六策"由吏、户、礼、兵四部分议。

七月，赴京至内阁验收，抵保定缴凭，然后到天津谒见李鸿章，从此进入北洋幕。

光绪二年　丙子（1876 年）　三十九岁

在北洋幕府参与有关台湾、新疆、黑龙江省之边防、海防，琼州海口之开放，马鞍山、开平煤矿之开采，轮船招商局之整顿，吴淞铁路之赎取，琉球、朝鲜等国之援护，在美国、古巴、秘鲁等国设立领事、保护华侨等内政外交之筹议。

五月，陪同李鸿章参观德国、英国水师铁甲船之操练与救火演习。

六年，协助李鸿章处理"马嘉理案"，签订《中英烟台条约》。

七月，因随办洋务出力，经李鸿章奏保升任知府。

光绪三年　丁丑（1877 年）　四十岁

正月，请假赴山东省亲。

二月初二日，母顾氏病逝，依例报丁忧，旋与福辰、福保扶柩回籍。

光绪五年　己卯（1879 年）　四十二岁

闰三月，福成丁忧期将满，李鸿章即上奏称福成"志力宏毅，操行笃实"，"为不得之才"，旨令李鸿章咨江苏巡抚饬令薛福成于服满后，即行前赴直隶，以资差遣。

是年，完成其改良思想代表作《筹洋刍议》，约二万余言，奏达总理衙门。

光绪六年　庚辰（1880 年）　四十三岁

六月，慈禧太后久病，李鸿章举荐福成长兄福辰进宫医治；同时，湖广总督李瀚章、湖北巡抚彭祖贤也先后奏荐。奉旨：薛福辰既能精研医理，著即饬令来京，仍遵前旨由内务府大臣等查看办理。

光绪七年　辛巳（1881 年）　四十四岁

春，弟福保病逝。

六月，兄福辰记名以道员遇缺题奏，并赏加布政使衔。不久，补授广东雷琼道。

十一月，福成奉旨署理直隶宣化府。

光绪八年　壬午（1882 年）　四十五岁

三月，奉旨以海关道记名简放。

六月，朝鲜党争，发生壬午事变。为杜绝日本侵朝野心，清廷派遣陆海军赴朝。事毕，福成以运筹之功晋四品道员，并尽先补用。

十二月，兄福辰赏加头品顶戴。调补直隶通永道。

是年，法越战争继续，福成作《与法兰西立约通商保护越南议》。

光绪九年　癸未（1883 年）　四十六岁

是年，兄福辰调补直隶通永道。按例，福成以直隶候补道呈请"回避"，经吏部抽签，福成被改分河南，李鸿章即以"洋务繁忙，需才方亟"为由，奏留福成继续留北洋幕。

光绪十年　甲申（1884 年）　四十七岁

正月，补授浙江宁绍台道，闰五月到任。

时中法于越南武力冲突，法国军舰游弋沿海，清政府颁发沿海戒严令，浙江巡抚刘秉璋设"海防营务处于宁波"，檄令福成"综理营务，尽护诸军"。福成即视察防务，团结绅民加强巡防。

光绪十一年　乙酉（1885 年）　四十八岁

六月，因筹防之功经浙江巡抚刘秉璋、两江总督曾国荃等人保荐，获布政使加衔。

十一月，《筹洋刍议》刻印完成。

光绪十三年　丁亥（1887 年）　五十岁

春，着手编辑文稿《庸庵文编》，并付刻。

光绪十四年　戊子（1888 年）　五十一岁

秋，长子翼运中举人。

九月，擢湖南按察使，正三品衔。

光绪十五年　己丑（1889 年）　五十二岁

二月，光绪皇帝亲政。

三月，谕令开去湖南按察使职，赏二品顶戴，以三品京堂候补，改任出使英、法、意、比大臣。

五月，入京陛辞请训，并准请假二月回籍省墓。

七月，兄福辰在无锡病逝。

十一月抵达上海，等候商船。因接到前任钦差大臣刘瑞芬电告，英、法时疫正盛，乃请展缓出洋。经李鸿章代奏，获准明年正月出行。

光绪十六年　庚寅（1890 年）　五十三岁

正月十一日，于上海登上法轮"伊拉瓦第"号赴西洋。船经越南、新加坡等地，上岸会见驻地领事及当地华商。

二月十六日，抵马塞。

闰二月初四日，赴法国王宫向法国国王呈递国书。

三月初四日，赴英国伦敦驻英使馆。

三月十七日，赴温莎宫向英太子呈递国书。

四月二十三日，抵比利时布鲁塞尔驻比使馆。

四月二十六日，向比利时国王呈递国书。

四月二十九日，抵法国巴黎。

五月初三日，抵英国伦敦。

九月，奉旨补授光禄寺卿。

十二月，由伦敦返回巴黎，英署事奏准由二等参赞黄遵宪禀明办理。

光绪十七年　辛卯（1891 年）　五十四岁

二月初三日，抵意大利首都罗马。

二月二十一日，赴意大利王宫向国王呈递国书。

二月二十七日，赴德国，与即将离任之出使俄、德、奥、荷大臣洪钧会晤。

二月，编订《出使日记》六卷，并自撰跋语。

三月，由法国巴黎至英国伦敦。

五月，举办大型招待茶会，邀请在英各国公使、参赞、随员及伦敦官绅等。

六月，补授太常寺卿。

八月，补授福成为大理寺卿。

光绪十八年　壬辰（1892 年）　五十五岁

二月初八日，由英国伦敦到法国巴黎，随后安排旁听法国下议院会议。

三月二十四日，由法国巴黎到英国伦敦。

四月十三日，撰《再论滇缅界务书》。

六月初八日，撰《论八募设关税》。

七月二十五日，撰《三论滇缅界务书》。

八月二十一日，补授都察院左副都御史。

九月十一日，撰《四论滇缅界务书》。

十二月初九日，撰《五论滇缅界务书》。

是年，《庸庵笔记》编成。

光绪十九年 癸巳（1893 年） 五十六岁

二月，继续与英人辩论滇缅分界事。至七月，先后撰《六论滇缅界务书》、《七论滇缅界务书》、《八论滇缅界务书》、《九论滇缅界务书》。

春，整理、编辑出七十一篇文稿，分四卷，名《庸庵文外编》，手稿邮寄回国刻印出版。同时，将出使期间之奏疏加以编纂，分上下两卷，名《出使奏疏》，以西人印刷法印行二十五部，分发知交好友。

五月，上疏朝廷请制订保护出洋华民良法，开放海禁，允许华侨自由往返。

十月，清廷任命龚照瑗为新一任驻英、法、意、比四国钦差大臣，接替薛福成。

是年，顺直水灾严重，捐赈银三千两。

光绪二十年 甲午（1894 年） 五十七岁

正月十九日，福成赴温莎宫向英君主呈递辞行国书。

四月初五日，拜访法国外部大臣，呈递辞行国书。

四月十六日，向新任公使龚照瑗移交英、法两使馆文卷。

四月十九日，奏请回国后请假回籍养病，奉旨赏假两个月。

四月二十三日，于马赛登轮，启程归国。途中船靠新加坡、西贡等地，询问当地领事、华商情况。

五月二十四日，船至香港，因港内正流传疫情，船不能靠岸。

五月二十八日，福成抵上海，暂居天后宫钦差行辕。

六月十九日，病逝。

七月十七日，光绪皇帝圣旨："都察院左副都御史薛福成由湖南臬司荐擢京卿，派充出使大臣，办理交涉事件悉臻妥协。兹届差旋，忽闻溘逝，轸惜殊深。加恩著照副都御史例，赐恤任内一切处分悉予开复，应得恤典，该衙门察例具奏。伊子直隶候补知县薛翼运，著俟服阕后，以知州补用，已示多笃念尽臣至意。钦此。"

十一月，灵柩安葬于无锡太湖之滨。

光绪二十二年　丙申（1896年）

十月二十日光绪皇帝颁布上谕："都察院奏，编修冯恩琨等呈称：已故大员勋劳卓著，请将事迹宜付史馆立传一折。原任左副都御史薛福成，前在浙江宁绍台道任内，勤求实政，功德在民。嗣充出使大臣，办理中外交涉事件悉臻妥协，著将生平事迹付国史馆立传已彰勋劳。该衙门知道。钦此。"

光绪二十八年　壬寅（1902年）

《滇缅分界疏略》一卷、《滇缅划界图说》一卷，由无锡薛氏传经楼刊刻印行。

光绪二十九年　癸卯（1903年）

《庸庵文别集》六卷由三子薛莹中校理，上海醉六堂石印刊行。

中国近代思想家文库

刘师培卷	李帆 编
朱执信卷	谷小水 编
周作人卷	孙郁 编
高一涵卷	郭双林 编
熊十力卷	郭齐勇 编
任鸿隽卷	樊洪业、潘涛、王勇忠 编
蒋梦麟卷	马勇、黄令坦 编
张东荪卷	左玉河 编
丁文江卷	宋广波 编
钱玄同卷	张荣华 编
张君劢卷	翁贺凯 编
赵紫宸卷	赵晓阳 编
李大钊卷	杨琥 编
太虚卷	何建明 编
李达卷	宋俭、宋镜明 编
张慰慈卷	黄兴涛、李源 编
晏阳初卷	宋恩荣 编
陶行知卷	余子侠 编
戴季陶卷	桑兵、朱凤林 编
胡适卷	耿云志 编
曾琦、李璜卷	田嵩燕 编
郭沫若卷	谢保成、魏红珊、潘素龙 编
卢作孚卷	王果 编
汤用彤卷	汤一介 编
吴耀宗卷	赵晓阳 编
顾颉刚卷	顾潮 编
张申府卷	雷颐 编
梁漱溟卷	王宗昱 编
恽代英卷	刘辉 编
金岳霖卷	王中江 编
冯友兰卷	李中华 编
刘咸炘卷	罗志田 编
傅斯年卷	欧阳哲生 编

图书在版编目（CIP）数据

中国近代思想家文库．薛福成卷/马忠文，任青编．—北京：中国人民大学出版社，2014.3
　　ISBN 978-7-300-18557-6

Ⅰ.①中… Ⅱ.①马…②任… Ⅲ.①思想史-研究-中国-近代②薛福成（1838～1894）-思想评论Ⅳ.①B250.5

中国版本图书馆 CIP 数据核字（2013）第 309433 号

中国近代思想家文库

薛福成卷

马忠文　任　青　编

Xue Fucheng Juan

出版发行	中国人民大学出版社			
社　　址	北京中关村大街 31 号		**邮政编码**	100080
电　　话	010 - 62511242（总编室）		010 - 62511770（质管部）	
	010 - 82501766（邮购部）		010 - 62514148（门市部）	
	010 - 62515195（发行公司）		010 - 62515275（盗版举报）	
网　　址	http://www.crup.com.cn			
经　　销	新华书店			
印　　刷	涿州市星河印刷有限公司			
开　　本	720 mm×1000 mm　1/16		**版　　次**	2014 年 5 月第 1 版
印　　张	30 插页 1		**印　　次**	2024 年 7 月第 3 次印刷
字　　数	476 000		**定　　价**	99.00 元

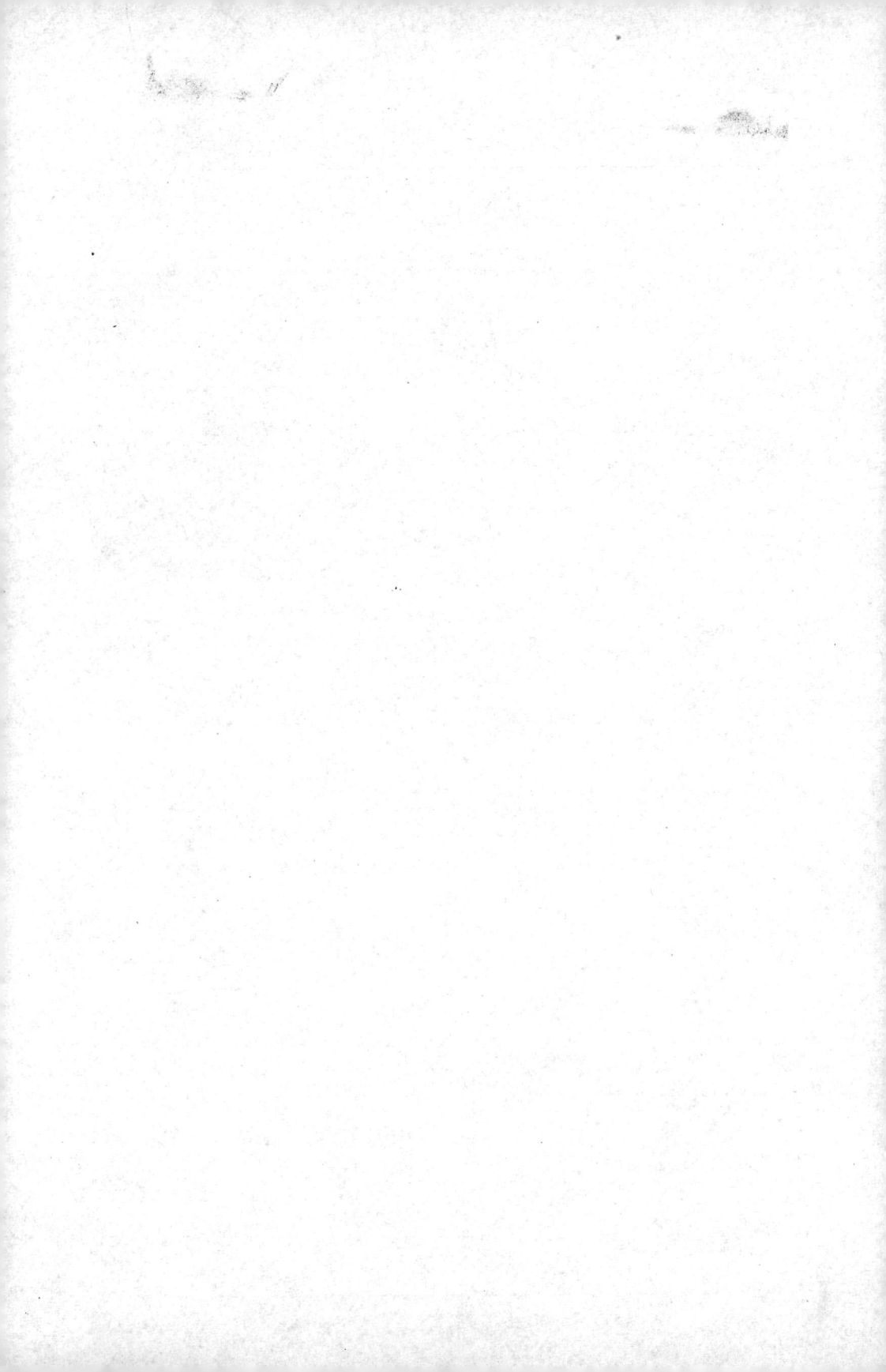